中国典籍里的西方

武斌 著

中央编译出版社

图书在版编目（CIP）数据

中国典籍里的西方 / 武斌著. —北京：中央编译出版社，2024.1
ISBN 978-7-5117-4485-2

Ⅰ. ①中… Ⅱ. ①武… Ⅲ. ①世界史 – 普及读物 Ⅳ. ①K109

中国国家版本馆 CIP 数据核字（2023）第 154908 号

中国典籍里的西方

选题策划	张远航
责任编辑	汪　婷
责任印制	李　颖
出版发行	中央编译出版社
网　　址	www.cctpcm.com
地　　址	北京市海淀区北四环西路 69 号（100080）
电　　话	（010）55627391（总编室）　　（010）55625176（编辑室）
	（010）55627320（发行部）　　（010）55627377（新技术部）
经　　销	全国新华书店
印　　刷	北京文昌阁彩色印刷有限责任公司
开　　本	710 毫米 ×1000 毫米　1/16
字　　数	367 千字
印　　张	23.25
版　　次	2024 年 1 月第 1 版
印　　次	2024 年 1 月第 1 次印刷
定　　价	95.00 元

新浪微博：@ 中央编译出版社　　　　微　信：中央编译出版社（ID：cctphome）
淘宝店铺：中央编译出版社直销店（http：//shop108367160.taobao.com）　（010）55627331

本社常年法律顾问：北京市吴栾赵阎律师事务所律师　闫军　梁勤
凡有印装质量问题，本社负责调换，电话：（010）55627320

目 录

引 论 …………………………………………………………………………… 1
    一 …………………………………………………………………………… 1
    二 …………………………………………………………………………… 2
    三 …………………………………………………………………………… 4
    四 …………………………………………………………………………… 6

第一章 想象的异域 ……………………………………………………… 8
    一 奇谭《山海经》………………………………………………………… 8
    二 黄帝的足迹和目光 …………………………………………………… 11
    三 "九州"与"大九州" ………………………………………………… 14
    四 "四海"与"五方" …………………………………………………… 16
    五 周人所认识的西方世界 ……………………………………………… 20

第二章 丝绸之路开辟的新视界 ………………………………………… 26
    一 大帝国的世界眼光 …………………………………………………… 26
    二 张骞对西域的发现 …………………………………………………… 28
    三 丝绸之路开辟了新视野 ……………………………………………… 36
    四 汉籍所载的西域知识 ………………………………………………… 40
    五 中国人早期所知的印度 ……………………………………………… 46

六　张骞带回的希腊文化信息 … 52
七　汉代人所知的罗马 … 55
八　汉代文学对西域的奇异想象 … 65

第三章　跟佛教一起传来的外部知识 … 71
一　入华高僧带来的新知识 … 71
二　波澜壮阔的佛教"留学运动" … 74
三　法显西行与《佛国记》 … 80
四　董琬给魏太武帝的出使报告 … 93
五　宋云、惠生西行纪 … 98
六　朱应、康泰报告的南海事情 … 100

第四章　大唐盛世的世界意识 … 109
一　大唐盛世与世界情怀 … 109
二　"四天子说"：唐代人认识的世界格局 … 113
三　隋代人的西域知识 … 117
四　唐朝对西域认知与经略 … 120
五　玄奘西行与《大唐西域记》 … 125
六　义净西行及其著述 … 131
七　《经行记》：一位旅行家对阿拉伯和非洲的记述 … 138

第五章　唐至元代典籍所记载的西方世界 … 142
一　《皇华四达记》与唐代丝绸之路 … 142
二　典籍里记载的波斯 … 146
三　唐代人认识的大食 … 153
四　典籍里记载的拜占庭 … 158
五　唐代人记载的非洲 … 166
六　唐代人对域外事物的奇异想象 … 172
七　宋代人对外部世界的记述 … 178

八　《岛夷志略》对非洲的记载 …………………………………… 182

第六章　明清之际对西方的新认知 …………………………………… 186
　　一　明前期的海外知识 …………………………………………… 186
　　二　郑和下西洋"三书" …………………………………………… 192
　　三　大航海时代带来的新视野 …………………………………… 204
　　四　利玛窦世界地图的流传与影响 ……………………………… 210
　　五　利玛窦世界地图的内容 ……………………………………… 218
　　六　艾儒略的《职方外纪》 ……………………………………… 222
　　七　南怀仁的《坤舆全图》 ……………………………………… 228
　　八　新地理知识的认知与影响 …………………………………… 231

第七章　"开眼看世界"的人们 …………………………………… 236
　　一　"变局观"与世界意识 ……………………………………… 236
　　二　林则徐："开眼看世界的第一人" ………………………… 239
　　三　魏源与《海国图志》 ………………………………………… 244
　　四　徐继畲的《瀛寰志略》 ……………………………………… 251
　　五　梁廷枏与《海国四说》 ……………………………………… 257
　　六　近代早期中国人的世界观 …………………………………… 260

第八章　近代传入的西方史地知识 ………………………………… 266
　　一　西方地理学知识的传播 ……………………………………… 266
　　二　西方史学知识的介绍 ………………………………………… 269
　　三　《四裔编年表》及其影响 …………………………………… 276
　　四　《泰西新史揽要》及其影响 ………………………………… 278

第九章　"出洋"与"开眼" ……………………………………… 282
　　一　走出国门去看世界 …………………………………………… 282
　　二　晚清的海外行纪 ……………………………………………… 285

三　林鍼的《西海纪游草》……………………………………………288

　四　王韬的英法之行与《漫游随录》………………………………291

　五　斌椿的欧洲之行及《乘槎笔记》………………………………295

　六　张德彝的"八述奇"………………………………………………299

　七　康有为的《欧洲十一国游记》…………………………………305

　八　梁启超的《新大陆游记》………………………………………310

第十章　清朝官员的出使报告与日记……………………………………314

　一　郭嵩焘的出使活动与《伦敦与巴黎日记》……………………314

　二　刘锡鸿的《英轺私记》…………………………………………321

　三　黎庶昌的《西洋杂志》…………………………………………324

　四　曾纪泽的《出使英法俄国日记》………………………………326

　五　薛福成的《出使英法义比四国日记》…………………………330

　六　李圭的《环游地球新录》………………………………………334

　七　徐建寅的科学考察及《欧游杂录》……………………………337

　八　张荫桓的《三洲日记》…………………………………………340

　九　钱恂的《五洲各国政治考》……………………………………342

　十　海外游历使及其考察报告………………………………………345

　十一　五大臣出洋及其考察报告……………………………………350

结束语…………………………………………………………………………361

主要参考文献…………………………………………………………………364

引　论

一

汉武帝建元三年，也就是公元前138年，26岁的汉朝使者张骞带领向导、随员等100余人，从长安出发，一路向西。他们要出使大月氏，说服大月氏和汉朝联合起来，一起抗击匈奴。当时，驰骋在北方大草原上的匈奴人是汉朝最大的威胁。

但是，张骞一行只知大月氏被匈奴赶出故地，应该去了西域，但对他们究竟迁到什么地方并不清楚。而且，出使途中必须经过匈奴统治的地区，充满了危险。张骞一行进入今天的甘肃省境内的陇西时，便被匈奴人抓获，被押解至今内蒙古呼和浩特所在之地，那里是匈奴人的王庭。张骞一行在那里滞留了11年。

后来，张骞和随从人员乘匈奴人内乱之机，从羁押的营地逃了出来。他们翻过葱岭，兼程西行，经过几十天的长途跋涉，到了位于今中亚费尔干纳的大宛国。接着经位于中亚锡尔河流域的康居国赴大月氏，此时的大月氏已经占据了大夏，也就是位于今阿富汗境内的一个国家。张骞西使，前后共历时13年，汉元朔三年（前126）回到长安。

张骞西行，号称"凿空"，打通了中原与西域的丝绸之路。他是第一个以官方使臣的身份走进西域的人，第一个亲眼看到那片神秘土地的人。那里的大漠荒原、崇山峻岭，那里的奇风异俗、奇珍异宝，那里的陌生人和族群，曾经引起中国人多少奇妙的想象！西域一直是中国人想象的异邦，是许多中国神话的重要源泉。

张骞来了。他踏上了西域的土地，见到了西域的人民，见到了西域神奇的山川地貌，奇异的动物、植物和各色物产，见到了当地人们的文化信仰和奇风异俗。当他回到长安时，带回了关于西域的真实知识。他打开了中国人认识西部世界的大门，极大地开阔了人们的眼界。

从此，中国人对于西域，对于那个时代所说的"西方"，便不再停留于奇异的想象和猜想了。

二

在历史上，欧亚大陆是人类文明的主要活动舞台。而中国地处欧亚大陆的东端。由于这种特殊的地理位置，主要的交通通道是自东往西，在历史上与其他民族的交流与交往，主要是面对西方，主要是与西方的国家和民族进行交往和交流。或者也可以说，古代中国人的外部世界主要是指西方，指在中国西部之外的西方。对于中华文化来说，与外来文化的交流主要还是来自西方。

所以，自古以来，中国人就对"西方"给予了很高的重视。中国古代向西方的寻求，可谓源远流长，经历了几千年，一直不曾改变。但是，对于中国来说，"西方"是一个历史概念。随着交通的逐渐发达，随着人们对世界的认知的不断扩大，中国人所说之"西方"也是不断延伸、不断变化的。秦汉及以前的"西方"，主要是指"西域"即中亚一带。那时候的中外文化交流，与西域的交流占了很大的比重。在当时的中国人眼中，"西域"是一个很大的外部世界，张骞通西域被认为是一个了不起的文化创举。到唐朝时，中国人所说的"西方"主要是指印度河中下游和恒河流域的广大地区，前者绝大部分都在今巴基斯坦境内，后者在今印度境之内。"西学"指来自印度的佛学，虽然唐代与波斯和阿拉伯也有很多交通往来。那时候人们把印度看作文化圣地，一代又一代的僧人到"西天取经"，形成了如梁启超所说的第一批海外"留学运动"。他们取回的不仅是佛教经典，还有印度医学、天文学等科学文化知识。宋元时代，已经和欧洲有所交流，但此时的"西方"主要是指阿拉伯和波斯，此时对中国文化影响最大的是阿拉伯文化。元代，在中国社会文化舞台上，活跃着很多"色目人"，其中大部分是波斯人和阿拉伯人，他们充当了那个时代中西文化交流的主角。明初时郑和所"下"的"西洋"，指的是印度洋至波斯湾、北非红海一带的海域和国家。这是中国人在大航海时代以前最远的"西方"了。

晚明时期，欧洲传教士来华后，为了与中国人心目中指称印度、阿拉伯等国为"西方"的传统意义相区别，他们总自称为"泰西""大西""远西""极西"，以示其所在的国度和地区才是真正的"西方"。起初，为了照顾中国人原有的"西方"观念，他们还特意将印度洋地区称为"小西洋"或"小西"，以区别于他们自己所在的"大西洋"或"大西"。

不过，晚明时，人们对于"欧洲"还没有比较明确的地理概念。由于传教士利玛窦和艾儒略的地理著作，以及其他传教士的介绍，中国人对欧洲开始逐步形成一些认识，当时的文献将其称为"欧逻巴"。《西方要纪》说："西洋总名为欧逻巴，在中国最西，故谓之大西。以海而名，则又谓之大西洋。"明末，部分中国人虽以"欧逻巴"称呼欧洲，但对于这个极西地区到底位于什么地方，当时只有极少数士人能明确说明。而绝大多数人却没有建构起确切的关于欧洲方位概念，只是相对地认识到了欧洲的空间位置。至于欧洲的国家数目，更是不甚清楚了。有人一时还弄不清欧逻巴与西洋、欧逻巴与佛郎机即葡萄牙之间的大小包含关系。如吴中明《坤舆万国全图跋》说："利山人自欧逻巴入中国，著山海舆地全图，荐绅多传之。"其后又说："盖其国人与佛郎机国人皆好远游。"如此就把"佛郎机"与"欧逻巴"并列起来，这表明吴中明还不知道欧洲与葡萄牙之间的大小包含关系。顾起元说："利玛窦，西洋欧逻巴国人也。"《万历野获编》也说："玛窦自云，其国名欧逻巴，去中国不知几千万里，今琐里诸国亦称西洋，与中国附近列于职贡，实非也。"

到了后来，中国人世界观念里的"西洋"和"西方"指的就是欧洲，直到19世纪，又加上了美洲，这就是我们今天通用的"西方"的概念了。张之洞提倡"中学为体，西学为用"之说，于是"中西"二字之连用，尤为普遍。

19世纪中期以后的中外文化交流，主要是指中国与欧美各国包括俄罗斯等各民族的交流，"西学"主要是指工业革命以后在欧美发展起来的近代文化、科学、宗教、艺术等。"西学"东渐成为这个时代中外文化交流的主要景观。"五四运动"以后，乃有东西文化之争，有赞成全盘西化者，有主张发展传统文化而仅加若干外来材料以为补充者。"西"字的今日习惯用法，至此乃更确定为指欧美而言。

这样，面对广阔的欧亚大陆，中外文化交流的范围就是极为广泛的了。自东徂西，中国人对外交往的范围不断扩大，中西交通的道路不断延伸，中国人的世界眼光不断开阔。这样，中华文化与其他民族文化交流的历史，就是中国人不断向外开拓的历史，就是一代一代人不断走向世界的历史，就是中国人的世界眼光和世界意识不断开阔、不断强化的历史。而在这个历史过程中，世界走向了我们，世界各民族所创造的丰富多彩的物质文化和科技、艺术、宗教、思想文化源源不断地被传播进来，既有异域风情的新奇性，又有充满智慧的先进性和走向日常生活的大众性。它们内容多样、形态多样，开阔着中国人的眼界，震撼着中国人的心灵，让人们去学习、去模仿、去"拿来"和发挥。而这涓涓细流，最终汇成滔滔江河；百川入海，才有了大海的广阔。正是这种文化交流、传播中的吸收和借鉴，才使中华文化更加博大精深，同时为其与世界其他文化的进一步交流和融汇提供了现实可能性。

三

从张骞开始，中国人主动去认识世界，主动走向世界。历代中国先贤披荆斩棘，筚路蓝缕，不畏艰险，主动走出国门，走向了自己民族生活之外的世界。他们与其他民族的人们相遇、相识，接触了许多奇异的风俗与文化，看到了许多闻所未闻的奇珍异物，获得了许多新的知识和经验。对于他们来说，这些风俗、物产、知识都是新鲜的、奇异的、令人惊艳的。这些奇遇令他们大开眼界，震撼着他们的心灵。

他们把在外国的所见所闻，把各民族创造的先进文化，把所接受的新知

引 论

识、新经验,介绍给自己国家的人们,从而大大开阔了中国人的眼界,拓展了中国人对世界的认知,丰富了中国人的知识系统。

张骞回到长安后,给汉武帝提供了一份关于出使西域的报告。这是中国历史上第一份官方的关于对外部世界认识的重要文献。之前,有《山海经》,有《穆天子传》,还有许多关于昆仑山和西王母的传说。那些关于西域的各种说法,大部分是出于想象和猜测。而张骞的报告,是一份具体的真实的文献记录。此后,中国人对外部世界的记述源源不断。这些记述有正史文献,如《西域传》《东夷传》等,还有历代行人的游记、报告等,如三国康泰的报告《吴时外国传》,晋代法显的《佛国记》,唐代玄奘的《大唐西域记》、义净的《大唐西域求法高僧传》,都是中国人认识世界、了解世界、走向世界的重要文献。

中国人对外部世界的认识是逐渐扩大的。中国人世界观的扩大,与中国疆界的扩大有关,与海外交通的拓展有关,与各民族交往的发展有关,更与中国人走向世界的步伐有关。

交通是人类生活的基本前提之一,也是文化交流得以实现的最根本的条件。交通状况决定和制约了文化交流的规模和程度。有了交通,就有了相互之间的你来我往,相互的认识和了解。自古以来,我们的先人都在不断地突破各种技术障碍,为开拓对外部世界的交通做出了不懈的努力。为此,人们不断地发明和改进交通工具,翻山越岭,漂洋过海,努力开辟大交通的通道。随着交通的日益便利,中国与其他民族、其他国家之间的人员往来就越来越密切,物质文化的交流也越来越频繁,相互的了解和认识也就更多了。正是在这种逐步发展的过程中,中国人对外部世界的认识也逐渐扩大、逐渐深入。

但是,这种认识并不是不断直线发展着的。我们在考察中国人对外部世界认识的历史中,常常会发现这样一个现象,即中外交通和交流比较活跃的时期,对外部世界的了解就多一些,但当交往相对比较少的时候,又会对这种认识若明若暗了,前代的认识常常被忽略,还要再重新认识和重新发现。这种情况在明代前期表现得已经比较明显。比如在《汉书》《后汉书》等著作中,一再重复《史记》中关于西域地理和文化等记载。再比如元代陆续有欧洲的传教士和旅行家来中国活动,但当200多年后利玛窦等欧洲传教士来到中国时,还需要反复解释他们来自"大西""泰西",因为这时候的中国人对于欧洲仍然没有明确的地理概念。中国人对于世界的认识,是一个不断再发现的过程。而每一次"再发现",都是一次更具体、更深入和更全面的过程。

19世纪中期以后,陆续有一些中国人走出国门,来到欧洲和美洲,他们亲眼见到西方的世界,看到西方的风俗与文化,我们把他们称为第一批"睁眼看世界"的人。他们纷纷撰写了相关的游记、日记和报告,而这些成为那个时代人们认识西方的第一手文献。这些文献对于中国人真实地认识西方、了解西方,乃至认识世界发展的大趋势,对于中国兴起的洋务运动和维新、启蒙,都发挥了重要作用。

四

中国人对外部世界了解得越来越多,同时也吸收了更多的外部世界知识,这对于促进本土文化的发展是极有意义的,也可以说是促进文化发展的重要动力之一。与各民族的交流对于本民族文化的发展具有直接的促进作用。对于外部世界的认知,是文化交流的重要内容。在中国历史上,许多重大的变革都与对外部世界的认知有关。新的知识、新的经验,可以促进对自身文化的反思。世界视野的扩大,促使人们反省本土文化,并且用这些新知识、新文化补充自己、改变自己、发展自己。所以,正是对外开放的扩大促进了自身内部的变革。中国传统文化大发展的时期,也正是对外文化交流十分活跃的时期,是对外部世界的了解和认知更为扩大的时期。

现在,人们大多生活在一个高度信息化和全球化的时代,这与我们的前辈所处的环境完全不同。现代科学技术的发展,特别是现代交通和通信技术的发展,现代社会信息化和全球经济的发展,把整个世界联系在一起,文化成了"世界的文化"。在这样的条件下,我们对外部世界的认识,无论在深度和广度上,都与往日不可同日而语。但这还远远不够。我们这一代人担负着实现中华民族文化伟大复兴的历史使命,要实现我们的文化使命,还要确立我们的世界文化意识,要有主动去接触世界、认识世界,学习和吸收世界先进文化的文化自觉。鲁迅先生曾经说过:"国民精神之发扬,与世界识见之广博有所属。"所谓"世界识见",就是一种世界的眼光、世界的意识、世界的胸怀。

这种"世界识见"的养成,与我们的文化自信、文化自觉和文化精神相关。在古代漫长的历史时代,中华民族的先人创造了极为丰富多彩、灿烂辉煌的中华文化,在古代世界文化的发展中矗立起一座雄伟的高峰。与此同时,他们积极地走向世界,以高度的文化自信和博大的胸怀,以积极的开放精神,努力去了解世界、认识世界,向其他民族学习先进文化,吸取其他民族优秀的文化成果,不断地丰富和发展自己。

回顾中华民族先人走向世界、认识世界的历史,我们会时时地感到,这是一个波澜壮阔、丰富多彩的文化历史,也是一个跌宕起伏、开拓创新的思想历程。这其中,蕴含着我们民族开放谦逊的美德,也锻造着民族文化博大的包容精神。而这正是中华民族文化生生不息的生命源泉。

那么,在今天,我们回顾这一历史进程,正是要从中吸取前辈们的文化精神,继承我们民族文化开放的、包容的、谦逊的和创造性的传统。有这样文化精神和文化传统的激励,我们也一定会在新的历史条件下做出无愧于我们先人的贡献。

第一章 想象的异域

一 奇谭《山海经》

人类思维的特点之一是好奇心,这种好奇心在人类的童年就有了。人们不满足于仅对自己生活的周围环境的了解和认知,还特别想了解自己周围以外的世界,想知道在自己之外,还有什么样的人,他们是怎样生活的。但是,在古代交通和交往受限的条件下,尤其是在文明发生的初期,人们不可能走得太远,不可能知道远方的人们的故事,所以在他们对于外部世界的认知中,夹杂了许多想象和传闻,这些想象和传闻有许多是奇异的、古怪的和荒诞不经的。

比如,在中国古代的神话中,有一个轩辕国,轩辕国北部有一座轩辕丘,轩辕丘呈方形,被四条大蛇围绕着。有个叫作沃野的地方,在四条蛇的北面,鸾鸟自由自在地歌唱,凤鸟自由自在地舞蹈,人与各种野兽住在一起。那里的居民食用凤凰生下的蛋,饮用苍天降下的甘露。凡是他们所想要的,都能称心如意。在沃野的北面,有既可在水中居住又可在山陵居住的龙鱼,龙鱼的形状像普通的鲤鱼,有神人骑着它遨游在广阔的原野上。

这个神话记载在《山海经》中。《山海经》是中国古代的一部奇书,记载了方国、山川、人物、神仙和神怪异兽等。这些记载,反映了上古时代人们对地理空间的想象和认知。这其中有华夏族人生活的世界,也有属于"海外"其他民族的世界。

第一章 想象的异域

《山海经》传世版本共计18卷，分《山经》《海经》两部分。《山经》5卷，分东、南、西、北、中五方，依次记述了400多座山和200余条河流的位置以及动物、植物等，兼及神灵物怪、风土传说。

《海经》13卷，包括《大荒经》《海内经》《海外经》。其中，《大荒经》记述了80多个方国，简略地记载了这些方国的方位、国名，兼记其族姓、世系、图腾、食物、人物形象以及风土传说，还记载了与黄帝、女娲和大禹等有关的许多重要神话资料，还有"夸父逐日""精卫填海""大禹治水"等不少脍炙人口的远古神话传说和寓言故事。

《海经》中的《海内经》和《海外经》反映了当时人们对于世界的认识，即"海内""海外"共同构成大陆，大陆的四周被海水包围着，四海之外又有陆地和国家，是荒远之地。《海内经》记载了海中和沿海边远地区范围内的各种神奇事物，总结了地理形势分野，山系、水系、开拓区域分布，农作物生产，井的发明，乐器制作，民族迁徙，疆域开发以及中国洲土安定发展形成的基本格局。《海外经》按照南、西、北、东的方位顺序，四海之外的国家和地域，记载了华夏族周边海外各国的奇异风貌，记载了远国异人的状貌和风俗。早期中国人对外部世界的想象，主要集中在《海外经》中。

《海外经》记载了许多神奇的国度、山川、人们、草木、矿产、禽兽、鱼虫、神仙。这些记载或者说想象都是很奇异的。比如，三身国的人都长着一个脑袋三个身子。一臂国的人都是一条胳膊、一只眼睛、一个鼻孔。奇肱国的人都是一条胳膊和三只眼睛，眼睛分为阴阳而阴在上阳在下，骑着名叫吉良的马。那里还有一种鸟，长着两个脑袋，红黄色的身子，栖息在他们的身旁。枭阳国的人脸庞和身上的皮肤都是黑色的，身上长着长毛，脚趾朝后生长，走起路来健步如飞。枭阳国人生性残暴凶恶，喜欢吃人，嘴巴长得像狗。这些方国的禽兽多为人兽或兽兽复合体，生性怪异，或食人，或控制天气，或能预见治乱，或可抵御凶险不测。居民形貌多与常人有别，其肢体器官，或残缺不全，或多于正常之数，一些人寿命可达千百岁。草木果实食之或可致疾，或可治病，或可去烦恼。西域昆仑山是天帝之下都，聚集了众神仙，有各种玉石、神兽、神树、不死药，还有通天柱与通天梯。

比如，据《海外经》记载，钟山的山神名叫烛阴，他睁开眼睛便是白昼，闭上眼睛便是黑夜，一吹气便是寒冬，一呼气便是炎夏，不喝水，不吃食物，不呼吸，一呼吸就生成风，身子有一千里长。这位烛阴神在无启国的东面。他的形貌是人一样的面孔，蛇一样的身子，全身赤红色，住在钟山脚下。

《海外经》的内容，实际上是按照南、西、北、东的方位顺序描述了一幅古地图。地图上标示的方国在"海外"，在我们生活世界之外的不远的地方。这幅版图还将天文星象、历法岁时、山海川泽、方国族姓、祭祀兆域、神话传说、风土博物等内容囊括于一图之中，体现了先民视野中万物纷然杂陈的原始世界观。

《山海经》这部奇书出现得很早，西汉刘歆认为，《山海经》产生于大禹的时代，禹把天下划分成九州，伯益与伯翳等人区分万物的本质，写出了《山海经》。现代中国学者一般认为《山海经》成书非一时，作者亦非一人，而是世代相传下来的关于早期中国人对于世界认识的记载。

《山海经》描绘了一幅以华夏族为中心的世界图景：在这个广袤的大地上，中国九州位于世界的中央，大地的四方被大海环绕，四海之外是为形形色色的殊族异类、奇鸟怪兽、神灵物怪所居住和栖息的荒蛮地带；大荒之外，则是渺茫不可知的天地之际，四时变幻的风就从那里吹来，日夜流转、四时轮回的日月星辰也在那里升起和降落。这幅世界图景就是那个时代人们想象的世界的样子。虽然《山海经》的内容有许多想象和传说的成分，但大体上包含了那个时代即早期文明所认知的世界，是早期中国人的世界观。至少在先秦时代之前，《山海经》四极八荒的空间格局和殊方异族的知识，成为人们构筑世界观空间秩序和异域想象的基础。

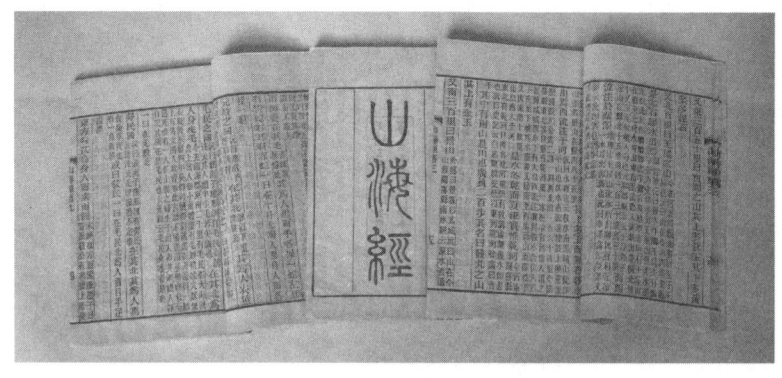

图 1-1-1 《山海经》书影

图1-1-2 《山海经》描绘的国界那边神秘的世界

二 黄帝的足迹和目光

《山海经》对于外部世界的描述,现在看来,多是奇异的、荒诞的,主要来自人们的想象,而非实证的记述。但是,奇异的想象也并非毫无根据。它所

中国典籍里的西方

反映的是当时人们对于探索外部世界、探索未知事物的热烈渴望,也反映了人们已经与外部世界、与其他民族有了一些直接或间接的接触。但这些接触是很有限的,得自传闻的东西很多,从信息源到记录者,经过了许多环节,在这个过程中,不断地剪裁、补充和再加工,使本来真实的故事神话化和怪异化了。

所以,在人类文明活动的早期,在新石器时代,就已经有了迁徙和交流活动,各民族之间有了一定的往来,因而各地也有互通信息的可能性,从而产生相互的了解、交流和影响。在中国的新石器文化中,不仅有南北不同地区文化的相互交流和影响,也有与欧亚大陆上其他新石器文化交流和影响的痕迹。比如著名的仰韶彩陶文化,就明显具有东西方相互影响的因素,有学者甚至提出在东西方之间有一条"彩陶之路"。稍晚一些时候的齐家文化,位于中西方交通要道,那里的动植物遗迹、陶器和铜器等遗物,都带有东西方交流的痕迹。

中国的古史传说中有一个"五帝时代",学术界普遍认为,这个传说的"五帝时代"在夏代之前,相当于考古学中新石器晚期的龙山文化时期。司马迁在《史记》中作《五帝本纪》,是把"五帝"作为中华文明的历史来记载的。在他看来,"三皇"只是源自传闻,而"五帝"则是中华文明的开端。司马迁倾向于把黄帝等"五帝"看作真实存在过的人物。

在关于五帝的传说中,有不少涉及对外交流的记载。如许多史籍中都提到黄帝西巡的事迹。《史记·五帝本纪》说黄帝"西至空桐,登鸡头"。传说广成子大仙曾经在此修道,黄帝几次上山问道。《庄子》亦称黄帝十九年,往见广成子于空桐(崆峒)。据称空桐在肃州东南60里,鸡头即空桐别名,或大陇山异名。

中国古籍载黄帝西巡还到过昆仑。在古代人的观念中,昆仑山是一座遥远的神山,是神的居所,相当于希腊神话中的阿尔卑斯山。《庄子·天地》篇记黄帝曾登昆仑。《穆天子传》还记载周穆王曾登上昆仑山,瞻仰黄帝在山上的行宫遗迹。

还有黄帝派伶伦西赴昆仑的传说。相传伶伦是黄帝时代的乐官,是发明律吕据以制乐的始祖。黄帝派伶伦去找竹子制作笛子。伶伦去了昆仑,"听凤之鸣",模拟自然界的凤鸟鸣声,选择内腔和腔壁生长匀称的竹管,制作了十二支竹律管。这个故事说明中国音乐在源头上就与西域的音乐有所接触和交流。

崆峒和昆仑,对于生活在中原地带的华夏族来说,属于很遥远的西方。关于黄帝西巡的传说,说明那个时代华夏族人的活动范围已经扩展到那么远了,他们已经对那些地方有了一定的了解。

西部地区与黄帝有关的,尚有"扶伏"一名,见《太平御览》卷七九八,说黄帝之臣茄丰有罪,流放于玉门关外二万五千里,以扶伏而去,称"扶伏民"。

古代传说中还有西域人前来的记载。这些记载说,颛顼时,有溟海之北的"勃鞮之国",人皆衣羽毛,无翼而飞。这个国家的使者前来"献黑玉之环,色如淳漆""贡玄驹千匹"。帝喾时,"丹丘之国""有夜叉驹跋之鬼,能以赤马脑为瓶,盂及乐器,皆精妙轻丽"。这个国家的使者前来"献玛瑙瓮,以盛甘露"。这两项记载说的是有域外国家前来通使入贡,建立了直接的联系。

尧舜时期与域外的联系就更多了。如古史所记,尧到过蜀、越,南抚交趾,身涉流沙,地封独山,西见王母,还到过大夏、渠搜。帝舜走过的地方更多,东南西北四个方向都去过,汉代人刘向《新序》说:"(舜)立为天子,天下化之,蛮夷率服,北发、渠搜,南抚交趾,莫不慕义,麟凤在郊。"

《竹书纪年》卷二记载,帝尧陶唐氏"十六年,渠搜氏来宾"。这个渠搜氏,据先周时期的传说或记载,位于中原之西,《太平御览》卷一六五引《凉土异物志》说"古渠搜国,当大宛北界"。渠搜可能是一个生产、使用或从事毛制品贸易的部落集团。在尧的时候,远在中亚的渠搜人就前来通使了。

在中国古典文献中,还记载尧将共工、驩兜、鲧、三苗分别流放到四夷,使他们改变四夷原有的风俗。可以把这个记载看作五帝时代中原文化向周边的一次有计划的传播活动。

关于黄帝西至昆仑和崆峒以及尧舜等与西域地方的关系,大概说的是关于中国先民最早与西域方向的联系。有了人员的相互来往,首先就会交换信息。正是通过这些接触,人们对遥远的西域,有了一些初步的印象和知识。这些印象和知识成为人们对异域想象的基础。

中原部族与周边地区,包括西域等地的往来,使人们对外部世界有了一定的了解,并且形成了最初的世界观念。这些初步的交往和印象,初步的接触和认知，大概就为《山海经》的出现提供了现实的基础。

三 "九州"与"大九州"

传说时代最重要的人物是禹。禹最著名的事业是治水。"大禹治水"是一个传之久远、人们耳熟能详的故事。

在尧帝的时候，相传连续遭了9年的水灾，一时"洪水滔天"，百姓痛苦不堪。禹的父亲鲧治水不成，被杀于羽山之郊。禹继承了其父平治洪水的事业。禹与伯益和后稷一起，召集百姓前来协助，他视察河道，并检讨鲧治水失败的原因。禹总结了其父亲治水失败的教训，改革治水方法，以疏导河川治水为主导，利用水向低处流的自然趋势，疏通了九河。治水期间，禹翻山越岭，蹚河过川，拿着测量工具，从西向东，一路测度地形的高低，竖立标杆，规划水道。他带领治水的民工，走遍各地，根据标杆，逢山开山，遇洼筑堤，辟山开渠，疏导江河，以疏通水道，引洪水入海。他驱逐兴风作浪的水神，剪除破坏治水的妖魔，历尽千辛万苦，奋战13个寒暑，终于制服了洪水之灾，使人民过上安宁的生活。

大禹治水后，人民能够"降丘宅土"，得以休养生息，过去以血缘关系为纽带的先民渐渐变成以共同居住地为纽带，孕育出之后的伟大的中华民族。古往今来，人们一直对大禹怀着崇敬之情。人们尊称他为"大禹"，即"伟大的禹"。

《尚书·禹贡》说："大禹治水，始有九州。"在治水的过程中，禹走遍天下，对各地的地形、习俗、物产等皆了如指掌。禹依据自然条件中的河流、山脉和海洋的自然分界，重新将天下规划为九个州。"九州"指大水中的九块陆地，泛指华夏九个大区。九州之序，依次是：冀州、兖州、青州、徐州、扬州、荆州、豫州、梁州、雍州。还就各州的山川、湖泽、土壤、植被、田赋、特产和交通路线等特点，进行了区域对比；列出20余座山岳，归纳为四条自西向东的脉络；依山地循行，开启九道。据《禹贡》描述，九州岛就是大禹治水成功以后所划分的9大地理区域。《禹贡》所叙述的九州的范围，北有燕

第一章 想象的异域

山山脉、渤海湾和辽东,南至南海,西至甘肃接西域,东至东海。由《禹贡》所划九州岛的分布来看,夏朝至商周时期的北疆和东疆包括广大的沿海地区,这些地区均可视为先秦时期海疆的基本范畴。

这个"九州岛"的概念,就是当时人们所认知的世界。《周礼·大司徒》说:"周知九州岛之地域广轮之数,辨其山林、川泽、丘陵、坟衍、原隰之名物。"郑注说:"积石曰山,竹木曰林,注渎曰川,水钟曰泽,山高曰丘,大阜曰陵,水崖曰坟,下平曰衍,高平曰原,下湿曰隰。"这以物产生态为视点的八大地形地貌分类,可说是对三代以来交通地理知识的涵概。

大禹即位后,在涂山召开了诸侯大会。这次涂山之会一般被认为是中国夏王朝建立的标志性事件。大禹穿了法服,手执玄圭,站在台上,四方诸侯按其国土的方向两面分列,齐向大禹稽首为礼,大禹在台上亦稽首答礼。据史书记载,"禹会诸侯于涂山,执玉帛者万国"。这里所谓的"国"应是指早期的古国或酋邦。可以说夏朝的统治是一个由众多古国、酋邦组成的政治联盟。

涂山大会后,禹将各方诸侯进献的金(铜),铸造成几个大鼎。九鼎(即冀州鼎、兖州鼎、青州鼎、徐州鼎、扬州鼎、荆州鼎、豫州鼎、梁州鼎、雍州鼎)铸成,鼎上铸着各州的山川名物、珍禽异兽。九鼎象征着九州,其中豫州鼎为中央大鼎,豫州即为中央枢纽。九鼎集中到夏王朝都城阳城,借以显示夏王大禹成了九州之主,天下从此一统。九鼎继而成为"天命"之所在,是王权至高无上、国家统一昌盛的象征。

夏朝疆域主要在今陕西、河南和山西3省之间的黄河流域。但在夏朝的中心统治区之外,还有南方的三苗、西戎和东夷等族的大量氏族或部落。禹将大地划分为九州,还规定:天子帝畿以外五百里的地区叫"甸服",再外五百里叫"侯服",再外五百里叫"绥服",再外五百里叫"要服",最外五百里叫"荒服"。甸、侯、绥三服,进纳不同的物品或负担不同的劳务。要服,不纳物服役,只要求接受管教、遵守法制政令。荒服,则根据其习俗进行管理,不强制推行中央朝廷政教。这样,由"九州"所构成的世界,就是一个有区别、分层次的世界,这就是由所谓的甸、侯、绥、要、荒"五服"组成的差序世界。

大禹去过很多地方,比如有记载说禹也曾"南抚交趾"。这说明大禹时期

— 15 —

中国典籍里的西方

华夏族人的活动范围要比之前扩大了，与外部世界的联系也有所增加。《大戴礼记·少闲》说到大禹时代："舜有禹代兴，禹卒受命，……民明教，通于四海，海之外肃慎、北发、渠搜、氐、羌来服。"在这个时候，来自东北的肃慎、北发，西北的渠搜、氐、羌等氏族，都与中原建立了直接的联系。

到了战国时期，学者邹衍提出一个"大九州"的理论，进一步将"九州"的概念深化和系统化。在邹衍看来，在大禹划分的"九州"即"赤县神州"外，还有"大九州"，中国只是大九州的一部分。像赤县神州这么大的州全世界共有9个，每一州的周围都有大海环绕，这个州里的人们与其他州不能由陆路相通往来。

《淮南子》中记载了大九州的完整名称：东南神州曰农土，正南次州曰沃土，西南戎州曰滔土，正西弇州曰并土，正中冀州曰中土，西北台州曰肥土，正北泲州曰成土，东北薄州曰隐土，正东阳州曰申土。

邹衍的这种说法将"天下"扩展到了世界，与传统的"九州论"相比，似乎已经具有了一定的早期"世界"意识的萌芽，应该是早期中国与外部世界交往正在扩大的一种反映。"大九州"说突破了人们狭隘的地理观念，开阔了人们的视野，激发了人们探索域外的热情。

邹衍的大九州之说在当时被认为是"闳大不经"。但到了后来，"大九州"说的价值逐渐被人们所认识。

四 "四海"与"五方"

另外，在中国人早期对于世界的认知中，还有"四海"和"五方"的观念。在夏代，已经有了"四海"的概念。古代文献中追述的夏代交通地理观念，常用"四海观"来概括。如《大戴礼记·少闲》谓禹"修德使力，民明教通于四海"；《禹贡》谓"讫于四海，禹锡玄圭，告厥成功"。甚至所谓商汤受天命革夏，尚且承夏代而"肇域彼四海"（《诗经·商颂·玄鸟》）。

《尚书·禹贡》中详细描述了九州岛的地理位置、土地出产、贡赋，还提到了远离"天子之国"2500里之外的荒服之地。并特别明确指出了舜禹之时

第一章 想象的异域

"天下"的大致范围:"东渐于海,西被于流沙,朔、南暨,声教讫于四海。"可见"四海之内"的本意是指包括周围蛮荒之地在内的已知"世界"。《山海经》中《海内》《海外》《大荒》诸经所涉及的地理范围就是先秦时中国人想象中的"四海之内"和"天下",即我们现在所说的"世界"。它既具有地理范围上的指向性,又反映了古代族群分布的大致格局。陈佳荣先生指出:"先秦时期,人们即以'九州'为中国,同时又常以'四海'泛指中国四方疆域乃至域外世界。最初古人以为中国四境皆为大海环绕,九州之外即为四海。但后来则多半为了行文对举而采用'四海'之名。在中国载籍中,'四海'一词之含义不尽相同,例如《尚书·大禹谟》说'文命敷于四海',指的是天下或全国各处。《尚书·禹贡》的'四海会同',则泛指中国四周的海疆。"

商代强调"四方"的地理概念,如《墨子·非攻下》说汤"通于四方,而天下诸侯莫敢不宾服"。"四方"即"四土",表示一个范围相当广大的地理区域,中心点为都城大邑或商邑。商人关于周边各族群的记述也与地理方位联系起来,称周边民族政权为"方"。商人的记述中有"多方",包括土方、羌方、鬼方、人方、井方等,这大致构成了"五方"的轮廓,成为商人观念中的政治空间结构。商的政治中心地位通过"方"或"多方"来突出、体现。

商朝统治的范围有王畿和王畿外的诸侯国。商王畿比夏王畿的范围要大得多,受商王统治和与商具有同样文化的诸侯国也向四方发展。在北方,有商的同姓诸侯孤竹国(今河北省卢龙县);在东方,有奄(今山东省曲阜市)和蒲姑(今山东省博兴县)与商有同源关系;在西方,有周(今陕西省岐山一带)是商朝的诸侯国;在南方,与"荆蛮"为邻,势力达到长江流域,甚至有部分商人已迁居湖南、江西等地了。

商代方国众多,传说商汤时有三千个。这些方国有的处于商的四周,有的则穿插于商朝辖境,与商族和商朝有着复杂的关系。商朝前期的方国,分布在东、西、南、北四方。商代中后期,在商朝王畿之地西北和西方即今山、陕北部,宁夏六盘山东西及内蒙古河套地区,有鬼方、揸方、系方等方国。它们大约都是一些游牧民族的氏族和部落共同体。在商朝南方,有荆楚;东方是九夷分布之地,有虎方、夷方、林方等。

商汤时曾令伊尹作"四方献令",规定前来朝贡诸国进贡方物。《汲冢周

中国典籍里的西方

书》卷七记载了这些方国：

> 正东：符娄、仇州、伊虑、沤深、十蛮、越沤，鬋发文身，贡献的方物有鱼皮之鞞，乌鲗之酱，鲛鯢利剑。
> 正南：瓯邓、桂国、损子、产里、百濮、九菌，贡献的方物有珠玑、玳瑁、象齿、文犀、翠羽、菌鹤、短狗。
> 正西：昆仑、狗国、鬼亲、枳巴、闟耳、贯胸、雕题、离卿、漆齿，贡献的方物有丹青、白旄、纰罽、江历、龙角、神龟。
> 正北：空同、大夏、莎车、姑他、旦略、豹胡、代翟、匈奴、楼烦、月氏、截犁、其龙、东胡，贡献的方物有橐驼、白玉、野马、騊駼、駃騠、良弓。

这个文献所列，以商朝王畿为中心，东南西北四个方向，共有三十几个方国，都与商保持比较密切的往来关系。这些方国所献方物，实际上就是这些边远民族与中原的物质文化交流。通过这样的交流，各地的物产被输送到中原，同时，也会有许多中原物产以及其他文化被传播到这些方国，即中原商王朝的周边地区。从这个文献的记载来看，当时商朝不仅对这些方国的具体位置已经很清楚了，对它们的物产、动植物也都比较了解。比如说到西方，有昆仑、狗国、漆齿等国，贡献的方物有丹青、白旄、纰罽、江历、龙角、神龟等奇珍异物。这是商朝人所知的西部世界，也是古典文献中最早有关西方的记载。

在方国与商王朝的关系上，一方面各方国承认商王的"共主"地位，并通过纳贡等形式表示对商王的臣服；另一方面，一些方国的贵族统治者又企图向商族进行掠夺，因此，商朝和方国之间在保持政治、经济、文化联系的同时，经常发生战争。

与商王朝经常发生战争的，在商的西北方有土方、工方、鬼方。"戎"曾经是我国西北方的一支强大的族群，"西戎"是西方民族的总称，殷周时有鬼戎、西戎等。商代的羌族主要分布在甘肃、青海地区，即岐周之西。由于他们随畜迁徙，也可能有一部分向东移动，与华夏族交错居住。商人对羌用兵多于其他民族，征伐羌人的战争规模也是很大的。大概从这时起，中原王朝对外交

第一章 想象的异域

涉等重点就在西方,也即后来文献中所说的西域。

商的东方是夷族集团。甲骨卜辞称东方夷人为"尸方""儿方""人方"。商时,东夷势力退居胶东半岛地区,商朝的控制区扩大到除胶东半岛以外的今山东全省境内,商朝的方国奄和蒲姑即位于东夷地区。商朝前期,商王发动了对东方蓝夷、班方、邛的战争。尤其在帝乙、帝辛之世,商王对夷方发动了大规模的战争。

在商的南方和西南方,分布着许多古老的民族,南方有荆楚,西南方有庸、蜀、羌、髳、微、卢、彭、濮等。这些民族在不同程度上受商政治势力的控制。武丁时,为了掠夺奴隶和扩大提供贡纳的领属,曾向南方荆楚发动军事征伐。商朝末年周武王伐纣时,庸、蜀、羌、髳、微、卢、彭、濮等族人都参加了武王的联军。

周人继承了商的世界观,强化了"中心"对"四方"政治统御的观念。周朝的畿服制是关于周王朝中央政权与地方政权关系的一种规定。其中,甸服为畿内,侯服、宾服指华夏诸族,要服、荒服者则指远近不同的夷狄。此种制度实际上是以尊卑、亲疏、内外、远近为标准的等级制度在国家政治区域划分方面的反映。周人以周王室为中心建构了一个以礼制为表现形式的等级化政治体系。在所谓"五方之民"中,四方所围绕的"中心"便是所谓"中国",即占据中原地区的华夏族。而蛮夷、戎狄等异族则被置于这个体系的边缘。

周朝建立以后,其对外关系要比商朝有所扩大。《吕氏春秋·观世》中记载:"周之所封四百余,服国八百余。"古代传说中有不少关于周初周边国家进献方物的记载。《逸周书·王会解》记载了西周时四方诸侯和四裔方国至周朝见成王、进献方物的盛况,全文的主要内容是罗列、记述四方蛮夷所献方物,各种珍宝异物、奇禽怪兽、草木虫鱼,一一记其名而状其形,构成一派内抚诸夏、外服百蛮、万国来朝、异物并臻的治平盛景。《王会解》呈现的"蛮夷献宝"场面,呈现的正是一个以华夏为中心、以四裔为边缘的"世界观"图景。《拾遗记》还说,周成王"播声教于八荒之外,流仁惠于九围之表。神智之所绥化,蹑迹之所来服,靡不越岳航海,交贽于辽险之路。瑰宝殊怪之

中国典籍里的西方

物,充于王庭;灵禽神兽之类,游集林薮。诡丽殊用之物,镈斫异于人功"。从这些记载来看,周初与域外交往还是比较多的,传入周朝的物质文化,有"瑰宝殊怪之物""灵禽神兽之类""诡丽殊用之物",有宝物,有用品,还有动物,在当时已经是十分丰富了。

从战国至西汉,在商周宇宙观的基础上,关于中央与四方的政治观念进一步完善。占据中央位置是正统地位的象征,相对于中央的是四方、四极、四荒、四海等,而这些边缘地带都是与民族相联系的。如《尔雅·释地》说:"东至于泰远,西至于邠国,南至于濮铋,北至于祝栗,谓之四极;觚竹、北户、西王母、日下,谓之四荒;九夷、八狄、七戎、六蛮,谓之四海。"

五 周人所认识的西方世界

商周时代人们对外部世界的知识,以面向西方为重点。

商代时,昆仑山之玉已经得到可观的开采,并且和内地建立了贸易关系。中国商人已经可以出入塔克拉玛干沙漠边缘,购买和田玉石,同时出售海贝等沿海特产,与中亚地区进行小规模贸易往来。商代的西北民族鬼方掌握了当时的新疆和安阳的玉石贸易,通过这一民族的媒介,中外商货得以交换、流通,成为先秦古籍中称作"百物"的源头。周王朝崛起之后,葱岭之东的这块玉石产地就牢牢地掌握在中原王朝手里了。昆仑之玉是周王朝的重要战略物资。中原从西部边远地方获得玉石,形成了最早的"玉石之路"。这条路东起都城洛阳,北上山西中部沟注山,再西出河套,直通塔里木盆地南缘和田玉的产地,总计八千里。这条运输玉石到内地的路不但长,而且很凶险,沿途要经过沙漠和险峻的关隘,时刻要提防出没其间的游牧民族的袭击。所以,战国时的《尸子》说:"取玉甚难。越三江五湖,至昆仑之山,千人往,百人反,百人往,十人至。"

这样颇有规模的玉石贸易,以及相应的人员往来,大大开拓了周人对西部

第一章 想象的异域

世界的视野,增加了人们对西部世界的好奇和想象。

周人在西部地区立国,与西域地方早有交通。周的势力向西北地区伸展,与天山南北保持一定的联系,汉族的移民也到达葱岭以东的地方。传说周太王亶父派季绰到葱岭以东的地方,"以为周室主",建立了赤乌国。《山海经·大荒西经》把这个地方叫作"西周之国",说那里有发达的农耕生活,居民也和周宗室一样姓姬。文王末年,姜太公曾派使臣南宫适出使西戎的义渠国,义渠国王送骇(难驯的马)、鸡和犀,文王又将这些东西献给纣王。周朝建立后,武王命西戎驻泾、洛二河北。周公平定殷人叛乱,四邻民族都来朝贺,其中有西域的渠搜国送鼦犬,康民赠桴苡,还有祁连山以北的禺氏(月氏)献騊。而到西周中期,周穆王"西狩"一事,则进一步开拓了人们对于西域的交通和地理文化知识。

周穆王的西狩是古代一个很浪漫也很传奇的故事。

西周昭王、穆王两代,上承"成康之治",号称盛世。当时周朝国力强大,声名远扬,中土与四方交往有所增加,联系也更趋频繁。于是,有了周穆王"西狩"的重大事件。

关于周穆王(前1001—前947)之"西狩",是一个我国古代著作多有提及、流传甚广的上古遗说,如《竹书纪年》周穆王条:"十七年西征昆仑丘,见西王母。"《史记》卷五《秦本纪》、卷四十三《赵世家》记造父以骏马骥、温骊、骅骝、騄耳献于穆王,穆王命造父驾车,西巡狩,得见西王母。

记穆王西巡狩事最详的是《穆天子传》一书。书中记周穆王绝流沙、征昆仑、"周游四荒"的历程,凡殊方异域之山川地理、风习物产、人物传说,多有涉及;所记月日、里程、部落,往往具体翔实,班班可考。同时,书中又夹杂不少奇闻佚事、神话传说,富于文学色彩。此书于西晋武帝太康二年(281)发现于河南汲县战国魏襄王墓中,有人疑其为晋人伪作,或谓西周史官所记,还有成书于春秋战国时代一说。近人论证此书成书当在战国前期,为赵国人所作,似更可信。① 《穆天子传》虽是小说家言,不是信史,但对于了

---

① 郑杰文:《穆天子传通释》,济南:山东文艺出版社1992年版,第137—151页。

解西周与西域的交通往来和穆王西狩之传说仍具有珍贵的价值。

穆王西征的目的,一方面是征服犬戎,另一方面是加强与西北各族的联系和交往。据《竹书纪年》《史记》的记载,穆王西征前后有两次。周穆王时,犬戎势力扩张,不肯臣服,阻碍了周朝和西北方国部落的来往。穆王十二年(前965),周穆王率六师之众,西征犬戎。第二次是穆王十七年(前960),穆王向西巡游,经河宗氏、赤乌氏、容成氏等20余个域外邦国部落,最后抵西王母之邦,受到西王母隆重的接待。

关于周穆王西行的路线,据历史学家岑仲勉的考订,自长安出发,过秦、汉之长水(漳水),历华亭西北(钘山)、泾水正流(虖沱)、固原南部(陇)、武威以东地区(焉居)、武威、张掖地区(禺知),而至于张掖河流域(阳纡)、居延附近(积石)。① 周穆王达到居延一带后,稍事休憩,即折向西行,入新疆境,至塔里木河流域。周穆王绕塔克拉玛干沙漠南缘,过葱岭,经塔什干,进入中亚西王母之邦。周穆王抵西王母之邦后,再北行,有"大旷原",那是周穆王西巡的终点。

周穆王西巡,为何要先北征?在汉武帝开河西走廊,建武威、张掖、酒泉、敦煌四郡之前,商旅很难直西而去,当抵至武威、张掖地区后,须先北上至居延,再折西而行。这条道路是确实存在的。从鄯善南下,绕塔克拉玛干沙漠,经于阗、叶尔羌,越葱岭进入中亚,这一段路线,是后世丝绸之路的南道。

学者们对《穆天子传》的真伪及地名、部落名有各种各样的考证,多数人认为其概述的地理与真实地理状况是相符的,该书作者是根据当时熟悉这段路程的旅行家或商人的报告写下这个故事的。范文澜先生据穆王西巡故事推断,中国与西方早有通商之路,当时有玉石自西方而来,便是一个例证。范文澜说:"穆王是个大游历家,相传曾到过昆仑山西王母国。一个天子不会冒险远游,当是西方早有通商之路。"②

---

① 岑仲勉:《穆天子传西征地理概测》,载《中山大学学报》,1957年第2期。
② 范文澜:《中国通史简编》第1编,北京:人民出版社1958年版,第145页。

第一章　想象的异域

周穆王西行,最后见西王母。中国古史中早有关于"西王母"的传说。在中国古代传说中,西王母被称为万灵主母,其圣地为中国西方的昆仑山脉,居住于崇山峻岭之中。在中国古典神话中,昆仑神话是保存最完整、结构最宏伟的一个体系,西王母神话及信仰是昆仑神话的重要内容。《山海经》把西王母描绘成一个半人半兽式的女性神祇。这类半人半兽式的神祇正是较原始的神祇形象,是古代先民在口头流传中将本部族图腾与本部族著名首领复合叠印的产物。近年也有研究认为,"西王母"可能是古中国西北一部落的名称,只因该部落剽悍凶恶,而被中原的华夏族讹传为刑杀之神。古代史料中有许多关于西王母的记载,都说"西王母来献其白玉琯"。这说明,早期西王母国时常向中原帝王朝贡。《尔雅》还记述:黄帝在位时,(西王母)曾命使者助帝克蚩尤之暴,舜帝在位时命使者献白玉环,夏献白玉玦,授地图明疆分野相和处,后帝渐不交往,还敢于同夏朝以武力相对抗。而在《穆天子传》中,西王母则被描绘成一位半神半人的多情女子,一位雍容平和、能歌善舞的女王。西王母与穆王诗文唱和,情意绵绵,二人在昆仑山瑶池共饮"琼浆玉液",使穆王"乐之忘归"。

那么,作为周穆王西巡终点的"西王母之邦"在什么地方呢?在古史传说中,西王母生活于西域,各书记载不同。随着人们对西域的探索,西王母生活的地方越来越西移。到汉代,随着西域道路的开辟,人们既已接近或到达西王母的生活区域,自然可将有关这一区域的地理、物产、传说等糅合起来,大大丰富了西王母的故事。

《穆天子传》说从群玉之山到西王母之邦,相距3000里。所谓群玉之山,似指昆仑山北麓,这里从东而西都是产玉之地,有于阗、墨玉、皮山、叶城、莎车等。更多的研究认为,西王母之邦是生活在中亚锡尔河上游地区的一个塞人部族,当时还处在母系氏族社会,西王母应是该部族首领。周穆王西巡狩,得见西王母,说明公元前10世纪以后黄河流域和中亚锡尔河上游地区已有比较牢固的联系。

由于历史年代久远,关于周穆西巡狩的事迹已不甚清晰,但我们仍然可以了解到那个时代中原民族开辟与西方交通、发展与西域各民族友好往来和文化交流的努力。所谓"西狩",其实穆王一路上并无战事,率六师之众,只是作为一种仪仗。但由此可以想见这支队伍是十分庞大的。《穆天子传》记穆天子西征,历域外部族 20 余个,所到之处,各部族都友好接待,无不贡献方物特产,穆王也莫不一一赏赐中原物品,进行了大规模的物质文化交流活动。这种献赐活动反映了一种以物易物的交换贸易关系。所以,穆王西狩还具有与西域各地进行贸易活动的意义。

"穆王西狩"是中西交通史和文化交流史上具有重大意义的事件,是一次前所未有的远距离交往和交流活动。在丝绸之路的历史上,周穆王是第一位留下名字的人物,并且是以帝王的身份出现的。这似乎预示着,丝绸之路很早就被纳入中原王朝的视野,经略丝绸之路成为中原王朝长期的国家战略之一。而通过穆王这次大规模西行活动,中原对西域地方已经有了初步的接触和了解,对于那个遥远地方的物产、部族和文化,对于中原与那里的交通路线,都有了更进一步的认识。

图 1-5-1 《帝鉴图说》周穆王乘八骏巡游天下事

图1-5-2 宋刘松年《瑶池献寿图》，台北"故宫博物院"藏

第二章 丝绸之路开辟的新视界

一 大帝国的世界眼光

秦汉时代是中国文化史上的黄金时代，处处洋溢着创造性的生机，体现着盛世文明的宏阔情怀。

统一帝国的建立，为生产力的发展提供了巨大动力，形成了巨大的经济力量。汉王朝的统治者积极开疆拓土，发展中外交通，控制西南，北击匈奴，沟通西域。秦汉王朝是当时世界上唯一的封建大帝国，其辉煌灿烂的文明在世界处于领先的地位。

春秋战国时期，各诸侯国都努力开疆拓土，不断扩大中华民族的活动区域。秦始皇统一中国后，其帝国的版图包括今陕西、甘肃、四川、云南、广西、广东、福建、浙江、江苏、山东、辽宁、内蒙古、宁夏等20多个省区。汉帝国的疆域也在秦王朝领土的基础上继续向外拓展。至汉武帝时，由于国力强盛，积极开疆拓土，广开三边，巩固和发展了庞大的帝国，我们祖国的版图初具规模。经过连年扩张，到西汉末年，汉帝国拥有人口5959万，领土东西9302里，南北13368里。拥有这样庞大人口和广大疆域的国家在那个时期的东方国家中是独一无二的。

在西北，汉朝采取积极抗击匈奴的战略，控制了天山南北，移民屯田，而后又设西域都护，巩固和拓展西北边地，开辟了通往西域的交通线，为正式开通著名的丝绸之路准备了条件。在西南区也大力开辟，设置都护，而在越南北部和朝鲜北部则直接设置郡县，纳于汉王朝的直接统治之下。汉王朝对周边地区的积极拓殖经略，使其处于中华文化的广泛影响之下，为在东亚地区形成"中华文化圈"奠定了基础。

其对外积极拓展，是与"大一统"的文化传播密切相联系的。汉王朝不仅积极经略周边地区，而且大力发展对外关系和经济文化交流。司马迁说："海外殊俗，重译款塞，请来献见者不可胜道。"汉代是中国文化史上第一个全面实行文化开放的时代。在此之前，中外文化已有交流的踪迹，也早有持续不断的涓涓细流。而至汉代，则是自觉地开辟对外交通，发展对外交往，与远近许多国家和地区建立广泛联系，成为真正具有世界性影响的东方帝国。在陆路，由张骞通使西域而正式开辟了丝绸之路，打通了中西方的交通，密切了西域乃至更远地区与中国内地的政治经济文化联系。在海路，创辟中印海上航道，把航线延伸到印度洋，与海上通道国家建立了联系。汉王朝在积极向国外派遣使节的同时，还接待来自许多国家的使节，不仅建立起互通友好的政治关系，还大力加强人员往来，发展经济关系，促进物质和精神文化交流。当时中外交通四通八达，人员往来相望于道，出现了前所未有的中外文化交流的盛世。

汉代对外交通的开辟与畅通，促进了对外贸易的发展。汉代是中国对外贸易发轫时期，对外贸易一开始规模就很大。东方隔海与日本，西方远至罗马，南到东南亚各地，交易日益频繁。

汉文帝时，北方"与（匈奴）通关市"，然而规模尚小。及武帝经营四方，征服四邻的一些部落、氏族、国家，并大力开辟交通，派张骞两次出使西域，开辟了通西域的道路以后，境外贸易进入繁荣发展时期。东北与乌桓（乌丸）、鲜卑的贸易，在西汉时已相当发达。乌桓与鲜卑多以奴婢、牛马、虎豹、貂皮交换汉的丝与铁。南方的南越，在未归属于汉帝国以前，与汉有过密切的贸易关系。南越向汉购买金、铁、田器、马牛羊。南越归属汉以后，其地便成为中国从海上与东南亚各国及印度、罗马通商的要道。据《汉书》卷二八《地理志》记载，中国商人曾到达今印度东海岸，"市明珠、璧流离、奇石异物"。武帝以后，这些物品皆有"献见"。中国商人"赍黄金，杂缯而

中国典籍里的西方

往"。中国的丝织品和铁器等物被运到印度以后,又由印度或罗马商人转运至罗马各地。罗马的琉璃等商品,通过同样的道路,运到中国沿海的日南和番禺,再经过桂阳、长沙运到洛阳或长安。汉代境外贸易首先是与西域各国的交易。这些国家"皆无丝漆,不知铸铁器",而多产玉石与牲畜。他们以牲畜、玉石交换中国的铁器及丝织品,并往往以使团名义来中国贸易。许多西域商人直至长安进行商贸活动。

这种大交流的局面,也和当时的世界大趋势密切相关。在中国人积极向外探索的同时,西方的其他文明如波斯、罗马等也在积极地寻求与东方的联系。交往、交流,需要双方的积极性,而在秦汉这个时代,正是欧亚大陆各个文明都在积极发展对外贸易和文化交流的普遍开放的时代,各种文明的交流与影响呈现出相互性与双向性,极大地拓展、开阔了彼此的视野。

在汉代,中华文化与世界文化开始了具有实质意义的对话。在汉代,人们对于与其他民族的文化交流抱着积极开放的态度,对外来文化热烈欢迎。在这个文明的上升期,人们有无穷的好奇心和宏阔的胸襟。鲁迅先生有一次看到几面汉代古镜,刻着西域的葡萄花纹,不禁感叹:"遥想汉人多少闳放,新来的动植物,即毫不拘忌,来充装饰的花纹",不像后世的中国人,怀着"各种顾忌,各种小心,各种唠叨,这么做即违了祖宗,那么做又像了夷狄,终生惴惴如在薄冰上"。

正是汉代人的开阔胸怀,开创了大开放、大交流的局面,也大大增强了人们的世界意识,开阔人们的世界眼光,增加了人们对外部世界的了解和认识。

二　张骞对西域的发现

在汉代乃至以后很长的历史时期内,中国对外交涉的重点在西方。在中国的历史文献中,"西域"是一个与中西文化交流关系非常密切的地理概念。

"西域"一词,最早见于《汉书·西域传》。匈奴早期在对"西域"地方的控制中具有优势地位,于是,有"匈奴西域"的方位代称,史称"皆在匈奴以西"。汉武帝时与匈奴的实力对比扭转以后,汉帝国的"西域""扼以玉

第二章 丝绸之路开辟的新视界

门、阳关"。西汉时期，狭义的西域是指今甘肃敦煌西玉门关、阳关以西，葱岭以东，昆仑山以北，巴尔喀什湖以南，即汉代西域都护府的辖地。所以，狭义的"西域"是指中国境内的西部疆土，主要是指现代的新疆一带。不过，在汉唐时代，中国的西部疆土要比现在的版图远为广阔。唐代比之汉代的西疆更远，直到黑海岸边，设有北庭护都府，管理军事行政，建立屯田制度。西域包括昭武九姓的领地，在唐代都属中国，设有羁縻州。

从现代地理学的观念来看，中亚和西亚地区是古代中外文化交流的最重要区域。古史上的"西域"概念，也主要是指这一地区。中亚所称的是里海以东，葱岭以西，伊朗、印度、中国以北，西伯利亚以南的一段地域，包括土库曼斯坦、乌兹别克斯坦、吉尔吉斯斯坦、塔吉克斯坦4国的全部和哈萨克斯坦的南部。西亚位于里海、黑海、地中海、红海、阿拉伯海之间，有"五海之地"的称号。西亚各国东起阿富汗，西至土耳其，南迄阿拉伯半岛各国。

中国与西域地方早有交通往来，民间商贸交流和人员往来自古不断，中西之间的文化交流都能在丝绸之路的大道上寻得踪迹。不过，虽有周穆王西狩的传说，但直到汉代以前，中国与西域的交往和文化交流主要还是通过民间的商旅往来。

作为正式的往来关系，一般认为是从汉代张骞通使西域开始的。张骞之西使被称为"凿空"，不是一般意义上的"开通西域道"，而在于说明此为中原王朝向西域诸国首次派遣的官方使节，从此开始了与西域的正式联系。

而张骞通西域，也打开了中国人认识西部世界的大门，极大地开阔了人们的眼界，增加了西部世界的知识。

汉武帝遣使西域，其直接目的是对付匈奴人的侵扰。长期以来，匈奴是中原王朝的主要边患。汉武帝继位后，改变了对匈奴的政策，积极抗击匈奴的侵扰。武帝得知原居住在河西走廊一带的大月氏人被匈奴驱赶出故地，而且匈奴单于杀了大月氏王，大月氏人常思报仇，于是，武帝决定派遣使节出使大月氏，劝说大月氏人和汉朝联合起来共同击败匈奴。于是，便有了张骞西使"凿空"这一在中西关系史具有重大意义的事件。

不仅如此，汉武帝的决定可能还有更深层的原因，正如英国学者艾兹赫德（S. A. M. Adshead）指出的，"丝绸之路真正的开端还是因为中国对外面的世

中国典籍里的西方

界感到好奇"①。

汉武帝建元三年（前138），张骞带领向导、随员等100多人，带着这样重大的使命从长安出发了。但他们只知道大月氏去了西域，并不清楚他们究竟迁到了什么地方。他们完全是向着一个未知的地方、一个未知的目标行进。他们坚信，只要一路向西，就能找到大月氏人。他们从长安出发，一路向西，风餐露宿，备尝艰辛，途中充满了危险。其间被匈奴人抓获，扣押在匈奴人的王庭十多年，后来从匈奴人那里逃了出来，终于在今天的阿富汗找到了大月氏人。最后，张骞于元朔三年（前126）回到长安。

张骞从西域归国后，带回了有关西域诸国的许多见闻，使中国人第一次系统地了解了西域诸国。他向汉武帝详细报告了在西域的亲身经历和所见所闻。这一报告后来似乎成为单独的著作，另外一本《海外异物记》后来也被认为是张骞所作。这两种书后来都已散佚。但在《史记·大宛列传》中记载了张骞的报告。这是中国史籍对西域各国详细的、较全面的、真实的首次记录。

自古以来，西域就是中原王朝致力于探索、开拓和认知的重点。最早的记载说黄帝西巡，并派伶伦西赴昆仑，又有关于周穆王西巡见西王母的故事。不管这些传说的真实性如何，至少说明西方、西域是早期中国人对外部世界的一种"意象"。但上述材料所记载的有关西域的内容都不十分系统，多有想象和神话色彩。实际上，在张骞出使之前，中国人对于西域各国的情况，或了解得很模糊，或完全不了解。自张骞首次出使西域，开辟通往西域之路后，西域与内地交通大开，人们对西域的认知也大大加强了，认识得比较具体、实在了。

《史记·大宛列传》则是中国人对西域第一次完整的认知体系，大大开拓了中国的地理概念，使中国人较清楚地知道了中亚的草原和沙漠，中亚庞大的山系——天山和帕米尔高原，发源于这些山脉的中亚巨大河流——注入西海（咸海或里海）的锡尔河和阿姆河，以及流入罗布泊的塔里木河。

张骞向武帝的报告，大体上分为三个部分：一是见闻，二是传闻，三是评

---

① ［英］艾兹赫德：《世界历史中的中国》，姜智芹译，上海：上海人民出版社2009年版，第26—27页。

估。见闻的部分是他到达的地方,即大宛、大月氏、大夏、康居。《史记·大宛列传》首先以汉人所熟知的匈奴定位了大宛的地理位置,记载说:

  大宛在匈奴西南,在汉正西,去汉可万里。其俗土著,耕田,田稻麦。有蒲陶酒。多善马,马汗血,其先天马子也。有城郭屋室。其属邑大小七十余城,众可数十万。其兵弓矛骑射。其北则康居,西则大月氏,西南则大夏,东北则乌孙,东则扞罙、于窴。于窴之西,则水皆西流,注西海;其东水东流,注盐泽。盐泽潜行地下,其南则河源出焉。多玉石,河注中国。而楼兰、姑师邑有城郭,临盐泽。盐泽去长安可五千里。匈奴右方居盐泽以东,至陇西长城,南接羌,鬲汉道焉。

  大宛位于帕米尔西麓,也就是今乌兹别克斯坦费尔干纳盆地。据张骞归国后说,当时大宛大小属邑有七十多个,人口有几十万,农业和畜牧业兴盛,产稻、麦、苜蓿、葡萄等,葡萄多用于酿酒,富人藏酒至万石,且以出汗血马著称。大宛国王久闻中国十分富庶,很想与中国通使交好,但苦于匈奴从中阻碍,未能实现。当张骞意外到来时,他非常高兴,对张骞一行热情款待。张骞对大宛王说明了此行的目的和沿途种种遭遇,希望大宛能派人相送,并表示今后如能返回汉朝,一定奏明汉皇,送他很多财物,重重酬谢。大宛王表示乐于相助,不仅给他们配备了马匹和必备的生活用品,还派了向导和译员陪同,同张骞等人经康居赴大月氏。

  康居位于锡尔河流域,是当时西域北部的大国,拥有现在新疆北境以及中亚部分地区。《史记·大宛列传》说:"康居在大宛西北可二千里,行国,与月氏大同俗。控弦者八九万人。与大宛邻国。国小,南羁事月氏,东羁事匈奴。"据《后汉书》记载,康居国西南都城与安息国相邻,东南与贵霜王朝的大月氏国相邻,北部奄蔡国、严国均已臣属康居。康居一直和中原保持友好往来和经济文化交流,直到唐玄宗时,还有来自康居的乐师和胡旋女在长安活动,轰动一时。张骞到康居后,康居国王的态度十分友好,热情款待,并派人送他们一行到大月氏。《史记·大宛列传》记载大月氏:

中国典籍里的西方

　　大月氏在大宛西可二三千里，居妫水北。其南则大夏，西则安息，北则康居。行国也，随畜移徙，与匈奴同俗。控弦者可一二十万。故时强，轻匈奴，及冒顿立，攻破月氏，至匈奴老上单于，杀月氏王，以其头为饮器。始月氏居敦煌、祁连间，及为匈奴所败，乃远去，过宛，西击大夏而臣之，遂都妫水北，为王庭。其余小众不能去者，保南山羌，号小月氏。

　　此时大月氏已立新王，吞并了西域国家大夏。《后汉书》记载说："月氏为匈奴所灭，遂迁于大夏。分其国为……凡五部翕侯。"大夏就在今天的阿富汗一带。这里土地肥沃、生活安定，大月氏人已经在此安居乐业。《史记·大宛列传》说：

　　大夏在大宛西南二千余里妫水南。其俗土著，有城屋，与大宛同俗。无大长，往往城邑置小长。其兵弱，畏战。善贾市。及大月氏西徙，攻败之，皆臣畜大夏。大夏民多，可百余万。其都曰蓝市城，有市贩贾诸物。其东南有身毒国。

　　大月氏王热情地接待了张骞一行，张骞转达了汉武帝的建议，希望他们与汉联盟共破匈奴。但大月氏王对张骞提出的建议并无多大兴趣。《史记·大宛列传》说当时"大月氏王已为胡所杀，立其太子为王。既臣大夏而居，地肥饶，少寇，志安乐，又自以远汉，殊无报胡之心。骞从月氏至大夏，竟不得月氏要领"。加之他们又以为汉朝离月氏太远，如果联合攻击匈奴，遇到危险恐难以相助。张骞在大月氏的都城蓝氏城逗留一年多，虽然受到款待，但终没有说服大月氏王，不得不空手而返。

　　传闻的部分，大国有奄蔡、安息、条支、乌孙、黎轩和身毒等，还包括沿印度河流域而下的中国境内西南夷各部。安息即古波斯的帕提亚帝国。《史记·大宛列传》记载：

　　安息在大月氏西可数千里。其俗土著，耕田，田稻麦，蒲陶酒。城邑如大宛。其属小大数百城，地方数千里，最为大国。临妫水，有市，民商贾用车及船，行旁国或数千里。以银为钱，钱如其王面，王死辄更钱，效王面焉。画革旁行以为书记。其西则条枝（支），北有奄蔡、黎轩。

安息以西的条支位置在地中海（西海），沿小亚细亚、腓尼基到巴基斯坦的海岸。

> 条枝在安息西数千里，临西海。暑湿。耕田，田稻。有大鸟，卵如瓮。人众甚多，往往有小君长，而安息役属之，以为外国。国善眩。安息长老传闻条枝有弱水、西王母，而未尝见。

西南面的黎轩是指亚历山大建立的亚历山大帝国的本部地区，尤其是指伊朗高原以西的大片土地，"因此，黎轩可以看作中国最早明确指称欧洲的一个名词"①。在安息东南方是身毒即印度，在安息北自黑海北面，经里海、咸海往东，直至楚河、伊犁河流域，活动着游牧部落康居、奄蔡和乌孙。"奄蔡在康居西北可二千里，行国，与康居大同俗。控弦者十余万。临大泽，无崖，盖乃北海云。""乌孙在大宛东北可二千里，行国，随畜，与匈奴同俗。控弦者数万，敢战。故服匈奴，及盛，取其羁属，不肯往朝会焉。"（《史记·大宛列传》）当时康居领有泽拉夫善河流域。以上这些国家，在张骞向汉武帝提出的报告中有详略不等的描述。

张骞在报告中介绍了西域诸国的地理位置，以大宛为中心，描述了一幅非常直观的西域地理方位图，使人们可以掌握汉代时西域各国的大体分布情况。

张骞向武帝提供的报告中说到的国家主要在葱岭，即今帕米尔高原以西地区。他把当时葱岭以西的国家分为两类：一类行国，即游牧民族，兵强；一类土著，土著耕田，有城郭居室。例如，康居、大月氏、乌孙和奄蔡，是典型的行国，骑马游牧国家；其余的六国，大宛、大夏、安息、条支、黎轩和身毒则是典型的土著农耕国家。

据此，西域地志在这时已非常完整和清晰了。此外，张骞还记载了西域诸

---

① 沈福伟：《中国与欧洲文明》，太原：山西教育出版社2018年版，第78页。

国区别于汉朝的一些特有物产和习俗。如物产方面,大宛有"葡萄酒""马汗血";安息有"葡萄酒";条支有"大鸟"即鸵鸟;身毒有"象"。除了对西域诸国的习俗进行总体概括,还记载了一些特殊的习俗,提到了条支"善眩"(即魔术),身毒"乘象",大夏"善贾市",等等。

张骞在考察报告中介绍了西域各国的地理环境以及物产、人口、风俗和军事等方面的情况,介绍了当时的国际关系特别是诸国与汉朝的关系,向汉武帝提出了经营西域的策略。张骞还了解到西域诸国发展与中国贸易关系的愿望和对中国物产的喜爱,使汉朝知道与中亚、西亚各国交通往来,不仅在军事上极有意义,而且在经济上也会对汉朝产生很多效益。法国汉学家布尔努瓦(Luce Boulnois)指出:"汉朝政府考虑到了他所搜集的各种情报的重要意义:这些资料不仅涉及了他所经过的邦国,还涉及了他在沿途所风闻到的其他地区的情况,甚至包括一些当时汉朝完全料想不到的地区。"①

张骞出使西域带回来的有关西域的文化信息,大大开阔了中国人的眼界,给当时的中国人很大的刺激,如同后来的哥伦布发现新大陆吸引了无数欧洲人前往一样,西域开拓了中国人的视野,对中国人产生了极大的吸引力,使汉代的中国人也开始注视西方,知道西域天地广阔,国家众多,物产新奇,民情殊异。西域奇特的风俗人情、丰富的物产,对汉人也有极大的诱惑。张骞无疑掀起了一场"文化革命"。他揭示了一个外部世界的存在,揭示了这个世界所包含的多样性、辽阔的范围和内在的潜力。

张骞的报告受到汉武帝的高度重视,使汉武帝大大增强了向西域开拓的决心。《史记·大宛列传》说:

> 天子既闻大宛及大夏、安息之属皆大国,多奇物,土著,颇与中国同业,而兵弱,贵汉财物;其北有大月氏、康居之属,兵强,可以赂遗设利朝也。且诚得而以义属之,则广地万里,重九译,致殊俗,威德遍于四海。

---

① [法]布尔努瓦:《丝绸之路》,耿昇译,济南:山东画报出版社2001年版,第15页。

第二章 丝绸之路开辟的新视界

从张骞首赴西域后，汉武帝就一直同匈奴进行战争。大将卫青、霍去病率军连战告捷，汉军已经逐步控制河西和漠南大片地区。公元前119年，卫青、霍去病分别出定襄、代郡，出塞两千余里，歼敌10余万。霍去病"封狼居胥"，威震漠北，匈奴王庭远迁大漠以北。汉朝业已控制了河西走廊，"自盐泽以东，空无匈奴，道可通"。

几年来，汉武帝多次向张骞询问大夏等地的情况，张骞着重介绍了乌孙到伊犁河畔后已经与匈奴发生矛盾的具体情况，建议招乌孙东返敦煌一带，跟汉共同抵抗匈奴。这就是"断匈奴右臂"的著名战略。同时，张骞也着重提出应该与西域各族加强友好往来。这些意见得到了汉武帝的采纳。

汉元狩四年（前119），即距张骞第一次出使归国后七年，武帝再派张骞出使西域。张骞第二次赴西域的直接目的是联络乌孙以共抗匈奴。乌孙是原住在甘肃河西一带的游牧民族，曾服属匈奴，后向西迁移至天山以北，摆脱了匈奴控制，为此匈奴曾发兵讨伐乌孙。此次张骞出使，情况与第一次迥异，一路通行无阻。他率300多人的庞大使团，带牛羊数万，金币帛值数千万之多，经数十天行程，很顺利地经敦煌到楼兰，再经塔里木河西行至龟兹，一路北上，到达位于伊犁河谷的乌孙王都赤谷城（今吉尔吉斯斯坦伊塞克湖东南）。乌孙国王猎骄靡派人远远出城迎接张骞率领的使团。猎骄靡在王宫接见张骞一行，不仅对汉人衣冠感到十分新奇，而且对张骞带来的金银和锦缎布匹也很喜欢。

张骞很直率地提出联合乌孙打击匈奴，为乌孙解除威胁。乌孙当时是西域大国，兵力多达19万之众，若能联盟，将是汉朝最有力的盟友。但猎骄靡因顾虑其国与汉朝相距遥远，不敢断然与匈奴为敌，且其时乌孙国内政治冲突尖锐，所以没有接受张骞结盟的建议。

猎骄靡热情留下汉使，每天酒肉款待，闲来领着张骞游览草原和伊犁河谷风光。在张骞回国时，猎骄靡派遣数十名使臣随行赴长安。猎骄靡听说汉武帝喜爱骏马，他为表示友好和诚意，亲自挑选了数十匹塞外良马请张骞敬献给汉武帝。乌孙使臣见汉领土广大，景物繁华，回国后向国王报告，于是乌孙有意与汉朝交好。数年后，猎骄靡终于主动提出归心汉朝，与汉和亲。

张骞在乌孙时，还分别派遣副使到大宛、康居、大月氏、大夏、安息、身毒、于阗、扜䍐（策勒）及其邻近国家，带去丝绸等贵重物品。他们回国时，想必也给中央政府提供了出访报告,介绍一路上的所见所闻以及出访国家的情况,可惜史无记载。他们也带回了许多所到国家的使者。"于是,西北国始通于汉矣"。西域许多国家都和汉朝有了正式外交往来。

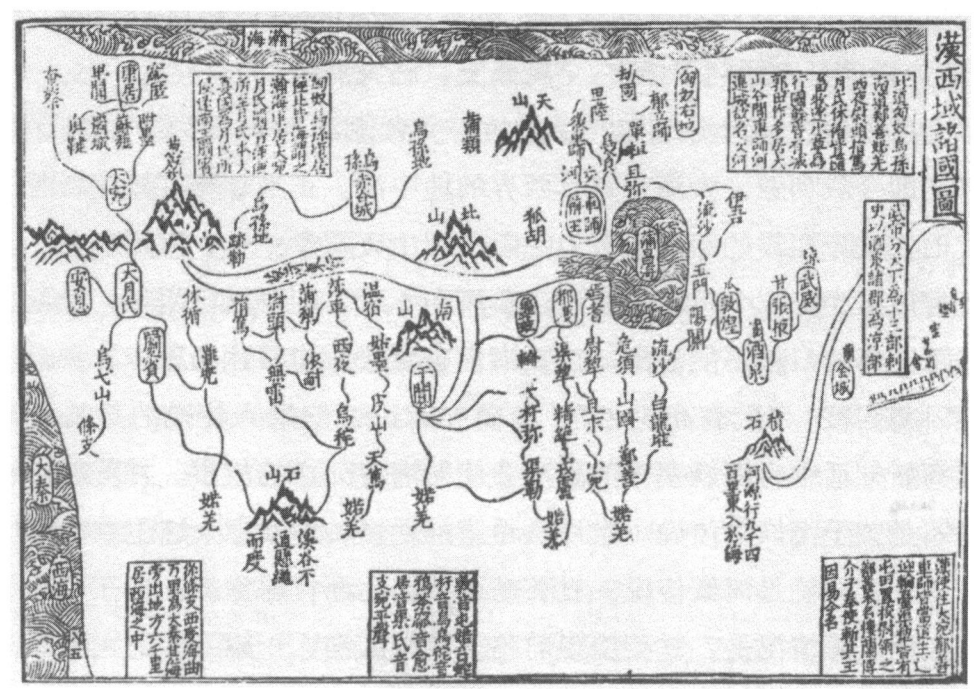

图2-2-1　南宋《汉西域诸国图》,首都图书馆藏

三　丝绸之路开辟了新视野

张骞"凿空"之后,通往西域的丝绸之路大开。

丝绸之路这个名称是现代人命名的,是一个具有历史意义又有浪漫色彩的名称。最初提出的丝绸之路,指的就是汉代与西域的交通路线,进而指称从长安到地中海沿岸这样一条贯穿欧亚大陆的大通道。具体地说,从长安出发,经河西走廊的武威、张掖、酒泉、安西到敦煌,再到敦煌西部的玉门关和阳关。这些地区一直是中国中原王朝传统的控制地区,交通道路一直通畅。出玉门关

第二章　丝绸之路开辟的新视界

和阳关往西，到帕米尔和巴尔喀什湖以东以南地区，这一部分即历史文献中所说的"西域"地方。在西域的茫茫戈壁之间，分散着许多绿洲国家，通过西域的丝绸之路实际上就是一个个"绿洲桥"，是由这个绿洲到下一个绿洲逐一连接起来的交通线。古商道上的这些城市，起到了丝绸之路上的中转站的重要作用。之后，从中亚地区，经过伊朗高原，到达地中海地区。正是通过这条大道，自东徂西，大陆两端的居民开始有了接触和往来，开始有了物质和文化的交流，因而也就有了东西方文明的交融。

汉唐丝绸之路的重点是通西域。张骞开辟丝绸之路后，汉王朝与西域各国使节往来不断，民间商旅更是相望于道，贸易十分频繁活跃，中西文化交流进入第一个高潮时期。

武帝时，汉朝向西域遣使十分频繁，每年都要派遣五六批乃至十余批，每批由数百人至百余人组成的使团。这些使节往返一次常常要八九年，近的也要几年。汉朝使者不仅到乌孙、大宛、大月氏等，更远者到达安息、奄蔡、黎轩、条支、身毒。这些使节都抱有贸易的目的，汉的缯帛、漆器、黄金、铁器是各国所欢迎的产品。《史记·大宛列传》说："而汉始筑令居以西，初置酒泉郡以通西北国。因益发使抵安息、奄蔡、黎轩、条枝、身毒国。……使者相望于道。诸使外国一辈大者数百，少者百余人，人所赍操大放博望侯时。其后益习而衰少焉。汉率一岁中使多者十余，少者五六辈，远者八九岁，近者数岁而反。"与此同时，西域诸国也频繁向中国派遣使节。

为了加强与西域诸国的交通往来，汉朝还在西北边境地带设置地方行政机构。在张骞两次出使西域期间，汉武帝先后派卫青、霍去病等率大军数次西进，打击匈奴的势力。卫青和霍去病经过连年征战，收复河朔、河套地区，击破单于，为北部疆域的开拓和丝绸之路的畅通做出重大贡献。

在汉代，大抵一征服边境地区，中央即决定置郡，以加强在那里的统治和管理，并作为发展对外关系的前哨，如汉置日南九郡、朝鲜四郡等。元鼎六年（前111），汉朝设置河西四郡，是汉朝直接统治河西地方的开始。河西四郡和其他边郡建置一样，都是汉朝经略边地的重要措施。与此同时，还建置了驿道，还有烽燧亭障等一系列军事设施。

后来，汉朝又进一步设西域都护。西域都护是由汉朝中央政府派遣管理西域的最高官吏，相当于中原地区最高一级的地方官——太守。西域都护的治所，叫作西域都护府。西汉时，西域都护府设在乌垒城（前名轮台国，今新疆轮台县境），与渠犁田官相近，屯田都尉属都护，辖西域36国（后增至50国）。从此，西域这块地方，包括北疆和巴尔喀什湖以东以南的广大地区都被正式列入汉代的版图，帕米尔以西以北的大宛、乌孙都在都护的统辖之下。西域都护的设置，使汉朝对西域的经略进一步发展，与西域各国的交流往来得以巩固和扩大。《后汉书·西域传》说："汉世张骞怀致远之略，班超奋封侯之志，终能立功西遐，羁服外域。自兵威之所肃服，财赂之所怀诱，莫不献方奇，纳爱质，露顶肘行，东向而朝天子。故设戊己之官，分任其事；建都护之帅，总领其权。……立屯田于膏腴之野，列邮置于要害之路。"

西汉末东汉初，王朝忙于国内战事，无暇顾及西域。匈奴乘汉王朝内部混乱之机，征服了西域北道诸国和南道大国于阗，利用西域的人力物力不断袭扰汉朝边境，丝绸之路又被隔断。经过班超、班勇父子两代人的经营，丝绸之路"三绝三通"，使汉朝与西域各国乃至更远的西方建立起持续的联系和贸易关系，加强了中西文化交流。

由于汉王朝对西域的经略，丝绸之路的畅通，人员往来频繁，中国商人贩货于西域，西域商人行商而入华，都可能是很多的。当时的"商胡"，就是指往来于丝绸之路上的西域各族商人。如《后汉书·西域传》所说："驰命走驿，不绝于时月；商胡贩客，日款于塞下。"络绎不绝的商队成为文化传播的主要载体。西域的安石榴、葡萄、黄瓜、胡桃、苏合香、茉莉等植物和动物、矿物相继传入中国。传入中国的货物有琉璃、地毯、毛织物、宝石、象牙、金银器、玛瑙、琥珀、沉香，以及毛皮、良马、骆驼、狮子、鸵鸟等。当时来中国的不只是商人，还有一些艺术家，将西域各民族的乐舞艺术传到中国内地。

西域传入的文化，有的是当地民族特有的文化。但西域因其所处的地理位置，成为世界上多种文化的交汇之地，他们的民族文化也都受到印度文化、波斯文化乃至希腊文化的影响。所以，西域也成为印度文化、波斯文化和希腊文化向中国传播的桥梁。经由西域传播到中国的印度文化、波斯文化和希腊文化，有的是以原有的形式和内容传播过来的，有的则是经过西域各民族理解、加工和改造过的，还有的是受它们影响的西域文化形式。

往来的官方使节除了担负政治、经济和军事使命外,也还负有文化交流的使命,至少会向中原介绍西域各地的文化信息。而那些往来的民间人士,一些往来于中原与西域之间的旅人,包括商人、艺术家甚至旅行家,还有来自西域的商胡,也带来许多关于西域的见闻。他们向人们讲述西域的奇闻逸事、奇珍异物,引起人们极大的兴趣。这样,中原人对于西域的认识就大大增加了。

关于当时中国人对于西域以及其他地方的知识的来源,德国汉学家夏德(Friedrich Hirth,1845—1927)做了一个假设,认为当时中国有一套了解外国知识的程序。他写道:

> 历代正史关于亚洲西部及中部各国的记载,表现有某种统一性,对其中关于某些类的地理事实的描写,也有某种规格。看来外国人来华或来华以前,须受到某种盘问,用过一位译人或几位译人(重译)向他提出一系列同一的问题。例如,设有一个商人,由锡兰至安南,带有一懂得希腊语的锡兰译人同来(当时西商到印度各埠都以希腊语为贸易通用语),从这里,再携同一位谙熟锡兰语的安南人和另一位能操华语的人,前往长安(或西安府);这几位译人在询问时可以担任传达翻译。所提出的问题,也许如下:(1)你国家的名字叫什么?(2)在什么地方?(3)距离多少里?(4)有多少城邑?(5)有多少属国?(6)都邑是怎样建造的?(7)都邑有多少居民?(8)你国家有什么物产?等等。最后,关于你的国家你还能告诉我们点什么?①

夏德的这个猜测是有一定依据的。当时的朝廷和知识界乃至民间,都对外国的事物抱有极大的热情,都希望获得更多关于外国的知识。那么,不管是来华的外国人,还是到过外国的使节和商人,都成为人们获取信息和知识的渠道。而随着对外交往的不断扩大,随着中国人走出国门、走向世界的步履迈得更远,中国人的世界视野在不断扩大,拓展了中国人的"世界",并真正地在

---

① [德]夏德:《大秦国全录》,朱杰勤译,郑州:大象出版社2009年版,第6页。

中国思想世界发生了有意义的影响。

图 2-3-1 敦煌莫高窟第 296 窟壁画《丝绸之路商旅图》

四 汉籍所载的西域知识

张骞通使西域之后,中原汉族人士的视野大为开阔,对周边民族及地区的认识也在逐步深化,对中国古代边疆域外地理知识有了长足的进步。如先秦时期,无论是"四裔"还是"西戎",其活动地域毕竟是相当有限的。"及秦始皇攘却戎狄,筑长城,界中国,然西不过临洮。"西域地区并不在"华夷"五方格局之列。自张骞"凿空西域"后,中原人士才了解到玉门关外还有如此辽阔的世界,为此,司马迁特设《大宛列传》,明确承认:"大宛之迹,见于张骞。"张骞通西域带回了许多前所未知的地区和国家的信息,极大地激发了汉朝人对域外世界进行大规模探索的热情,扩展了汉朝人认知世界的视野,从而引起了中国人对世界认知观念的新变化,在传统的"中国"和"四夷"观之外,出现了"外国"的新观念。①

---

① 王永平:《从"天下"到"世界":汉唐时期的中国与世界》,北京:中国社会科学出版社 2015 年版,第 54 页。

第二章 丝绸之路开辟的新视界

从司马迁开始，中国的纪传体史书都有诸如《西域传》《四夷传》《西戎传》《外国传》等，专门记述他们所知道的周边世界。中国人的"天下"观念也随着对外的接触和交往、中外文化的交流、民族融合的扩大而发生着变化。

前文提到张骞给汉武帝的出使报告，对西域有了比较具体的记载。此外，《史记》中的《匈奴传》《韩长孺传》《李将军传》《卫将军传》《骠骑传》《建元以来侯者年表》《大宛列传》，都对西域地方的经济文化各方面情况有所记载。

在司马迁《史记》之后，中国史籍上不乏关于西域的记载，体现了这个时代人们对于西域的认知和阐述。两汉魏晋南北朝正史有15种，包含有关西域的传记计11篇，有《史记·大宛列传》《汉书·西域传》《后汉书·西域传》《晋书·西戎传》《梁书·西北诸戎传》《魏书·西域传》《周书·异域传下》《隋书·西域传》《南史·西域诸国传》《北史·西域传》和《三国志》裴注所引《魏略·西戎传》。此外，各正史中还有其他有关的记述，如《汉书》中就有《武帝纪》《李广苏建传》《卫青霍去病传》《张骞李广利传》《赵充国辛庆忌传》《匈奴传》《地理志》等。

两汉魏晋南北朝正史"西域传"记述的出发点不是西域或西域诸国本身，而是从中原王朝经营西域的角度，是以中国人的眼光所看到的"西域"。《史记·大宛列传》所载西域诸国多在葱岭以西。这是因为张骞这次西使，"身所至者大宛、大月氏、大夏、康居"，以及"传闻其旁大国五六"，大多位于葱岭以西。在司马迁之后，班固撰《汉书·西域传》转述了《史记·大宛列传》的大部分内容，并用很大的篇幅描述了葱岭以西诸国。该传比较详细地记述了西汉时期天山以北的乌孙、车师，天山以南的鄯善、于阗、莎车、疏勒、龟兹、焉耆，帕米尔以西的大宛、康居、大月氏、安息、罽宾等50余国的地理、历史、政治、经济、文化、军事、交通、风俗民情。但介绍最多的是葱岭以东的诸国。其中记载：

西域以孝武时始通，本三十六国，其后稍分至五十余，皆在匈奴之西，乌孙之南。南北有大山，中央有河，东西六千余里，南北千余里。东则接汉，阨以玉门、阳关，西则限以葱岭。其南山，东出金城，与汉南山

中国典籍里的西方

属焉。其河有两原：一出葱岭山，一出于阗。于阗在南山下，其河北流，与葱岭河合，东注蒲昌海。蒲昌海，一名盐泽者也，去玉门、阳关三百余里，广袤三百里。其水亭居，冬夏不增减，皆以为潜行地下，南出于积石，为中国河云。

《汉书·西域传》还说：

西域诸国，各有君长，兵众分弱，无所统一，虽属匈奴，不相亲附。匈奴能得其马畜旃罽，而不能统率与之进退。与汉隔绝，道里又远，得之不为益，弃之不为损，盛德在我，无取于彼。

这些国家都在葱岭以东，这些国家的地理位置，大部分在今我国新疆境内。此外，还有大宛、安息、大月氏、康居、浩罕、坎巨提、罽宾等十几个西域小国，现在中亚及阿富汗、印度等国境内。葱岭以西诸国中，尤以安息和大秦最受重视。

《汉书》记匈奴与西域事和《史记》有很大不同，叙述得系统清楚、地理概念明确，出现了不少较深入的概括性言论。这些不同，反映了《汉书》比《史记》深入。可以推知班固掌握的西域的历史和地理知识都比张骞丰富。《汉书》作者班固是班超的哥哥，班超在西域驻节期间，他们常有家信往还。班超在西域和西汉时张骞"凿空"不同，他既长期驻扎在都护驻所，又时而领兵在塔里木盆地南北征讨，因此，了解西域诸地情况并进行各方面的军事、政治上的联系，是他经常性的工作。所以，班超对西域的了解比张骞深入、广泛得多。因此，《汉书》关于匈奴、西域的资料，虽然写的时间晚些，但远比《史记》更为有用。①

《后汉书》记述了东汉时期西域各国的地理、历史、政治、经济、文化、交通、风俗民情等，是继《史记·大宛列传》《汉书·西域传》之后第三部系统记述西域历史的著作。《后汉书·西域传》对西域记载说：

---

① 宿白：《考古发现与中西文化交流》，北京：文物出版社2012年版，第121—122页。

第二章 丝绸之路开辟的新视界

西域内属诸国，东西六千余里，南北千余里，东极玉门、阳关，西至葱岭。其东北与匈奴、乌孙相接。南北有大山，中央有河。其南山东出金城，与汉南山属焉。其河有两源，一出葱岭东流，一出于窴南山下北流，与葱岭河合，东注蒲昌海。蒲昌海一名盐泽，去玉门三百余里。

自敦煌西出玉门、阳关，涉鄯善，北通伊吾千余里，自伊吾北通车师前部高昌壁千二百里，自高昌壁北通后部金满城五百里。此其西域之门户也，故戊己校尉更互屯焉。伊吾地宜五谷、桑麻、蒲萄。其北又有柳中，皆膏腴之地。故汉常与匈奴争车师、伊吾，以制西域焉。

自鄯善逾葱岭出西诸国，有两道。傍南山北，陂河西行至莎车，为南道。南道西逾葱岭，则出大月氏、安息之国也。自车师前王庭随北山，陂河西行至疏勒，为北道。北道西逾葱岭，出大宛、康居、奄蔡焉。

《后汉书·西域传》还记载了西域的其他国家，如：

出玉门，经鄯善、且末、精绝三千余里至拘弥。

拘弥国，居宁弥城，去长史所居柳中四千九百里，去洛阳万二千八百里。领户二千一百七十三，口七千二百五十一，胜兵千七百六十人。

……

于寘国，居西城，去长史所居五千三百里，去洛阳万一千七百里。领户三万二千，口八万三千，胜兵三万余人。

……

自于寘经皮山，至西夜、子合、德若焉。

西夜国，一名漂沙，去洛阳万四千四百里。户二千五百，口万余，胜兵三千人。地生白草，有毒，国人煎以为药，传箭镞，所中即死。《汉书》中误云西夜、子合是一国，今各自有王。

子合国，居呼鞬谷。去疏勒千里。领户三百五十，口四千，胜兵千人。

德若国，领户百余，口六百七十，胜兵三百五十人。东去长史居三千五百三十里，去洛阳万二千一百五十里，与子合相接。其俗皆同。

自皮山西南经乌秅，涉悬度，历罽宾，六十余日行至乌弋山离国，地方数千里，时改名排持。

中国典籍里的西方

复西南马行百余日至条支。

《后汉书·西域传》还记载了更远的条支、安息和大秦等国，说条支国城建在山上，方圆有四十多里。旁靠西海，海水环绕条支的南面、东面和北面。条支三面没有道路，只有西北角有陆路相通。条支气候高温潮湿，出产狮子、犀牛、犎牛、孔雀、大雀。大雀下的卵像瓦瓮一样大。由条支转而向北再向东，骑马再走六十多天到安息。安息后来隶属条支，为其役使，条支在安息设立大将，监督掌管各座小城邑。安息国地处和椟城，距洛阳有二万五千里。安息的北面与康居接壤，南面与乌弋山离接壤。安息地域有几千里见方，小城邑有几百个。安息的户数、人口数和能当兵打仗的人数最多。安息的东部边界上有个木鹿城，号称小安息，距洛阳有二万里。在安息以西，有大秦国，因为地处大海的西面，所以也叫海西国。

《后汉书·西域传》所载"西域"的范围更超过了《汉书·西域传》所载，将意大利半岛和地中海东岸、北岸和南岸也包括在内了。这是两汉魏晋南北朝正史"西域传"所描述的"西域"中涉及范围最大的，以后各史"西域传"再也没有越出这一范围。这与甘英的西行有关，因为正是甘英走到了极西的地方，大大开拓了中国人的视野。《后汉书》中说："其后甘英乃抵条支而历安息，临西海以望大秦，拒玉门、阳关者四万余里，靡不周尽焉。若其境俗性智之优薄，产载物类之区品，川河领障之基源，气节凉暑之通隔，梯山栈谷、绳行沙度之道，身热首痛、风灾鬼难之域，莫不备写情形，审求根实。"《后汉书》的一部分资料来自班勇的记述。班勇在西域活动回到内地后，曾整理了他在西域的见闻，写出了文字材料。以班勇的出身、经历，他的记录是非常重要的。因此，《后汉书》这部分是值得珍视的。[①]

学术界对《后汉书·西域传》的记载十分重视。法国汉学家让-诺埃尔·罗伯特（Jean-Noël Robert）则指出："(《后汉书·西域传》)虽然成书较晚，内容却是关于先前历史的事实。作者在写有关166年罗马人使节来中国进行的一次著名的访问时提到了西方，他主要依据的是班勇将军递交皇帝的一份报告。……这份报告给我们展示的是2世纪初一个中国人对西方的看法，这份资

[①] 宿白：《考古发现与中西文化交流》，北京：文物出版社2012年版，第123页。

料相当重要,因为当时中国对那些濒临'西方大海',也就是地中海的国家表现出了极大的兴趣。""我们通过《后汉书》中这些旅行者的报告,发现一个不可忽视的事实,那就是要尽量反映得客观和准确。至于其夸张之处,对于天子的朝臣们来说,在编写这类文献史时是不可避免的。"①

早在战国时代,中国已经有了地图以及有关绘制地图的知识,汉时已有西域图。《汉书·西域传》"渠犁"条,述桑弘羊与丞相御史大夫条奏轮台屯田事,

图 2-4-1　新疆米兰佛寺遗址壁画《王者像》

---

① [法]让-诺埃尔·罗伯特:《从罗马到中国——恺撒大帝时代的丝绸之路》,马军、宋敏生译,桂林:广西师范大学出版社 2005 年版,第 59、61 页。

说"各局图地形，通利沟渠，务使以时益种五谷"。《三国志·乌桓东夷传》注引《魏略》说："又西域旧图云：'罽宾、条支诸国出琦石。'"所谓"旧图"，当指汉代之西域图，此种图至鱼豢时尚能得见，而且据"出琦石"三字，又可知图上并注明各国各地物产，说明此种图乃有便利出使西域的汉使进行贸易的导行性质。《汉书·李陵传》记载："将其步卒五千人，出居延北行三十日，至浚稽山止营，举图所过山川地形，使麾下骑陈步乐还以闻。"同书《赵充国传》记载赵充国语："百闻不如一见，臣愿驰至金城图上方略。"因此学者推测，张骞，还有后来的班超、甘英等人，都会根据自己的经历绘制西亚、中亚的地图。

五　中国人早期所知的印度

中国和印度的交通很早就已开辟。甚至在远古时代，就可能有了一定的文化联系。公元前5世纪，波斯阿赫曼尼德王朝占领粟特、巴克特里亚和旁遮普，曾多次向葱岭以东地区派出商队，其中就有印度商人。到了公元前3世纪阿育王（Asoka）统治下的孔雀王朝，双方的往来已经确立。《佛祖统记》卷三五记述迦叶摩腾（Kāsyapa-mātanga）对汉明帝追述历史，说到"昔阿育王藏佛舍利八万四千塔，震旦之境，有十九处"。在于阗的建国传说中也提到，于阗在公元前3世纪中叶尚空旷无人，中国移民1万人在王子瞿萨旦那率领下到达于阗河下游。不久后，阿育王宰相耶舍也率7000人越大雪山来到于阗。双方经过争执，最后协商联合建国。瞿萨旦那成为于阗国王，耶舍得居相位，两部移民起初划地而居，以后逐渐融合，兴建城市，世代相传。先秦时代，经过塔什库尔干的克什米尔–于阗一道已经成为中印交通的一条重要通道，到西汉时发展成为"乌秅、罽宾道"。中印交通还有"中印缅道"，由四川、云南经伊洛瓦底江流域通达印度。公元前138年，汉武帝派张骞出使西域，张骞在大夏国看到中国四川出产的竹杖和布匹。大夏国人告诉他，这是商人从身毒买来的。由此可以得知，至迟在公元前2世纪时，中国四川的物产已经输入印度，并且从印度运到大夏。汉武帝以后，北方的丝绸之路已经畅通，南方的海

第二章 丝绸之路开辟的新视界

上交通也很通达,到东汉时,"西南丝绸之路"也全线畅通,中国和印度的交通当时已经有了一定程度的发展。

中国对于印度的文献记载始于张骞通西域之时。《史记·大宛列传》中有关"身毒"的传闻应是中国史书中对印度的最早记载。在张骞向汉武帝汇报他耳闻目睹的诸国中,他没有单独介绍身毒,却向汉武帝提到,他在大夏惊讶地发现了来自中国蜀地的"邛竹杖"和"蜀布"。问从何而来,答曰"身毒"。他借大夏人之口,对身毒做了简单描述:

身毒在大夏东南可数千里。其俗土著,大与大夏同,而卑湿暑热云。其人民乘象以战,其国临大水焉。

这里的介绍与前面对大宛、大月氏、安息、条支、大夏的记载不大相同,这只是偶听传闻所知的,内容也很简单,只提到其大致方位、民俗,但其他的内容却真实地反映了印度的特征:气候湿热,产大象,有大河为界。大河当指印度河。既然蜀物是经身毒而来,那就意味着身毒与蜀地之间可通。根据张骞的建议,汉武帝令他在蜀地犍为郡发四道使者,欲通西南夷,由此进入身毒,但均无果而还。这在前文中已经提到过了。

张骞在第二次西域之行时,坐镇乌孙,派遣副使到包括身毒在内的西域诸国。《史记》说:"其后岁余,骞所遣使通大夏之属者皆颇与其人俱来,于是西北国始通于汉矣"。据此可以认为,身毒国派使臣随张骞副使返回汉朝报聘。这件事发生在公元前117至前116年之间,应认为是中印之间发生了正式的外交关系。但也有人认为,不能肯定这些"大夏之属者"中有无身毒,来人中有无身毒人。但在张骞之后,汉武帝为了扩大在西域的影响,更是多次派遣汉使到身毒。所以,可以认为,汉代时,中国和印度有了直接的官方往来。

在班固的《汉书·西域传》中,"身毒"消失了,葱岭之外的印度出现了一个新的国家——"罽宾"。该传对罽宾的记载极为详细,其中包含了对其国都、方位、人种、地理、气候、物产、建筑、织造、饮食、市场、钱币、家畜、奇物等方面的介绍。此外,还特别对罽宾与汉廷的政治外交关系做了重点梳理。司马迁对罽宾没有记载，说明至少在《史记》完成时，中国对它还知之甚少，甚至无所知晓。但此后不久，汉朝就与罽宾有了往来。罽宾人通汉的根本目的是获得赏赐和与中国从事商贸的机会，即"实利赏赐贾市"。因此，后来虽无政治从属关系，但其使仍数年一至。

《汉书·西域传》还记载了罽宾的一个属国——难兜国。此国"王治去长安万一百五十里。……东北至都护治所二千八百五十里，南至无雷三百四十里，西南至罽宾三百三十里，南与婼羌、北与休循、西与大月氏接。种五谷、蒲陶诸果。有金、银、铜、铁，作兵与诸国同"。在罽宾东北方向330里（约合今130公里），应该不算遥远。位置大致在罽宾与大月氏接壤之地，可能是一葱岭绿洲国家。出产与罽宾相似，可种五谷，可产葡萄瓜果，也有金银铜铁，可以铸造兵器，无疑也可铸造钱币。既然归属罽宾，大概也用罽宾钱币。此处虽然没有提到难兜的东邻，但在对乌秅国的介绍中却说它西邻难兜。难兜之东即乌秅可证。

据《汉书·西域传》记载："乌秅国，王治乌秅城，去长安九千九百五十里。……东北至都护治所四千八百九十二里，北与子合、蒲犁，西与难兜接。山居，田石间。有白草。累石为室。民接手饮。出小步马，有驴无牛。其西则有县度，去阳关五千八百八十八里，去都护治所五千二（百）里。县度者，石山也，溪谷不通，以绳索相引而度云。"这个乌秅是个山区之国，很可能位于现在中巴边境巴基斯坦一侧的罕萨（Hunza）地区。"Hunza"或与"乌秅"古代读音相近。乌秅之西数百里，就是县度。这个"县"就是古代的"悬"，是"悬绳而度"的意思，县度就是"悬度"。而悬度是丝路南道通往罽宾的必经之地。正是由于悬度路程艰险，难以通行，所以，汉廷往往送其使者至悬度而还。罽宾也借此天险之利，多次杀辱汉使。"自知绝远，兵不至也。"汉成帝时，大臣杜钦力劝与罽宾断绝关系，也是以此为理由。"今县度之厄，非罽宾所能越也。其乡慕，不足以安西域，虽不附，不能危城郭。""县度"应是丝路南道最艰难的一段，大概即今中巴公路从红其拉甫山口经罕萨到吉尔吉特这一段。

《汉书·西域传》在紧接罽宾之后，提到了另外一个与其西邻的国家——乌弋山离。该国与罽宾的不同之处在于后者的气候可能更热一些，"地暑热莽平"，有"桃拔、师子、犀牛"等特产。钱币亦不同，"其钱独文为人头，幕为骑马。"此地是丝路南道的终点。"绝远，汉使希至。自玉门、阳关出南道，历鄯善而南行，至乌弋山离，南道极矣。"据其四至，一般认为是今日阿富汗喀布尔以南和伊朗西南部以塞斯坦（Seistan）、坎大哈为中心的地区，即古代的阿拉科西亚（Arachocia）和塞斯坦。此地在古代史上，也可归入一般意义上的印度西北部。

从罽宾及其属国难兜以及东西相邻地区乌秅、悬度和乌弋山离的大致方位来看，它们皆可归为古代印度或身毒的一部分。《汉书·西域传》不提身毒，大概是把罽宾之属视为它的替代。乌秅、悬度都在葱岭之中，是从塔里木盆地抵达罽宾的必经之地。《汉书·西域传》对罽宾、乌弋山离、乌秅、悬度的记载之所以如此详细，应归因于它们与汉廷的直接关系。罽宾虽然时绝时通，但它一度接受汉廷的印绶，应该说也是汉帝国的属国之一。正是由于汉廷与这些沿路国家和地区建立了不同程度的外交关系，丝路南道得以开通，从而大大加强了古代印度与中国的联系，为后来佛教的传入和贵霜—印度文化进入塔里木盆地奠定了基础。

地处印度次大陆东南海岸的黄支国多次遣使送物到汉朝，汉朝的使者也随招募来的商人赴黄支，以黄金、杂缯去交换当地出产的明珠、璧玻璃、奇石异物。

关于西汉时与印度的官方交往，史籍还有多处记载。到东汉时，这种交往就更多了。东汉时期，由于贵霜帝国的建立和海上丝路（中印之间海路）的开通，中国与印度交往的范围扩大了，印度文化对中国的影响加深了。交流的方式由原来的单向转为双向，交往的途径也由陆路变为海陆并行。印度的历史在贵霜王朝时达到盛世，贵霜开国君主丘就却"侵安息，取高附地，又灭濮达、罽宾，悉有其国"。贵霜取得高附、罽宾、天竺（身毒）之后，帝国的版图扩至印度西北部，势力达到极盛，成为中亚、南亚地区可与东汉帝国抗衡的大国。

《后汉书·西域传》记载了一个叫高附的新出现的国家："在大月氏西南，亦大国也。其俗似天竺，而弱，易服。善贾贩，内附于财。所属无常，天竺、罽宾、安息三国强则得之，弱则失之，而未尝属月氏。……后属安息。及月氏

中国典籍里的西方

破安息,始得高附。"高附位于天竺、罽宾、安息之间,大月氏西南,与《史记》中"身毒"处于同一方位,应在兴都库什山以南,与原来的罽宾相邻。安息盛时,曾扩张至兴都库什山以南至阿拉科西亚一带。高附与喀布尔(Kabul)发音相近,似乎应是以今喀布尔为中心的地区。

《后汉书》说到的天竺,方位与司马迁笔下的身毒相似:

> 天竺国,一名身毒,在月氏之东南数千里。俗与月氏同,而卑湿暑热。其国临大水。乘象而战。其人弱于月氏,修浮图道,不杀伐,遂以成俗。从月氏、高附国以西,南至西海,东至磐起国,皆身毒之地。身毒有别城数百,城置长。别国数十,国置王。虽各小异,而俱以身毒为名,其时皆属月氏。月氏杀其王而置将,令统其人。土出象、犀、玳瑁、金、银、铜、铁、铅、锡,西与大秦通,有大秦珍物。又有细布、好毾㲪、诸香、石蜜、胡椒、姜、黑盐。

天竺是一大国,西邻月氏、高附,南至西海,东至磐起国。未提到北邻,但显然是指帕米尔以东的汉朝西域都护辖地,因非外国,不必提及。天竺"有别城数百,城置长。别国数十,国置王。虽各小异,而俱以身毒为名"。罽宾当不是此别国之一,应是一独立国家,如在前汉之时,它曾与天竺、安息争夺高附,但终被月氏所征服。天竺、罽宾、高附最终皆归于贵霜。对于东汉时期中国西域的官员而言,贵霜(大月氏)就是原来的身毒、罽宾之地新的统治者。《后汉书》中关于天竺的记载,提供了许多重要的、有迹可查的信息。它首次提到佛教在印度的流行:"修浮图道,不杀伐,遂以成俗。"

贵霜王朝时期是中国与印度政治、经济、文化关系最为紧密的时期,不论是海上还是陆地的丝绸之路,贵霜帝国都发挥了关键的枢纽作用。印度的佛教在贵霜帝国时期开始传入中国,以贵霜文化为代表的印度本土和希腊化文化也是在这一时期开始进入中国的塔里木盆地。

《后汉书·班超传》中详细记述了班超与贵霜的交往与抗衡。班超在西域期间,除了设法控制、羁縻葱岭以东的西域诸国,遏制匈奴势力的渗入之外，就是对付贵霜的介入。贵霜建国之初，愿意和汉朝建立友好关系。章帝建初三年（78），班超曾上疏说："今拘弥、莎车、疏勒、月氏、乌孙、康居复愿归附。"章帝元和元年（84），班超攻打疏勒王忠，康居派兵救援。由于月氏当时刚与康居联姻，班超就派使者带着大批丝绸给月氏王，求其转告康居王勿进兵。月氏果然出手帮忙，劝退康居兵。班超遂攻克疏勒王固守的乌即城。此为汉廷与月氏的合作。此前，月氏还帮助汉军攻打过车师，但具体时间不详。章帝章和二年（88），月氏遣使贡奉珍宝、符拔、狮子，向汉公主求婚。班超谢绝，并拒还其使，由此引起月氏怨恨。和帝永元二年（90），月氏派遣一位名为"谢"的副王率兵7万攻打班超。班超知其越葱岭千里而来，难以持久，故据城坚守，以逸待劳，并在中途截杀了向龟兹求援的月氏使者。谢王大惊，遣使请罪，愿得生归。班超允准，月氏大兵退回。从此慑于大汉雄威，岁奉贡献。汉和帝时（89—105），天竺数遣使贡献，后因西域反叛而绝。桓帝（147—167）时，多次从日南徼外来献。如《后汉书》记载："延熹二年（159），天竺国来献。""延熹四年（161）冬十月，天竺国来献。"此时的天竺商人或从印度的恒河口、印度河口或南部港口起航。

《后汉书》和《魏略》中还有车离国都沙奇城的记载，说其在天竺东南三千余里，"列城数十，皆称王。大月氏伐之，遂臣服焉"。该国"乘象、骆驼，往来邻国。有寇，乘象以战"。还有盘越，也是位于孟加拉国南部地区的一个国家，这些都和中国西南或西北地区的民族保持着较为紧密的联系。

在两晋南北朝时期，中国与印度的往来更是频繁。北天竺、中天竺、南天竺都有使臣来华，有的印度国家，一年之内竟然有多次遣使。与此同时，佛教传入中国。佛教传入中国是中印文化交流史上的盛事。在很长的一段时间里，中印文化交流是以佛教为中心的。到了南北朝时期，佛教在中国盛行，中印之间的关系日益密切，不少僧人互相往返，两国间的学术文化得到广泛交流。

中国典籍里的西方

图 2-5-1　印度商队通过陆路前往中国

六　张骞带回的希腊文化信息

中国与希腊相距遥远,关山阻隔,几乎不可能有什么交通往来。虽然有材料显示,中国的丝绸已经传到古希腊,但彼此间并没有什么来往。但是,公元前330年亚历山大东征,希腊人的东进,一直将希腊文化带到了中国的西部边缘。西方文献中的巴克特里亚就是中国史籍所说的"大夏"。大夏和印度,在这个时候都活跃着希腊人的身影,受到希腊文化的深刻影响。那么,当亚历山大东征大军抵达中亚地区(我们已经知道,中国在此前很久已经与这里建立了交通联系)的时候,当成千上万的希腊人定居在巴克特里亚(大夏)诸王国的时候,中国人可能也已经获得了某些希腊的信息。有研究者指出,公元前1世纪的中国西汉王朝与印度西北部的印度—希腊人肯定有过接触,此地的希腊化信息较为清晰地传回中国。《汉书·西域传》说,罽宾"民巧,雕文刻镂,治宫室,织罽,刺文绣",似乎反映了希腊人的雕塑造型艺术和中国的织造技术在此地的流行。

张骞通使西域时,第一次是公元前128年。此时距亚历山大东征到中亚时的公元前330年,仅有200多年的时间,而张骞的时代希腊人的城邦依然存在,那些印度—希腊国家依然存在。虽然这些希腊国家已经在不久前被大月氏人所征服,但大月氏人来到大夏后,是作为统治阶层而定居下来的,他们在文化上继承了希腊大夏王国的遗产,在书写中采用了希腊文字。希腊文化仍然在大月氏人的物质、艺术和精神文化中扮演着重要的角色。

那么,张骞所到的大夏,也就是已经臣服于大月氏的巴克特里亚这个希腊化的王国时,就很有可能接触的是这里的希腊人。至少,也一定听说过有关亚历山大大帝以及希腊文化的某些消息,见到过希腊文化的遗存。历史学家阎宗临说:"自张骞此行后,中国据有西域较正确的知识,始知游牧民族之后,尚有许多富丽城郭,文物昌隆,宜于通商,即亚历山大当年所遗者,经年累月,形成伊兰希腊文化。"①

在张骞回国后给汉武帝的出使报告中,张骞对亲临的国家大宛、大月氏、大夏和康居,传闻的国家乌孙、奄蔡、安息、条支、黎轩和身毒等都做了或详或简的介绍。而在这些国家中,大宛就在当年希腊人巴克特里亚的势力范围之内,大夏、条支和身毒的一部分都是亚历山大帝国的故地,张骞抵达时,条支即塞琉古王国依然残存。安息即帕提亚则长久受到希腊文化的深刻影响。所

---

① 阎宗临:《中西交通史》,桂林:广西师范大学出版社2007年版,第4页。

中国典籍里的西方

以，张骞在这些地方的所见所闻，完全有可能包含着希腊化文化的信息。这种文化信息在张骞的报告中也有所反映。另外，张骞回到中国，也可能随身带回了粟特往日的希腊文化遗物。

张骞的报告曾提到安息盛产"蒲陶酒"，大宛及其周围地区也以葡萄为酒。学术界普遍认为葡萄的引进应在张骞那个时代。早在克里特文明时期，希腊人就已经知道种植葡萄，酿造葡萄酒。到荷马时代，葡萄和葡萄酒在希腊人生活中占有重要地位，是不可须臾离开的组成部分。希腊人与葡萄、葡萄酒有着久远的、深厚的文化情结。据古罗马地理学家斯特拉波（Strabo，约前64—公元23）的记载，希腊人把先进的葡萄栽培法和葡萄酒酿造法带入了西亚和中亚。张骞带回的"蒲陶"一词，有学者认为来自希腊语表示"一串葡萄"的"βo τρv s"（botrus）。所以，很有可能，西域地方的葡萄种植和葡萄酒酿造技术是随亚历山大东征的希腊人传播过来的。在以后，葡萄和葡萄酒，以及葡萄栽培技术和葡萄酒酿造技术，再从西域传到了中国内地，使之成为中国人喜欢的水果和饮料。这样，中国文化就和遥远的希腊接上了端绪。

张骞介绍西域地方城郭林立，居民务农经商。这些信息显然与希腊化文明的遗产有关。希腊人每到一地，都要建立自己的城市，亚历山大和塞琉古王国都曾在此地建城。这些中亚城郭中至少有一部分应是希腊人的遗存。张骞看到的城郭应该包括希腊人曾经建立或仍在居住的城市。

张骞在报告中还提到当地流行的货币，"以银为钱，钱如其王面，王死辄更钱，效王面焉"，这种货币与张骞所知的中原钱币大不相同，而将国王头像置于钱币的正面，则纯粹是亚历山大及其后继者的遗产。实际上希腊式钱币的影响也波及中国的塔里木盆地。在和田地区发现的"汉佉二体钱""和田马钱"，就是贵霜帝国境内，即原来印度和巴克特里亚希腊人的活动之地。此类钱币影响的产物，是希印双语币与中原钱币的混合。

张骞还提到"画革旁行以为书记"，即以皮革作为书写材料，在羊皮纸上横着书写文字。而当时中国使用的书写材料是竹简，而且是从上往下书写。这种羊皮纸上的文字应该属于通行于希腊化世界的通用希腊语。考古学者已经在阿伊·哈努姆遗址发现了这样的希腊语文献，说明希腊语在巴克特里亚地区的流行。

总之，在张骞的出使报告中，已经提供了一些有关希腊文化的信息，虽然这些信息是片段的、零碎的，但毕竟是中国人第一次以耳闻目睹的形式，在希腊化国家故地所接触到的信息。

图 2-6-1　新疆米兰佛寺遗址壁画《带翼天使像》

七　汉代人所知的罗马

中国历史文献中对罗马有不同的称谓，有"黎轩""犁鞬""大秦"等。张骞出使西域时，已知在安息以西有条支和黎轩。《史记·大宛列传》中提到西边最远的国家是"条枝"。"条枝在安息西数千里，临西海"，有学者认为是塞琉古王国的都城安条克（Antioch）的缩译。此城位于地中海东岸的叙利亚奥伦特河之畔，因此，"临西海"即临地中海。《史记·大宛列传》说，张骞"凿空"之后，汉朝"因益发使抵安息、奄蔡、黎轩、条枝、身毒国"。如黎轩指罗马,那么当时汉使之足迹已至罗马帝国,可惜记载过于简略,不知其详。《后汉书·西域传》记载:"和帝永元九年(97),都护班超遣甘英使大秦,抵条支。临大海欲渡",但受到安息西界船人的阻挠。还提到甘英"抵条支而历安息,临西海以望大秦"。此条记载与《史记》所说"条枝"临海的方位大致相同。这大致上就是汉代中国人的"世界"的西部"边界"。

甘英出使大秦是中西交通史上的重要事件,虽然甘英没有到达大秦,但他却是汉代向西走得最远的使臣,是第一个亲自到达地中海边的中国人。他亲自走过了丝绸之路的大半段路程,已经到达了与大秦国隔海相望的条支国,在此逗留期间,他调查了大秦国的种种情况,也了解到自安息从陆路去大秦国的路线,还了解到从条支南出波斯湾,绕阿拉伯半岛到罗马的航线。《后汉书·西域传》称:"班超遣掾甘英临西海而还,皆前世所不至,《山经》所未详,莫不备其风土,传其珍怪焉。"甘英西使的主要成果是丰富了汉人关于西方世界的见闻。正是根据甘英的记述,中国人才得以充分了解到过去所一直不清楚的极西地方的情况。因此,《后汉书》中对大秦国的记载,就要比《史记》《汉书》中的记载充分、具体得多了。

罗马人也一直想向东方发展,但由于安息垄断了丝绸之路贸易,为罗马人走向东方造成了巨大的障碍。不过,罗马人一直努力冲破安息的阻碍,直接与中国交通。为此,罗马人从海陆两道探索绕开安息而到达中国的道路。《魏略·西戎传》说:"大秦道既从海北陆通,又循海而南,与交趾七郡外夷比。又有水道通益州永昌。"这里涉及我们现在所说的丝绸之路的三条主干线,即陆上丝绸之路、海上丝绸之路和西南丝绸之路,第三条就是经海路抵达印度,然后"通益州永昌"。

在陆路,罗马人从里海直至西伯利亚南部而达天山北路,从那里的游牧部落取得中国丝货。有的人还进入中国内地。《后汉书·西域传》记载:永元十二年(100),"于是远国蒙奇、兜勒皆来归服,遣使贡献"。同书《和帝纪》也记载了这件事:"冬十一月,西域蒙奇、兜勒二国遣使内附,赐其王金印紫绶"。有人认为蒙奇即Macedonia,即"马其顿"的音译,是当时罗马帝国的一个行省;兜勒为地中海东岸城市Tyle(推罗)的音译,为罗马东方行省的重要港口城市,在今黎巴嫩提尔城。据说,有一位名叫马埃斯·蒂蒂安努斯

(Maês Titianos)的希腊商人,委托代理人组成商队,从马其顿出发,经过安息、贵霜、大夏,进入中国境内。当时正是班超驻守西域,商队被带到班超的营地,他们被允许前往洛阳。最后在永元十二年(100)十一月到达洛阳,受到汉和帝的接见,并赐予"金印紫绶"。这支商团在返回罗马时贩运了大批中国丝绸和其他手工业品。

罗马人东来更多的是走海路。东汉安帝永宁元年(120),大秦国幻人随掸国王雍由的使者来到中国。所谓"幻人",即从事杂技艺术的表演者。秦汉时多有外国"幻人"来中国进行表演活动的记载。《后汉书》记述:"能变化吐火,自支解,易牛马头。又善跳丸,数乃至千。自言我海西人。海西即大秦也,掸国西南通大秦。"这条记载明确说明来的"幻人"是罗马人,他们从海路到达缅甸,然后随缅甸使团而来。

东汉恒帝延熹九年(166),有罗马遣使入华一事。这是中西文化交流史上的一个重大事件。《后汉书·西域传》记载:

> 至恒帝延熹九年,大秦王安敦遣使自日南徼外献象牙、犀角、玳瑁,始乃一通焉。

大秦使者自日南入华,说明他是由海道经印度、越南来中国的。日南的卢容浦口,即现在顺化附近的大长沙海口,是当时中国南方的第一大港。大秦使者在卢容浦口登岸走陆路而至洛阳,所以引起中国朝廷的重视。其中提到的大秦王安敦,与当年在位的罗马皇帝马可·奥勒留·安东尼(Marcus Aurelius Antoninus Augustus)之名相符。这则关于大秦使节入华的记录,标志着中国和罗马这两个东西大国的交往,在当时已有可能达到建立正式官方往来的水平,也标志着横贯东西的海上丝绸之路的最终形成。他们所做的贡献也是很重要的。

葛洪也记载了一段中国人前往大秦的经历。他说在扶南听说,有中国商人想去古奴国,但乘风之便,经六十日到了大秦国。这个商人冒称是扶南王的使臣拜见大秦王。葛洪所记中国人前往大秦,没有其他文献佐证,也不知是何年何月,行者何人。但他明确说是中国的商人。当时有中国商人来到罗马,实际

中国典籍里的西方

上是完全可能的。

那么，或许可以说，当时在中国汉朝和罗马帝国之间担当直接沟通和文化交流角色的，主要是两国的商人。随着陆海两途的畅通，两国之间已有直接的通商关系。罗马（包括其属国）的商人经陆路过天山，或经海路至日南，直接与中国商人交易，而中国商人也远足至西方，把中国丝绸贩运至罗马。正是这些商人为中国与罗马的直接交通开辟了道路。

以"安敦使团"入华为标志，2世纪以后，中国与罗马的直接交往日渐频繁，海上交通贸易更加繁盛。就在"安敦使团"60年之后，又有大秦商人来中国而见诸记载。《梁史·诸夷传》记载了此事。这回来的大秦人公开了商人（贾人）的身份，而吴主孙权竟也接见，并派刘咸送其回国，可见当时中国方面对于与罗马通交的热情。可惜刘咸在旅途中病故，如同甘英出使大秦中途而返一样，又一次失去中国与罗马正式官方往来的机会。不过，同年吴国派康泰和朱应出使扶南时，他们的副使到过南印度迦那调州的黄支和歌营，得知乘中国"大舶"船张七帆，"时风一月余日，乃入大秦国"。可见当时已有中国商船直航罗马，亦可见中国与罗马民间商业往来是颇为兴盛的。281年，罗马派使臣出使西晋王朝，经海路来到广州，并至洛阳。据晋殷巨奇《布赋序》，晋太康二年（281），"大秦国奉献琛，来经于（广）州，众宝既丽，火布尤奇"。这次到达中国的使团可能是皇帝卡鲁斯（Carus，282—283在位）派遣。不过也有人倾向于认定这个罗马使团为"非官方"性质。284年，另一位有记载的罗马使节带着礼物来到中国。他也有可能是由皇帝卡鲁斯派出的。

通过丝绸之路传来的信息，以及不多但很重要的人员往来，中国人对罗马帝国也有所知。在《后汉书》以及关于魏晋南北朝诸史西域传中多包括大秦传，这些记载反映了公元1到5世纪中国社会对于罗马帝国的了解和想象。《后汉书·西域传》说：

> 自安息西行三千四百里至阿蛮国。从阿蛮西行三千六百里至斯宾国。从斯宾南行度河，又西南至于罗国九百六十里，安息西界极矣。自此南乘海，乃通大秦。其土多海西珍奇异物焉。
>
> 大秦国，名犁鞬，以在海西，亦云海西国。地方数千里，有四百余

城。小国役属者数十。以石为城郭。列置邮亭，皆垩塈之。有松柏诸木百草。人俗力田作，多种树蚕桑。皆髡头而衣文绣，乘辎軿白盖小车，出入击鼓，建旌旗幡帜。

所居城邑，周围百余里。城中有五宫，相去各十里。宫室皆以水精为柱，食器亦然。其王日游一宫，听事五日而后偏。常使一人持囊随王车，人有言事者，即以书投囊中，王至宫发省，理其枉直。各有官曹文书。置三十六将，皆会议国事。其王无有常人，皆简立贤者。国中灾异及风雨不时，辄废而更立，受放者甘黜不怨。其人民皆长大平正，有类中国，故谓之大秦。

……

以金银为钱，银钱十当金钱一。与安息、天竺交市于海中，利有十倍。其人质直，市无二价。谷食常贱，国用富饶。邻国使到其界首者，乘驿诣王都，至则给以金钱。其王常欲通使于汉，而安息欲以汉缯彩与之交市，故遮阂不得自达。至桓帝延熹九年，大秦王安敦遣使自日南徼外献象牙、犀角、玳瑁，始乃一通焉。其所表贡，并无珍异，疑传者过焉。

张星烺先生考罗马汉名，"《后汉书》之大秦，似指罗马帝国全部而言，其国都在意大利罗马京城。《魏书》之大秦，似乃专指叙利亚，国都为安都城（Antioch）"①。方豪认为，大秦"有广义狭义。狭义之大秦，或远或近，所指不一，当按每一文献，为之考证；广义之大秦，则为'西方'即'海西'之通称，犹今日所言'西洋'，所指极广"②。其实，当时罗马帝国地域广大，既占有欧洲大部地区，又包括西亚的叙利亚、北非的埃及等地。在当时的交通条件下，以"大秦"等名称指称罗马帝国，或指称罗马帝国之一部分或其属国，都是可能的。

那么，为什么把罗马称为"大秦"呢？英国学者玉尔（Henry Yule, 1820—1889）指出："中国史书说，大秦（大中国）一名被用于这些西方国家是因为其人有类中国，甚至称大秦人本源自中国。但这样的想法大概是天真的曲解，我们

---

① 张星烺：《中西交通史料汇编》第 1 册，北京：中华书局 2003 年版，第 114 页。
② 方豪：《中西交通史》，上海：上海人民出版社 2008 年版，第 111 页。

也许可以设想，这个名称的产生是由于中国人有一种感觉，认为这些希腊罗马国家对于西方的关系，就如同中国及其文明对于东亚的关系一样。"①

《后汉书·西域传》的记载说到罗马欲与中国交通，但受到安息的阻隔；还说到前面提到的安敦使团来华的事情。更重要的是记载了罗马的地理位置、道里行程、风土民俗、物产等方面的情况。以当时的历史知识来看，《后汉书》中关于罗马即大秦的记载已经很详细了，尽管这种了解是间接的。在这段记载中，已经知道从安息往西到海边，再渡海就能够到达罗马。这里所说的海，应该是指地中海。罗马以石头建筑城墙。罗马国王不固定是哪一个人，而是推举有能力的人担任。这可能是指罗马共和国时期的执政官制度。罗马有一种野蚕茧丝织的布。罗马使用金币和银币。罗马与安西、天竺在海上进行贸易。罗马的国王想与中国交往，但安息人为了垄断与中国的丝绸贸易，加以阻挠。

从《后汉书》等文献的记载来看，当时中国人已对罗马帝国的地理（"从安息陆道绕海北行，出海西，至大秦"）、政治、民俗等都略有所知，并认为"其人民皆长大平正，有类中国，故谓之大秦"。就当时的情况而言，这已经是很不容易了，就如同当时罗马人对中国的初步知识，多得自传闻，似雾里看花一般。

《后汉书·西域传》在记述大秦这个神奇的国度时似乎多有疑虑，他觉得"所生奇异玉石诸物，谲怪多不经，故不记云"。他在介绍了大秦国的富饶、公正和宝货之后，也说明了这些记载的来源，"其所表贡，并无珍异，疑传者过焉"。显然，关于大秦的种种知识并非中国人亲眼所见，而是传闻。传闻而非亲见，这是《后汉书·大秦传》信息的基本特征，也可以说是公元1世纪到5世纪中国史料关于大秦记载的基本特征。玉尔指出："从所有这些见闻中，我们清楚地看到，远东地区对大秦和拂菻所代表的著名的西方文明中心所持的孤零寡碎的见解，与西方世界对秦奈和赛里斯之名所代表的著名东方文明中心所持的鳞鳞爪爪的见解，具有相似性。我们看到，双方都……存在着某种程度的模糊不清，同样地以半明晰状态中的这个国家较近边缘上的事实来描述整个帝国。"②

班固的《汉书》有《西域传》，所记西域最远的国家是安息。在《后汉

---

① ［英］玉尔：《东域纪程录丛》，张绪山译，昆明：云南人民出版社2002年版，第32—33页。
② ［英］玉尔：《东域纪程录丛》，张绪山译，昆明：云南人民出版社2002年版，第34—35页。

书》中,大秦成为东汉社会所了解的最西方国家。对于当时的人来说,这意味着对西方世界认识的拓展。《后汉书·西域传》在篇首和结尾部分都着重指出,正是甘英等人向西走得更远,所以这时获得罗马的知识要比之前更详细一些。

《后汉书·西域传》是正史中最早出现大秦传的,此后诸史的西域传中多专列大秦传或提及大秦,包括《魏略·西戎传》《宋书》。《魏书》《梁书》《晋书》中也包含关于大秦的信息。《三国志》卷三〇说的大秦,几乎都是从《后汉书》中抄下来的。

我国学者林英通过对上述文献的分析,认为当时人们对于大秦的认识有这样几个特点①:

(1) 多宝之国。大秦是以多宝闻名的。《后汉书·安息传》说:"自此南乘海,乃通大秦。其土多海西珍奇异物焉。"《后汉书·西域传》在介绍大秦物产时,首先指出"土多金银奇宝""凡外国诸珍异皆出焉"。

(2) 理想化。如说大秦人"长大平正,有类中国"。大秦人性格慷慨正直,大秦"其人质直,市无二价""邻国使到其界首者,乘驿诣王都,至则给以金钱"。约作于东晋至梁的道教文献《太清金液神丹经》中,进一步把对大秦的印象理想化,使之成为道德完美的乌托邦。其中描写商人向大秦王请求海西奇珍,大秦王答曰:

> 我国固贵尚道德而慢贱此物,重仁义而恶贪贼,爱贞贤而弃淫泆,尊神仙以求灵和,敬清虚以保四气,眄此辈物斑驳玄黄,如飞鸿之视虫蠕。子后复以此货来往者,将竟吾淳国伤民耳目。奸争生于其治,风流由此而弊,当勅关吏不令子得进也。言为心盟,戒之。

(3) 神异化。如说"或云其国西有弱水、流沙,近西王母所居处,几于日所入也"。因为大秦接邻仙界,所以大秦的物产也沾染了不少仙风,即范晔所谓"诡怪多不经者"。

----

① 林英:《公元1到5世纪中国文献中关于罗马帝国的传闻——以〈后汉书·大秦传〉为中心的考察》,载《古代文明》,2009年第4期。

中国典籍里的西方

早期中国人对罗马认识和想象的上述三个特点，实际上也正是人类文明早期接触时通常出现的现象。因为信息来源少，大多得自传闻，面目不清，因而加入了自己许多理想化的想象。如早期希腊罗马人对于中国的认识，把中国称为"赛里斯"，认为制作丝绸的丝长在树上，等等，看似荒诞不经，但也是因为这样，所以充满异域"乌托邦"的色彩。

汉代人还通过输入中国的罗马物产来了解罗马。当时也有许多罗马物产输入中国，中国人称之为"奇珍异物"。《后汉书·西域传》记载说，大秦"其地多海西珍奇异物焉"。"土多金银奇宝，有夜光璧、明月珠、骇鸡犀、珊瑚、虎魄、琉璃、琅玕、朱丹、青碧。刺金缕绣，织成金缕罽、杂色绫。作黄金涂、火浣布。又有细布，或言水羊毳，野蚕茧所作也。合会诸香，煎其汁以为苏合。凡外国诸珍异皆出焉。"这些珍贵的货物都是当时中国人所知甚至熟悉的。《三国志》卷三〇引《魏略》所记大秦物产：

国出细绨。作金银钱，金钱一当银钱十。有织成细布，言用水羊毳，名曰海西布。此国六畜皆出水，或云非独用羊毛也，亦用木皮或野茧丝作，织成氍毹、毾𣰆、罽帐之属皆好，其色又鲜于海东诸国所作也。又常利得中国丝，解以为胡绫，故数与安息诸国交市于海中。海水苦不可食，故往来者希到其国中。山出九色次玉石，一曰青，二曰赤，三曰黄，四曰白，五曰黑，六曰绿，七曰紫，八曰红，九曰绀。今伊吾山中有九色石，即其类。阳嘉三年时，疏勒王臣盘献海西青石、金带各一。又今西域旧图云罽宾、条支诸国出琦石，即次玉石也。大秦多金、银、铜、铁、铅、锡、神龟、白马、朱髦、骇鸡犀、玳瑁、玄熊、赤螭、辟毒鼠、大贝、车渠、玛瑙、南金、翠爵、羽翮、象牙、符采玉、明月珠、夜光珠、真白珠、虎珀、珊瑚、赤白黑绿黄青绀缥红紫十种流离、璆琳、琅玕、水精、玫瑰、雄黄、雌黄、碧、五色玉、黄白黑绿紫红绛绀金黄缥留黄十种氍毹、五色毾𣰆、五色九色首下毾𣰆、金缕绣、杂色绫、金涂布、绯持布、发陆布、绯持渠布、火浣布、阿罗得布、巴则布、度代布、温宿布、五色桃布、绛地金织帐、五色斗帐、一微木、二苏合、狄提、迷迭、兜纳、白附子、薰陆、郁金、芸胶、熏草木十二种香。

《三国志》卷三〇引《魏略》，对大秦物产记载得更为详细，可谓琳琅满目。实际上也可以把《后汉书》和《三国志》的记载看作罗马帝国向中国出口的货单，充分反映了两国商业往来的频繁和经济交流的活跃。

那时候传入中国的琉璃主要是罗马的商品。罗马时代，埃及玻璃制品享誉四方，特别是玻璃珠，由于色彩缤纷、晶莹剔透，加之大批量生产，更在罗马输往东方船货中占据突出地位。汉代以来，中国人将玻璃称为琉璃，埃及的十色琉璃，无论是器皿还是珠饰，在中国都大受欢迎。罗马的琉璃制造业集中在亚历山大港、推罗和西顿，技术上都达到了很高的程度，它的市场遍及非罗马的亚洲地区。粗制的陆路出口，琉璃杯和镜子也出口，最多的是仿造的珠宝和彩色的琉璃装饰品。汉朝时，人们把琉璃与宝石、水晶同列为宝物。广州横枝岗西汉中期墓出土3件玻璃碗，据同位素X光射线荧光分析，均为钠钙玻璃，估计是地中海南岸的罗马玻璃中心在公元前1世纪的产品。横枝岗汉墓的时代约在西汉中期，相当于公元前1世纪，这批玻璃是目前我国境内发现最早的罗马玻璃器。

毛织品和麻织品也是罗马向中国出口的大宗货物。亚历山大等地的织工，善于用金线织绣毛织品、丝织品，运到中国被称为金缕罽、金缕绣，华美瑰丽，被列为上品。中国人长于丝织，罗马人则长于棉、麻、毛织。《魏略》中就列举了8种棉麻织品。如"发陆布"，就是一种优质棉布，得名于著名的亚历山大港灯塔所坐落的法鲁斯岛。古代埃及的上好棉布，以其洁细，得以畅销中国。毛纺业更是罗马帝国最为发达的手工业，其工艺之先进，足以傲视世界。中国古籍称毛织品为"氍毹""毾㲪"。《魏略》上记载大秦有"黄、白、黑、绿、紫、红绛、绀、金黄、缥、留黄十种氍毹、五色毾㲪、五色九色首下毾㲪"。

南越王墓西耳室发现怀疑是乳香的物质，重21.22克，经测定为树脂类，成分已有分解。象牙经鉴定出自非洲象。罗马称霸西部地中海，罗马商人又频繁活动于红海海域，他们可以轻易地得到主要产于红海沿岸的乳香和非洲象齿，并用这些物品与汉人互易。所以，这些乳香和象牙完全可能是经罗马商人之手传入广州的。

归入杂货一类出口的包括红海的珊瑚和珍珠、波罗的海的琥珀、某几种精制或未加工的宝石、火浣布（石棉布）、苏合香以及另一些药物和香料。这些

中国典籍里的西方

商品中有一些根本不是罗马所产，而是转口输出的。罗马运来中国的珠宝类船货，大多产自埃及和地中海、红海地区。古代西方文献中记载，早在公元初年，珊瑚就成为罗马帝国运往印度的重要输出物。中国史籍上，这种记载也所在多有。如《太平御览》等书中就有"大秦珊瑚""珊瑚出大秦西海中""珊瑚出大秦国，有洲在涨海中"等字样。

图2-7-1 罗马金币，青海海西州大南湾出土（南北朝时期）

图2-7-2 宁夏固原县（今固原市原州区）出土的鎏金胡瓶（北周时期）

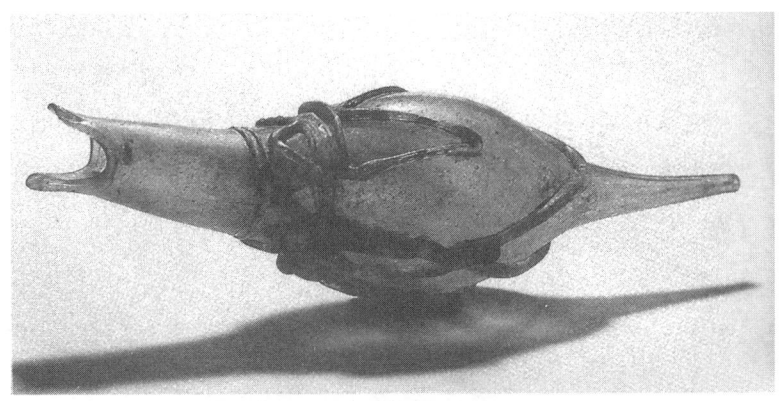

图 2-7-3 鸭嘴形玻璃水注，为输入中国的罗马玻璃器（北燕时期）
辽宁省博物馆藏

图 2-7-4 罗马蓝色琉璃碗（西汉时期）

八 汉代文学对西域的奇异想象

汉代通西域，大量传入西域的物产、艺术和文化信息，不仅大大地开阔了人们的视野，也激起人们对西域的奇异想象，全新的西域意象及神奇的西域艺术成为文人表现的兴趣。汉代人在现实中所接触的西域商胡、物产和艺术形式的基础之上，融合大量传说、神话，加以夸饰、想象，描绘出一个奇异的西域世界，使其成为中原人士对异域想象的一个乌托邦。

在很早的时候，人们就对来自异域的事物，对来自其他民族和国家的贡品，赋予了许多奇异的故事。每个时代都有种种由外国贡献的神奇贡礼的传

中国典籍里的西方

说。在早期的所谓地理博物小说中,大致包含了三大内容:一是殊方,即辽远的空间距离;二是异民,即表现其怪异的形体、特性和习俗;三是奇物,即或出于真实,或出于想象的各地的奇异物产。《山海经》对异域遐方的幻想达到了一个空前的高度,但此书所记载的物产基本属于神话,凭空想象,并不是现实中实有之物。据说,古代的"赤乌之人"曾经向周穆王敬献过两位美女,周穆王将她们纳为嫔妃。这两个女孩子的原型,就是作为贡礼从科罗曼德尔海岸送来的两位黑人少女。古人相信,通往国外的旅途充满自然险阻和精灵鬼怪的危害,在中国范围以外的任何地方,随时随地都会有大难奇险降临,这种看法进一步增加了种种神奇传说的魅力。古人总是相信,精灵鬼怪等候在山间小径的每一处拐弯的地方,潜伏在每一次热带风浪的后面。来自外国的人和物都自然地带有这种危险而又使人心醉神迷的魅力。

汉代开通西域后,揭开了人们重新认识西域的新纪元,正史中关于西域的记载,张骞的西域出使报告,体现了这一时期人们对于西域的比较客观的认知。人们通过这些同时代人的文献,知道了陆上最远处距汉有四万余里之遥,西域不少国家充满珍宝与奇异物产,并有让人匪夷所思的风俗,这极大改变了人们对世界的观念。

然而,这时的人们对西域的了解还是相当有限的。但另一方面,丝绸之路的开通,引起人们对其他远国异民的极度关注,人们对西域这片土地更充满了好奇和幻想。这一片土地更能给他们提供想象的基础与空间,更便于将过去与现在、神话与现实贯通起来。

人们对于西域的奇异风俗、奇珍异宝和奇兽珍禽充满了好奇。张骞等使者所关注的对象,不是与汉朝相同的那些草木、畜产、五谷、果菜、食饮、宫室、市列、兵器、金珠,而是"有异乃记"。汉代上层人物对奇异之物更是表现出异乎寻常的兴趣。《汉武帝别国洞冥记》记载:"天汉二年(前99),帝升苍龙阁,思仙术,召诸方士言远国遐方之事。"汉武帝对西域诸国所献的大鸟卵及黎轩眩人兴奋不已。传为东方朔所著的《海内十洲记》[①],记载汉武帝

---

① 学者们对《十洲记》的成书时间意见不一,《四库全书总目》认为《十洲记》"盖六朝词人所依托"。

听西王母说大海中有祖洲、瀛洲、玄洲、炎洲、长洲、元洲、流洲、生洲、凤麟洲、聚窟洲等十洲，便召见东方朔问十洲所有的异物，后附沧海岛、方丈洲、扶桑、蓬丘、昆仑5条。占有稀奇宝物是推动武帝开疆拓土的一个重要原因。

中外使者和商人带到汉朝的及所记叙的新奇人物、艺术、宗教、传说等都会成为人们关注与表现的对象。这些关注和好奇也体现在当时的文学作品中，成为文学创作想象的源泉。如汉代诗赋中出现的大量西域物象。西域物产往往又是富丽豪奢的象征。它们的名称常常成为以藻饰见长的辞赋、诗歌作者乐于称引的对象，通过对这些名物的铺陈与描绘，展示熠耀焜煌、光彩炜炜的繁艳风貌。乐府杂曲歌辞《蛱蝶行》中提到苜蓿，《陇西行》中出现西域的坐具氍毹，《乐府》里有"氍毹五木香，迷迭艾纳及都梁"，皆为来自西域的毛皮制品及奇花异草与香料。《羽林郎》叙述胡女独立经营酒店，其穿戴有鲜明的西域特色，浑身珠光宝气，"头上蓝田玉，耳后大秦珠""一鬟五百万，两鬟千万余"。朱穆《郁金赋》写郁金"邈其无双"的娇艳与"独弥日而久停"的芳香。祢衡《鹦鹉赋》以鸟自比，鹦鹉自西域而至，"性慧辩而能言兮，才聪明以识机"，迥出众鸟之上。蔡邕《伤胡栗赋》言胡栗"弥霜雪之不凋兮，当春夏而滋荣"，赞叹其傲霜斗雪的高洁品格。

武帝宫中充斥着西域来的奇宝异物。据《西都赋》记载：汉武帝时，长安集中了四方奇物，"其中乃有九真之麟，大宛之马，黄支之犀，条支之鸟，逾昆仑，越巨海，殊方异类，至于三万里"。上林苑更是聚集了天下的奇珍异宝。汉代作品中又有对西域技艺的生动展示。张衡的《二京赋》全面展示了百戏的演出盛况。百戏中融入马戏、杂技、幻术等大量的西域元素。

在汉代文学对西域的描写中，除了对引进的西域物产和奇珍异兽的近乎夸张的描写外，还充满了想象、夸饰、虚构。那些从未到过西域的人，在别人记述与传闻的基础之上，将其与《山海经》等神话结合起来，进行更为大胆、虚幻的想象。在中国人眼中，外邦风物本来就是奇妙神秘的，再加上人们的附会夸饰，就形成传说。到了方士的神仙家手里，便同服食飞举、灵异变化的方术的仙术结合起来。①

---

① 李剑国：《唐前志怪小说史》，天津：南开大学出版社1984年版，第166页。

中国典籍里的西方

如传为后汉郭宪所作的《汉武帝别国洞冥记》，共 4 卷 60 则故事，所叙"别国"，主要叙述西域及今中亚一带国家有关的神仙幽怪并传说、奇闻逸事、神山仙境、丹方灵药，以及异方风土物产等，珍稀奇异，功效神奇，极富想象力。所叙奇闻，可供了解这些地区和国家的民俗与传说。这些奇物有西王母乘坐的神马，大秦国献的善走的花蹄牛，能让人白发变黑的马肝石，以及其他诸多听起来匪夷所思的事物。

在汉代中，西域物产往往具有神奇性。《西京杂记》卷一载："武帝时，西域献吉光裘。入水不濡，上时服此裘以听朝。"《海内十洲记》载炎洲有火浣布："又有火林山，山中有火光兽，大如鼠，毛长三四寸，或赤或白，山可三百里许，晦夜即见此山林，乃是此兽光照，状如火光相似。取其兽毛以缉为布，时人号为火浣布，此是也。国人衣服垢污，以灰汁浣之，终无洁净。唯火烧此衣服，两盘饭间，振摆，其垢自落。洁白如雪。亦多仙家。"人们认为火浣布是由火光兽毛织成的。《海内十洲记》说："武帝天汉三年（前98），西国王献吉光毛裘，色黄白，盖神马之类也。裘入水数日不沉，入火不焦。"《西京杂记》卷一所载的身毒国宝镜等更是充满了神话色彩："宣帝被收系郡邸狱，臂上犹带史良娣合采婉转丝绳，系身毒国宝镜一枚，大如八铢钱。旧传此镜照见妖魅，得佩之者为天神所福，故宣帝从危获济。及即大位，每持此镜，感咽移辰……帝崩，不知所在。"在这里，身毒国出产的宝镜被赋予了驱邪、祈福以及通灵的神性。

汉代文学有关西域世界的建构，是汉代人描绘其他奇异国度及仙境的基础。西域的开通，激起的是人们对远方异域的热情关注，为地理博物小说的兴起提供了一个很好的契机。在汉魏六朝小说中，很多就是根据实有之物，夸大其功能，并与仙境、理想国的幻想结合起来，使这些物产具有了神话色彩。作者通过独特的视角把自己的情感、愿望投射于西域商品与商人之上，把各种传闻与想象源源不断地加入历史书写中，从而重新建构了一个西域世界。

汉人在陆路上的交通，主要是西域方向，在海上是东方与南方。汉人对西域世界的建构，也推动了人们对远国夷民奇物的想象。他们把对西域的想象技巧，用于对各个方位神奇国度与异物的描绘上。如《海内十洲记》描写了东

第二章 丝绸之路开辟的新视界

南西北四海中的十洲,虽仅有凤麟洲、聚窟洲在西海,然对其他八洲的描写很明显受到了西域传说的影响,如炎洲中的火浣布,又如流洲中的割玉刀,皆本为西域特产,却被移到了其他地方。在其他故事中也有类似情况。

在前面讲汉代文学对于西域的想象中,简略地提到了志怪小说《汉武帝别国洞冥记》。这部小说旧题东汉郭宪撰,也有人认为是后人托伪之作。书中记载与汉武帝有关的神仙幽怪并传说、奇闻逸事、神山仙境、丹方灵药,以及外国异方风土物产等。郭宪自序说,"汉武帝明俊特异之主,东方朔因滑稽浮诞以匡谏,洞心于道教,使冥迹之奥,昭然显著",故曰"洞冥"。

《汉武帝别国洞冥记》记载了许多"殊方异物"。其中的记载有许多属于"奇异想象"的范畴,所记事物充满了神秘、神奇、荒诞和奇异之感。所以,历来都把这些记载归于荒诞不经的志怪小说者言。但是,正如我们今天解读《山海经》一样,这些怪诞的故事可能也有一些现实的基础。在当时的信息条件下,真正能直接接触到这些西域事物和直接接触到这些旅人的毕竟是极少数人,绝大多数人还是靠传闻获得西域信息的。传闻在传播的过程中,就可能有许多信息的损耗,也可能被传播者再创造、再加工,这样就越来越离奇了。在当时人们的认知条件下,有的时候还分不清什么是真实的信息,什么是奇异的想象。这样,就把真实的和想象的混为一谈,这就是当时人们对西域事物了解和认知的一个特征。不仅那些志怪小说,即便是正史和学者的著作,也往往把所见所闻与得自传闻的古怪故事混在一起。这就是中国古代描述外部世界的文献的一个特点。

《汉武帝别国洞冥记》记载的"殊方异物"就是在这样的条件下产生的。各种奇异的事物,尽管看起来荒诞不经,但可能都有现实的影子。不过,作者可能并没有见过和接触过多少来自西域的物产,只是得自传闻,而这些传闻又不知道传了多少人才传到他这里,这其中又会包含着多少人的想象和"再创造"呢?

所以,这里要说的是,尽管《汉武帝别国洞冥记》的记载不可以作为关于西域物产在中国传播的根据,但仍然是一份有启发意义的物品清单,虽然这个清单可能被歪曲了、扭曲了和神话化了。

图 2-8-1　西魏壁画，西王母乘车行于浮云和天花之中

第三章 跟佛教一起传来的外部知识

一 入华高僧带来的新知识

汉代以后,佛教被传播到中国,特别是进入晋代和南北朝时期,佛教的传播达到了高潮。在长达1000多年的历程中,佛教文化源源不断地向中国传播,并且广泛地渗入社会生活的各个方面,对中国的哲学、文学、艺术、民间风俗以及政治、经济等都有着深刻的影响。

佛教在中国的初传时期,一个重要特点是陆续有一些西域或印度等地的僧人来到中国。他们最早向中国人介绍了印度佛教的文化信息,携带来一批佛教经典并且将之汉译,使中国人有了对佛教初步接触的文本。他们还把佛教僧团和寺院的仪轨介绍过来,使中国有了最早的出家僧侣和最早的佛事活动。同时,他们还介绍了西域特别是印度的地理、交通和文化风俗状况,进一步开拓了中国人认识世界的渠道。

这些高僧是一批自觉的文化传播使者。他们并非受国家的委托,也没有商业利益的追求,完全是出于一种宗教责任和使命,一种文化责任和使命。他们远道而来,就是为了弘化讲学,传播佛教。《高僧传》中对这一类记载有很多。比如:安世高"游方弘化,……始到中夏";昙摩难提"常谓弘法之体,宜宣布未闻;故远冒流沙,怀宝东入";鸠摩罗什欲"使大化流传,洗悟朦俗;虽复身当炉镬,苦而无恨";菩提流支"志在弘法,广流视听,遂挟道宵

中国典籍里的西方

征，……来游东夏"；伽梵达摩"远逾沙碛，来抵中华，有传译之心，坚化导之愿"；弥陀山"志传像法，不吝乡邦，杖锡孤征，来臻诸夏"。诸如此类，不胜枚举，都充分说明了他们具有"使大化流传"、弘扬传播佛法的崇高的文化使命感和责任感。这些来华的西域高僧，为了把他们理解的生活真理和信仰传播给远方的广大民众，历尽艰险，负笈万里，来到中国，为佛教东传和开阔中国人的世界文化视野，做出了很大的贡献。

到了两晋南北朝时期，佛教在中国的传播形成了高潮，更吸引了大批西域和印度的高僧挟道东来，他们为佛教典籍的汉译、佛教思想和宗派的传播，以及佛教艺术文化在中国的推广，都做出了重大的贡献。

这些来华的高僧，分别来自大月氏国、安息国、康居国、于阗国、龟兹国、罽宾国、印度、师子国、扶南国等国。他们大部分是通过丝绸之路经西域进入中国内地的，也有少数人如师子国人、扶南国人和部分印度人是通过海上丝绸之路在交趾、广东沿海登陆再进入内地的。

南北朝时期，西来的僧侣越勤越密。北魏洛阳永明寺接纳"百国沙门三千余人"，远者来自大秦（罗马）和南印度，洛阳成为当时世界佛教最盛的圣地。南朝的建康是江南外籍僧侣的活动中心，也是出译籍、出义理的主要基地。梁优禅尼国月婆首那被任命为京都"总知外国使命"，江南佛教同域外佛教的联系也越来越密切，建康与中、南天竺，斯里兰卡和扶南等国的佛教联系尤为密切。

这些入华高僧不仅是佛教信仰的传播者，还是新文化、新知识的传播者。除了信仰系统之外，佛教本身还是一个巨大的"文化群""文化丛"，是一个包含着丰富内容、多种形式的"文化集合体"。这个文化群、文化丛或者说文化集合体，主要包含两个方面，一是佛教本身所要呈现、所要表达的艺术形式，如造型艺术、音乐艺术、文学艺术等，这些艺术形式本身就是传播佛教的手段或方式；另一方面是与佛教一起传播进来的印度文化和西域文化，如印度的天文历法、医药科学等。这些随着佛教传入紧随而来的各种文化要素、文化内容，都在中国文化中产生了重大的影响，影响到中国文化各个方面的变化和发展，进而扩大了中国人的知识系统，改变或重塑了中国人的认知方式，也大大开阔了中国人的世界视野和文化眼光。

第三章 跟佛教一起传来的外部知识

图 3-1-1 明丁云鹏《白马驮经图》，台北"故宫博物院"藏

图 3-1-2 元赵孟頫《红衣西域僧图卷》，辽宁省博物馆藏

— 73 —

中国典籍里的西方

图 3-1-3　敦煌壁画，三国时期康僧会弘教江南图

二　波澜壮阔的佛教"留学运动"

佛教东传，最主要的工作是翻译佛经。一方面，有许多来自印度和西域各国的僧人把佛经携带到中国，并将其翻译成汉语，使之在中国流传。他们在佛教东传史上的贡献是巨大的。另一方面，还有许多中国僧侣负笈远行，到西域或印度，他们的主要任务也是"取经"，即在印度搜寻佛教经典，把它们携带回中国，并翻译成汉语。在佛教文化东传中国的历史上，历代都有刻苦耐劳、品德高尚而又才华横溢的中国高僧往"西天"取经。他们为传播佛教文化做出了重大贡献。

第三章 跟佛教一起传来的外部知识

自三国时期的朱士行始,历代西行求法的中国僧侣前赴后继,不绝于途。据梁启超统计,有名可查的赴印高僧有105人,实际则有数百人。据方豪统计,西晋至南北朝时期西行求法可考者有近150人。在当时交通极艰难的情况下,有这么多人不畏艰辛劳苦,从事佛教的传播事业,实在是世界文化交流史上了不起的大事。他们绝大多数并没有政府背景或资助,也不是受到佛教僧团的指派,而是自行前往的,是自己发自内心的决定,并且有的还受到阻挠,不得不采取偷渡的形式。求法队伍所表现的勇气和胆识、意志和决心,参与者那种舍生忘死、不惜牺牲、百折不回、互助友爱的精神,那种一步一个脚印、一步步跨越万里长途的执着、坚定的态度,辉耀千古,成为中华民族的骄傲和传之永久的精神财富。①

那么,是什么原因促使他们甘冒风险而坚持前去西域呢?这主要是信仰的力量。这些僧侣都是信仰坚定的佛教徒,在印度有他们心目中的圣地,那是他们心灵的归宿、精神的故乡。这是一种信仰的力量,也是一种人格的力量。这种出于信仰的宗教热情也是一种巨大的精神鼓舞。

当然,更主要的还是求知的欲望。我国历代僧侣的西行,绝大多数都不是为了到圣地巡礼,而是"取经"。如朱士行、法显、玄奘、义净等人,都是在国内研究佛经遇到了困惑,对已经翻译过来的佛经不满足,所以要到佛教的发源地寻找"真经"。所以,梁启超说,当时的西行求法,其动机出于学问,"盖不满于西域间接的佛学,不满于一家口说的佛学。譬犹导河必于昆仑,观水必穷溟澥,非自进以探兹学之发源地而不止也"。"自余西游大德前后百数十辈,其目的大抵同一。质言之,则对于教理之渴慕追求——对于经典求完求真之念,热烈腾涌,故虽以当时极坚窘之西域交通,而数百年中,前赴后继,游学接踵,此实经过初期译业后当然之要求。"②

所以,中国佛教徒的西行求法,更多的是去寻求知识、寻求真理、寻求信仰。佛学本身就是一个庞大的思想体系和知识系统,与佛教和佛经一起传过来的,还有印度的医学、天文学、哲学和逻辑学等文化知识。这些文化知

---

① 孙昌武:《中国佛教文化史》第1卷,北京:中华书局2010年版,第259页。
② 梁启超:《佛学研究十八篇》,北京:群言出版社2013年版,第187、188页。

识已经随着佛教一起传播进来了,中国的知识分子们已经接触到了,了解到了,他们感到兴奋,感到新奇,感到有一种在我们视野之外的清新的知识和学问。这种文化、知识和学问是丰富的、先进的、新奇的。它们极大地刺激了中国知识分子们的好奇心和求知欲。但是他们还不满足,还要到这些文化知识的源头,去获取更多的文化知识。这种对知识和智慧的渴望,是持续千百年的西行求法运动的最根本的心理动力。所以,梁启超将其称为"千五百年前之中国留学生"。梁启超说:"魏晋以降,佛教输入,贤智之士,憬然于六艺九流之外,尚有学问,而他人之所浚发,乃似过我。于是积年之'潜在本能',忽而触发,留学印度,遂成为一种'时代的运动'(Periodical Movement)。这种运动,前后垂五百年,其最热烈之时期,亦亘两世纪。运动主要人物,盖百数,其为失败之牺牲者过半,而运动之结果,乃使我国文化,从物质上、精神上皆起一种革命。非直我国史上一大事,实人类文明史上一大事。"①

所以,西行求法运动,就不仅仅是一项宗教的交流,不仅仅是为了寻求宗教真理的"取经"。他们不畏艰险、一批又一批地前往五天竺礼拜圣迹,足迹遍于西域诸国、印度、尼泊尔、斯里兰卡、马来西亚等许多国家和地区。在漫长的求法途中,求法僧们除了学习佛法、求得经籍等外,还深入细致地学习了各国的文化,广泛地考察了各地的历史地理和风土人情,增长了有关国家各方面的知识,极大地扩充了中国人的知识系统。如梁启超说的"西方之绘画、雕塑、建筑、音乐,经此辈留学生之手输入中国者,尚不知凡几。皆教宗之副产物也"②。所以,中国僧人西行取经的意义不仅仅是宗教性的,在学术发展史上,也具有极为重要的意义。汤用彤也认为,佛教自印度传入中华,除了西域僧人东来弘法外,中国知识分子亦推波助澜,致西行求法运动如日中天。而西行求法者,亦为博学深思的学者型僧人,故能广搜精求异域文化,于中国文化和佛教思想之发展做出了开拓性的贡献。③

---

① 梁启超:《佛学研究十八篇》,北京:群言出版社2013年版,第124页。
② 梁启超:《佛学研究十八篇》,北京:群言出版社2013年版,第152页。
③ 汤用彤:《汉魏两晋南北朝佛教史》(增订本)上卷,北京:昆仑出版社2006年版,第335页。

第三章 跟佛教一起传来的外部知识

许多西行的求法者还记录了他们求法活动中的经历和见闻,形成"求法行纪"一类的极有价值的著作。其中如法显的《佛国记》、玄奘的《大唐西域记》、义净的《大唐西域求法高僧传》《南海寄归内法传》、新罗僧慧超《往五天竺国传》等著作。"这类著作作为求法僧人个人经行的记录,遵循中华文化传统的'知行'和'实录'精神,忠实于见闻,举凡著者经行之地的地理形势、道里山川、物产交通以及社会状况、风土人情等等,都翔实地加以记述;而著者们又是虔诚信徒,对于宗教信仰、佛教胜迹以及相关神话传说等记载尤为详细。这样,这类著作中就包含有关各国、各民族历史、地理、宗教、民俗、艺术、文化等多方面的、极其丰富的内容。"① "这些著作,比起正史或笔记一类的著作,叙述往往更加详细,材料一般更可靠。因为前者是史官或文人学士所作,或录自官方档案,或综括所见各书,或得于他人传闻,精粗杂糅,常有想象之词,而后者则是求法僧们身所经历,亲闻目见后所写成。"② 所以,这些著作不仅向中国介绍了所到国家和地区各方面的知识,大大开阔了中国人的视野,而且对中国人了解西域文明和印度文化有巨大的帮助,更保存了古代中外史地、中外文化交流的重要资料,成为相关领域研究的主要经典。正如梁启超所说:"留学运动之副产物甚丰,其尤显著者则地理学也。"③

据有关资料统计,历代西行求法高僧所撰写的行纪等史地著作主要有:

(1) 法显《佛国记》1 卷。
(2) 宝云《游履外国传》。
(3) 昙景《外国传》5 卷。
(4) 智猛《游行外国传》1 卷。
(5) 法勇(即昙无竭)《历国游记》。
(6) 道普《游履异域传》。

---

① 孙昌武:《中国佛教文化史》第 3 卷,北京:中华书局 2010 年版,第 1278 页。
② 义净:《大唐西域求法高僧传校注》,王邦维校注,北京:中华书局 1988 年版,前言第 6 页。
③ 梁启超:《佛学研究十八篇》,北京:群言出版社 2013 年版,第 148 页。

中国典籍里的西方

(7) 法盛《历国传》2卷。

(8) 道药《道药传》1卷。

(9) 惠生《惠生行传》1卷。

(10) 宋云《家记》1卷;《魏国以西十一国事》1卷。

(11) 玄奘《大唐西域记》12卷。

(12) 慧立《大慈恩寺三藏法师传》10卷。

(13) 义净《南海寄归内法传》4卷;《大唐西域求法高僧传》2卷。

(14) 无行《中天附书》。

(15) 慧超《往五天竺国传》3卷。

(16) 继业《西行域程》。

图3-2-1 新疆米兰佛寺遗址壁画《佛和弟子像》

第三章 跟佛教一起传来的外部知识

图 3-2-2 唐《行脚僧图》，伦敦大英博物馆藏

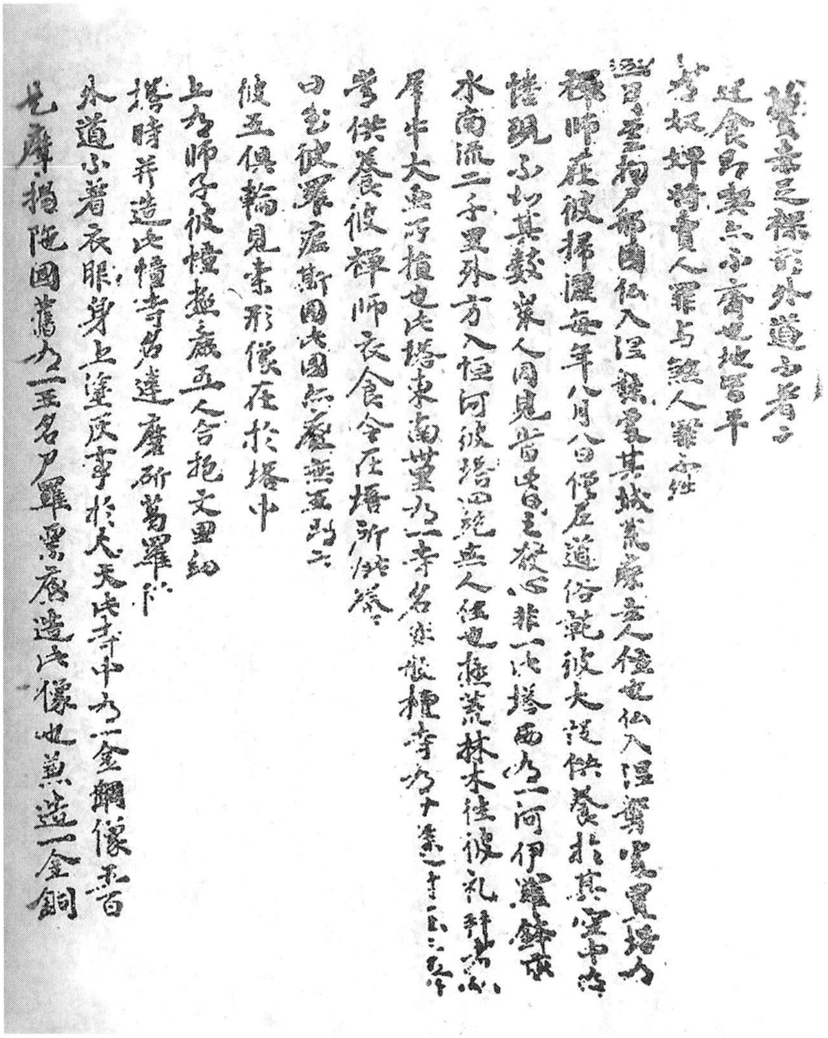

图3-2-3 敦煌写本残卷《慧超往五天竺国传》，巴黎法国国家图书馆藏

三 法显西行与《佛国记》

在魏晋南北朝时期西行求法的中国僧侣中，以法显最为著名。中国历史上的佛教求法僧，最杰出、最有成就的，是法显、玄奘和义净三人，其中法显的

第三章 跟佛教一起传来的外部知识

年代最早,比玄奘到西天(印度)取经早200多年。法显是第一位沿着陆路西行,而乘着海船从南洋回到汉地的取经高僧。而且,他是我国僧人到印度研究佛学的第一人。《续高僧传·玄奘传》亦说:"前后往天竺者,首自法显。"

法显还是第一位沿着陆路丝绸之路西行,而乘着海船从海上丝绸之路回到汉地的取经高僧。在丝绸之路的历史上,像法显这样海陆两道丝绸之路都走过的,还有元代来华的旅行家马可·波罗和鄂多立克,他们的往返行程也分别经过了陆路丝绸之路和海上丝绸之路。

法显是山西平阳郡武阳(今山西临汾市西南)人,俗姓龚。他有3个哥哥,都在童年夭亡,他的父母担心他也夭折,在他才3岁的时候,就送他到佛寺当了小和尚。20岁时,法显受具足戒。这是和尚进入成年后,为防止身心过失而履行的一种仪式。从此,他对佛教信仰之心更加坚贞,行为更加严谨,时有"志行明敏,仪轨整肃"之称誉,逐渐成为有名的僧人。

后秦弘始元年(399)春天,法显同慧景、道整、慧应、慧嵬4人一起,从长安起身,向西进发,开始了漫长而艰苦卓绝的旅行。法显出行时,已是年届63岁的老人,比28岁时西行取经的玄奘大了35岁。

法显一行从长安出发,沿着这时已经畅通的丝绸之路,一路向西。第二年,穿过河西鲜卑人建立的西秦与南凉,到了北凉的张掖,也就是今天的甘肃省张掖市,遇到了同样去西域求法的智严、慧简、僧绍、宝云、僧景5人,与之会合,组成了10个人的"巡礼团"。智严、宝云等人是从凉州出发的,他们可能都是凉州一带的人,因此对西域的情况了解更多,求法的热情也很高。宝云和智严后来都成为中国佛教史上有贡献的人物。两拨求法人不约而同在张掖相会,也是一时奇遇。后来,"巡礼团"又增加了一个慧达,总共11人。

这个"巡礼团"从张掖继续西行。经过极为艰险的旅程,法显终于抵达中天竺境内。这时,距他们离开长安已经有5年了,一行11人最后只剩下法显和道整两人。

法显在印度各地活动8年,访求佛经,学习梵文和进行考察。409年底,法显离开多摩梨帝,搭乘商舶纵渡孟加拉国湾,到达师子国。411年八月,法显坐上印度商人的大舶,循海路回国。

乘风踏浪,历尽艰险,法显终于回到了祖国的土地。这一天是东晋义熙八年（412）七月十四日。法显63岁出游，前后共走了30余国，历经13年，回到祖国时已经76岁了。在这13年中，法显跋山涉水，经历了人们难以想象的艰辛。归国后，他自己回忆说："顾寻所经，不觉心动汗流。"

法显以年过花甲的高龄，完成了穿行亚洲大陆又经南洋海路归国的远途陆海旅行的惊人壮举。与他同时代人就感叹说他实为"古今罕有""自大教东流，未有忘身求法如显之比"。

法显回国后，将自己西行取经的见闻写成一部不朽的世界名著，即《佛国记》。《佛国记》中记载了大量他西行途中的见闻，给中国带回大量有关印度佛教的信息和丰富的西域、印度及南亚交通地理与风俗文化知识，具有很高的学术价值。

法显介绍了西域和印度大小乘佛教流行的情况。在西域方面，首先说到诸国原来语言虽不尽同，而僧人一致学习印度语文，鄯善国、焉夷国各有僧四千余，竭叉国有僧千余，都奉小乘教，于阗国和子合国都盛行大乘佛教。在印度方面，陀历、乌苌、罽饶夷、跋那等国都奉行小乘教，罗夷、毗荼、摩竭提等国都大小兼学，毗荼国僧众多至万数，摩竭提国为印度佛教中心，佛法大为普及。东印度多摩梨帝国有二十四伽蓝，佛教也很兴盛。据《佛国记》记载：

（1）得至鄯善国，其地崎岖薄瘠。俗人衣服粗与汉地同，但以毡褐为异。其国王奉法。可有四千余僧，悉小乘学。诸国俗人及沙门尽行天竺法，但有精粗。从此西行，所经诸国，类皆如是，唯国国胡语不同。然出家人皆习天竺书、天竺语。

（2）到乌夷国，僧亦有四千余人，皆小乘学。法则齐整，秦土沙门至彼都，不预其僧例也。

（3）到竭叉国，与慧景等合。……其地山寒，不生余谷，唯熟麦耳。众僧受岁已，其晨辄霜。故其王每赞众僧令麦熟，然后受岁。其国中有佛唾壶，以石作之，色似佛钵。又有佛一齿，其国中人为佛齿起塔。有千余僧徒，尽小乘学。自山以东，俗人被服粗类秦土，亦以毡褐为异。

（4）有一小国名陀历。亦有众僧，皆小乘学。其国昔有罗汉，以神足力将一巧匠，上兜术天，观弥勒菩萨长短、色貌，还下，刻木作像。前后三上观,然后乃成。像长八丈,足趺八尺。斋日常有光明,诸国王竞兴供养,今故现在此。

(5) 乌苌国是正北天竺也,尽作中天竺语。中天竺所谓中国。俗人衣服、饮食亦与中国同。佛法盛甚,名众僧住止处为僧伽蓝。凡有五百僧伽蓝,皆小乘学。若有客比丘到,悉供养三日。三日过已,乃令自求所安。

(6) 犍陀卫国,是阿育王子法益所治处。佛为菩萨时,亦于此国以眼施人。其处亦起大塔,金银校饰。此国人多小乘学。

(7) 复自力前得过岭南到罗夷国,近有三千僧,兼大小乘学。住此夏坐,坐讫南下。行十日到跋那国,亦有三千许僧,皆小乘学。从此东行三日,复渡新头河,两岸皆平地。过河有国名毗荼,佛法兴盛,兼大小乘学。见秦道人往,乃大怜愍。作是言:"如何边地人,能知出家为道,远求佛法。悉供给所须,待之如法?"从此东南行减八十由延,经历诸寺甚多,僧众万数。

(8) 法显住龙精舍夏坐。坐讫,东南行七由延,到罽饶夷城。城接恒水,有二僧伽蓝,尽小乘学。

(9) 自鹿野苑精舍西北行十三由延,有国,名拘睒弥,其精舍名瞿师罗园。佛昔住处,今故有众僧,多小乘学。

(10) 在道一月五日,得到于阗。其国丰乐,人民殷盛,尽皆奉法,以法乐相娱。众僧乃数万人,多大乘学,皆有众食。

(11) 竭叉国。法显等欲观行像,停三月日。其国中有四大僧伽蓝,不数小者,从四月一日,城里便扫洒道路,庄严巷陌。其城门上,张大帏幕,事事严饰。王及夫人、采女皆住其中。瞿摩帝僧是大乘学,王所敬重,最先行像。

(12) 法显等进向子合国,在道二十五日,便到其国,国王精进,有千余僧,多大乘学。

(13) 有国名僧迦施。……此处僧及尼可有千人,皆同众食,杂大小乘学。

《佛国记》介绍了印度佛教的供养制度。印度佛教创始就以供养为主要信仰方式，在《佛国记》中有多条记载：

（1）国王皆笃信佛法，供养众僧，时则脱天冠，共诸宗亲、群臣；手自行食。行食已，铺毡于地。对上座前坐，于众僧前，不敢坐床。佛在世时，诸王供养法式，相传至今。

（2）到竭叉国，与慧景等合。值其国王作般遮越师。般遮越师，汉言五年大会也。会时请四方沙门，皆来云集。集已，庄严众僧坐处，悬缯幡盖，作金银莲华，着僧座后，铺净坐具。王及群臣，如法供养。或一月、二月或三月，多在春时。王作会已，复劝诸群臣，设供供养。或一日、二日、三日、五日乃至七日，供养都毕。王以所乘马，鞍勒自副，使国中贵重臣骑之。并诸白氎、种种珍宝，沙门所须之物，共诸群臣，发愿布施，布施僧已，还从僧赎。

（3）其城中多居士、长者、萨薄商人，屋宇严丽，巷陌平整。四衢道头，皆作说法堂。月八日、十四日、十五日，铺施高座，道俗四众，皆集听法。其国人云，都可六万僧，悉有众食。王别于城内，供养五六千人。众食，须者则持大钵往取，随器所容，皆满而还。

（4）时王笃信佛法，欲为众僧作新精舍。先设大会，饭食僧。供养已，乃选好上牛一双，金银宝物，庄校角上，做好金犁，王自耕顷，垦规郭四边。然后割给民产田宅，书以铁券。自是已后，代代相承，无敢废易。

（5）自佛般泥洹后，诸国王、长者、居士为众僧起精舍供养。供给田宅、园圃、民户、牛犊，铁券书录。后王王相传，无敢废者，至今不绝。众僧住止房舍、床褥、饮食、衣服，都无阙乏，处处皆尔。众僧常以做功德为业，及诵经坐禅。客僧往到，旧僧迎逆。代担衣钵，给洗足水，涂足油，与非时浆。须臾息已，复问其腊数。次第得房舍、卧具，种种如法。

众僧住处，作舍利弗塔、目连、阿难塔，并阿毗昙、律、经塔。安居后一月，诸希福之家，劝化供养僧，作非时浆。众僧大会说法，说法已，

第三章 跟佛教一起传来的外部知识

供养舍利弗塔,种种华香,通夜然灯。使伎乐人作《舍利弗》,大婆罗门时诣佛求出家。大目连、大迦叶亦如是。诸比丘尼多供养阿难塔,以阿难请世尊听女人出家故。诸沙弥多供养罗云。阿毗昙师者供养阿毗昙。律师者供养律。年年一供养,各自有日。摩诃衍人则供养般若波罗蜜、文殊师利、观世音等。众僧受岁竟,长者、居士、婆罗门等,各将种种衣物、沙门所须,以用布施僧。众僧亦自各各布施。佛泥洹已来,圣众所行,威仪法则,相承不纪。

(6)净修梵行,城内人敬信之情亦笃。其国立治已来,无有饥丧荒乱。众僧库藏,多有珍宝,无价摩尼。其王入僧库游观,见摩尼珠,即生贪心,欲夺取之。三日乃悟,即诣僧中稽首,悔前罪心。因白僧言,愿僧立制,自今以后,勿听王入库看,比丘满四十腊,然后得入。

但在此时,印度僧团受王室及贵族之供奉,财富积聚,已非昔日之比。所以,寺院经济的发达并非只是在中国才有。在印度本土,僧团已是极度富有。僧团在享用这些生活资料时,依然是按照僧腊之惯例来定。

佛灭度后,佛之崇拜以舍利信仰最为盛行。关于佛教史迹,法显详细记载了佛陀降生、成道、初转轮、论议降伏外道、为母说法、为弟子说法、预告涅槃、入灭等八大名迹之盛况;记载了佛石室留影、最初的佛旃檀像、佛发爪塔以及佛顶骨、佛齿和佛钵、佛锡杖、佛僧伽梨等的保存处所和守护供养的仪式;记载了佛陀的大弟子阿难分身塔、舍利弗本生村以及阿阇世王、阿育王、迦腻色迦王所造之佛塔;过去三佛遗迹诸塔以及菩萨割肉、施眼、截头、饲虎等四大塔,祇洹、竹林、鹿野苑、瞿尸罗诸精舍遗址,五百结集石室,七百僧检校律藏纪念塔以及各地著名的伽蓝、胜迹。书中记载,不论是大乘还是小乘各派,都把佛的遗骨、遗物、遗迹,视作信奉的中心。这些信息告诉人们,不但佛圆寂后受到供养,连其遗物、弟子以及阿罗汉等也受到供养。

关于佛像崇拜,在《佛国记》记载说:

到拘萨罗国舍卫城,城内人民稀旷,都有二百余家,即波斯匿王所治

中国典籍里的西方

城也。大爱道故精舍处。须达长者井壁及鸯掘魔得道、般泥洹烧身处。后人起塔，皆在此城中。诸外道婆罗门，生嫉妒心，欲毁坏之，天即雷电霹雳，终不能得坏。出城南门千二百步，道西，长者须达起精舍。精舍东向开门，门户两边有二石柱，左柱上作轮形，右柱上作牛形，精舍左右池流清净，树林尚茂，众华异色，蔚然可观，即所谓祇洹精舍也。佛上忉利天，为母说法九十日。波斯匿王思见佛，即刻牛头旃檀作佛像，置佛坐处。佛后还入精舍，像即避出迎佛。佛言："还坐。吾般泥洹后，可为四部众作法式。"像即还坐。此像最是众像之始，后人所法者也。佛于是移住南边小精舍，与像异处，相去二十步。祇洹精舍，本有七层。诸国王、人民，竞兴供养。悬缯幡盖，散华烧香，燃灯续明，日日不绝。鼠含灯炷烧幡盖，遂及精舍，七重都尽。诸国王、人民，皆大悲恼，谓旃檀像已烧。却后四五日，开东边小精舍户，忽见本像，皆大欢喜。共治精舍，得作两重，还移像本处。

关于佛遗物崇拜，《佛国记》写道：

由是，法显独进向佛顶骨所，西行十六由延，便至那竭国界醯罗城，中有佛顶骨精舍，尽以金薄、七宝校饰。国王敬重顶骨，虑人抄夺，乃取国中豪姓八人，人持一印，印封守护。清晨八人俱到，各视其印，然后开户。开户已，以香汁洗手，出佛顶骨，置精舍外高座上，以七宝圆碪碪下，琉璃钟覆上，皆珠玑校饰。骨黄白色，方圆四寸，其上隆起。每日出后，精舍人则登高楼，击大鼓，吹蠡，敲铜钵。王闻已，则诣精舍，以华香供养。供养已，次第顶戴而去。从东门入，西门出。王朝朝如是供养礼拜。然后听国政。居士、长者亦先供养，乃修家事。日日如是，初无懈倦。供养都讫，乃还顶骨于精舍中。有七宝解脱塔，或开或闭，高五尺许，以盛之。精舍门前，朝朝恒有卖华香人，凡欲供养者，种种买焉。诸国王亦恒遣使供养。精舍处方三十步，虽复天震地裂，此处不动。从此北行一由延到那竭国城，是菩萨本以银钱贸五茎华，供养定光佛处。城中亦有佛齿塔，供养如顶骨法。城东北一由延，到一谷口，有佛锡杖，亦起精舍供养。杖以牛头旃檀作，长丈六七许，以木筒盛之。正复百千人举不能移。入谷口西行，有佛僧伽梨，亦起精舍供养。彼国土俗亢旱，时国人相率出衣，礼拜供养，天即大雨。那竭城南半由延，有石室博山、西南向，佛留影此中。去十余步观之，如佛真形，金色相好，光明炳著，转近转微，仿佛如有，诸方国王，遣工画师摹写，莫能及。彼国人传云，千佛尽当于此留影。影西四百步许，佛在时剃发剪爪，佛自与诸弟子共造塔，高七八丈，以为将来塔法，今犹在。边有寺，寺中有七百余僧。此处有诸罗汉、辟支佛塔乃千数。

除记述佛顶骨、佛锡杖、佛僧伽梨、佛留影、佛塔崇拜外，还特别记载了佛牙崇拜：

佛齿常以三月中出之，未出前十日，王庄校大象。使一辩说人，着王衣服，骑象上，击鼓唱言："菩萨从三阿僧只劫，苦行不惜身命，以国、城、妻、子及挑眼与人，割肉贸鸽，截头布施，投身饿虎，不吝髓脑，如是种种苦行，为众生故。成佛在世四十五年，说法教化，令不安者安，不度者度。众生缘尽，乃般泥洹。泥洹已来一千四百九十七岁，世间眼灭，众生长悲。却后十日，佛齿当出，至无畏山精舍。国内道俗，欲殖福者，各各平治道路，严饰巷陌。辨众华香，供养之具。"如是唱已，王便夹道两边，作菩萨五百身已来种种变现。或作须大拏，或作睒变，或作象王，或作鹿马，如是形像，皆彩画庄校，状若生人。然后佛齿乃出，中道而行，随路供养，到无畏精舍佛堂上，道俗云集，烧香然灯，种种法事，昼夜不息。满九十日，乃还城内精舍。城内精舍，至斋日则开门户，礼敬如法。

在《佛国记》中，法显对于西域、印度诸国的规模较大的法会叙述得尤其详细。如于阗国、摩竭提国的"行像"仪式、竭叉国的五年大会（般遮越师）、弗楼沙国的佛钵崇拜仪式、那竭国的佛顶骨崇拜仪式、师子国佛齿供养法会以及师子国国王为入灭罗汉举行的阇维葬仪等。

法显还对其在天竺所瞻礼过的佛塔一一做了描述。法显和道整渡恒河南行，辗转到了摩揭陀国。那里是古印度孔雀王朝国王阿育王的治城。公元前2世纪，阿育王统一了除半岛南端以外的印度全境。他大兴佛教，于国内广建寺塔，留下大量的佛教文化遗址。此外，法显还瞻仰了王宫，深为王宫的"累石起墙阙，雕文刻镂，非世所造"的豪华壮美所折服。法显特别对有关佛教的民俗活动感兴趣，曾经挤在观众中参加了城内居民迎佛像进城供奉的"行像"活动。"行像"活动于每年12月8日举行，佛像被供奉在四轮车上，车上有用竹篾扎制成的五塔楼，上铺白毡，用彩画出飞天形象，佛龛缀饰着金银琉璃，四角缯幡高悬。"行像"一次，通常有20辆这样的车，每辆车各不相同。"当此日境内道俗，皆集作倡伎乐，华香供养。"人们不分僧俗，都集合于路旁狂欢通宵。

法显对于佛教夏安居的礼仪与经过做了详细介绍，指出：

安居后一月，诸希福之家劝化供养僧，作非时浆。众僧大会说法。说法已，供养舍利弗塔，种种香华，通夜然灯，使伎人作乐。

诸比丘尼多供养阿难塔，以阿难请世尊听女人出家故。诸沙弥多供养罗云。阿毗昙师者供养阿毗昙。律师者供养律。年年一供养，各自有日。摩诃衍人则供养般若波罗蜜、文殊师利、观世音等。

众僧受岁竟，长者、居士、婆罗门等，各持种种衣物、沙门所须，以布施僧，众僧亦自各各布施。

法显在这里主要记述了夏安居最后一个月的仪式：一是希求福报之家可为众僧奉献"非时浆"；二是解夏前的最后一夜举行"大会说法"，说法完毕，比丘供养舍利弗塔，比丘尼供养阿难塔，沙弥供养罗云；三是解夏之日，信众即俗弟子可向僧尼布施物品。另外，法显还追叙了师子国国王为僧众建新精舍的常规："王笃信佛法，欲为众僧作新精舍。先设大会，饭食供养已，乃选好上牛一双，金银宝物，庄校角上，做好金犁，王自耕顷四边，然后割给民户、田宅，书以铁券。自是已后，代代相承，无敢废易。"

第三章 跟佛教一起传来的外部知识

法显对当地受到佛教影响的日常生活也多有记述。崇佛之盛，体现在寺塔林立，僧人众多，如《佛国记》中对出家人的人数记载甚多："无畏精舍东四十里，有一山中有精舍名支提。可有二千僧。""城南七里有一精舍名摩诃毗可罗。有三千僧住。"而且，对当地民众生活亦有着重大影响："从是以南名为中国。中国寒暑调和，无霜雪，人民殷乐，无户籍官法。唯耕王地者，乃输地利。欲去便去，欲住便住。王治不用刑斩，有罪者，但罚其钱。随事轻重，虽复谋为恶逆，不过截右手而已。王之侍卫、左右，皆有供禄。举国人民，悉不杀生，不饮酒，不食葱蒜，唯除旃荼罗。旃荼罗名为恶人，与人别居。若入城市，则击木以自异。人则识而避之，不相唐突。国中不养猪鸡，不卖生口。市无屠店，及沽酒者。货易则用贝齿。唯旃荼罗、渔猎师卖肉耳。"呈现出一派佛教国度的气象。

《佛国记》是中国人最早以实地的经历，根据个人的所见所闻，记载一千五六百年以前中亚、南亚，部分也包括东南亚的历史、地理、宗教的一部杰作，是中国和印度间陆、海交通的最早记述，中国、印度、南洋的第一部完整的旅行记，在中国和南亚地理学史和航海史上占有重要地位，在世界学术史上占据着重要的地位。法显对于5世纪之前的西域、中亚以及印度的政治、经济、民族、文化、风俗习惯等方面的真实叙述，是研究这一地区古代历史的最可宝贵的历史文献。法显在《佛国记》中对西域诸国的历史以及自己亲眼所见的诸国社会生活的各个方面都做了尽可能详尽的叙述。法显是第一位有明确记载到达印度本土的中国人。他对于5世纪之前印度的历史，特别是佛陀时代、孔雀王朝、贵霜王朝以及笈多王朝早期历史，都做了追述。法显到达印度之时，正当是印度史上的黄金时代——笈多王朝（320—480）后期，有名的超日王在位的时代。《佛国记》对当时所见所闻做的翔实记录，对于研究考察5世纪印度社会历史的状况，弥足珍贵。关于笈多王朝古史缺乏系统的文献记载，而超日王时的历史，只有依靠《佛国记》来补充。中国西域地区的鄯善、于阗、龟兹等古国，湮灭已久，传记无存，《佛国记》中所记载的这些地区的情形，可以弥补史书的不足。《佛国记》所涉及的5世纪及其以前印度的历史地理状况，已经成为考订古代印度历史地理的权威材料。古代印度没有留下

中国典籍里的西方

专门的地理学著作,甚至连这方面的记载也很缺乏。《佛国记》尽管不是严格意义上的地理学著作,但法显在记述中依照游记体的规范,以言必依实的原则,详细、准确地记载了自己所到之处的地理状况。特别是在西域、印度行程的记载,为研究古代西域、印度城市及国家的地理沿革提供了第一手数据。

在法显《佛国记》之后,有玄奘的《大唐西域记》、义净的《南海寄归内法传》及《大唐西域求法高僧传》与之遥相辉映。这4部著作所涉及的时代相互衔接,内容相互补充印证,共同构成了建构7世纪之前印度历史状况的可信坐标和基本材料。现今凡是涉及这一段时期西域、印度历史的著作和相关研究,欲越过或忽略中国僧人的这些著述,几乎是难于进行的。

法显此次西行,是从长安出发,经过张掖、敦煌到鄯善,然后从鄯善北上至焉耆,再经过龟兹至于阗。法显走的是丝绸之路的"北道"。至焉耆后,法显一行又转向西南,取道塔克拉干大沙漠,直达"南道"重镇于阗。法显等人从于阗前行,经过子合国,进入葱岭山中的于麾国、竭叉国,最后到达北天竺境内。法显回国取的是海道,即从巴连弗邑沿恒河东下,到达多摩梨帝海口,然后从此乘船西南行,到达师子国。在师子国乘船东下,后经马六甲海峡到达加里曼丹岛,又乘船沿着东北方向直奔广州,在西沙群岛附近遭遇风暴,在海上漂流70余日最后到达山东崂山南岸。法显《佛国记》对其亲身经历的往程与归程的基本情况,做了较为详细的记载,成为人们研究中国古代陆上丝绸之路和海上丝绸之路的最为可信的资料。后来我国正史的"地理志"都程度不同地吸收了法显的材料。

汉以前对西域的沙漠仅有极少的记载。白龙堆是西域著名的沙漠之一,对此,《汉书·西域传》只有简略记载:鄯善"当白龙堆,乏水草"。法显以其亲身经历,在《佛国记》中对其荒凉情况做了生动的描述:"沙河中……上无飞鸟,下无走兽,遍望极目,欲求度处,则莫知所拟……行十七日,计可千五百里,得至鄯善国。"在《出三藏记集》卷十五《释智猛传》中,对于大沙漠亦有生动的描述:"西出阳关,入流沙两千余里的,地无水草,路绝行人,冬则严厉,夏则瘴热。"东晋以后,有关塔克拉玛干沙漠始见于记载。法显在

《佛国记》中叙述他在去于阗时说:"西南行,路中无居民,沙行艰难……在道一月五日,得到于阗。"《高僧传》卷五记载法勇西行求经中,亦说:"初至河南国,仍出海西郡,进入流沙,到高昌郡。"法显和法勇两位高僧西行求法所经过的沙漠即位于今新疆南部、塔里木盆地中部的塔克拉玛干沙漠。

自张骞通西域之后,葱岭成为中西交通行经之地,但是汉代对这一地区地理情况的描述甚少。法显在赴西域求法时穿越了葱岭,在《佛国记》中首次对葱岭地区的地理情况做较为具体的记述。首先,他记载了葱岭地区的植物情况:"自葱岭已前,草木果实皆异,唯竹及安石榴、甘蔗三物与汉地同耳。"然后,他对葱岭地区的冰川地貌做了具体的描述:

> 葱岭冬夏有雪……彼土人人即名为雪山人也。顺岭西南行十五日,其道艰阻,崖岸险绝。其山唯石,壁立千仞,临之目眩。欲进则投足无所。下有水,名新头河,昔人有凿石通路施傍梯者,凡度七百,度梯已,蹑悬緪过河。

这里既描述了高山冰裂风化作用所形成的石砾和露岩地面,又生动地记述了具有极强冲蚀力的冰雪融水所形成的峻峭峡谷。其后,北魏的宋云也生动地记述了帕米尔地区险阻的地势:

> 自此以西,山路欹侧,长坂千里,悬崖万仞,极天之阻,实在于斯。太行孟门,匹兹非险,崤关陇坂,方此则夷。自发葱岭,步步渐高,如此四日,乃得至岭。依约中下,实半天矣。

宋云在书中还描述了帕米尔地区的高寒气候:

> 葱岭高峻,不生草木。是时八月,天气已冷,北风驱雁,飞雪千里。

中国典籍里的西方

图 3-3-1　法显像

图3-3-2 《佛国记》书影

四 董琬给魏太武帝的出使报告

魏晋南北朝时期,中外交通由于通商贸易的发达和佛教传播的兴盛,一些地区的中外交往至为活跃,从而促进了这些地区边疆域外地理知识的发展。这一时期,对域外地理范围的熟悉与汉代相比没有太大的变化,但是对这一区域的地理熟悉程度在某些方面有了较大的进步,不少国家和地区的地理状况首次见于记载,许多国家和地区的地理情况也首次有了较具体的记录,这些记录还包括这些地方的交通道里、风俗民情、奇珍异物、历史沿革等诸方面的内容。

东汉末年,中原内乱,无暇顾及西域,西域的交通又有滞碍,直到三国时期,曹魏与西域的交通才得以恢复。至北朝时,虽然政权多有更迭,战乱频仍,但始终保持着西域贸易道路的通畅,中西经济文化交流仍然十分活跃。前秦建立后,致力于与西域发展关系。太元八年(383),前秦王苻坚派遣骁骑将军吕光带兵远征西域,迎高僧鸠摩罗什入中原。这次战争是西汉以来对西域

中国典籍里的西方

最大规模的一次用兵。当时西域的鄯善王和车师王充当向导并率部参战,焉耆不战而降。龟兹国都被攻陷后,原属小国及远方诸国纷纷表示臣服,自汉之后的魏晋等朝以来,中原政权再次在西域发挥重大影响。

北魏时期在中西交流史上形成了又一个高潮。在北魏统一北方的过程中,西域的车师前部王、焉耆王和鄯善王等都曾遣使到北魏朝贡,表达臣服之意。北魏声威远达西域,西域各国首先有通好的表现,中西间交通开始出现新的局面。

太延三年(437)三月,龟兹、悦般、焉耆、车师、粟特、疏勒、乌孙、渴盘陀、鄯善诸国同时遣使北魏。这是北魏外交史上的空前盛况。大臣建议遣使回报,可是太武帝开始对交通西域感到犹豫,但在大臣们的说服下,北魏决心继续遣使交通西域。为了避开柔然的阻拦,"又遣散骑侍郎董琬、高明等,多赍锦帛,出鄯善,招抚九国"。这是自西汉张骞出使西域后,中原王朝对西域的一次重要的外交活动。

据《魏书·西域传》记载,董琬、高明一行"北行至乌孙国",受到热情款待。乌孙国王对董琬说:"听说破洛那(在今乌兹别克斯坦的费尔干纳)、者舌(又称遮逸、州逸,在今塔什干)都仰慕魏朝,想与魏建立联系,欲称臣致贡。今天既然到此,可前往这两个国家。"于是,乌孙王派向导、译员送董琬等到达破洛那国,送高明等到者舌国。这年十一月,破洛那、者舌国"各遣使朝献,奉汗血马"。董琬和高明沿途所经各国纷纷表示归附,"争遣使者随琬等入贡"。董琬一行回到平城时,随同而来的有包括乌孙、破洛那、者舌等在内的西域16国使节,他们均朝见北魏皇帝,进贡方物。

董琬等出使西域是中西交通史上的重要事件,这次外交活动在加强中原与西域各国的关系方面起到了沟通和促进作用,使一度沉寂的中西之间的官方来往又频繁起来,使中西文化交流形成了一个新的高潮。董琬等出使西域后,西域诸国"自后相继而来,不间于岁,国使亦数十辈矣"。

由此,北魏太武帝开始积极经营西域。这一时期,西域各种势力急剧变化,高车、悦般、吐谷浑、柔然和嚈哒等民族相互角逐。太平真君六年(445),太武帝亲率大军,平定了柔然支持的北凉政权,打通了前往西域的河西走廊。北魏兵马继续前进,先后征服了此时已叛离的焉耆和鄯善,设立焉耆和鄯善两个军镇，驻兵守卫。北魏还在这两个地方任命行政官员，实行与内地一样的郡县制。随后，北魏军队又向西攻下了龟兹，游牧在龟兹以北的悦般主动要求与北魏结盟，共同抗击北方的柔然。柔然闻讯后，自知难以同北魏匹敌，便撤离了西域地区，北魏顺利地统一了西域，由此保证了西域丝绸之路的畅通，形成了东西交通盛大局面。孝文帝于太和十八年（494）迁都洛阳后，与西域的交通仍然持续不断。据统计，仅从景明元年（500）至神龟元年（518）的19年间，诸国"遣使朝贡"至洛阳者达61次之多。当时北魏交通的西域国家和地区，包括西域、中亚、南亚和拜占庭等。《洛阳伽蓝记》卷三记载："自葱岭以西，至于大秦，百国千城，莫不款附。商胡贩客，日奔塞下。"

董琬回国后，对当时西域的地理和交通等方面的情况写了详细的出使考察报告。这份报告被收录在《北史·西域传》中。

中原与西域交通的兴盛，使人们对西域地理分区的熟悉程度进一步发展。《汉书·西域传》始以通西域的南、北两道记叙其沿线各国情况，晋代的《魏略·西戎传》则始分道记述西域地理。这种分道叙述交通沿线各地地理情况的方法，已具有一定的地域观念。董琬向朝廷报告出使西域的经过，以及出使期间的西域见闻，并首次明确地提出西域的地理分区。《北史·西域传》记载：

> 始，琬等使还京师，具言凡所经见及传闻傍国，云：西域自汉武时五十余国，后稍相并，至太延中为十六国。分其地为四域：自葱岭以东，流沙以西为一域；葱岭以西，海曲以东为一域；者舌以南，月氏以北为一域；两海之间，水泽以南为一域。内诸小渠长，盖以百数。其出西域，本有二道，后更为四：出自玉门，度流沙，西行二千里至鄯善，为一道；自玉门度流沙，北行二千二百里至车师，为一道；从莎车西行一百里至葱岭，葱岭西一千三百里至伽倍，为一道；自莎车西南五百里，葱岭西南一千三百里至波路，为一道焉。自琬所不传而更有朝贡者，纪其名不能具国俗也。

中国典籍里的西方

　　董琬以简略的文字记述了西域的四个地理区域的范围：第一区域为相当今新疆天山山脉以南的地区，当时主要是许多土著的城郭之国；第二区域指今帕米尔以西至今里海南端，这里是当时嚈哒所直接占领的地区；第三区域为阿姆河中上游南、北岸一带地区，当时为贵霜王朝的主要根据地；第四区域指今小亚细亚。这四个区域的划分反映了当时中国对西部世界地理的认知状况。

　　董琬还报告说，西域自汉武帝时为 50 国，后稍合并，到北魏太延时，为 16 国。他没有具体说都有哪 16 国，但可以肯定的是有鄯善、且末、于阗、疏勒、龟兹、焉耆、车师等国，天山以北的有乌孙、阅般等国。

　　董琬还带来了对西域交通道路变化的新认识。据董琬的报告，通往西域的道路有 4 条：

(1) 出敦煌玉门，西行 2000 里至鄯善。
(2) 自玉门度流沙，北行 2200 里至车师。
(3) 从莎车西行 100 里至葱岭，葱岭西 1300 里至伽倍。
(4) 自莎车西南 500 里，葱岭西南 1300 里至波路。

　　这四条路线实际上就是当时人们所知的丝绸之路的路线。

　　董琬的报告是北朝时中国人关于西域情况的一份重要的认知材料，增进了人们对西域形势和交通地理知识的了解。

　　《北史》关于董琬报告的记载是抄自《魏书·西域传》。《魏书》是以北魏当时所修的各种国史为根据并参考了当时政府的档案。这部分史料来源有三个方面：(1) 董琬的报告；(2) 5 世纪中叶，北魏曾向萨珊波斯派遣使臣韩羊皮，北魏和波斯之间开始了直接交往，因此，《魏书》中出现了关于波斯较详细的记录；(3) 北魏迁都洛阳后，曾于 516—518 年派宋云、慧生出使西域，二人归来都有行纪。《魏书》也参考了他们的文献。因此，《魏书·西域传》的资料大都是根据当时的见闻，比较可靠，是这时期最重要的文献记录。

第三章 跟佛教一起传来的外部知识

图3-4-1 北朝连珠胡王锦,新疆维吾尔自治区博物馆藏

图3-4-2 北魏时期敦煌壁画《狩猎图》

中国典籍里的西方

五　宋云、惠生西行纪

在南北朝时期西行求法的僧侣中，宋云、惠生的西行也很著名。

北魏是佛教大发展的时期。魏太武帝时，曾发生毁佛的"一武法难"，但文成帝继位后，即下诏复法，重振佛教，令京城和诸州郡县民居之所，各修寺庙图像，以供善男信女礼佛，把佛教与国家的政治更加紧密地结合在一起。任昙曜为昭玄沙门都统，于城西武州塞开凿石窟五所，各镌佛像，雕饰奇伟，冠于一世，这就是著名的云冈石窟。北魏王朝在平城期间，把佛教推向了鼎盛，也使平城成为佛教传播的中心。495年，孝文帝迁都洛阳，也把众多的寺庙建设带到洛阳，把石窟造像之风从云冈带到了龙门。此后经历代陆续营造，开创了规模宏大的龙门石窟群。

北魏神龟元年（518）冬，主政的胡太后遣洛阳崇立（灵）寺比丘惠生与使者宋云等向西域求经。

惠生和宋云从洛阳出发，出赤岭（青海西宁日月山），穿流沙，途中历尽艰辛。他们经鄯善、左末、捍么、于阗、朱俱波国、渴盘陀国，进入葱岭之钵盂城，不可依山，至钵和国，抵达嚈哒统治境。嚈哒"土田庶衍，山泽弥望，居无城郭，游军而治，以毡为屋，随逐水草，夏则随凉，冬则就温。乡土不识文字，礼教俱阙。阴阳运转，莫知其度。年无盈闰，月无大小，用十二月为一岁。受诸国贡献，南至牒罗，北尽敕勒，东被于阗，西及波斯"。宋云一行谒见嚈哒王，"王张大毡帐，方四十步，周回以氍毹为壁。王着锦衣，坐金床，以四金凤凰为床脚。见大魏使人，再拜跪受诏书。至于设会，一人唱，则客前，后唱则罢会。唯有此法，不见音乐"（《洛阳伽蓝记》）。

宋云等谒见嚈哒王之后，经波斯国、弥国、钵卢勒国，进入乌苌国和干陀罗国。当他们游历到印度河上游河谷的古国乌苌时，谒见乌苌国王。宋云记载乌苌国：

北接葱岭，南连天竺，土气和暖，地方数千。民物殷阜，匹临淄之神州；原田朊朊，等咸阳之上土。鞞罗施儿之所，萨埵投身之地。旧俗虽远，土风犹存。国王精进，菜食长斋。晨夜礼佛，击鼓吹贝，琵琶箜篌，笙箫备有。日中已后，始治国事。假有死罪，不立煞刑，唯徙空山，任其饮啄。事涉疑似，以药服之，清浊则验，随事轻重，当时即决。土地肥美，人物丰饶，百谷尽登，五果繁熟。夜闻钟声，遍满世界，土饶异花，冬夏相接，道俗采之，上佛供养。(《洛阳伽蓝记》)

宋云向国王具说周孔庄老之德，介绍蓬莱山上的银阙金堂，神仙圣人；又说"管辂善卜，华佗治病，左慈方术"。国王遥心顶礼，认为魏境即是佛国，"我当命终，愿生彼国"。

此后，宋云、惠生游历了这些地区的诸多佛迹，最西到达那迦罗诃国那竭城（今阿富汗贾拉勒阿巴德）。他们的西行共历时4年，于正光三年（522）回国，取回大乘经论170部，摹写了犍陀罗佛图之仪状大小，详记了天竺佛迹佛塔之方位所在，对于当时佛教在中原内地的发展、佛典翻译以及犍陀罗佛教造像、雕刻、绘画艺术的传播起到了十分重要的作用。

宋云等人由于肩负着佛教的使命，因此他们在旅途中，特别注意"寻如来教迹"。"如来教迹"不同于一般的古迹，而是代表佛陀人格的奇迹与教化的神力，因而"教迹"本身就是神异的。例如：

(1) 佛晒衣处——初如来在乌场国行化，龙王嗔怒，兴大风雨，佛僧迦梨表里通湿。雨止，佛在石下东面而坐，晒袈裟，年岁虽久，彪炳若新。

(2) 佛履石之迹——履石之处，若践水泥，量之不定，或长或短。

(3) 杨枝植地成大树处——佛本清净，嚼杨枝，植地即生，今成大树，胡名曰婆楼。

(4) 佛剥皮为纸、折骨为笔处——折骨之处，髓流着石，观其脂色，肥腻若新。

(5) 佛作摩竭大鱼以肉济人处——辛头大河西岸上，有如来作摩竭大鱼，从河而出，十二年中以肉济人处，起塔为记，石上犹有鱼鳞纹。

中国典籍里的西方

宋云和惠生的西行，是北魏派出的国家代表，同时负有宣扬国威和华夏文化的使命。这与法显、智猛等出自信仰、属个人行动者有所不同。他们出发时，胡太后敕付五色百尺幡千口，锦香袋500枚，王公卿士幡2000口。从于阗始，至干陀罗，分别供养于路上所有的佛迹处，前后还为浮屠施舍奴婢4人，可见此行规模之宏大。

宋云、惠生还各自撰写一本记载西行见闻的书籍。宋云写《魏国以西十一国事》1卷，惠生写《惠生行传》1卷。这两部行记记述了当时从中原往印度的交通路线，对沿途国家、地区的物产、政治、风俗、信仰等进行了具体的记述。尤其是它对于阗国、嚈哒国和葱岭的记述具有珍贵的史料价值，是6世纪初期中西关系最详细的记录。日本学者内田吟风认为："宋云的使命主要包括与西方各国进行外交交涉、视察国情等正式的国家使节的内容，而惠生则主要作为胡太后的私人佛教使节。……因此，《宋云行纪》不仅是个旅行记录，而且也是详细记录了各国情况的侦察报告。"①

宋云和惠生的这两部行纪在唐、宋时期还流传于世，迄后皆失散不见。所幸这两本书的内容均被杨衒之进行综合记录和整理，以题为《宋云惠生使西域》的文章编入《洛阳伽蓝记》中，成为后世研究中西交通史、佛教史的极其宝贵的参考史料。

六　朱应、康泰报告的南海事情

汉代以前，中国对南部边疆及域外地理知之甚少。我国西南部与域外海上交往始于汉代，至三国以后得到了进一步的发展，逐渐在海上开辟出一条下南海、入印度洋而又通往西方的海上商路。至迟在公元前2世纪，我国丝绸等物产便已有从海路向外传播，并从海路引进国外丰富的物产。这条途经南海传播丝绸的海路，就被称为"海上丝绸之路"。海上丝绸之路是古代中国与外国交通贸易和文化交往的海上通道，是已知的最为古老的海上航线。这条海上丝绸

---

① ［日］长泽和俊：《丝绸之路史研究》，钟美珠译，天津：天津古籍出版社1990年版，第491页。

第三章 跟佛教一起传来的外部知识

之路促进了我国和各国的海上交通、经济文化交流、友好往来，乃至对各有关国家的历史，都有着重要的影响。

班固所撰《汉书·地理志》记载了一条通往印度洋的远洋航路，这是中国历史上记载的第一条印度洋远洋航路。《汉书·地理志》记载了这条航路的情况：

> 自日南障塞、徐闻、合浦，航行可五月，有都元国；又船行四月，有邑卢没国；又船行可二十余日，有谌离国；步行可十余日，有夫甘都卢国。自夫甘都卢国船行可二月余，有黄支国，民俗略与珠崖相类。其州广大，户口多，多异物，自武帝以来皆献见。有译长，属黄门，与应募者俱入海市明珠、壁流离、奇石异物，赍黄金杂缯而往。所至国皆禀食为耦，蛮夷贾船，转送致之，亦利交易。剽杀人，又苦逢风波溺死；不者，数年来还。大珠至围二寸以下。平帝元始中，王莽辅政，欲耀威德，厚遗黄支王，令遣使献生犀牛。自黄支船行可八月，到皮宗；船行可二月，到日南、象林界云。黄支之南，有已程不国，汉之译使自此还矣。

这段记载是我国航海船舶经南海穿越马六甲海峡在印度洋上航行的真实记录。

上述记载中的一些古代地名，据现代学者考证，日南即今越南广治省，徐闻为今广东省徐闻县，合浦为今广西合浦县。都元国约在马来半岛东南部近新加坡海峡之处，汉船从南海启航，正如乘东北季风沿岸南航，在风向转换之时，再由此处穿马六甲海峡，顺西南季风北上；邑卢没国，约在今缅甸南部锡唐河入海口附近的勃固，汉船从新加坡海峡西北行4个月，一路基本上顺风或侧顺风；谌离国，约在今伊洛瓦底江中游沿岸，缅甸蒲甘城附近的悉利，为古代东西方交通要冲，汉船溯流顺风北上20余日可至该城；夫甘都卢国，约在今缅甸之太公城，即旧蒲甘城；黄支国，约为今印度半岛东岸马德拉斯附近的康契普腊姆，汉船从谌离国续航，稍北行即达孟加拉湾北端，然后再乘换向而来的东北季风，顺印度半岛东岸南下，航行2月余即可达；已程不国，约为今斯里兰卡，即古代所谓"师子国"，是南亚、西亚海上贸易中心地区；皮宗约

— 101 —

中国典籍里的西方

在今马六甲海峡东头水域中的香蕉岛（Pulou Pisang），为扼海峡口的要冲地区，汉船从已程不返航，先沿印度半岛东岸乘西南季风北上，然后乘东北季风沿孟加拉湾东岸南下，而至马六甲海峡的香蕉岛，最后由此北上航行回国。这条往返南亚地区的汉使航程，属于一条沿岸渐进的印度洋远洋航路。①

三国至南北朝时期，相对北方混乱的地方割据与军事纷争而言，南方的局势比较稳定。由于北方有北朝阻隔，南方各政权，即吴、东晋、宋、齐、梁、陈"六朝"，海外交通主要还是面向可以联络的南海海上国家。它们积极发展航海事业，扩大与南洋诸国的海上联系。

在这种条件下，旅外商人、出使官吏和求法僧人在域外多详记其行经之地的情况及所到国家之风土人情，并著书刊行于世，从而极大地丰富了国人对南部边疆及域外地理知识。

《史记》和《汉书》较少有关于南海中国家的记述。至三国之后，其记述渐多。朱应、康泰出访东南亚后，完成了两部有关南海地区的地理著作，是史籍所知记载南海地区最古的资料之一。

古代中国文献记载的与中国交往的东南亚国家，首先是扶南国。"扶南"（Funam）是古代中国人对位于今柬埔寨境内、朱笃和金边之间的湄公河沿岸的一个王国的称呼。"扶南"不是它的真名（人们并不知道它的真名是什么），只不过是它的统治者的称号。它就是近代古蔑语中的"phnom"（山），古代高棉语则为"bnam"，统治者的全称是"kurung bnam"，意即"山王"。扶南的首都一度曾是毗耶陀补罗，即"猎人城"，在现今柬埔寨的波罗勉省的巴山和巴南村附近。

扶南是东南亚历史上第一个大国。它雄峙半岛，威镇海疆，从2世纪到6世纪的400年中，扶南始终是东南亚势力强大、物产富饶的国家，是称雄东南亚的海上强国。它不但在政治上、军事上、经济上执东南亚牛耳，而且在交通上处于中国与印度、东方与西方的海上交通要冲。扶南的港口是位于暹罗湾畔湄公河三角洲沿海边缘地区、今越南南部西海岸迪石以北的奥克·艾奥（Oc-èo）。罗马的商船以日南、交趾与此地为主要停泊地、通商地。不仅如此，锡

---

① 孙光圻：《中国古代航海史》，北京：海洋出版社1989年版，第164—165页。

第三章 跟佛教一起传来的外部知识

兰与印度之商船亦来航,而马来半岛、苏门答腊、爪哇之物产,亦集凑于此。它正位于当时中国与西方之间的航海大道上。1944 年,法国学者刘易斯·马勒莱(Louis Malleret)在古海港奥克·艾奥遗址进行的发掘中证实此地确为东西海上交通的中继站。在这个海港遗址发掘出的物件中,有许多印度和中国的产品,中国物产有包括西汉的规矩镜、东汉三国时期的八凤镜等;罗马遗物包括 152 年和 161—180 年发行的罗马金币,这些金币以及罗马或仿罗马式金银装饰品、雕像中安敦时代的风格,表明 2 世纪中后期是罗马帝国与东方交往的高潮时期。有研究者认为,公元初 2—3 世纪,奥克·艾奥地区的工匠按纯罗马风格制造凹型雕刻,并能够重现先进的罗马工艺。另外,遗址中还出土了罗马玻璃器皿残片,类似的玻璃器皿在中国境内的汉晋遗址中均有发现。考古学上的这些发现,证实了文献记载的关于罗马与东方密切联系的可靠性和真实性。

中国与这一地区的最初交往,可考者为东汉章帝元和元年(84)。有学者认为,《后汉书》记载这年的"日南徼外献生犀、白雉",此"日南徼外"即指今柬埔寨地区。中国史籍中最先提到扶南的是康泰的著作。吴赤乌六年(243),日南王范旃派遣使团带其国乐师和礼品到中国。大约在赤乌七年至十四年(244—251),孙权派宣化从事朱应、中郎康泰出使扶南,受到扶南王范寻的热情接待,他们还在扶南王宫廷里遇到了印度穆伦茶朝所派的使臣。朱应和康泰在扶南留居数年,探询通往大秦的海路。他们回国后,朱应写下了《扶南异物志》1 卷,康泰著《吴时外国传》(一作《吴时外国志》或《扶南记》《扶南传》),记述了他们出使扶南等国的见闻。这两部著作的成书时间,可能在 3 世纪 60 年代末或 70 年代初。这两部著作都已失传,但《隋书·经籍志》和新旧《唐书》之艺文、经籍志均载有"朱应《扶南异物志》一卷"。

康泰的著作未见隋唐经籍志、艺文志著录,但《水经注》及唐、宋诸大类书广征博引,有《扶南传》《扶南记》《外国传》《吴时外国传》《扶南土俗传》等名目。也有的学者认为,所传康泰的各种不同名称的著作可能是同一部书,朱应、康泰二人之作也可能是同一种。我国学者陈佳荣认为,朱应、康泰的"记传"可能为一人之作而冠以二人之名,一人为实际作者而另一人因是主使官却名列其前。

中国典籍里的西方

朱应、康泰既为交通海南诸国最早的专使,他们所撰的见闻录自然也成了我国记载古代南海交通的一部重要专著,留下了他们对南海诸国认知的资料。这些佚文记载了30余个国家和地区的方位、里程、物产、人口、风俗、气候、贸易、宗教和工艺等情况。范文澜先生说:"朱应著《扶南异物志》,康泰著《外国传》(两书唐以后亡佚),介绍海外地理知识,与甘英班勇介绍陆上西方诸国(《后汉书·西域传》所本)同是文化史上重大的贡献。"①

康泰始在《扶南传》中记述了南海地理情况。如海中珊瑚洲地形的概貌:"涨海中,倒珊瑚洲,洲底有盘石,珊瑚生其上也。"(《太平御览》卷六九)文中的"珊瑚洲"即珊瑚岛与沙洲,露出水面之上,虽高潮亦不能淹没。它们是以珊瑚虫等为主的生物作用而造成的礁块。"洲底"的"盘石",即火山锥或海中岩石。康泰在书中还记述南海中某些岛屿的动物和植物:"扶南东有涨海,海中有洲,出五色鹦鹉,其白者如母鸡。"(《艺文类聚》卷九一)"扶南之东涨海中,有大火洲,洲上有树。得春雨时皮正黑,得火燃树皮正白"。(《太平御览》卷七六八)

康泰、朱应在出使时,详细了解了扶南及海南诸国的风土人情,如扶南曾遣使至天竺,往返达六七年,康泰即向使者"具问天竺土俗"。

范文澜指出:"朱应、康泰所经历及传闻凡百数十国,大抵林邑、扶南等国与'西南大海洲上'(南洋群岛)诸国是朱应、康泰所经历,大秦、天竺等国则得自传闻。"②《梁书》说他们经历和传闻的有百数十国,这个数字当然有些夸大,因为古时往往把现今同一国家的不同地方均冠以"国"字。但从康泰《外国传》的残文来看,其记述确实不限于扶南一地,而包括东南亚、南亚乃至西亚各国数十个地方。光扶南一地就有十来条,专记扶南古代诸王(如混填、混盘况、范旃、范寻等)执政时的法律、征战、物产、造船、风习和对外交通等情况。

康泰《外国传》是研究我国古代南海交通,研究东南亚各国特别是柬埔寨古代史的不可多得的第一手数据。他们的记叙不仅为同时代万震的《南州

---

① 范文澜:《中国通史简编》修订本第2编,北京:人民出版社1964年版,第214页。
② 范文澜:《中国通史简编》修订本第2编,北京:人民出版社1964年版,第214页。

第三章 跟佛教一起传来的外部知识

异物志》和稍后的郭义恭《广志》所袭用,而且《南齐书》《梁书》《南史》等也都据以编辑海南诸国传。

至5世纪时,扶南与中国的交往更为密切。扶南王㤭梨陀跋摩曾遣使朝见南朝宋文帝(424—453在位)。《宋书》记载,南朝宋文帝元嘉十一年(434)、十二年(435)、十五年(438),他都曾遣使入贡,并曾拒绝帮助林邑攻打交州。刘宋时,曾亲至扶南的竺枝也撰有《扶南记》一书。所记不局限于扶南,亦包括一些南海中的国家。《宋书》和《南齐书》均在《蛮夷列传》中记述了南海中的国家。其后唐姚思廉编著的《梁书·诸夷列传》首次专设《海南诸国传》,比较系统地总结了对南海中国家的史地认识。《梁书·海南诸国传》中记载的国家有林邑国、扶南国、盘盘国、丹丹国、婆利国、中天竺、师子国等十几个国家,对这些国家的史地情况都有介绍。

在朱应、康泰之后,另一次比较重要的关于南海的记述是东晋时道教学者葛洪的扶南之行及其记述。

葛洪(283—343/363),字稚川,出自江南士族。葛洪有一友人嵇含,被任为广州刺史。他请葛洪为参军,并担任先遣。葛洪以为可借此躲避战乱,遂欣然前往。不料嵇含在赴任途中为人所害,葛洪又回乡不成,无奈滞留广州多年。正是在此期间,因"有缘之便",即一个偶然的机会,乘船到了扶南。此行的时间应在光熙元年(306)至永嘉四年(310)之间。在《太清金液神丹经》中,记载葛洪在扶南游历的经历,还记述了南海航行的历程,记载了扶南、西图、典逊、杜薄、大秦、月支、安息等20余国之方位及物产等。

葛洪往扶南的航线是从日南寿灵浦出发,向南行昼夜十余日即到。他记载道:"出日南寿灵浦,由海正南行,故背辰星,而向箕星也。昼夜不住,十余日乃到扶南。"这次航程与《洛阳伽蓝记》所记之扶南到中国的航线——"从扶南国北行一月,至林邑国。出林邑,入萧衍国"恰好吻合,只不过方向相反而已。

葛洪在扶南做了多方面的考察,主要考察了那里的地方物产,包括自然物产和人工制品,为他后来的著述准备了很重要的材料。葛洪是学道家,热衷于炼丹,所以对扶南以及所经过的其他东南亚国家所产药物尤其关注,像朱砂、硫黄、曾青和石精等都被他看作能够使人长生甚至成仙的良药,而且类似的药物在这些地区很多,"无求不有"。葛洪还在扶南遇到了其他国家的一些人士,"问其地土,考其国俗",了解了那些国家的一些民俗风情和道里行程。

葛洪通过在扶南的考察和与其国人的交流,记载各国的情况。比如他写道,扶南,在林邑西南三千余里。"扶南地多朱砂珍石。从扶南北至林邑三千里,其地丰饶,多朱丹、硫黄。"典逊去日南二万里,在扶南南西去五千里,属扶南,其地土出铁。其南又有都昆、比嵩、句稚诸国。在扶南东涨海中洲,有杜薄阇婆国,"从扶南船行,可数十日乃到。其土人民众多,稻田耕种,女子织作白迭花布,男女白色,皆着衣服,土地丰饶,金及锡铁丹砂如土,以金为钱货,出五色鹦鹉、豕鹿、氂水牛,大羊、鸡鸭,无犀象及虎豹,男女温谨,风俗似广州人"。在扶南西两千余里的有无伦国,"种桃榔及诸华果,白月行其,阴凉蔽热,十余里一亭,亭皆有井,食菱饭、蒲桃酒,木实如胶,若饮时以水沃之,其酒甘美,其地人多考寿"。去典逊八百里,有句稚国。句稚南行一月到歌营国,这里的居民"末黑如漆,齿正白银,眼正赤,男女裸形无衣服,父子兄弟姊妹露身对面伺卧"。扶南西两千余里的林杨国,用"金银为钱,多丹砂、硫黄、曾青、空青、紫石英,好用绛绢、白珠"。以上这些国家,葛洪以扶南为中心,描绘了它们的地理方位,介绍了它们的物产和民俗风情。

接着,葛洪还把叙述延伸到更远的地方,包括月氏、安息、印度、大秦国等地方,记述其地理、物产尤其是药物,以及国俗、对外贸易等。葛洪对于西域各国的记述,最远到达罗马,虽然多是得自传闻,但已经比较具体和详细。比如他说月支"土地高冻,皆乘四轮车驾,四五或六七辄之,在车无小,大车有容二十人。有国王称天子,都邑人乘常数十万,城郭宫室与大秦相似,人形胡而绝洁白,被服礼仪,父慈子孝,法度恭卑,坐不蹲踞"。安息"人马精勇,土方五千里,金玉如石,用为钱"。大秦国"人士伟灿,角巾塞路,风俗如长安人"。"道士比肩,有上古之风,不畜奴婢,虽天王王妇犹躬耕籍田,亲自拘桑织经,以道使人,人以义观,不用刑辟刀刃戮罚,人民温睦,皆多寿考,水土清冻,不寒不热。""天下珍宝所出,家居皆以珊瑚为柱櫊,玻璃为墙壁,水精为柱础。"

葛洪通过扶南之行以及对沿途各国的考察以及探寻远西各国的传闻,大大开阔了眼界,增加了对域外知识的了解,同时也对中国传统的世界观念提出了质疑。他说，战国时邹衍提出的"大九州"说，现在看来也有些狭隘了，"大九州"已不足说明所见世界之广大。他说："山奇海异，怪类殊种，珍宝丽物，卓诡瑰璋，盈耳溢目，惊心愕意，既见而未闻者，诡哉不常，难可详而载也。"

除了朱应、康泰以及葛洪的记述之外，还有一些文献记载了当时中国人对南海地理和人文的认识。历史学家方豪总结魏晋南北朝时期各类史籍所载南海诸国，"总其成，而列为15国"，这是当时中国所确知的南海国家。这15国是林邑国、扶南国、诃罗陁国、呵罗卑国、婆皇国、婆达国、阇婆达国、盘盘国、丹丹国、干陁利国、狼牙修国、婆利国、中天竺国、天竺迦毗黎国、师子国。

上文提到朱应的纪行著作书名为《扶南异物志》。"异物志"是汉唐间一类专门记载周边地区及国家新异物产的典籍，主要盛于魏晋南北朝时期。因为

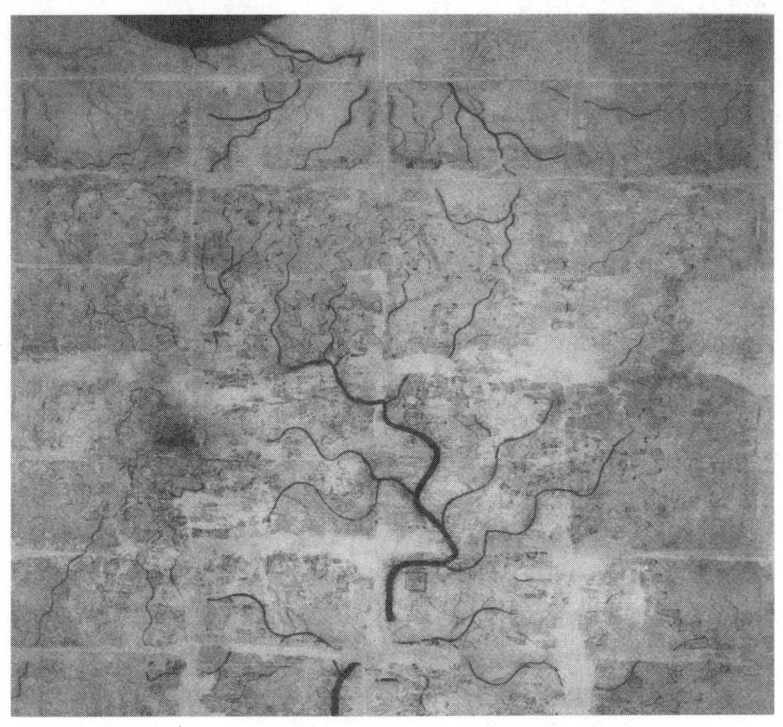

图3-6-1　湖南马王堆汉墓出土的帛画《地形图》，
成图时间约在公元前168年以前。图的方位为上南下北，左东右西。
在图的上部绘出了珠江入海口的南海湾，这是中国现存最早的绘有海岸线的地图

中国典籍里的西方

这一时期与海外交往得多了,人们看到的新奇事物和听到的各种传闻,以及传入中国的海外物产也十分丰富,所以这方面的记载也多了起来。"异物志"主要记载当时周边地区及国家的物产风俗,内容涉及自然环境、资源物产、社会生产、历史传说、风俗文化等许多方面,部分地反映了当时人们对外部世界的认识和知识,或者说是当时人们对外部世界知识的一种记录。这些作品与之前流行的《海内十洲记》《汉武帝别国洞冥记》等作品所包含的奇异想象和神话色彩不同,大部分都是据实记录。

图3-6-2 晋顾恺之《洛神赋图》(局部)中的双体画舫

第四章　大唐盛世的世界意识

一　大唐盛世与世界情怀

唐代是一个大开放的时代，也是一个充满世界情怀的时代。在这个时代，人们对于外部世界的兴趣，对于外部世界的了解和认知，都比以前大为增长了。

盛唐时代是中国古代社会继汉代之后的又一个黄金时代，是中华文明发展史上辉煌的巅峰。盛唐文明的辉煌是一种世界性的辉煌。在当时的世界文化格局中，唐朝是疆域广大、威力远被的最强盛、最繁荣的帝国，中华文明是朝气蓬勃、气象万千的最发达、最先进的文明。

隋朝在继承北周统一中国北方的基础上，进而统一了全国，结束了数百年分裂割据的状况，开创了全国再统一的新局面。隋朝疆域之辽阔大大超过了以往所有朝代，东、南皆至于海，西至且末，北至五原。唐朝立国之后，继承了全国统一的局面，并进一步开疆拓土，加强对边疆地区的经略与控制，扩大帝国版图。唐朝的疆域辽阔广大，极盛时势力东至朝鲜半岛，西北至葱岭以西的中亚，北至蒙古，南至印度支那。《新唐书·地理志》说："举唐之盛时，开元、天宝之际，东至安东，西至安西，南至日南，北至单于府，盖南北如汉之盛，东不及而西过之。"《唐大诏令集》卷一一一《太宗遗诏》说："前王不辞之土，悉请衣冠；前史不载之乡，并为州县。"

中国典籍里的西方

  自两汉以来,尽管中国的历史经历了王朝更替、战乱频仍、南北分治,但有一个总的趋势没有变,那就是对外采取积极的开放政策,无论是哪一个王朝,无论是南方还是北方,都大力扩展对外交往、贸易和文化交流,积极吸纳外来文化。这种文化大开放、大交流的浪潮到了隋唐时期达到了高潮。

  隋唐时期,陆上和海上的丝绸之路交通发达,为国家之间的交往和民间的交流都提供了更为便利的条件。唐朝是中国古代史上发展对外关系最积极、最活跃并且交往最广泛的时期。

  由于唐朝的声威远播和积极的对外开放政策,与唐朝保持政治、经济和文化联系的国家众多,来唐朝贺、奏事、进贡的使节往来更加频繁。朝鲜、日本、东南亚乃至西亚欧非诸国,都频频遣使入唐,以通友好,有些国家遣使十分频繁,唐朝也向各国派遣使节。开元、天宝间,与唐朝有官方往来的国家和地区多达70余个,"各有土境,分为四蕃"。据今人统计,与唐发生联系的国家和地区有300多个,包括周边少数民族政权,周边内附少数民族部众,与唐有藩属关系的国家和独立政权,甚至还要远在"绝域"的国家。诗人李肱《省试霓裳羽衣曲》谓:"开元太平时,万国贺丰岁。"王贞白《长安道》说:"梯航万国来,争先贡金帛。"张九龄《开大庾岭路记》说:"海外诸国,日以通商。"

  在唐代,从政府到民间普遍形成一种对外开放的心态。"万国""四海""华夷""蕃汉""胡汉"等名词的使用频率很高,一种开放的大民族观念正在逐渐形成。在这样的观念下,对外开放成为一种全面的开放。这种全面的开放,既包括向外拓展的趋势,积极发展对外关系,也包括民族迁徙与民族融合的动态进展,还包括广泛的对外经济与文化交流的开放;既是政府对外的开放,也是民间广泛的对外交流;既包含着经济贸易的物质文化交流,也包含思想、艺术、宗教等精神方面的交流。总之,唐代对外交通发达,对外关系活跃,中外文化交流大规模地发展,呈现出空前的全面文化开放的态势。

  唐代文化以其健全的传播和接受机制,以全面开放的广阔胸襟和兼容世界文明的恢宏气度,如"长鲸吸百川",广泛吸收外域文化,从其他文化系统中采撷英华,先后熔融了中亚游牧文化、波斯文化、阿拉伯文化、印度文化乃至欧洲文化,使当时的帝都长安成为中外文化汇聚的中心,使盛唐文化成为一种

第四章 大唐盛世的世界意识

世界性的文化。

海纳百川,有容乃大。大规模的文化输入,使中华文化系统处于一种"坐集千古之智""人耕我获"的佳境,使整个机体保持旺盛的生命力,因而是唐代文化生机勃勃、灿烂辉煌的条件之一。正如鲁迅先生所说,汉唐时代的中国人有一种"放开度量,大胆地,无畏地,将新文化尽量地吸收"的气魄。鲁迅还说道:"汉唐虽然也有边患,但魄力究竟雄大,人民具有不至于为异族奴隶的自信心,或者竟毫未想到,凡取用外物的时候,就如将彼俘来一样,自由驰使,绝不介怀。"①

正是在"唐家全盛"之时,在广泛兼容世界文明的同时,盛唐文化也大踏步地走向世界。与前代相比,唐代文化在海外传播的范围更加广泛,不仅在东亚地区产生了重大影响,建立起以中国为中心的东亚文化秩序,形成了中华文化圈,而且还广泛传播于东南亚、中亚和西亚地区,并进而传到欧洲和非洲,对那些地方都产生了不同程度的影响。唐代的全面对外开放,使中华文化全面走向世界,光被四表,辐射远方。

唐代对外交通和文化交流的盛世,是以都城长安为中心展开的。长安是一个世界性的商业都会和文化交流中心。唐帝国的兴盛发达,帝都长安的雄伟壮观,中华文化的灿烂辉煌,以及经济的发达和物产的丰盈,都令世人钦慕景仰,吸引着世界各国人士。而唐朝和长安则以全面开放的态势,向世界敞开大门,广迎天下来客。长安的鸿胪寺接待来自各国的外交使节,他们多率领颇具规模的使团,造成"万国衣冠拜冕旒"的盛大景象。其中有的外国使节还长住长安,乐不思归。长安的国子学和太学还接纳了许多来自日本、朝鲜、琉球以及西域等地的留学生,他们在这里学习中国文化典籍,其中有些人还参加了唐朝科举考试。而对外贸易的发展,吸引着南亚、西亚、欧洲的商旅来到长安,使长安成为一个国际贸易的场所,是东西方国际贸易的一个集会点。此外,还有来自各国的旅行家、艺术家、佛教僧侣、袄教徒、摩尼教徒、景教徒和伊斯兰教徒等。据估计,当时住在长安的外国人约占长安人口总数的2%。加上突厥后裔,其数当在5%左右。见诸诗文、笔记、小说所称者,有商胡、

---

① 鲁迅:《坟》,北京:人民文学出版社1973年版,第165、163页。

贾胡、胡奴、胡姬、胡稚、蕃客、蕃儿、昆仑奴等。

唐代这种全面开放的态势，这种大交流的文化盛况，开阔了人们的世界眼光，使他们以敞开的胸怀积极吸收域外各民族的先进文化，丰富和发展了对于外部世界的认识。唐朝也很注意研究国外情况，加强了对域外地理人文的调查。派出使者耳闻目睹，亲身经历，向来朝使者和商人了解，军事征战过程中勘察，诸蕃国进献地图等，都是获得域外地理知识的渠道。在调查的基础上或成图或成文，出现了不少记载域外历史、地理、交通和文化风俗等方面的著作。这些著作代表了当时人们对外部世界的认识水平。

这些著作中有的是僧人的外国行记，所记均为亲身经历和实地考察，如玄奘、义净、慧超、悟空等人的作品。有的是奉使外国行记，记载唐五代官员出使西域、南海等外国的经过，如王玄策《中天竺国行记》。达奚通曾任唐州刺史，又曾出使海外，凡经赤土等36国，撰有《海南诸蕃行记》。南唐人章僚有《海外使程广记》。还有唐人奉使边疆四裔诸国的旅行记，如韦机《西征记》、顾愔《新罗国记》、戴斗《诸蕃记》等。唐代行记种类增多，单外国行记就有21种。这些著作显示了隋唐时期中国人对于域外世界的认识，有了比前代更多的了解，其中有一些著作，对于今天我们了解当时的中外关系也有很高的历史价值，有些著作甚至成为对于当地历史文化认识的主要依据，如玄奘的《大唐西域记》、慧超的《往五天竺国传》、义净的《南海寄归内法传》等，都一再被国内外学者所研究和引述。

此外，在《隋书》《旧唐书》《新唐书》等官方史书的外国传部分，还有《册府元龟》《酉阳杂俎》等作品中，也有许多关于外国历史地理、交通物产、风土人情等方面的记载。

唐人对于域外的知识，主要还是以周边民族和地区为主。《旧唐书》卷一九四至卷一九九，先是记述了对唐朝构成重要威胁的突厥、回纥、吐蕃，然后分南蛮西南蛮、西戎、东夷、北狄四部分介绍其他民族的历史。《新唐书》卷二一五至卷二二二，也先是重点介绍突厥、回鹘、吐蕃、沙陀的历史，然后分北狄、东夷、西域、南蛮四部分记述其他各族的历史。这种"四夷"观念还基本上是唐人的世界观念，只不过与前代相比更为具体和详细，而少了想象的成分。

第四章 大唐盛世的世界意识

唐代杜佑所撰《通典》中的《边防典》分东夷、南蛮、西戎、北狄叙述各民族历史，对前代正史及当时所能收集的民族资料进行统一的编纂。《边防典》凡16卷，分东夷、南蛮、西戎、北狄四部分叙述各族历史，每一部分开始都有"序略"，对四个区域的民族特征进行了宏观的概述，共收入民族百余种。其中，《边防典》所记载的西部民族有：

> 西戎：羌无弋、湟中月氏胡、氐、葱茈羌、吐谷浑、乙弗敌、宕昌、邓至、党项、白兰、吐蕃、大羊同、悉立、章求拔、泥婆罗、楼兰、且末、扞弥、车师高昌附、龟兹、焉耆、于阗、疏勒、乌孙、姑墨、温宿、乌秅、难兜、大宛、莎车、罽宾、乌弋山离、条支、安息、大夏、大月氏、小月氏、康居、曹国、何国、史国、奄蔡、滑国、嚈哒（挹怛同）、天竺、车离、师子国、高附、大秦、小人、轩渠、三童、泽散、驴分、坚昆、呼得、丁令、短人、波斯、悦般、伏卢尼、朱俱波、渴盘陀、粟弋、阿钩羌、副货、叠伏罗、赊弥、石国、女国、吐火罗、劫国、陀罗伊罗、越底延、大食。

《通典》的这些记述，大体上反映了唐代人对于西部民族、地区和国家的认识水平。

二 "四天子说"：唐代人认识的世界格局

唐太宗时，玄奘西游求法归来，著《大唐西域记》，开篇介绍世界大势，认为当时的世界分别由"人""马""宝""象"四主统治，形成四个大帝国。其中：

> 南象主则暑湿宜象，西宝主乃临海盈宝，北马主寒劲宜马，东人主和畅多人。故象主之国躁烈笃学，特闲异术，服则横巾右袒，首则中髻四垂，族类邑居，室宇重阁。宝主之乡，无礼义，重财贿，短制左衽，断发

中国典籍里的西方

长髭，有城郭之居，务殖货之利。马主之俗，天资犷暴，情忍杀戮，毳帐穹庐，鸟居逐牧。人主之地，风俗机慧，仁义昭明，冠带右衽，车服有序，安土重迁，务资有类。三主之俗，东方为上。其居室则东辟其户，旦日则东向以拜。人主之地，南面为尊。

这就是著名的"四天子说"。玄奘用这种观念来概括当时世界的格局，体现了当时人们对外部世界的一种认识。"四天子"，也就是"四大帝国"，就是那个时代的中国人所了解的世界文化的基本格局。

永徽元年（650），高僧道宣在《释迦方志》中将"四主"的地域进一步明确化，以"四主"分别指称具体的国家。他写道：

雪山已南，至于南海，名象主也。地唯暑湿，偏宜象住，故王以象兵而安其国。风俗躁烈，笃学异术。是为印度国。……雪山之西，至于西海，名宝主也。地接西海，偏饶异珍，而轻礼重货，是为胡国。雪山以北，至于北海，地寒宜马，名马主也。其俗凶暴，忍杀，衣毛，是突厥国。雪山以东，至于东海，名人主也。地唯和畅，俗行仁义，安土重迁，是至那国。即古所谓振旦国也。

按照道宣的这个说法，当时世界上有四大文明国家，即"象主"印度，"风俗躁烈，笃学异术"；"宝主"胡国，"偏饶异珍""轻礼重货"，现代学者认为是指拜占庭帝国；"马主"突厥帝国，"其俗凶暴，忍杀，衣毛"；最东边的是"人主"即中国，"地唯和畅，俗行仁义，安土重迁"。

以"四天子说"的观念来认识和理解当时的世界，这种思维观念应该是在印度佛教思想的影响下产生的。早在东晋时期，从天竺来的僧人迦留陀迦所译《佛说十二经》里记载：

阎浮提（瞻部洲）中有十六大国，八万四千城，有八国王，四天子。东有晋天子，人民炽盛。南有天竺国天子，土地多名象。西有大秦国天子，土地饶金银璧玉。西北有月支天子，土地多好马。

第四章 大唐盛世的世界意识

而在此一个多世纪以前,东吴康泰出使扶南时,也听说过类似的传闻。康泰在扶南听到的传闻,也应该来自印度。

不仅如此,这种看法在阿拉伯古文献中也有相似的记载。9世纪的阿拉伯文献《中国印度见闻录》记载说:

> 印度人和中国人都一致认为,世界上有四个国王。而四个之中,第一个是阿拉伯人国王,他们一致毫无异议地认为阿拉伯人的国王是最伟大的国王,最富有的国王,最豪华的国王,是无与伦比的伟大宗教之主。中国国王仅次于阿拉伯人之主,位于第二。其次是罗马人国王。最后是穿耳孔人国王巴拉哈—拉雅(Ballaha-raya)。①

《中国印度见闻录》在这段记载之后还有一段相似的记载,是说巴士拉城的商人伊本·瓦哈卜(Ibn Wahab)曾到中国旅行,受到了中国皇帝的接见。这份文献中记载了瓦哈卜与中国皇帝的谈话。

首先,中国皇帝向这位商人打听阿拉伯的情形,还问到阿拉伯是怎样打败强大的萨珊波斯王朝的。这位商人回答说:"那全是托真主的庇佑,另外也因为波斯人崇拜火和日月星辰,亵渎了真主,所以真主才帮助我们消灭了它。"皇帝感慨地说:"波斯是世界上最有威望、最文明、最强盛的国家,它的人民聪明智慧,而阿拉伯竟然能征服它,真是了不起啊!"接着,皇帝又问商人,阿拉伯人对于世界各国君主及其国力强弱是如何评论的。这位商人不知如何回答是好。于是,皇帝就让翻译告诉商人说:"在世界上的所有君主中,我只重视五个。第一为伊拉克国主,处世界之中心,疆土最为广大,其余的王国都围绕着它,因此其为'王中之王';第二为我国皇帝,是世界上最善于治国的君主,君臣关系和谐,臣民对皇帝的忠诚是任何国家都不能比拟的,因此称为'人类之王';第三是"狮子王',就是与我国相邻的突厥国王;第四是'象王',就是印度王,也称为'智慧之王';第五是拜占庭王,我们称他为'美男之王',因为世界上的男子都不如拜占庭的男子英俊。这五王是世界诸王中

---

① 《中国印度见闻录》,穆根来等译,北京:中华书局1983年版,第11页。

的佼佼者，其余诸王都无法与之相提并论。"然后，皇帝又给商人展示了皇家收藏的有关挪亚方舟以及耶稣、摩西、穆罕默德等圣人的画像，并熟知他们的事迹。另外，皇帝还将佛像和老子等圣人的画像展示给商人，并告诉他这是印度和中国的"先知"。①

据称，这位阿拉伯商人是在唐末黄巢起义之前到达长安的，当时在位的皇帝应是唐僖宗。许多学者对《中国印度见闻录》中的这段记载提出疑议，认为不可能有中国皇帝承认阿拉伯君主为世界第一、自认为第二。但是，也有可能是作为阿拉伯人的瓦哈卜为了迎合国人的心理，而有意改变了谈话内容。在阿拉伯人的记载中，"四主"被"五主"取代，居于正中的是阿拔斯王朝的哈里发。这种划分，也反映了阿拉伯人的崛起给欧亚大陆的政治格局带来的冲击。

从南海到中亚，从印度到中国，"四天子说"的广泛流传说明当时的人们对他们生活的世界——欧亚大陆有着某种共同的认识，"四天子说"概括了阿拉伯帝国建立之前欧亚大陆的国际形势和文明格局。而在阿拉伯人崛起之后，又变成"五天子"。

图4-2-1　唐李贤墓壁画《宾客图》

---

① 《中国印度见闻录》，穆根来等译，北京：中华书局1983年版，第103—104页。

第四章 大唐盛世的世界意识

这种"四天子"的概括和我们今天对于历史地理的认识基本上是相同的。在欧亚大陆上,中国处于大陆的东端,而唐朝以西各国,都是具有世界影响的强大国家:横跨欧、亚北部的东罗马,即拜占庭帝国;占有整个西亚的波斯,尤其是后来兴起的大食倭马亚王朝,更是据有亚、非、欧的庞大帝国,它们都注重对外海陆交通的开拓,极力加强和中国的政治、经济联系。印度处于南端,具有古老的文化传统,一直以其丰富的文化传播到各地。这几大国家,经济发达,军事强大,文化繁盛,几大帝国之间你来我往,交流频繁,互相激荡又互相促进,共同绘制了那个时代色彩斑斓的世界文化图景。

三 隋代人的西域知识

隋朝建立后,积极开展与西域地方的交往交流。与朝鲜三国、日本、东南亚和西方一些国家都有通使往来,贸易关系也很密切。炀帝在京城长安设立四方馆,以待四方使客,各掌其方国及互市事。隋朝还派了许多使臣,四出访求异俗。使臣间的交往不仅增强了隋朝与外界的相互了解和政治、经济往来,开阔了当时人的眼界,而且也大大加强了隋朝与周边地区各国之间的政治、经济、文化方面的联系。

大业初年,炀帝派遣韦节、杜行满一行出使西域,展开了与西域的联系和交往,最远至印度王舍城。王舍城(Rājagriha)即罗阅,是古印度摩揭陀国悉苏那伽王朝(前6—4世纪)的都城,城西南的佛陀伽雅为释迦牟尼成道之地。有学者研究认为,韦、杜西使一行很可能抵达康国后分道,韦节经由史国、挹怛,抵达罽宾和王舍城。杜行满则往赴安国,并偕安国使者于大业五年归朝。与韦、杜一起出发的李昱则先随杜行满抵达安国,复自安国往赴波斯。

韦节等人的出使,扩大了隋对西域的了解,打破了中原地区与西域的长期隔绝状态。韦节回国后撰有《西蕃记》一书。其书已佚,只在《通典》卷一九三《边防九》中有片段节录。其中写道:"劫国,隋时闻焉。在葱岭中。""陀罗伊罗国,隋时闻焉。在乌荼国北,大雪山坡上。""越底延国,隋时闻焉。理辛头河北。南至婆罗门国三千里,西北至赊弥国千余里,东北至瓜州五

中国典籍里的西方

千四百里。"韦节抵达挹怛国,"亲问其国人,并自称挹阗"。《西蕃记》对康国记载颇为详细,其中特别大量记载了许多奇异的风俗民情,尤其是关于葬仪的记载,令人大为惊叹,许多不见于以前文献的记载。书中说:

> 康国人并善贾,男年五岁则令学书,少解则遣学贾,以得利多为善。其人好音声。以六月一日为岁首,至此日,王及人庶并服新衣,剪发须。在国城东林下七日马射,至欲罢日,置一金钱于帖上,射中者则得一日为王。俗事天神,崇敬甚重。云神儿七月死,失骸骨,事神之人每至其月,俱着黑迷衣,徒跣抚胸号哭,涕泪交流。丈夫妇女三五百人散在草野,求天儿骸骨,七日便止。国城外别有二百余户,专知丧事,别筑一院,院内养狗。每有人死,即往取尸,置此院内,令狗食之,肉尽收骸骨,埋殡无棺椁。

在韦节等出使西域不久,炀帝又派裴矩驻于张掖,并往来于武威、张掖间,以主持和西域的联系及商业交通事宜。张掖是当时中西贸易中心,兴盛时有40多个西域国家的商人集中在这里经商。自此,中原与西域的交往得以恢复和发展。

裴矩(约547—627)是隋炀帝时对西域政策的制定者和执行者。在隋炀帝开拓西域的过程中,裴矩做出了杰出贡献。裴矩是两朝重臣,炀帝继位之后,担任过民部侍郎、黄门侍郎。炀帝派这样一位重要人物去张掖,其经营西域的目的是很明显的。

隋朝时关于西域知识的最重要的文献是裴矩所撰《西域图记》。《旧唐书·裴矩传》说:"矩知帝方勤远略,欲吞并夷狄,乃访西域风俗及山川险易、君长姓族、物产服章。"裴矩在其序中说:"复以春秋递谢,年代久远,兼并诛讨,互有兴亡,或地是故邦,改从今号,或人非旧类,因袭旧名,兼复部民交错,封疆移改,戎狄音殊,事难穷验。"因而,"寻讨书传,访采胡人""谅由富商大贾,周游经涉,故诸国之事,罔不遍知"。在与西域商贾的交往中,裴矩请他们讲述其国的风俗与山川险易,了解各国的地理形势、气候物产和风俗习惯,并把这些材料积累起来,于大业四年(608)撰成《西域图记》

一书。炀帝对裴矩《西域图记》非常重视,《隋书·裴矩传》记载:"(炀帝)每日引矩至御坐,亲问西方之事。矩盛言胡中多诸宝物,吐谷浑易可并吞。帝由是甘心,将通西域,四夷经略,咸以委之。"

《西域图记》共3卷,记44国事,且附地图画像。这本书已佚,其序保存在《隋书·裴矩传》中,是中西交通史的宝贵资料。裴矩在序文中简略地概括了西域各国的形势,叙述了西域各国的变迁,说汉代以来,西域共有36国。"其后分立,乃五十五王。仍置校尉、都护,以存招抚。然叛服不恒,屡经征战。"兼并诛讨,互有兴亡。"于阗之北,葱岭以东,考于前史,三十余国。其后更相屠灭,仅有十存。"

序文记载了从敦煌出发西行至西海(地中海)的3条路线,将它们称作北道、中道和南道。裴矩所记的这3条大道,以敦煌为总出发点,是其咽喉之地。伊吾、高昌、鄯善则分别为这3条大道的起点,是西域之门户。这3条大道分别是:

> 北道从伊吾,经蒲类海、铁勒部、突厥可汗庭,度北流河水,至拂菻国,达于西海。
> 其中道从高昌、焉耆、龟兹、疏勒,度葱岭,又经钹汗、苏对萨那国、康国、曹国、何国、大小安国、穆国,至波斯,达于西海。
> 其南道从鄯善、于阗、朱俱波、渴盘陀,度葱岭,又经护密、吐火罗、挹怛、忛延、漕国,至北婆罗门,达于西海。
> 其三道诸国,亦各自有路,南北交通。

这三条道路分别提到三个"西海",含义不一:南道之"西海"指印度洋,中道之"西海"指波斯湾,北道之"西海"指地中海。

裴矩的《西域图记》"更明确地记录了从中原通向西海(地中海到波斯湾)的路程,其北、南两道和《汉书》《魏略》的记录相比,都有了延伸和变化,这个延伸变化,反映了在南北朝一段中西交通的发展情况"[1]。《西域图

---

[1] 宿白:《考古发现与中西文化交流》,北京:文物出版社2012年版,第130页。

中国典籍里的西方

记》反映了当时中国人对丝绸之路的知识,也说明当时丝路的畅通情况。至唐代,丝绸之路更加通达繁荣,往来的使节、商旅、僧侣和旅行家络绎不绝,相望于途,成为唐朝经略西域,发展与西亚、欧洲经济文化交流的交通干道。

隋炀帝积极发展对西域的联系,获取西域"宝物"即发展通商关系是主要目的之一。《西域图记》不只是一部西域地理著作,还是隋唐两朝开发丝绸之路的指导纲领。在《西域图记》中,裴矩指出了突厥、吐谷浑阻遏西域诸国贸易交通,导致丝路不畅的现状,提出击败吐谷浑、分化突厥、开发西域的构想。隋炀帝将"四夷经略"委任裴矩,部分实现了他的这一战略构想。

四 唐朝对西域认知与经略

隋朝在炀帝时代虽然大力开展了对西域的交通,但是由于国祚短促,交通的深度和广度都有较大局限。在隋朝发展与西域联系的基础上,唐朝进一步加强了对西域的政治、经济和文化联系,加强了对西域的经略与控制。无论是政治上,还是军事上,唐朝都在西域取得了比前代更大的成就,从而为陆路对外交往的空前繁荣奠定了坚实的基础。

贞观十四年(640),唐太宗发动了对西域的战争,驱逐了西突厥在西域东部的势力,消灭了高昌国,立为西州,并分兵攻取西突厥屯兵的可汗浮图城,立为庭州。唐在伊吾设的伊州与西州、庭州实行与中原相同的州县制,编入陇右道和后来分置的河西道。贞观二十二年(648),唐军攻取龟兹。破龟兹后,西域大震,当地各族首领都摆脱了西突厥的统治,结好于唐朝,服属于唐朝,贡使通商,往来不绝。

贞观十四年(640)灭高昌时,唐朝即置安西都护府于交河城,管理西域军政事务。贞观二十二年(648)破龟兹后,唐朝随即将安西都护府自高昌移至龟兹,下统龟兹、于阗、碎叶、疏勒四镇,以控扼西境,保护商路。

唐高宗时,最终平定了西突厥,在西突厥故地天山北路一带置北庭都护府。天山南北两麓遂为安西、北庭二都护府所分管,初步完善了唐朝在西域的政治统治格局,形成了以伊、西、庭三州为核心,以安西都护府为保障,以羁

第四章 大唐盛世的世界意识

縻府州为依托的多层次的统治结构。

自此，唐朝恢复了在西域的统治，其疆域直抵里海东岸，包括中亚广大地区。此后虽然由于吐蕃和大食的介入，西域局势屡经变动，唐朝在西域的军事、行政组织设施以及羁縻府州的具体设置都发生了较大的变动，但直到8世纪末年唐朝退出西域，在将近一个半世纪的历史进程中，这种统治结构一直是维持西域社会秩序的一个最重要的因素。

唐代前期，除了在西域地区建立安西、北庭两大都护府，下辖各个都督府、州外，并在各地设置"军""城""镇""守捉"等各军事据点。这些府、州所在地和各种军事据点，既是行政和军事要地，也是一些交通中心，它们各自有路，彼此相通，从而形成了一条条纵横交错的路线。尤其是著名的唐代安西四镇安西、疏勒、于阗、碎叶（后为焉耆），更是四通八达、往来无阻的一个个交通中心。此外，北庭大都护府的所在地庭州和安西大都护府的所在地安西，更是天山南北的交通枢纽。

总之，在唐代前期，无数南北相通的横行线路，不仅把东西走向的各条基本干线联结起来，而且组成了东西南北，纵横交错，十分复杂的交通网。

由于唐朝在西域的直接统治，中西交通的干道丝绸之路比以往任何时候都更加通畅繁荣，中西贸易大为发展，人员往来也更为频繁。除了唐朝派往西域行使行政权的官吏、戍边的军队外，还有不少中原汉人移居西域。另一方面，西域诸国也有大批移民侨居内地。他们在带来中亚文化的同时，也深受中国文物、典章制度的熏染，因而多数成了华化的"蕃胡"的一部分。这些人员的往来杂居，促进了汉族和各族人民的融合，同时也促进了经济文化的交流。

随着唐朝与西域交通的便利，唐朝在西域经略和势力的增强，与西域诸国的交往也日益频繁，各国纷纷遣使来朝，与唐朝关系相当密切。

东西交往的发展和人们地理知识的丰富，唐代对丝绸之路西段的了解和记载远远超过了隋代。如唐初玄奘的《大唐西域记》，详细记录了波斯以东的西域各国及天竺各国的地理情况；德宗朝宰相贾耽撰写的《皇华四达记》和出土的吐鲁番文书中，都详细记载了葱岭东西，尤其是葱岭以东塔里木盆地的道路状况和由唐朝设置的烽燧馆驿。9世纪阿拉伯地理学家伊本·胡尔达兹比赫

中国典籍里的西方

(Ibn Khurdzibah，820—912）的《道里邦国志》也记叙了巴格达北通中亚、南达印度的道路状况，其中从怛罗斯到热海南岸的拔塞干城的道里和沿线诸城绝大部分与贾耽记载的路程相符合。此外，如义净所撰《大唐西域求法高僧传》、开元十五年（727）新罗僧人慧超的《往五天竺国传》、8世纪中叶杜环《经行记》等有名的地理著作，也大大丰富了人们对陆上丝绸之路西段的知识。

由于唐朝与西域的交流频繁，人员往来不断，异域风情引起人们的极大兴趣；同时，还时常有战事发生，金戈铁马、战火硝烟，也不断地激发起人们的英雄豪情。这在唐朝的文学作品中也有所反映，涌现出大量的边塞诗。终唐之世，边塞诗始终是唐诗中思想性最深刻、想象力最丰富、艺术性最强的部分。

唐代的边塞诗派在开元、天宝年间达到高潮。此时，唐帝国经过上百年的统一，唐玄宗前期二三十年励精图治，国内的经济迅速攀上了唐朝的顶峰，随着经济的繁荣，军事也日益强大，要求收复武则天时期失去的大唐土地，打开西北边疆与西域各国交通的呼声越来越高。西北边疆的游牧民族常常到中原地区四处骚扰，保护边疆人民生活的安宁也成了当时的重要国策。举国上下都洋溢着尚武的热情，浪迹边塞和歌颂战争就成了一种时尚。

边塞诗以表现边塞的军事战争，描写边塞的风俗民情和自然风光为其主要题材。这类诗的思想内容极其丰富：可以抒发渴望建功立业、报效国家的豪情；可以状写戍边将士的乡愁、家中思妇的离恨；可以表现塞外戍边生活的单调艰辛、连年征战的残酷；可以宣泄对黩武开边的不满、对将军贪功启衅的怨情；可以惊叹描摹边地绝域的奇异风光和民风民俗。而诗中流露的也可能是矛盾的复杂的情感：慷慨从军与久戍思乡的无奈；卫国激情与艰苦生活的冲突；献身为国与痛恨庸将无能的悲慨。

总体上来说，边塞诗表现了盛唐人并吞四海的雄心和立功塞外的壮志，表现了一代开拓者慷慨激烈的情怀和一往无前的勇气。边塞诗让人看到那个时代昂扬的斗志与进取的精神，在人们面前展现出金戈铁马、杀气满天的战场，乱云飞卷、雪海无边的塞外，狂风四起乱石横飞的沙漠。边塞诗人笔下多的是悲壮的景象，多的是塞外的奇观，多的是浪漫的气息。我们能在边塞诗中听到"不破楼兰终不还"的誓言，能看到"四边伐鼓雪海涌"的气壮山河的场面。如王昌龄《出塞》："秦时明月汉时关，万里长征人未还。但使龙城飞将在，不教胡马渡阴山。"王昌龄《从军行》:"大漠风尘日色昏,红旗半卷出辕门。前军夜战洮河北,已报生擒吐谷浑。"王之涣《出塞》:"黄河远上白云间,一片孤城万仞山。羌笛何须怨杨柳,春风不度玉门关。"王翰《凉州词》:"葡萄美酒夜光杯,欲饮琵琶马上催。醉卧沙场君莫笑,古来征战几人回。"以上等等,都是流传久远的著名诗句。

边塞诗是盛唐时代博大气象的反映,也是对那个时代积极开拓边疆、加强西域的经营和广泛的对外交流的一种诗化的记录。

图4-4-1　唐三彩骆驼载乐俑,中国国家博物馆藏

中国典籍里的西方

图4-4-2 敦煌321窟壁画。乐舞图中的三位乐伎，或弹琵琶，或吹筚篥，或吹笙，形象为高鼻深目，似为当时的外国乐队

五 玄奘西行与《大唐西域记》

在唐代这样大开放的时代,有许多外国人即"胡人"来到中国,从事外交、商贸和文化活动,给唐朝带来浓郁的"胡风"。同时,也有一些中国人走出国门,走向世界,以自己的脚步去开拓中国人的文化视界,直接领略异域的风光风情,进一步增进了唐朝人对于外部世界的认知。

在这方面,玄奘是那个时代最突出的代表。

玄奘(602—664),世称三藏法师,汉传佛教史上最伟大的译经师之一,是中国佛教史上功垂千古的伟大人物。

玄奘 13 岁剃度出家。在之后的 10 年当中,他在国内遍访名师益友,质疑问难,精读了不少佛教典籍。他曾向很多当时的高僧求教,有时他们对玄奘所提出的问题竟无言以对,无法回答,只能靠他独自寻找其他经典或论著来解惑。玄奘发现既有经论之义或隐或显,时或不免有所出入,令人莫知所从。乃欣慕法显的壮举,慨然决志西行求法,以释众疑。贞观元年(627),玄奘给朝廷上书,请求允许西行求法,但未获批准。当时的朝廷明令不许国人私自出国,各主要道路关隘的稽查很严。但玄奘西行求法的决心已定。贞观三年(629),玄奘 28 岁这一年,他从长安出发,"冒越宪章,私往天竺",冒着违抗朝廷禁止国人出蕃的禁令,昼伏夜行,从凉州出玉门关,终得偷出国门。

玄奘孤身涉险,一路上历尽了艰辛。贞观四年(630)正月,玄奘到达高昌王城,受到高昌王的礼遇,并结拜为兄弟。在高昌王的帮助下,玄奘过葱岭和大雪山,途经十几个国家,最后到达印度,开始了留印游学生涯。

玄奘到印度后,游历各地,巡礼佛教胜迹,广泛学习大小乘佛教。当时的印度小国林立,分为东、西、南、北、中五部分,史称五印度或五天竺。玄奘先到北印度,在那里拜望高僧,巡礼佛教圣地,跋涉数千里,经历十余国。贞观五年(631),玄奘进入恒河流域的中印度。当时印度东北的摩揭陀国、西南的摩腊婆国两国最重学术,而以摩揭陀国的那烂陀寺为当时最大的佛教大学,居印度千万所寺院之首,聚集了精通各项学术的精英约两万多人,还收藏着佛教大、小乘经典，婆罗门教经典及医药、天文、地理、技术等书籍。玄奘在那烂陀寺历时5年，备受优遇，并被选为通晓三藏的十德（即精通50部经书的10名高僧）之一。前后听那烂陀寺高僧戒贤讲《瑜伽师地论》《顺正理论》及《显扬圣教论》《对法论》《集量论》《中论》《百论》以及因明、声明等学，同时又兼学各种婆罗门书。

贞观十年（636），玄奘离开那烂陀寺，游访考察东南西印度，先后到伊烂拏钵伐多国、萨罗国、安达罗国、驮那羯磔迦国、达罗毗荼国、狼揭罗国、钵伐多国，访师参学。他在钵伐多国停留两年，悉心研习《正量部根本阿毗达摩论》《摄正法论》《成实论》等。后又到低罗择迦寺向般若跋陀罗探讨说一切有疗三藏及因明、声明等学，又到杖林山访胜军研习唯识抉择、意义理、成无畏、无住涅槃、十二因缘、庄严经等论，切磋质疑。

贞观十四年（640），玄奘应戒贤法师之邀，重返那烂陀寺。此时，戒贤嘱玄奘为那烂陀寺僧众开讲摄论、唯识抉择论。适逢中观清辨（婆毗吠伽）一系大师师子光也在那里讲《中论》《百论》，反对法相唯识之说。于是，玄奘著《会宗论》3000颂，以调和大乘中观、瑜伽两派的学说。同时，他还参与了与正量部学者般若多的辩论，又著《制恶见论》1600颂，还应东印度迦摩缕波国国王鸠摩罗的邀请讲经说法，并著《三身论》。

东印度迦摩缕波国国王鸠摩罗王慕名遣使来请玄奘前去讲学。玄奘到达该国时，国王率领群臣迎拜赞叹。贞观十五年（641），北印度羯若鞠阇国（即曷利沙帝国）国王戒日王（590—647）为扩大大乘派教义的影响，也闻名来请。鸠摩罗王便偕同玄奘来到曲女城。贞观十六年（642）十二月，戒日王召集各国僧侣在曲女城召开辩论大会，五印度18国国王全都列席，3000多名大小乘高僧、2000多位婆罗门等教徒，以及1000多位那烂陀寺寺僧，全都参与盛会，这就是佛教史上著名的"曲女城辩论大会"。玄奘受请为论主，登上宝座，称扬大乘佛教。于是，玄奘的声誉传遍五印度。各派圣贤争相赐予他"大乘天"和"解脱天"的美誉。隔了两年，玄奘又应邀前往钵罗耶伽参加戒日王帝国5年一度的佛教无遮大会。这是印度佛教史上规模最大的一次盛会，历时75天，盛况空前，与会者包括王公、贵族、僧人和学者，先后达5万人之多。

第四章　大唐盛世的世界意识

当玄奘学成以后，向那烂陀寺的僧众表示回国之意时，那烂陀的一些大法师劝他留在印度。他说："此国是佛生处，非不爱乐。……但玄奘来意为求大法广利群生，愿以所闻归还翻译。"曲女城大会以后，戒日王和鸠摩罗王都坚决挽留他，鸠摩罗王还承诺说："师能住弟子处受供养者，当为师造一百寺。"玄奘也以同样理由谢绝了。无遮大会后，玄奘正式辞王东归。戒日王特派4名官员一路护送，戒日王本人还携当地文武官员，相送几十里路才挥泪话别。

玄奘自贞观三年（629）私往天竺，至贞观十九年（645）回到长安，结束了历时17年、跋涉5万余里、周游参学100余国的艰难历程，这年他已经44岁。

贞观十九年（645）正月二十四日，玄奘大师回到长安，受到了文武百官及数十万僧俗百姓的夹道欢迎，长安百姓散花烧香，隆重而热烈。史载当时"道俗奔迎，倾都罢市"。他带回如来舍利150多粒，金檀佛像7躯，梵本经论657部。玄奘安置好经、像之后，便动身前往洛阳谒见太宗。二月一日，唐太宗在仪鸾殿接见玄奘，迎慰甚厚，并下令在长安朱雀街陈列大师从天竺带来的经典、佛像等圣物。唐太宗非常赏识大师的学问、气质和才华，表达了要他还俗辅政的意愿，玄奘婉拒了唐太宗的要求。唐太宗答应支持玄奘的译经事业，令宰相房玄龄选取高僧20余人，分任证义、缀文、正字、证梵等职，组织宏大的译场，协助玄奘翻译佛经。这是中国佛学史上一次著名的译经活动。

太宗认为玄奘游学天竺17年的经历超过张骞通西域，责成他写下来。于是，玄奘口述游历，由弟子辩机笔录为《大唐西域记》一书，在佛教史学及古代西域、印度、中亚、南亚之史地、文化上，乃至于中西交流史料上，均有极高之价值。

中国古代关于印度的记载，在汉以前的古书中，可能已有一些，但是神话传说的成分比较多。佛教传入中国以后，两国间直接的交通日益频繁，出现了一些介绍印度的著作，比如法显的《佛国记》就对印度的佛教和民俗有许多介绍。后来义净的《大唐西域求法高僧传》中，对于印度佛教和其他社会文化风俗等方面的情况都有所介绍。更多的情况是，往来于两国之间的僧侣和商人，都会把有关印度的社会文化信息带给唐朝人。所以，在唐代，不仅传播过来的佛教以及其他印度文化使中国人对其有了直接的感受，还获得了大量的印度文化的信息。人们关于印度和西域的知识是比较丰富的。而《大唐西域记》的内容更为详细，也更为真实，成为人们认识和了解西域和印度的一份极为重要的文献。

玄奘留学印度15年，旅途往返两年，前后共计17年，行程5万多里。《大唐西域记》记载他亲身经历和传闻得知的138个国家和地区、城邦，包括今中国新疆维吾尔自治区和中亚地区、阿富汗、伊朗、巴基斯坦、印度、尼泊尔、孟加拉国、斯里兰卡等地的情况，分12卷，共10万余字。卷一所述从阿耆尼国到迦毕试国，即从新疆经中亚抵达阿富汗，是玄奘初赴印度所经之地；卷二为印度总述，并记载了从滥波国到犍驮罗国，即从阿富汗进入北印度；卷三至卷十一所述从乌仗那国至伐剌拏国，包括北、中、东、南、西五印度及传闻诸国；卷十二所述从漕矩吒国至纳缚波故国，即经行的帕米尔高原和塔里木盆地南缘诸国概况。书中对各国的记述繁简不一，通常包括国名、地理形势、幅员广狭、都邑大小、历时计算法、国王、族姓、宫室、农业、物产、货币、食物、衣饰、语言、文字、礼仪、兵刑、风俗、宗教信仰以及佛教圣迹、寺数、僧数、大小乘教的流行情况等内容。特别是对各地宗教寺院的状况和佛教的故事传说，都做了详细的记载。记事谨严有据，文笔简洁流畅。

《大唐西域记》对五印度各国的历史文化、宗教信仰、风土人情、山脉河川、地理特征记载十分详细。中印两国交往历史悠久，至少从汉代开始，两国之间的人员和物质文化交流持续不断。但国人对印度的称谓，因时因地而异，极不统一。玄奘在《大唐西域记》中写道："详天竺之称，异议纠纷，旧云身毒或曰贤豆，今从正音，宜云印度。"又说："印度之人，随地称国，殊方异俗，遥举总名，语其所美，谓之印度。"所以，"印度"国名的译定始于玄奘。由于古印度在吠陀时代就存在着种姓制度，且唯婆罗门种姓地位至高无上。因此，玄奘也取其这一特征，称印度为"婆罗门国焉"。印度国名还得名于今印巴两国境内的一条大河，中国古称"信度河"或"辛头河"，玄奘定名后，改称"印度河"（Indus）。书中所记印度地理的概要，极为精到，描绘出印度的真实轮廓。如：

五印度之境，周九万余里，三垂大海，北背雪山，北广南狭，形如半月,划野区分,七十余国,时特暑热,地多泉湿。北乃山阜隐轸,丘陵舃卤;东则川野沃润,畴陇膏腴;南方草木荣茂;西方土地硗确,斯大概也。

《大唐西域记》的一个重大贡献还在于其巨大的史料价值。古印度在哲学、自然科学方面有很高的造诣,然而没有留下翔实的史籍。印度民族文化有一个特点,即不大重视历史的记述,印度人没有写史的传统,古代留下的史料实不多见,对时间和空间这两方面有幻想过多、夸张过甚的倾向,因而印度本国关于古代历史的记载十分缺乏。《大唐西域记》对印度历史上许多重大事件都有记述。例如,书中记述了释迦牟尼的生卒年份。这对于印度历史年代的确定起着十分关键的作用。因为这两个年份定下来之后,此前此后各个大事的年代才有了可靠的依据。印度历史学家恩克·辛哈(Narendra Krishna Sinha)等人著的《印度通史》就说,玄奘"给我们留下了有关印度的宝贵记载。不利用中国的历史资料、要编写一部完整的佛教史是不可能的"。

关于7世纪上半叶的印度政治形势和笈多王朝瓦解后出现的诸王割据局面,在《大唐西域记》里都有翔实的记述。书中对羯若鞠阇国(曲女城)做了较为详细的叙述:"象军五千,马军二万,步兵五万自西徂东,征伐不臣。象不解鞍,人不释甲。于六年中,臣服五印度。"《大唐西域记》记载,戒日王对北印度控制后,"座三十年,兵戈不起,政教和平,务修节俭,营福树善"。《大唐西域记》对他轻徭薄赋、施赈济贫、褒奖学术和保护宗教等许多方面也做了记述。印度史学家正是根据玄奘的记述和其他资料来评定戒日王的功过。关于7世纪上半叶印度的风土习俗、岁时物产、土地制度、种姓演变、商业税收等,在《大唐西域记》里也均有记述。

书中关于佛教史的史料更多。例如,佛教史上几次著名的集结情况,书中都有记载。除南传佛教所承认的由阿育王主持的在华氏城的第三次结集外,还有第一次王舍城千人结集,第二次吠舍厘七百圣贤结集,在迦腻色迦王的赞助下第四次也是最后一次在迦湿弥罗的五百圣贤结集。《大唐西域记》卷二概括论述了当时印度的部派分歧:"部执峰峙,诤论波涛,异学专门,殊途同致。十有八部,各擅锋锐;大小二乘,居止区别。"《大唐西域记》还谈到了佛教与其他宗教的关系,并展示了大、小乘势力的消长和宗派分布的情况。大乘佛教的许多大师,如马鸣、龙树、提婆等人的活动都有很多描述。对佛教圣迹、寺数、僧数、大小乘教的流行情况等都有详细的记载,此外还记载了大量的佛教故事传说。从《大唐西域记》中也可以看出,当时的印度佛教和印度教相比已走向衰败,"伽兰毁倾,寺宇荒凉,僧众稀少",相反印度教和耆那教却兴盛起来,信徒日众。

图4-5-1　玄奘三藏像,东京日本国立博物馆藏

总之，《大唐西域记》以其丰富的知识，大大扩展了中国人对西域和印度等地的认识，丰富了中国关于西域和印度的知识系统，进一步开阔了中国人对世界的眼界，为当时大唐中央政府经营西域提供了确切的资料。同时，也成为后世研究古代南亚次大陆和中亚诸国历史、地理的经典性著述，更成为各国学者研究古代中亚各国和7世纪前印度历史的重要依据。

《大唐西域记》有重要的学术价值，很早就受到国内外学者的重视，他们对其展开了很充分的研究。自19世纪以来，《大唐西域记》先后被译成法、英、德、日、印地等文字，引起外国学者的高度重视，还出版了许多以《大唐西域记》为中心的研究专著。

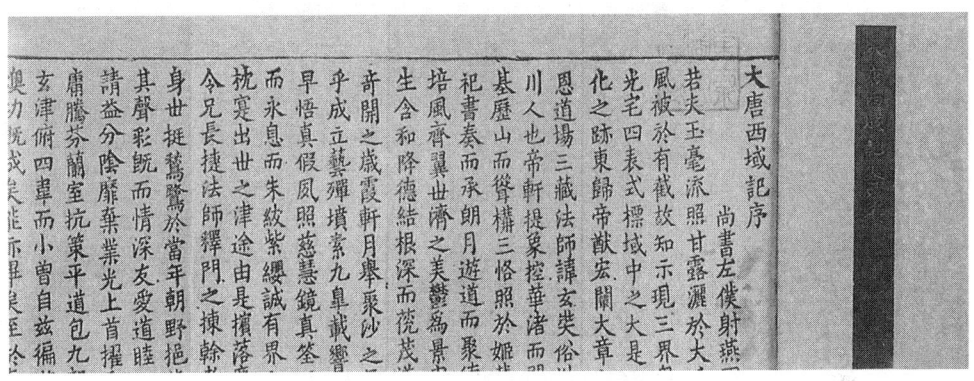

图4-5-2 《大唐西域记》书影

六 义净西行及其著述

玄奘回到唐朝后，全力开展译经事业，取得了巨大的成就，也给唐朝的僧人们以很大的激励。在他之后，又陆续有中国僧人赴印度开展求法取经活动，其中以义净最为著名。

义净（635—713）是山东济南人，7岁就出家为僧。在数年的学习中，义净开阔了眼界，但也觉得许多典籍在当地仍无法读到，许多教义中深奥的理论也无法弄通，于是立志要走出寺院，到佛教的发祥地印度去追求真谛。

中国典籍里的西方

义净深为法显、玄奘的事迹所鼓舞,《宋高僧传》称其"仰法显之雅操,慕玄奘之高风",将他们作为自己的榜样。玄奘与义净是同时代人,年长义净30多岁,其西行求法的成功及回国后的显赫声名对义净的鼓舞更大、更直接。在义净11岁时,即贞观十九年(645),玄奘在印度游学十几年后回到长安,这在当时是一件轰动朝野的事。此时的义净尽管年纪不大,但至少从其老师那里听闻了玄奘法师的事迹。26岁那年(唐高宗显庆五年),义净迈出了他漫长的外出追求学问的第一步。这一年,他自山东到河南,再到长安。长安佛教盛行,名僧和经籍令义净眼界大开。在此期间,恰逢玄奘在长安著述讲学,义净有了可以面见玄奘并听其讲学的机会。麟德元年(664)二月五日,玄奘在长安示寂,其葬礼极为隆重。此时义净很可能就在长安,应当参加了玄奘的葬礼,在送葬的"百余万人"之列,更甚或是在夜宿的"三万余人"之中。玄奘的葬礼一定给义净留下了很深的印象,促使他更加坚定了西行求法的决心。正所谓"玄奘西征,大开王路,僧人慕高名而西去求法者遂众多",义净便是其中之一。

唐高宗总章三年(670),义净在长安学习已达10年之久,他去印度求经的念头更加强烈,并得到了并州处一法师、莱州弘伟法师几位好友的支持。他们相约结伴而行。第二年经扬州到广州,因几位同伴无法按约同行,他只好与另一位来自晋州的年轻僧人善行乘波斯商人的船南行。

咸亨二年(671)的年末,义净到达南海中的室利佛逝国。义净在室利佛逝停留了6个月,学习梵语。从室利佛逝又到达末罗瑜国,在末罗瑜又停留两个月,这时已经是咸亨三年(672)的十二月。义净再乘船北行,经过裸人国,在咸亨四年(673)的二月八日到达东印度的耽摩立底国。他在耽摩立底再停留了一年,继续学习梵语。咸亨五年(674)的五月,义净离开耽摩立底,往中印度,最后到达中印度摩揭陀国的那烂陀寺。

那烂陀寺是当时印度最大的佛教寺庙,玄奘就曾在此游学,这也是义净求法的最终目的地。义净在那烂陀寺学习佛教,前后停留近12年,即从咸亨五年(674)至垂拱元年(685)。他自己的说法,是"住那烂陀寺,十载求经"。10多年间,他拜印度著名佛学高僧宝师子为师,并与印度其他高僧和西游至此的国内佛教界人士玄照、无行等相互切磋学问,先后译出《根本说一切有部毗奈耶颂》5卷、《一百五十赞佛颂》1卷,获得中外高僧们很高的评价。他除在那烂陀寺学习外,还远到印度南部和东部二三十个小国访问,拜访僧俗各界人士,探讨学问。

垂拱元年(685),义净离开那烂陀,仍取道海路回国。他带着在印度寻找到的佛经"梵本三藏五十万余颂",再次回到耽摩立底,从耽摩立底登船到达羯荼国,再从羯荼国回到南海中的室利佛逝。这时已经是唐高宗垂拱三年(687)。

从垂拱三年至永昌元年年间(687—689),义净停留在室利佛逝。当时这一带佛教发展兴旺,各国往来僧人众多,义净又在此停留,请学于佛逝国名僧释迦难栗底。除了向当地高僧学习外,义净做的另一件工作是全力翻译从印度携带的经文,并抄写当地的经书。据义净自己记述,因佛逝国缺少好的墨和纸,在永昌元年(689)7月,义净登上佛逝港口一艘商船,欲托人捎信到广州,求取抄写梵经所需的墨、纸,并雇用抄经的帮手。但是,由于商船因风乘便,未及通知义净离船登岸,便升帆入海。义净"求住无路",无意中被载回了广州。而他多年跋涉辛苦得来的50余万颂佛经,则被留在了佛逝。义净在广州除了购买大量笔墨纸张外,还邀请了贞固、怀业、道宏、法朗等几个僧人作为译经的助手,同回佛逝。

义净回到室利佛逝后,开始译写佛经。广州来的4位僧人做他的助手,他们来到佛逝后,"学经三载,梵汉渐通",可以帮助义净做一些翻译方面的工作。武周天授二年(691),义净在室利佛逝写成《大唐西域求法高僧传》和《南海寄归内法传》两部书。这年的五月十五日,他派遣一位名叫大津的僧人,搭乘商船先到广州,把这两部书和"新译杂经论十卷"送到洛阳,同时"望请天恩于西方造寺"。因为义净在印度求法时,见到其他一些国家的僧人在印度有各自的寺庙,而中国僧人却没有自己的寺庙,因此希望能在印度建造一座这样的寺庙。只是他的这个愿望后来并没有得到实现。

武后长寿三年(694),即延载元年的夏天,义净从室利佛逝回到广州。第二年离开广州,五月仲夏抵达洛阳。由于义净数十年为求法译经而奔走,在当时的中外佛教界声望极高,在朝廷内外声誉日隆。武后为他归国举行了隆重的欢迎仪式,率领群臣出城迎接他。义净求法成功归来,一时间成为轰动朝野的大事。

义净留下的《大唐西域求法高僧传》和《南海寄归内法传》，是可以与法显《法显传》、玄奘《大唐西域记》相媲美的佳作。这两部著作的史料价值也很高，成为后人研究中印关系史、中西交通史、印度史、南洋史、宗教史和文化史的宝贵典籍。

《大唐西域求法高僧传》2卷，记述了从641年到691年间到印度和南海访问的57位分别来自大唐、新罗、睹货罗、康国、吐蕃的禅师、法师的事迹，此外兼述经济、风俗及旅行路线，是研究7世纪南洋诸国状况和国际交通的重要资料。

《南海寄归内法传》是义净多年游历印度与南海之后，根据自己的所见所闻，对当时印度和南海僧徒的日常法式状况的实际记录。它以"内法"即佛教戒律为中心论题，分4卷40章，除卷二"尼衣丧制"两题合一之外，基本上是一题一章，其每一章在介绍西方寺院、僧人某个方面的情形后，都与中土寺院、僧人的情形进行对比，提出批评意见。在书中，他也明确表达了希望中土僧人奉行、推广他在《南海寄归内法传》中关于律制、律学的主张，即"愿诸大德兴弘法心，无怀彼我，善可量度，顺佛教行。勿以轻人，便非重法"。

义净在书中真实地记录了印度的社会、政治、经济状况。义净亲眼看见了7世纪佛教在印度发展的盛况。印度当时各小邦国的统治者，几乎无一不是佛教的忠实信徒，因此佛教僧侣在国家政治生活中占有相当重要的分量。另外，佛教寺院本身也占有大量土地、资产，寺院还有一些清规戒律用来约束僧人，寺院中僧人等级身份不同，有上座、寺主、都维那等。僧人举行仪式时"安置坐床及木枯小席等，随尊卑而坐"。僧侣不列入国家户籍，有自己的户籍，如《南海寄归内法传》卷二称："如求出家，和僧剃发，名字不干王籍，众僧自有部。"

对印度寺院的组织规模、条例制度，义净在《大唐西域求法高僧传》中特别谈到了印度著名的那烂陀寺的情况，从中可以清楚地看出印度佛教寺院之状况：

第四章　大唐盛世的世界意识

> 至如那烂陀寺，人数殷繁……寺有八院，房有三百……寺内但以最老上座而为尊位，不论其德，诸有门钥，每宵封印，将付上座，更无别置寺主、维那。……此之寺制，理极严峻，每半月令典事佐史巡房读制。众僧名字不贯王籍，其有犯者，众自治罚，为此僧徒咸相敬惧。……此寺内僧众有三千五百人，属寺村庄二百一所，并是积代君王给其人户，永充供养。

又如睹货罗僧寺"其寺巨富，资产丰饶"，迦毕寺"寺亦巨富"。

义净在东南亚地区活动也长达10年，对东南亚地区有很多记载。由于海上丝绸之路的畅通，在隋代发展与南海诸国交通的基础上，唐代与南海诸国的交往有了很大的发展。唐代载籍中对南海诸国的记载，以《新唐书》"南蛮传"为详，《新唐书》专为立传的南海国有林邑、婆利、罗刹、婆罗、殊奈、盘盘、哥罗、拘蒌蜜、扶南、白头、真腊、参半、道明、诃陵、堕和罗、昙陵、陀洹、堕婆登、投和、瞻博、千支、哥罗舍分、修罗分、甘毕、多摩苌、室利佛逝、名蔑、单单、罗越、骠国等30国，提到的国家或地区有奔浪陀、大浦、西屠夷、赤土、丹丹、甘棠、僧高、武令、迦乍、鸠密、狼牙修、婆利、不述、车渠、迦罗舍弗、迷黎车、婆岸、干支弗、舍跋若、磨腊、婆凤、多隆、萨卢、都诃卢、君那卢、真陀桓、但游、波剌、多罗磨、哥谷罗、堕罗钵底等31国。在以上众多国家或地区中，林邑、真腊、骠国、诃陵、室利佛逝诸国与唐朝交往较多。7世纪时，在苏门答腊岛上先后兴起了末罗游（又作末罗瑜，Malayu）、都郎巴望（Tulang Bawang）、室利佛逝（Srivijaya）等王国，在爪哇岛上兴起了诃陵（Kaling）王国。诃陵、摩罗游、室利佛逝都与唐朝有密切友好的交往关系。

义净记载说，南海诸洲有十余国，"从西数之，有婆鲁师洲；末罗游洲，即今尸利佛逝国也；莫诃信洲；诃陵洲；呾呾洲；盆盆洲；婆里洲；掘伦洲；佛逝补罗洲；阿善洲；末迦漫洲；又有小洲，不能具录也"。据王邦维《南海寄归内法传校注》注解里说，婆鲁师洲即婆鲁师国，故地在今印度尼西亚苏门答腊岛西部；末罗游洲，即末罗游国，或作末罗瑜洲，末罗瑜国，故地亦在苏门答腊岛上；尸利佛逝又作室利佛逝，故地在今苏门答腊岛上巨港；莫诃信洲可能在今加里曼丹岛南岸；诃陵洲，即诃陵国，有说在今爪哇，但似应在今加里曼丹西海岸；哣哣洲，又名单单国，或说在今马来西亚东北岸的吉兰丹，或说在其西岸的天定，或说在今新加坡附近；盆盆洲，或认为在今加里曼丹岛；婆利洲，或说即今巴利岛；掘伦洲，或认为在今越南南端的昆仑岛；佛逝补罗洲、阿善洲、末迦漫洲可能都在爪哇岛上。义净说：

> 诸国周围，或可百里，或数百里，或可百驿。大海虽难计里，商舶串者准知。良为掘伦初至交广，遂使总唤昆仑国焉。唯此昆仑，头卷体黑。自余诸国，与神州不殊，赤脚敢曼，总是其式，广如《南海录》中具述。骥州正南步行可余半月，若乘船才五六潮，即到匕景。南至占波，即是临邑。此国多是正量，少兼有部。西南一月至跋南国，旧云扶南，先是裸国，人多事天，后乃佛法盛流。

掘伦国地方的人种体貌特征是卷发、皮肤较黑，就是唐代人通称的昆仑国人，其他南海诸国与中国人体貌特征相似。这些地方的人大都不穿鞋袜，而腰以下横缠围有"敢曼"，即今东南亚称为"莎笼"的下裳。其中某些国家还经历了从"裸国"到信奉佛法的文明开化过程。

义净对东南亚地区裸人国的记载也很生动，下面一段话形象地反映出裸人国7世纪时的商业贸易状况和社会风俗：

> 从羯荼北行十日余，至裸人国。向东望岸，可一二里许，但见椰子树、槟榔林森然可爱。彼见舶至，争乘小艇，有盈百数，皆将椰子、芭蕉及藤竹器来求市易。其所爱者，但唯铁焉，大如两指，得椰子或五或十。丈夫悉皆露体，妇女以片叶遮形。商人戏授其衣，即使摇手不用。传闻斯国当蜀川西南界。此国既不出铁，亦寡金银，但食椰子诸根，无多稻谷，是以虚阿（铁及金属）最为珍贵。其人容色不黑，量等中形，巧织团藤箱，余处莫能及。若不与交易，便放毒箭，一中之者，无复再生。

关于佛法在南海地区的流传，义净在《南海寄归内法传》中说，当时小

第四章 大唐盛世的世界意识

乘佛法的主要部派有 4 类僧团：大众部、上座部、说一切有部、正量部。而信仰大乘佛教的僧人并非另外成立僧团，仍都是在部派佛教中出家的："其四部之中，大乘小乘区分不定。北天南海之郡，纯是小乘。神州赤县之乡，意在大教。自余诸处，大小杂行。考其致也，则律检不殊，齐致五篇，通修四谛。若礼菩萨，读大乘经，名之为大；不行斯事，号之为小。"所以，大乘佛教僧人与小乘佛教僧人的区别，就在于是否礼拜菩萨、是否读诵大乘经典。关于唐代东南亚佛教的情况，《南海寄归内法传》中提道："然南海诸洲有十余国，纯唯根本有部，正量时钦，近日以来，少兼余二。斯乃咸遵佛法，多是小乘，唯末罗游少有大乘耳。"这说明，在当时东南亚各国，主要流行佛教小乘说一切有部。

义净在《南海寄归内法传》中特别提到，当时东南亚各国由于敬重佛法，斋僧之事特别隆重和丰盛：

然南海十洲，斋供更成殷厚。初日将槟榔一裹及片子香油并米屑少许，并悉盛之叶器，安大盘中，白氎盖之。金瓶盛水，当前沥地，以请众僧。令于后日中前涂身澡浴。第二日过午已后，则击鼓乐，设香花，延请尊仪。棚车辇舆，幡旗映日，法俗云奔。引至家庭，张施帷盖。金铜尊像，莹饰皎然，涂以香泥，置净盘内。咸持香水，虔诚沐浴。拭以香氎，捧入堂中，盛设香灯，方为称赞……至第三日禺中，入寺敬白时到。僧洗浴已，引向斋家。重设尊仪，略为澡沐。香花鼓乐，倍于昨晨。……次行诸食，有三二十般。此乃贫窭之辈也。若是王家及余富者，并授铜盘铜碗及以叶器，大如席许。肴馔饮食，数盈百味。……若但取足而已，施主心便不快。见其盈溢，方成意满。……师乃手中执花，承其注水，口诵陀那伽他。初须佛说之颂，后通人造。任情多少，量时为度。须称施主名，愿令富乐。复持现福，回为先亡。后为皇王，次及龙鬼。愿国土成熟，人物乂安。释迦圣教，住而莫灭。其伽他译之如别。斯乃世尊在日亲为咒愿，但至食罢，必为说特欹拏伽他，是将施物供奉之义。特欹尼师，即是应合受供养人，是故圣制，每但食了，必须诵一两陀那伽他，报施主恩。若不然者，既违圣教，不销所餐。

这些都反映了当年东南亚各国斋僧的盛况,其特色是每次斋僧同时浴佛,并呈上供养,斋僧的宴席非常丰盛,都用植物的大叶片作为食品的底垫,也多有三净肉上席,而且食物多得吃不完,可由寺庙人员带走,斋僧之后,僧人既说偈赞叹佛祖功德,也赞叹施主功德,并祝愿施主富足快乐等等,饭后还有讲经活动。东南亚各国斋僧很重视供养槟榔,僧众们咀嚼槟榔也是习以为常的。按李时珍的《本草纲目》说,槟榔气味苦、辛、温、涩、无毒,可用于治疗痰涎为害、口吐酸水、伤寒胸闷、心气痛、腰痛、脚气(湿肿)、大小便秘等症。

义净的《大唐西域求法高僧传》和《南海寄归内法传》这两部著作,完成于他从印度取经归来,在室利佛逝停留的年代。因为两部著作均为作者耳闻目睹和亲身经历,其史料价值和真实性甚至要超出一些正史,具有毋庸置疑的可靠性,曾先后被译成法文、英文、日文出版,是研究唐代中外文化交流史、佛教史和印度东南亚历史的不可缺少的文献。

七 《经行记》:一位旅行家对阿拉伯和非洲的记述

天宝十年(751),唐朝与阿拉伯帝国在中亚发生战事,史称怛逻斯战役。唐军大败,大批唐军士卒被俘,被掳往阿拉伯地区。其中有一个叫杜环的人,是《通典》作者杜佑(735—812)的族侄,他作为俘虏,在大食境内漂流了10年之久,直到宝应元年(762),才得以乘海船返回唐朝。杜环根据他在大食境内流寓的经历及见闻写了《经行记》,留下了中国与阿拉伯交往的最早、最可靠的记录。

《经行记》原书已佚,但是杜佑在写作《通典》时,在"边防典"中摘录了其中部分内容,吉光片羽,弥足珍贵。今见之于《通典》的仅有1511字,其中保留了关于早期阿拉伯风俗和伊斯兰教教义的最早的汉文记录,翔实地反映了当时中亚各国和大食、拂菻、苫国的情况,又提到了锡兰、可萨突厥、摩邻国。《经行记》记载了13国,即拔汗那国、康国、师子国、拂菻国、摩邻

第四章 大唐盛世的世界意识

国、大食国、大秦国、波斯国、石国、碎叶国、末禄国、苫国。

《经行记》对拂菻的记载写道：

> 拂菻国在苫国西，隔山数千里，亦曰大秦。其人颜色红白，男子悉着素衣，妇人皆服珠锦。好饮酒，尚干饼，多淫巧，善织络。或有俘在诸国，守死不改乡风。琉璃妙者，天下莫比。王城方八十里，四面境土各数千里。胜兵约有百万，常与大食相御。西枕西海，南枕南海，北接可萨、突厥。西海中有市，客主同和，我往则彼去，彼来则我归。卖者陈之于前，买者酬之于后，皆以其直置诸物傍，待领直然后收物，名曰"鬼市"。又闻西有女国，感水而生。

《经行记》对阿拉伯的风俗文化多有记录，为研究早期穆斯林风俗提供了宝贵资料。特别值得注意的是，《经行记》中记录了伊斯兰教教义的内容，是关于伊斯兰教简要、正确而得体的最早记录。《经行记》记载说：

> （大食都城）一名亚俱罗，其大食王号暮门，都此处。……女子出门，必拥蔽其面，无问贵贱。一日五时礼天，食肉作斋，以杀生为功德，系银带，佩银刀，断饮酒，禁音乐，人相争者，不至殴击。又有礼堂容数万人，每七日，王出礼拜，登高座为众说法曰："人生甚难，天道不易，奸非劫窃，细行谩言，安己危人，欺贫虐贱，有一于此，罪莫大焉。凡有征战，为敌所戮，必得生天，杀其敌人，获福无量。"率土禀化，从之如流，法唯从宽，葬唯从俭。

> 从此（末禄）至西海以来，大食、波斯参杂居止。其俗礼天，不食自死肉及宿肉，以香油涂发。

陈垣先生说："中国典籍记回教事最早而又最正确者，当推杜佑《通典》，佑之族子环……居西域十二年，（归）……作《经行记》……《通典》常引用之。"①

杜环在《经行记》中着意描述他从耶路撒冷启程,经过埃及、努比亚到埃塞俄比亚的阿克苏姆王国的见闻。阿克苏姆人崇敬的三大神中,在天神、地神之外还有海神摩邻,杜环便管它叫摩邻国。在进入非洲后,杜环亲眼见到埃及、努比亚和埃塞俄比亚流行大秦法(基督教),埃及的国教和努比亚沿海的阿拉伯人信大食法(伊斯兰教),在尼罗河以东苏丹境内从事转口贸易的牧民贝贾人崇奉寻寻法(原始拜物教)。杜环写道:

> 摩邻国在秋萨罗国西南,度大碛,二千里至其国。其人黑,其俗犷。少米麦,无草木。马食干鱼,人餐鹘莽。鹘莽,即波斯枣也。瘴疠特甚,诸国陆行之所经。山胡则一种,法有数般。有大食法,有大秦法,有寻寻法。其寻寻蒸报,于诸夷狄中最甚;当食不语。其大食法者,以弟子亲戚而作判典,纵有微过,不至相累。不食猪狗驴马等肉,不拜国王父母之尊,不信鬼神,祀天而已。其俗,每七日一假,不买卖,不出纳,唯饮酒、谑浪终日。其大秦善医眼及痢,或未病先见,或开脑出虫。

杜环是历史上第一个有名可指的到达非洲的中国人,他对这个自然和人文都颇为奇特、又被写作"摩邻"的国度,记载得更为详尽。

杜环关于"摩邻"的内容尤其受到学界高度重视。夏德在《大秦国全录》中,以"食鱼民族"为搜索主线进行了所在为今埃及红海省会乌尔代盖市一带的勘同:"诸国陆行所经"之"诸国","也许可以推断位于红海西岸,远至古代传说食鱼的民族特罗格卢底或伊底育菲支"。还有学者通过对相关叙述的考察,提出:符合"(拂菻)西南,度大碛,二千里"而后至,"马食干鱼""其人黑"等条件的地区,应是位于今撒哈拉沙漠以南、有着宽阔内陆三角洲的尼日尔河上、中游地区。当中世纪,"加纳、马里、桑海"等相继在当地建立灿烂文明,所称的"摩邻"正是当地曼迪人对王国的泛称——"马里"。"摩邻"的三"法":"大秦"指的是早期受到罗马文化影响的柏柏尔人,"大

---

① 陈垣:《回回教人中国史略》,载《东方杂志》,第 25 卷 1 号。

食"指的是当时入侵不久的阿拉伯人,"寻寻"指的是包括曼丁哥、索宁凯、桑海等土著黑色人种;而"寻寻"正是"桑海"一词变形后的译写。

摩邻具体指哪个国家,意见分歧尚多。但是,综合杜环记载的方位、居民肤色、风俗、物产等各方面的情况来看,摩邻是当时非洲大陆的某个古代国家则是没有疑问的。杜环最后返航的地方是埃塞俄比亚的马萨瓦港,他从那里回到波斯湾后,当年便搭船返回广州。

《经行记》受到国内外学术界的高度重视。1866年,英国汉学家亨利·玉尔译《经行记》中拂菻国部分。1885年,夏德也将《经行记》拂菻国部分译为英文。1903年,法国汉学家沙畹(Edouard Chavanne,1865—1918)出版《西突厥史料》时,曾在其第4篇中引用《经行记》数处。法国汉学家伯希和(Paul Pelliot,1878—1945)除了在《交广印度两道考》里引用了《经行记》,还对"拂菻"的对音进行了深入的研究,1929年在《通报》上发表《黑衣大食都城之汉匠》,讨论《经行记》之"大食"条中的一段。日本学者桑原骘藏(1871—1931)在《蒲寿庚考》里非常重视杜环的作品,日本学者白鸟库吉(1865—1942)也在其作品中对《经行记》中的拂菻国、摩邻国及大食法、大秦法、寻寻法等全部引用,并且说它是"关于拂菻方面唐代之第一史料"。日本学者石田干之助(1891—1974)在他的《中西文化之交流》和《长安之春》里都谈到了造纸术西传与杜环的活动。我国前辈学人王国维、张星烺、冯承钧、向达、白寿彝等都很重视杜环的著作,并有论述。王国维曾根据明代嘉靖本《通典》,将其中引用的《经行记》原文辑录成《古行记校录》。

第五章　唐至元代典籍所记载的西方世界

一　《皇华四达记》与唐代丝绸之路

唐代的对外交通十分发达，陆路和海路并举，东西南三个方向都十分畅通。在唐代前期，时至"安史之乱"以前，由于唐朝在西域的经略，通往西域的交通大开，形成了自汉以来东西陆路交通的极盛高潮。其时中西交往空前繁荣，如史籍所载，"伊吾之右，波斯以东，商旅相继，职贡不绝"，被称为"丝路的黄金时代"。此外，经由漠北的参天可汗道和现在称为"南方丝绸之路"的中印缅道，以及经过吐蕃尼泊尔通往印度的道路即"吐蕃泥婆罗道"，也都全面畅通。唐代的海上交通也很发达。除了通往日本和新罗的海路以外，通往南海并进而通向印度再西行到波斯湾的"海上丝绸之路"，早在汉代即已开通，三国南北朝时，更有了很大发展。唐代前期西北陆路丝绸之路在中西交通中占据主导地位，但安史之乱以后，陆路阻塞，中西的交通更依赖海路，促使海上丝绸之路更为繁盛起来。

贞元时宰相贾耽在《皇华四达记》中详细记载了当时的海外交通，代表了当时人们对于海外的地理知识水平和对其交通情况的认识。

贾耽（730—805）是唐朝著名政治家和地理学家。他一生为官47年，其中居相位13年，事务繁忙，政绩茂异。与此同时，他很关注当时的边疆地理和交通，"筮仕之辰，注意地理，究观研考，垂三十年"。他充分利用各种机

第五章 唐至元代典籍所记载的西方世界

会,结合政治、军事研究地理,考察地理。他一方面采掇舆议,进行广泛的调查采访,凡外国使者和从外国出使归来的官员,以及往来的商旅,他都亲自与之交谈,"讯其山川土地之终始",了解收集"绝域之比邻,异蕃之习俗,梯山献琛之路,乘舶来朝之人,咸究竟其源流,访求其居处。阛阓之行贾,戎貊之遗老,莫不听其言而掇其要;间阎之琐语,风谣之小说,亦收其是而芟其伪"。另一方面,"寻研史牒",查阅中央和地方保存的旧有图籍。对"九州之夷险,百蛮之土俗,区分指画,备究源流",掌握了许多第一手资料,积累起丰富的地理知识。《卢氏杂说》记载,贾耽"好地理学,四方之使乃是蕃胡来者,而与之坐,问其土地山川之所终始。凡三十年,所闻既备,因撰《海内华夷图》,以问其部人,皆得其实,事无虚词"。在调查研究的基础上,他撰写了较丰富的地理著作,绘制了多卷地图。

贾耽研究并绘制地图的目的很明确,是要像东汉伏波将军马援那样用米堆积立体地理模型供军事行动之用,像西汉萧何那样搜集秦国地图帮助刘邦夺天下。他羡慕前哲,绘制地图,要为唐朝的政治、军事服务。贾耽年轻时正值"安史之乱",河西陇右(今河西走廊)一带被吐蕃所占。对此,贾耽深为忧虑,为了收复失地,他根据裴秀创立的制图六体的原理以及自己采访的材料,绘制了《关中、陇右及山南九州等图》。图中绘有交通路线、军事要塞、行政区、关隘、山川等,很有实用价值。

贾耽从兴元元年(784)至贞元十七年(801),经过17年的充分准备,绘成《海内华夷图》。他在表文中简要记述了绘图的目的、经过、内容及用途:

> 臣闻地以博厚载物,万国棋布;海以委输环外,百蛮绣错。中夏则五服、九州,殊俗则七戎、六狄,普天之下,莫非王臣。昔毋丘出师,东铭不耐;甘英奉使,西抵条支;奄蔡乃大泽无涯,罽宾则悬度作险。或道理回远,或名号改移,古来通儒,罕遍详究。臣弱冠之岁,好闻方言,筮仕之辰,注意地理,究观研考,垂三十年。……去兴元元年,伏奉进止,令臣修撰国图。旋即充使魏州、汴州,出镇东洛、东都,间以众务,不遑专门,绩用尚亏,忧愧弥切。近乃力竭衰病,思殚所闻见,丛于丹青。谨令

中国典籍里的西方

工人画《海内华夷图》一轴……

《海内华夷图》体现了贾耽在地图学上的成就。此图的幅面大，载负量丰富，"广三丈，纵三丈三尺，率以一寸折成百里。别章甫左衽，奠高山大川；缩四极于纤缟，分百郡于作绘。宇宙虽广，舒之不盈庭；舟车所通，览之咸在目"。此图今已佚，但据贾耽写的献图表文及有关记载，尚可得知此图有两个特点：第一，这是我国历史上第一幅大型地图，除绘有国内及毗邻边疆地区的山川、政区形势而外，对域外许多国家和地区的名称、方位、山川等内容，亦有适量的记载。可以说是一幅小范围的亚洲地图，比例尺为"一寸折百里"，比例相当于1∶180万。图的面积约10平方丈。图的内容包括唐朝疆域沿革、行政区划、古今郡县、山川名称、方位、交通道路等。这既是一幅历史地图，又是当时的形势图。无论体例、内容都较古图充实，反映了贾耽具有丰富的知识和高超的制图水平。第二，在制图技术上首创墨朱殊文制图法。此图不仅采用了计里画方的先进方法，而且首创"古郡国题以墨，今州县题以朱，今古殊文"的历史地图绘制方法。即用两种不同的色彩填写地名，古地名用黑色，今地名用红色。贾耽的这种方法影响久远，为后来的历史地图学家所遵循。如李兆洛的《历代地理沿革图》、杨守敬的《历代疆域形势图》，都采用这种方法。

贾耽还撰写了《古今郡国县道四夷述》40卷，是《海内华夷图》的文字说明，但其图、说各自独立成篇，可以看作总地志性质的地理著述。书中对历代地理沿革、边防及城镇都会的变迁、各地人口增减的考订，大大超过前人，对当时政治地理、物产、经济状况的叙述，也比较完备。《新唐书》对《古今郡国县道四夷述》的体例及部分内容，有简要的记述，称该书"考方域道里最详，从边州入四夷……其山川聚落，封略远近，皆概举其目"。贾耽在献表中也说明"郡县记其增减，蕃落叙其衰盛"。

《贞元十道录》4卷，为《古今郡国县道四夷述》的缩写本。此书已佚，清人王谟编《汉唐地理书钞》中有辑本，敦煌有发现《贞元十道录》写本残页。所谓"十道"，指唐贞观元年依自然形势分全国为关内、河南、河北、河东、山南、陇右、淮南、江南、剑南、岭南等十道。书中叙述州郡变化、道的

第五章 唐至元代典籍所记载的西方世界

划分与作用、四方贡赋之名产、疆域盈缩、镇戍险要的设置、河流变迁、边徼概况等。又以节度、观察、防御、经略诸使，附于卷末。两《唐书》的《地理志》从中引用了许多关于边州及四夷的材料。

贾耽最重要的著作是《皇华四达记》10 卷。按照贾耽的记述，唐"入四夷之路，与关戍走集最要者"，有通道 7 条。贾耽记其所经地方里数，《新唐书》卷四三下《地理志》转载如下：

> 其入四夷之路，与关戍走集最要者七：一曰营州入安东道，二曰登州海行入高丽渤海道，三曰夏州塞外通大同云中道，四曰中受降城入回鹘道，五曰安西入西域道，六曰安南通天竺道，七曰广州通海夷道。

这些道路，第一条道路从东北直接通往朝鲜；第二条道路通过渤海湾由海上通往朝鲜半岛并至日本；第三、第四条道路从西北地区通往漠西回鹘等处；第五条通往西域并再向外通至西亚乃至欧洲；第六、第七条为海路，分别从安南和广州出发，下南海而至印度洋并通往西方。贾耽在谈交通路线时，也谈到边疆和域外若干城镇的地理位置、自然面貌等地理内容。如"广州通海夷道"，不仅记载了这条交通路线上的航程和航行日数，同时也详细记述了从广州经越南、马来半岛、苏门答腊、跨越印度洋，至印度、斯里兰卡，直到波斯湾沿岸各国的航线、航程，以及沿途几十个国家和地区的方位、名称、岛礁、山川、民俗等内容。按照贾耽的记载，"广州通海夷道"具体走向是从广州屯门出发后，沿着传统的南海海路，穿越南海、马六甲海峡，进入印度洋、波斯湾；在乌剌国，如果沿波斯湾西海岸航行，出霍尔木兹海峡后，可以进入阿曼湾、亚丁湾和东非海岸，经历 90 余个国家和地区，航期 89 天，是 8 世纪和 9 世纪世界最长的远洋航线，也是唐朝最重要的对外贸易海上交通线。

贾耽所记的这条航线，所及地方已不仅仅是东南亚和南亚，而是将东亚、东南亚、南亚、波斯湾与北非、东非都联结起来了。这条航线的航程之长，航区之广，以及所体现出来的航海实力，在当时是许多擅长航海的民族也难以达到的。"这条横贯万里的东西航线的形成，是长期以来航海经验积累的结果，同时也是唐代海外交通兴旺发达所造成的。"①

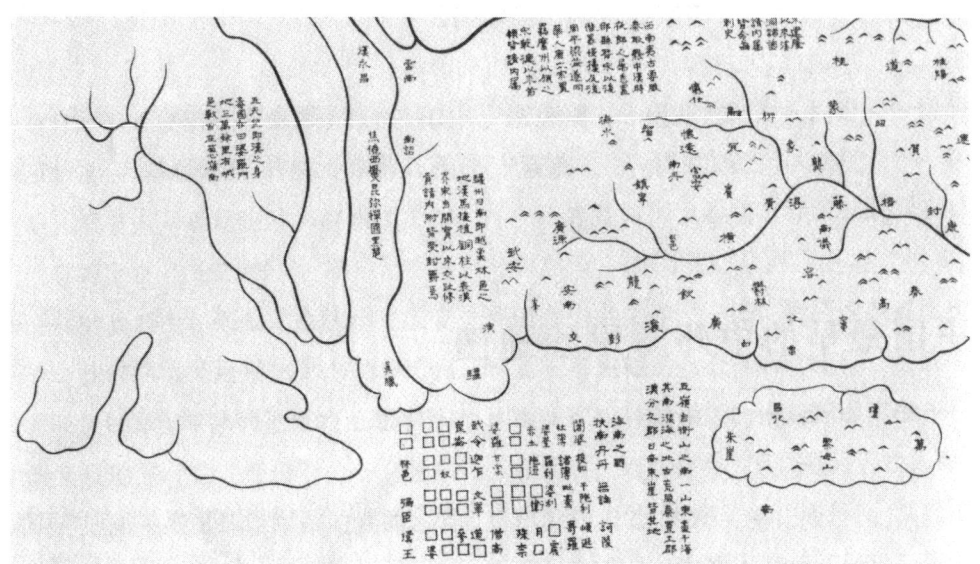

图 5-1-1　以唐代贾耽绘制的《海内华夷图》为蓝本绘制的《华夷图》（局部），1136 年刻石，西安碑林博物馆藏。此图的左下角有几道重要的弯，描绘了唐代以来"下西洋"的海岸线，远及阿拉伯半岛

二　典籍里记载的波斯

在汉代的时候，中国文献把伊朗称为安息。安息帝国与中国的汉王朝、印度贵霜王朝、罗马帝国同为影响最大的四大帝国。安息地处欧亚大陆中部，位于四大国之间的中心位置，扼丝绸之路要道，更突出了它在东西方文化交流中的桥梁作用。

有明确记载的汉朝与安息之间的正式官方往来始于张骞出使西域之时。张骞第一次出使西域时就已听说了大月氏以西的安息国。张骞再次出使西域时，曾遣副使到达安息国都番兜城（赫康托姆菲勒斯）。当时的安息国王是密特里

---

①　陈高华、陈尚胜：《中国海外交通史》，北京：中国社会科学出版社 2017 年版，第 38 页。

第五章 唐至元代典籍所记载的西方世界

达特二世,正当安息国威兵盛之时。汉使到时,恰好是在密特里达特二世派大军东讨塞人的时候,安息大军正云集于东部边境。汉使至安息时,密特里达特二世令二万骑兵在边境迎接,并护送至安息国都。汉使返国时,安息也派使者随之来华,"观汉广大",元鼎五年(前112)到达长安,向汉朝献大鸟(鸵鸟)卵和黎轩的眩人(魔术师)。嗣后在公元前1世纪,双方使臣、商贾不断往来。从汉代遗留的有关西域各方面的其他记录和遗存看来,可以相信汉与安息的通商关系一定相当密切。《后汉书·西域传》记载,东汉章帝章和元年(87),安息遣使入汉"献师子、符拔";和帝永元十三年(101),安息王"复献师子及条支大鸟。时谓之安息雀"。

公元226年,安息帝国被萨珊波斯帝国所取代。萨珊王朝和中国北朝几代政权都有通使关系。《魏书·西域传》"于阗"条记载,太平真君年间(440—450),北魏派遣使者韩羊皮到达萨珊波斯。这是史籍记载中北魏政权派遣使者首次到达萨珊王朝的记录。《魏书·高宗记》记载,文成帝太安元年(455)"冬十月,波斯、疏勒国并遣使朝贡"。这是史料记载中波斯萨珊王朝遣使首次到达北魏。从这时开始,直到522年,《魏书·本纪》记载了10个来华的波斯使团。中国人也加强了对波斯的了解。这一时期,中国典籍对于波斯的记载多了起来,而且内容也比较全面和具体。《魏书·西域传》记载:

> 其王姓波氏,名斯。坐金羊床,戴金花冠,衣锦袍、织成帔,饰以真珠宝物。其俗丈夫剪发,戴白皮帽,贯头衫,两厢近下开之,亦有巾帔,缘以织成;妇女服大衫,披大帔,其发前为髻,后披之,饰以金银花,仍贯五色珠,络之于膊。王于其国内,别有小牙十余所,犹中国之离宫也。每年四月出游处之,十月乃还。王即位以后,择诸子内贤者,密书其名,封之于库,诸子及大臣皆莫之知也。王死,众乃发书视之,其封内有名者,即立以为王,余子出各就边任,兄弟更不相见也。国人号王曰"医嘖",妃曰"防步率",王之诸子曰"杀野"。大官有摸胡坛,掌国内狱讼;泥忽汗,掌库藏开禁;地卑,掌文书及众务;次有遏罗诃地,掌王之内事;薛波勃,掌四方兵马。其下皆有属官,分统其事。兵有甲槊圆排剑弩弓箭,战兼乘象,百人随之。其刑法:重罪悬诸竿上,射杀之;次则系

狱,新王立乃释之;轻罪则剔肌若髡,或剪半鬚,及系牌于项,以为耻辱;犯强盗者,系之终身;奸贵人妻者,男子流,妇人割其耳鼻。赋税则准地输银钱。

俗事火神、天神。文字与胡书异。多以姊妹为妻妾,自余婚合,亦不择尊卑,诸夷之中最为丑秽矣。百姓女年十岁以上有姿貌者,王收养之,有功勋人即以分赐。死者多弃尸于山,一月着服。城外有人别居,唯知丧葬之事,号为不净人,若入城市,摇铃自别。以六月为岁首,尤重七月七日、十二月一日,其日人庶以上各相命召,设会作乐,以极欢娱。又每年正月二十日,各祭其先死者。

这段文字记载了波斯的政治和社会生活习俗等方面的情况,就当时所能达到的知识水平来看,已经比较全面了。

中国与波斯的交通往来,使两国的文化交流十分活跃。通过陆上的丝绸之路和海上的丝绸之路,有许许多多波斯的商人,将他们丰富的物产输送到中国,前文提到从西域传播到中国的植物、动物和其他物产以及珍宝、药物等等,有许多就来自波斯。《魏书·西域传》记载波斯的物产:

出金、银、鍮石、珊瑚、琥珀、车渠、马脑,多大真珠、颇梨、琉璃、水精、瑟瑟、金刚、火齐、镔铁、铜、锡、朱砂、水银、绫、锦、叠、毼、氍毹、毾㲪、赤獐皮,及熏陆、郁金、苏合、青木等香,胡椒、毕拨、石蜜、千年枣、香附子、诃梨勒、无食子、盐绿、雌黄等物。气候暑热,家自藏冰。……土出名马、大驴及驼,往往有日行七百里者。富室至有数千头。又出白象、师子、大鸟卵。有鸟形如橐驼,有两翼,飞而不能高,食草与肉,亦能啖火。

这些物产和珍禽异兽中有许多通过商贸活动和其他渠道传到了中国,所以也可以把上述记载看作从波斯输入中国的货物清单。

隋唐时,中国与波斯的交往更为频繁,中国对波斯的认识也更为深入。隋代时,炀帝曾派云骑尉李昱出使波斯,波斯随即遣使和李昱同来,与隋朝进行通好和开展贸易。当时波斯王在位的是库思老二世。唐初与波斯的往来也很频繁。贞观十三年（639）、二十一年（647）、二十二年（648），都有波斯使节入唐的记载。

唐太宗贞观六年（632），萨珊朝末代国王伊嗣俟三世（YazdegerdⅢ）即位。其时阿拉伯人在西亚崛起，不久，大食人开始大举入侵波斯，伊嗣俟与大食交战兵败，在唐高宗永徽元年（651），逃往木禄，被人杀害。大食人把波斯纳入阿拉伯帝国的版图，使波斯改信伊斯兰教，历时数百年的萨珊波斯帝国最终灭亡。此后，伊嗣俟三世之子、波斯王卑路斯（Firuz）避居波斯东境，在吐火罗的支持下建立了流亡政权。由于大食频年东侵，卑路斯在西域无法立足，于咸亨年间亲自到唐朝来，高宗封他为右武卫将军，最后客死于唐朝。其子泥涅斯（Narses）随父来唐，唐朝册立其为波斯王，客居长安。这样，在长安就形成了一个庞大的波斯流亡集团。此外，入唐的波斯人有不少负贩商贾和传道僧人，其中还有人兼有商人和使节的多重使命。在唐朝所谓的"三夷教"中，祆教是波斯的国教，而景教和摩尼教也与波斯有着密切的关系。考古发现的大批波斯金银器、纺织品，以及活跃在唐朝境内的波斯人，这些都表明，即使在波斯亡国后，唐朝与波斯人的经济和文化交流仍然很活跃。

由于大量波斯移民的进入，波斯商人一直活跃在中西贸易的舞台上，他们分布在长安以及洛阳、扬州、广州等大都市，甚至深入民间社会，同时也把波斯文化广泛传播到中国，增强了中国人对波斯的认识和了解。《隋书》中记载波斯：

> 波斯国，都达曷水之西苏蔺城，即条支之故地也。其王字库萨和。都城方十余里。胜兵二万余人，乘象而战。国无死刑，或断手刖足，没家财，或剃去其须，或系排于项，以为标异。人年三岁已上，出口钱四文。妻其姊妹。人死者，弃尸于山，持服一月。王著金花冠，坐金师子座，傅金屑于须上以为饰。衣锦袍，加璎珞于其上。……突厥不能至其国，亦羁縻之。波斯每遣使贡献。西去海数百里，东去穆国四千余里，西北去拂菻四千五百里，东去瓜州万一千七百里。炀帝遣云骑尉李昱使通波斯，寻遣

中国典籍里的西方

使随昱贡方物。

《旧唐书》和《新唐书》也都有波斯的专条。《旧唐书》介绍得虽然没有之前那么细致,但有两点值得重视,一是提到波斯的人口只有十万余户,二是波斯王位的传承是密折制。《旧唐书》说:

波斯国,在京师西一万五千三百里,东与吐火罗、康国接,北邻突厥之可萨部,西北拒拂菻,正西及南俱临大海。户数十万。其王居有二城,复有大城十余,犹中国之离宫。其王初嗣位,便密选子才堪承统者,书其名字,封而藏之。王死后,大臣与王之群子共发封而视之,奉所书名者为主焉。其王冠金花冠,坐狮子床,服锦袍,加以璎珞。

《新唐书》记载:

波斯,居达遏水西,距京师万五千里而赢。东与吐火罗、康接,北邻突厥可萨部,西南皆濒海,西北赢四千里,拂菻也。人数十万,其先波斯匿王,大月氏别裔,王因以姓,又为国号。治二城,有大城十余。

在隋唐时期,有许多波斯的物产通过贸易渠道输入中国。唐人杜佑《通典》指出:

(波斯)出象、师子,多良犬。有大鸟,形如橐驼,有两翼,飞而不能高,食草与肉,亦能啖火。有大鸟卵、真珠、颇黎、珊瑚、琉璃、玛瑙、水精、瑟瑟、金、银、鍮石、金刚、火齐、铜、锡、镔铁、朱砂、水银、锦、叠、细布、氍毹、毾㲪、护那、越诺布(金缕织成)、赤麖皮、薰陆、郁金、苏合、青木等香,胡椒、荜拨、石蜜、千年枣、香附子、诃黎勒、无食子、盐绿、雌黄。又有优钵昙花,鲜华可爱。地有咸池。

图 5-2-1　波斯风格对格利芬纹织锦，西安大唐西市博物馆藏

图 5-2-2　广州南越王墓出土波斯银盒

图 5-2-3 波斯萨珊王朝银币,西安大唐西市博物馆藏

图 5-2-4 陕西法门寺地宫出土的仿萨珊波斯金属器
风格的玻璃瓶。陕西法门寺博物馆藏

三 唐代人认识的大食

在阿拉伯帝国兴起之前，中国与阿拉伯民族已有所接触。张骞通使西域时，曾得知在安息以西有条枝，并遣副使前往。东汉班超派甘英出使大秦，便是到条枝后折而复返。汉时的"条支"和唐时的"大食"皆是波斯称呼阿拉伯人的同一个词的译音。所以，汉通西域，已与阿拉伯人有所接触和往来。

唐朝与阿拉伯帝国的直接交往开始于高宗永徽二年（651），正是阿拉伯人灭萨珊波斯、杀死波斯王伊嗣俟三世这一年。据记载，这年大食使者初次来到长安。《新唐书·大食国传》说："永徽二年，大食王瞰密莫末腻始遣使者朝贡。自言王大食氏，有国三十四年，传二世。"所谓"瞰密莫末腻"，当是阿拉伯语 Amīral-mīnīn 的译音。这是阿拉伯人对哈里发的一种尊称，意为"信士们的长官"，唐朝时定为大食王。当时是阿拉伯第三位正统哈里发奥特曼（Ottoman）在位。阿拉伯使臣的到来，标志着唐朝与西域关系史重大转折的开始，随着萨珊波斯的灭亡和大食帝国的扩张，大食人将逐渐取代波斯人，在中国古代东西交往的历史中占据重要的地位。

自此以后，大食使者频频到达。自 651 年初次通好，到 798 年最后一次大食使者入唐，在这 148 年中，进入长安的大食使节共有 39 次之多。有的是连年通好，有的是一年之中出入长安二三次。

阿拉伯帝国于 661 年建立倭马亚王朝。因其尚白色，故唐代称之为"白衣大食"。唐朝与倭马亚王朝的关系颇为复杂。一方面，倭马亚王朝及其派驻伊朗东北部呼罗珊（Khorasan）的总督不断遣使入唐，以交友好，唐朝与大食的接触日渐频繁，开创了唐朝与西域交往的新阶段。另一方面，倭马亚王朝在征服呼罗珊后，即以呼罗珊为基地继续向东、向北扩张。受阿拉伯人侵袭威胁的中亚各国，如康、安、曹、史、石等昭武九姓国和吐火罗、支汗那、骨咄、俱位等纷纷寻求唐朝的支援和保护，波斯也曾求援于唐。唐朝对中亚乃至波斯的危机虽鞭长莫及，但与大食亦时时出现紧张关系。在 8 世纪上半期，唐朝、吐蕃和大食在中亚地区屡次发生错综复杂的纠葛与冲突。唐玄宗开元、天宝年间，唐朝由东而西，吐蕃由南而北，大食由西而东，三方势力在西域交汇。唐朝虽然曾在葱岭以西设立过羁縻府州，并进行过一些惩罚性的远征，但是总的来说，唐朝势力主要局限在葱岭以东的地区。

750年，阿卜勒·阿拔斯（Abual-Abbas）灭倭马亚王朝，建立了以阿拔斯王朝知名的阿拉伯政权。因其色尚黑，故唐代称之为"黑衣大食"，以别于倭马亚王朝"白衣大食"。倭马亚王朝的都城在大马士革，阿拔斯朝的政治中心则向东迁移，先是东迁到幼发拉底河中游的苦法（al-Kūfah），后又迁至巴格达，继而又建都城萨玛拉（Sāmarrā），其中萨玛拉是9世纪时阿拔斯王朝连续8位哈里发的都城。每次迁都的用意都与开展与中国及东方各地的贸易关系有关。

唐与大食的官方往来密切而频繁，两国民间的贸易关系也显示出前所未有的盛况。特别是到8世纪以后，中国和阿拉伯之间的贸易往来空前活跃，陆路和海路两途往来商旅络绎不绝。在陆路，由于阿拉伯帝国雄踞西亚和中亚广大地区，所以在其境内，东西交通的丝绸之路畅通无阻。阿拉伯帝国的驿递制度很完善，从首都到外地均有驿路四通八达。沿途驿馆等设施不仅保证了政令的迅速传布，而且为运输物资、商旅往来提供了便利。

阿拉伯历代统治者一向重视发展手工业和商业贸易，以充国用与享受之资。杜环《经行记》记载说，当时大食国"四方辐辏，万货丰贱，锦绣珠贝，满于市肆"，反映了阿拉伯手工业的发达和贸易的兴旺。经济的繁荣，也刺激了大食帝国海外贸易的发展。在官方的鼓励下，阿拉伯商人梯山航海，无远弗至，东至中国，西至欧洲，极大地促进了中西方的经济文化交流。有学者指出：阿拉伯人"是那些遥远国度的商业开创者"，"他们在中国和东南亚的贸易中扮演了中间人的角色"。① 通过丝绸之路，大批阿拉伯商人，包括波斯商人，成群结队地来到中国从事贸易活动，进入甘陕一带，有的甚至深入四川，东下长江流域。

在与唐朝长期的贸易交往中，大食的许多商品传入中国。依据《旧唐书》

---

① ［英］约翰·霍布森：《西方文明的东方起源》，孙建党译，济南：山东画报出版社2009年版，第37页。

《新唐书》《诸番志》《酉阳杂俎续集》《本草纲目》所载，阿拉伯输入中国的矿石、动植物等物产主要有：

矿石：玛瑙、无名异、琉璃、火油。

植物：石榴、人木、阿芙蓉（鸦片）、熏陆香（乳香）、麒麟竭、苏合香、无食子、阿黎勒、金颜香、栀子花、蔷薇水、丁香、阿魏、芦荟、押不芦。

动物：马、鸵鸟、大尾羊、胡羊、木乃伊、珊瑚树、珠子、象牙、腽肭脐、龙涎。

唐代文献对于阿拉伯的记载，除了杜环《经行记》之外，成书于唐贞元年间的贾耽《四夷述》也提到大食："隋开皇中，大食族中有孤列种，代为酋长。孤列种中又有两姓：一号盆尼奚深，一号盘泥末换。其奚深后有摩诃末者，勇健多智，众立之为王。"《酉阳杂俎》也写道：

大食西南二千里有国，山谷间，树枝上生花如人首，但不语，人借问，笑而已，频笑辄落。

《旧唐书》和《新唐书》都记载了大食与唐朝的交往。《旧唐书·西戎列传》记载，大食国"本在波斯之西""其国男儿色黑多须，鼻大而长"。"永徽二年（651），始遣使朝贡。其王姓大食氏，名唅密莫末腻，自云有国已三十四年，历三主矣。"《旧唐书·西戎列传》另有一段叙述：

一云隋开皇中，大食族中有孤列种代为酋长，孤列种中又有两姓：一号盆泥奚深，一号盆泥末换。其奚深后有摩诃末者，勇健多智，众立之为主，东西征伐，开地三千里，兼克夏腊，一名钐城。

上两段引文叙述了穆罕默德（摩诃末）的族源、建国、传承以及和中国的关系。该传还叙述了有关大食国建国的一个传闻：隋朝大业年间（605—

中国典籍里的西方

图 5-3-1 阿拔斯帝国时代的巴格达

617），有个波斯人在俱纷摩地那山放牧骆驼，忽然听见狮子口吐人言，告诉他此山之西有三穴，穴中兵器甚多，他可取之；穴中还有黑石白文，"读之便作王位"。此波斯人依狮子之言寻之，果见穴，内有黑石、兵器，石上有文，教其反叛。于是，他纠合亡命之徒，渡恒葛水，劫夺商旅。其部下人数愈聚愈多，势力逐渐强大，便割据波斯的西境，自立为王。波斯、拂菻各遣兵讨伐，都被他打败。

《新唐书·西域传下》也记载说："大食，本波斯地。男子鼻高，黑而髯。女子白皙，出辄鄣面。日五拜天神。""或曰大食族中有孤列种，世酋长，号白衣大食。种有二姓，一曰盆尼末换，二曰奚深。有摩诃末者，勇而智，众立为王。辟地三千里，克夏腊城。"从这些记载可以得知，唐人对阿拉伯人已经比较熟悉了。尽管对该国内政所知不算详明，但唐人依旧准确地记录了阿拉伯帝国的继承权在白衣大食（倭马亚王朝）与黑衣大食（阿拔斯王朝）之间转移的经过，还曾提到大食对克夏腊（叙利亚）的征服。足见在时人的世界认知中，已经有中东及其濒临的地中海、红海的存在。

图5-3-2　阿拉伯大三角帆船

中国典籍里的西方

四　典籍里记载的拜占庭

在《旧唐书·西戎列传》中，还记载了另一个"海西之国"拂菻。唐人正确地判定该国正是《后汉书》中记载的"大秦"的延续，即以君士坦丁堡为中心的东罗马帝国。《旧唐书·西戎列传》说："拂菻国一名大秦，在西海上，东南与波斯接。"这段记载说明，唐人已经知道拂菻国与大秦的关系，对于拂菻国的地理位置也有所了解，知道其在波斯西北，在"西海之上"，即地中海，对于拜占庭首都君士坦丁堡的地理位置说得很准确了。

"拂菻"这一名称，是从中古波斯语的"Rum"（罗马人）一词借用而来。在《新唐书》和《旧唐书》勾勒的世界版图中，唐的北境有突厥、回纥诸汗国，东方有高句丽、新罗、百济和日本，西部与吐蕃、波斯、大食以及中亚一众小国接壤，更远的西方则有拂菻。

公元 330 年，罗马皇帝君士坦丁一世（Constantine the Great，约 280—337）在巴尔干半岛东部的拜占庭建立罗马帝国的新都，即君士坦丁堡，并赐予其"新罗马"（Nova Roma）的正式名称。4 世纪末，罗马帝国分裂为东西两个帝国。

拜占庭帝国不仅保持了原本属于古罗马帝国的领土，而且还进一步囊括了中东和希腊地区，据有地中海周围的欧洲、亚洲和非洲的大片区域。在以拜占庭为中心的帝国东部，融会古希腊文化、基督教东正教和罗马政治观念以及东方（如波斯）文化因素，逐渐在政治制度和文化上表现出自成一格的独特性，形成一个不同于古希腊和古罗马的新型帝国，近代学者称之为"拜占庭帝国"。但是，这是近代以后出现的称谓。对当时东部帝国的统治者和民众而言，这个东部帝国仍然是罗马帝国的正统，承续着帝国的光荣和使命，故其君主自称为"罗马皇帝"，民众自称为"罗马人"，其新都"君士坦丁堡"被称作"新罗马"。罗马帝国与外族交往以"Rum"自称。

在历史上，拜占庭是一个十分强大的王朝，具备完善的行政管理制度和非常优秀的科学技术。直到 1453 年奥斯曼土耳其帝国攻陷君士坦丁堡为止，在

第五章 唐至元代典籍所记载的西方世界

长达1000多年的时间里,拜占庭帝国曾是欧洲和地中海世界的政治、经济、文化和宗教中心,对西欧、东欧、西亚各国产生过巨大的影响。

东晋和南北朝时期的史料中已记有拜占庭,称之为拂菻、蒲林、普岚等。不同汉译名的出现,是由于用汉语转译各种不同的东方古代语言对东罗马帝国名称Rum的译音而形成的。"拂菻"是拜占庭人对君士坦丁堡的简称,传至中国后,首次出现在《太平御览》卷七五八《前凉录》中:

张轨时,西胡致金胡瓶,皆拂菻作,奇状,并人高,二枚。

此事发生在晋愍帝建兴元年(313)。张轨是前凉政权的建立者,301年受西晋封为凉州刺史。

《太平御览》又引《西域记》:"疏勒王致魏文帝金胡瓶二枚,银胡瓶二枚。"说明魏晋时产于拂菻、被称为"金胡瓶"的金质酒器已经在中国流行。同书卷七八七《晋起居注》记载,晋穆帝(345—361)时,罗马使者曾到达东晋建康:

兴宁元年(363)闰月,蒲林(拂菻)王国新开通,前所奉表诣先帝,今遣到其国慰谕。

此事发生在363年,是历史文献所记双方使节正式往还的初次记录。这里说的"先帝"即指晋穆帝,说的是晋穆帝时有拜占庭使者来访,至东晋哀帝兴宁元年,派使者前往拜占庭回访。

梁武帝大同七年(541)的《职贡图》,也表现了当时南朝的外交活动情况。在《职贡图》中,还专门画出拜占庭贡使,并以"拂菻"为名题记之。北魏与拜占庭也有往来。《魏书》所记,北魏与拜占庭帝国有3次来往。《魏书·高宗纪》记载:大安二年(456)十有一月,"嚈哒、普岚国并遣使朝献";和平六年(465)夏四月,"普岚国献宝剑"。《魏书·显祖纪》记载:皇兴元年(467)九月壬子,"高丽、于阗、普岚、粟特国各遣使朝献"。上引文"普岚"即拂菻的同名异译,但有学者认为以上普岚使节可能是拜占庭商

中国典籍里的西方

人所冒充的。《魏书·西域传》称拜占庭为"伏卢尼",有一个简短的记述:

> 伏卢尼国,都伏卢尼城,在波斯国北,去代二万七千三百二十里。累石为城,东有大河南流,中有鸟,其形似人,亦有如橐驼、马者,皆有翼,常居水中,出水便死。城北有云尼山,出银、珊瑚、琥珀,多师子。

这段记述中提到其国在"波斯国北"的地理位置,"累石为城"的城市建筑,都比较符合拜占庭帝国的实际情况。

总之,在魏晋南北朝时期,南朝和北朝都分别与拜占庭有所来往,中国人对拜占庭也有了一定的了解。《魏书·西域传》和《晋书》卷九十七都记载了有关大秦的消息。《魏书·西域传》记载:

> 大秦国,一名黎轩,都安都城。从条支西渡海曲一万里,去代三万九千四百里。其海傍出,犹渤海也,而东西与渤海相望,盖自然之理。地方六千里,居两海之间。其地平正,人居星布。其王都城分为五城,各方五里,周六十里。王居中城。城置八臣以主四方,而王城亦置八臣,分主四城。若谋国事及四方有不决者,则四城之臣集议王所,王自听之,然后施行。王三年一出观风化,人有冤枉诣王诉讼者,当方之臣小则让责,大则黜退,令其举贤人以代之。其人端正长大,衣服、车旗拟仪中国,故外域谓之大秦。其土宜五谷桑麻,人务蚕田,多璆琳、琅玕、神龟、白马、朱鬣、明珠、夜光璧。东南通交阯,又水道通益州永昌,郡多出异物。大秦西海水之西有河,河西南流。河西有南、北山,山西有赤水,西有白玉山。玉山西有西王母山,玉为堂云。从安息西界循海曲,亦至大秦,回万余里。于彼国观日月星辰,无异中国,而前史云:条支西行百里日入处,失之远矣。

《晋书》卷九十七也记载了有关大秦的消息,说:

> 大秦国一名犁鞬,在西海之西,其地东西南北各数千里。有城邑,其

— 160 —

第五章　唐至元代典籍所记载的西方世界

城周回百余里。屋宇皆以珊瑚为棁桷，琉璃为墙壁，水精为柱础。其王有五宫，其宫相去各十里，每旦于一宫听事，终而复始。若国有灾异，辄更立贤人，放其旧王，被放者亦不敢怨。有官曹簿领，而文字习胡，亦有白盖小车、旌旗之属，及邮驿制置，一如中州。其人长大，貌类中国人而胡服。其土多出金玉宝物、明珠、大贝，有夜光璧、骇鸡犀及火浣布，又能刺金缕绣及积锦缕罽。以金银为钱，银钱十当金钱之一。安息、天竺人与之交市于海中，其利百倍。邻国使到者，辄廪以金钱。途经大海，海水咸苦不可食，商客往来皆赉三岁粮，是以至者稀少。

《魏书》和《晋书》所记载的大秦，从当时的情况来看，应该是东罗马帝国。这些记载反映了北朝人对东罗马的认识和了解。

拜占庭人一直致力于向东方发展。但当时的国际形势是，复兴的拜占庭帝国还没有达到罗马帝国鼎盛时期的雄壮国力，而3世纪初兴起的波斯萨珊王朝却比此前的安息王朝更为强大，因此，在传统的丝绸之路贸易上，拜占庭帝国无法打破萨珊王朝的绝对垄断地位。到了唐代，有拂菻国使臣入唐，这种情况有了改变。据史籍可稽考者，从643年首次通使到742年最后一次使节抵唐，百年间共有7次。

除了官方的联系外，唐朝和拜占庭之间的民间贸易也一直不断，有大批中国丝织品被运往拜占庭。《通典》卷一九三《边防典·大秦》说，该国"又常利得中国缣素，解以为胡绫、绀纹，数与安息诸胡，交市于海中"。可见这时拜占庭购买中国丝织品数量之多。

随着相互交往的增多，唐朝人对拜占庭的了解逐渐加深。在与拜占庭的交往中，唐代人们已经对拜占庭有了比较多的认识。《旧唐书·西戎传》写道：

拂菻国，一名大秦，在西海之上，东南与波斯接，地方万余里。列城四百，邑居连属。其宫宇柱栊，多以水精、琉璃为之。有贵臣十二人，共治国政。常使一人将囊随王车，百姓有事，即以书投囊中，王还宫省发，理其枉直。其王无常人，简贤者而立之。国中灾异及风雨不时，辄废而更立。其王冠形如鸟举翼，冠及璎珞皆缀以珠宝。着锦绣衣，前不开襟。坐金花床，有一鸟似鹅，其毛绿色，常在王边倚枕上坐。每进食，有毒，其鸟辄鸣。其都城叠石为之，尤绝高峻。凡有十万余户。南临大海。城东面有一大门，其高二十余丈，自上及下饰以黄金，光辉昭烂，连曜数里。自外至王室，凡有大门三重，列异宝雕饰。第二门之楼中，悬一大金秤，以金丸十二枚属于衡端，以候日之十二时焉。为一金人，其大如人，立于侧。每至一时，其金丸辄落，铿然发声，引唱以纪日时，毫厘无失。其殿以瑟瑟为柱，黄金为地，象牙为门扇，香木为栋梁。其俗无瓦，捣白石为末罗之，涂屋上，其坚密光润还如玉石。至于盛暑之节，人厌嚣热，乃引水潜流上，遍于屋宇，机制巧密，人莫之知，观者唯闻屋上泉鸣，俄见四檐飞溜，悬波如瀑布，激气成凉风，其巧妙如此。

风俗：男子剪发，披帔而右袒；妇人不开襟，锦为头巾。家资满亿，封以上位。有羊羔生于土中，其国人候其欲萌，乃筑墙以院之，防外兽所食也。然其脐与地连，割之则死；唯人着甲走马及击鼓以骇之，其羔惊鸣而脐绝，便逐水草。俗皆髡而衣绣，乘辎軿白盖小车，出入击鼓，建旌旗幡帜。土多金银奇宝，有夜光璧、明月珠、骇鸡犀、大贝、车渠、玛瑙、孔翠、珊瑚、琥珀。凡西域诸珍异，多出其国。

唐玄奘《大唐西域记》卷十一对拂菻的记载如下：

（波剌斯国）西北接拂懔国，境壤风俗，同波剌斯。形貌语言，稍有乖异。多珍宝，亦富饶也。

拂懔国西南海岛，有西女国。皆是女人，略无男子。多诸珍货，附拂懔国。故拂懔王岁遣丈夫配焉。其俗产男皆不举也。

唐代新罗僧人慧超在8世纪前往印度游历，作《五天竺国传》，其中也有对拂菻的记载，他写道：

又从波斯国，北行十日入山，至大食国。彼王不住本国，见向小拂临国住也。为打得彼国，彼国复居山岛。处所极牢，为此就彼。

又小拂临国，傍海西北，即是大拂临国。此王兵马强多，不属余国。大食数回讨击不得，突厥侵亦不得。土地足宝物，甚足驼、骡、羊、马、叠布等物。衣着与波斯、大食相似。言音各别不同。

慧超文中提到"大拂临"和"小拂临"，有学者认为，似以君士坦丁堡一带为"大拂临"，小亚细亚为"小拂临"。还有学者认为，这段文字涉及7世纪末8世纪初阿拉伯在西亚和小亚细亚的扩张，反映的是"阿拉伯人征服叙利亚后，将政治重心转往叙利亚的历史"。其中，"小拂临""是指阿拉伯人夺取的以叙利亚为中心的拜占庭帝国领土"，"大拂临""则是指以君士坦丁堡为中心的领土，尤其小亚细亚"。①

杜佑的《通典》在对前代有关大秦信息和拂菻的知识的综合基础上，也对拂菻有所记载，写道：

大秦，一名黎轩，后汉时始通焉。其国在西海之西，亦云海西国。其王治安都城，宫室皆以水精为柱。从条支西度海曲万里，去长安盖四万里。其国平正，人居星布。其地东西南北各数千里，有四百余城。小国役属者数十。西有大海，海西有迟散城。王城有官曹、簿领，而文字习胡。人皆髡头，而衣文绣，亦有白盖小车、旌旗之属。又十里一亭，三十里一堠，一如中州。地多师子，遮害行旅，不百余人持兵器，辄为所食。伤其王无常人，皆循立贤者，有灾异及风雨不时，辄废而更立，受放者无怨。其人长大平正，有类中国，故谓之大秦，或曰本中国人也。……土多金银奇宝，夜光璧、明月珠、琥珀、琉璃、神龟、白马、朱髦、玳瑁、元熊、赤螭、辟毒鼠、大贝、车渠、玛瑙。……其国以金银为钱，银钱十当金钱一……其人质直，市无二价。谷食常贱，国用富饶。邻国使到其界首者，乘驿诣王都，至则给以金钱。……至晋武帝大康中，其王遣使贡献，或云其国西有弱水、流沙，近西王母所处，几于

---

① 张绪山：《中国与拜占庭帝国关系研究》，北京：中华书局2012年版，第127—128页。

中国典籍里的西方

日所入也。

"拜占庭帝国是唐人所知道的最远的西方国家。是当时中国人眼中的西极所在，对于这个国家的地理位置，他们的认知还是比较准确的，超过前代对于罗马帝国地理位置的认知水准。犹可注意者，唐人在记述这个国家的地理位置时，虽仍继承了中国古代国有的以海为界，即以西海为西极标志的观念，但西王母、流沙、弱水之类的标志则全然不见踪影，这表明隋唐时期中国人对西极认知的附会、想象色彩已经大为减弱，这应该与此时他们和外域的交往互动日渐频繁，且踏出国门游历而获得第一手资料增多有关。可以说，对于汉代至隋唐时期的中国人来说，其西极地理观从大秦到拂菻的转变，不仅是西方世界罗马帝国及拜占庭帝国兴旺轮替的表现，也与中国人获得对西极日益准确的认知有关。"①

在唐代，有关拜占庭的内容甚至成了文艺创作的题材。如唐朝著名画家张萱和周昉都曾创作过《拂菻图》，五代画家李玄应和王道求分别有《会拂林》和《拂林弟子》等作品传世，五代王商更创作了《拂林风俗图》《拂林士女图》《拂林妇女图》等反映拜占庭风俗、物产的画图。这些作品从特定的角度反映了人们对东罗马已经有了一些具体的了解。

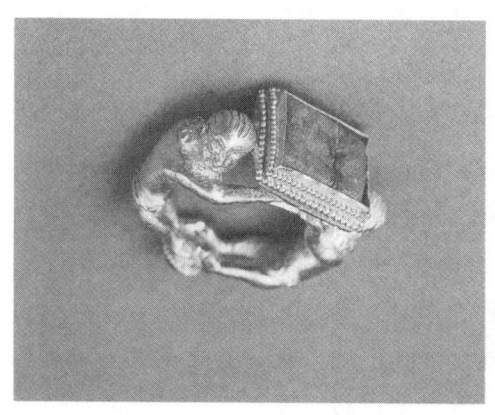 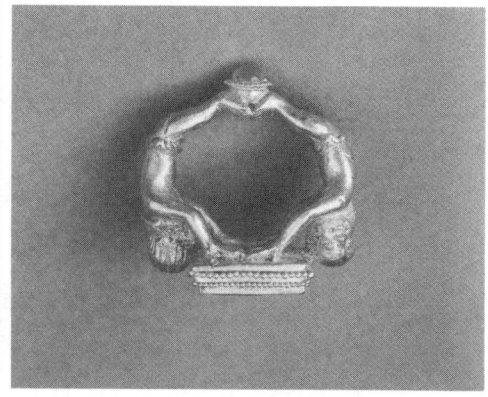

图 5-4-1　双人托绿琉璃方戒面金戒指，东罗马帝国。西安大唐西市博物馆藏

---

① 王永平：《从"天下"到"世界"：汉唐时期的中国与世界》，北京：中国社会科学出版社 2015 年版，第 129 页。

第五章 唐至元代典籍所记载的西方世界

图 5-4-2 宁夏固原小马庄唐墓地出土的东罗马金币

图 5-4-3 甘肃靖远县出土的东罗马鎏金银盘（4—5 世纪）

中国典籍里的西方

五 唐代人记载的非洲

中国与非洲相距遥远。在古代交通的条件下，双方的文化接触和交流是相当困难的。所以，虽然早在人类文明的曙光时期，在黄河和尼罗河这两条世界著名的大河流域，就分别孕育了灿烂的古代中华文化和古代埃及文化，但这两大文明之间处在相互隔绝的状态，彼此难以沟通和获得对方的文化信息。古代中华文化和古代埃及文化是各自独立成长起来的，并且都曾对世界历史产生过重要影响。

公元前4世纪下半叶，亚历山大大帝征服埃及，并于公元前331年建亚历山大里亚城。亚历山大去世后，亚历山大的部将托勒密（Ptolemy）割据埃及和周边地区，建立了托勒密王朝。在托勒密王朝和罗马人统治时期，亚历山大里亚发展为地中海地区商业和文化中心，成为一个世界性城市，极盛时有居民50万。各地商贾云集，有希腊人、波斯人、犹太人、阿拉伯人和非洲黑人等。每年从这里驶往印度洋的商船达100多艘，东西方贸易以埃及亚历山大里亚为枢纽，日趋繁荣。正是在这个时期，中国与非洲有了文化上的接触。

一般研究者认为，《史记·大宛列传》是中国最早记载非洲的文献资料。中国古籍上有"黎轩"一名称，所指就是亚历山大里亚城。在中国古籍中，亚历山大里亚城有不同的译名。《史记》《魏书》《北史》作黎靬，《汉书》《魏略》作黎轩，《后汉书》《晋书》作犁鞬，大致皆读 li-kan，是 Alexandria 的省译。

张骞出使西域，向汉武帝报告西域的情况，汉武帝很重视，"初置酒泉郡以同西北国，因益发使抵安息、奄蔡、黎轩"。这是中国第一次遣使至埃及。但由于路途遥远，这次派往黎轩的使节可能没有到达目的地，因为这次遣使的结果在中外文献中都没有记载。公元97年甘英出使大秦（罗马），至条支而折返，当时甘英的直接目的地就是亚历山大里亚。可见当时中国人已对埃及和亚历山大里亚略知一二。

正是在这样的条件下，中国和埃及之间可能开始了人员的直接交往。大约

第五章　唐至元代典籍所记载的西方世界

在 2 世纪末 3 世纪初，可能已有中国人从安息西界的安谷分别从水陆两道到过埃及。鱼豢根据 3 世纪初的材料写成的《魏略》中记载：

> 从安息界安谷城乘船，直截海西，遇风利二月到，风迟或一岁，无风或三岁。其国在海西，故俗谓之海西。有河出其国，西又有大海，海西有迟散城。从国下直北至乌丹城，西南又渡一河，乘船一日乃过。西南又渡一河，一日乃过，凡有大都三。却从安谷城陆道，直北行之海北，复直西行之海西，复直南行经之乌迟散城，渡一河，乘船一日乃过，周回绕海。凡当渡大海六日，乃到其国。

鱼豢记述中安谷城的位置，沈福伟先生在《中国与非洲》一书中指认是在两河出海处的瓦尔卡（Warka），行程的终点"迟散城"，是亚历山大里亚的希腊语译名，"乌丹"是乌姆塔夫湾中的贝仑尼塞港，"乌迟散城"是安提阿克的外港亚历山大勒塔（Alexandretta）。《魏略》除了对安息的安谷到埃及亚历山大里亚路程的记述外，还对埃及的地理位置及其以东的红海、以西的地中海做了准确的定位，对埃及境内的尼罗河与亚历山大里亚都有了比较正确的认识，同时对埃及的经济、商业、交通以及当时统治埃及的罗马帝国的政治制度都有所介绍。从这些介绍中可以看出当时中国与埃及的人员交往已有一定的规模。

另外，苏丹和埃塞俄比亚等东北非国家，也通过印度与中国存在着间接的贸易关系。当时印度和罗马的海上贸易十分繁荣，使得那些到达南印度东岸黄支或歌营的中国商船也参与了红海贸易，越过印度进入亚丁湾。3 世纪中叶万震的《南州异物志》记述了歌营西南有个加陈国，即指古代居住在埃塞俄比亚和苏丹的库施民族。库施国最大的港口阿杜利，在现在的马萨瓦港附近，从 1 世纪起就是阿克苏姆王国兴旺发达的对外贸易中心。阿克苏姆是东北非的一个文明古国，同埃及、印度有着活跃的贸易关系。3 世纪时，阿克苏姆的军队征服了也门地区，控制了亚丁至埃及的红海航道，成为印度洋地区一个占有重要地理位置的国家，阿杜利也成为亚历山大里亚至印度的贸易中介站，一方面与罗马、希腊和埃及商人保持联系，另一方面又同印度、波斯、锡兰等地进行贸易。3世纪上半叶中国商船通过南印度抵达阿杜利，成为中国和埃塞俄比亚、苏丹文化经济交流的开端。中国商船往返于广州、交州和阿杜利之间，促进了中国和罗马海上贸易的繁荣。同时也使中华文化很早就影响到从红海到地中海的广大东北非地区。

中国与非洲建立直接的贸易关系始于唐代，此后历经宋、元、明各朝，直到16世纪葡萄牙人入侵东非为止，一直没有间断。

7世纪中叶以后，阿拉伯人建立了庞大的帝国，埃及等北非一带都成为阿拉伯帝国的一部分，西非和东非沿海地区也受到伊斯兰文明的强烈影响。他们在东非沿海先后建立了摩加迪沙、马林迪、基尔瓦、蒙巴萨、桑给巴尔等一系列商业城邦。阿拉伯帝国的崛起，促进了非洲广大地区的文明发展，同时也为中非经济文化交流创造了条件。阿拉伯帝国的崛起，促进了非洲广大地区文明的发展，从而为中非经济文化交流创造了条件。

中国与阿拉伯以及整个伊斯兰世界有着广泛的经济文化交流。怛逻斯战役后被俘的唐军士兵流落阿拉伯各地，其中也有人可能漂泊到属于阿拉伯帝国版图的北非地区。例如，杜环就曾到过埃及、苏丹和埃塞俄比亚。他在《经行记》中自述曾去过摩邻国，由耶路撒冷启程，要越过沙漠，走2000里才可到达。此摩邻国为埃塞俄比亚的阿克苏姆王国。阿克苏姆人崇奉海神"摩邻"（Mahram），摩邻国便因奉摩邻海神而得名。① 杜环还在书中记述了他到埃及的情况。可以说杜环是第一个有名可指的到过东北非的中国人。

据中国史籍记载，唐贞观二年（629），有黑人国殊奈派使者到长安。《唐会要》说："殊奈国，昆仑人也。在林邑南，去交趾海外三月余日。习俗文字与婆罗门同。绝远，未尝朝中国。贞观二年十月，使至朝贡。"中国古代对南海和印度洋附近棕黑色民族泛称"昆仑人"。据研究者考证，这个殊奈国当是索马里南部地区的黑人国。殊奈使者从索马里南部海港启程，经历6000海里的长途航行，来到广州，再被迎接到长安。

《唐会要》还记载贞观十年（636）有甘棠国使者入唐："甘棠在大海之南，昆仑人也。贞观十年，与朱俱波国朝贡同日至。太宗谓群臣曰：'南荒西

---

① 沈福伟：《中国与非洲——中非关系二千年》，北京：中华书局1990年版，第227—228页。

第五章　唐至元代典籍所记载的西方世界

域，自远而至，其故何哉？'房玄龄曰：'当中国又安，帝德遐被也。'太宗曰：'诚如公言。向使中国不安，何缘而至？朕何以堪之？'"据考，这个甘棠国即今之东非奔巴岛或桑给巴尔岛。这是当时中国所知最西的一个昆仑国家。

另外，《册府元龟》记载："景龙三年（709）三月，昆仑国遣使贡方物。"不知所指何国。但无论如何，上述史料所揭示的，正是唐代时，非洲国家直接向中国派遣使节，此后双方的海上往来便越来越频繁了。当时，中国帆船定期出没于印度沿海和波斯湾、阿拉伯海岸，甚至远至东非的坦噶尼喀和桑给巴尔。贾耽记中国帆船的印度洋航线，提到一个三兰国，即指坦噶尼喀和莫桑比克的黑人居住区。

在古代中国，非洲是人们已知的西方的终点。在唐代之前，中国人已经通过各种途径对非洲有了一定的认识和了解。贾耽在"广州通海夷道"中，明确记述了由非洲东海岸向西北通往波斯湾的航线。

杜佑在《通典》中记述唐代大秦国的情况时，附录了杜环《经行记》中有关大秦的记载，并记录了女国与摩邻两个国家。《新唐书》卷二二一下《拂菻传》中有关于"摩邻国"的记载：

> 自拂菻西南度碛二千里，有国曰磨邻，曰老勃萨。其人黑而性悍，地瘴疠，无草木五谷，饲马以槁鱼，人食鹘莽。鹘莽，波斯枣也。不耻烝报，于夷狄最甚，号曰寻。其君臣七日一休，不出纳交易，饮以穷夜。

除了贾耽、杜环的著作之外，唐代对非洲最详尽的记载当属段成式《酉阳杂俎》。

段成式在《酉阳杂俎》中记载的非洲国家主要有孝亿国（Siut，埃及南部）、仍建国（Utica，北非突尼斯沿海古城）、悉怛国（不详，或指 Sudan）、怛干国（Dakhel Oasis，撒哈拉沙漠中的沙岛）、勿斯离国（Misr，埃及）等国，其中以拨拔力的记载最称完备：

> 拨拔力国，在西南海中，略不食五谷，食肉而已。常针牛畜脉取血，和乳生食。无衣，唯腰下用羊皮掩之。其妇人洁白端正，国人自掠卖与外

国商人，其价数倍。土地唯有象牙及阿末香，波斯商人欲入此国，团集数千人，赍缲布，没老幼共刺血立誓，乃市其物。自古不属外国，战用象牙排、野牛角为矟，衣甲弓矢之器。步兵二十万，大食频讨袭之。

一般认为，"西南海"就是东非沿海之亚丁湾，而拨拔力就是见于《诸蕃志》记载的"弼琶罗"，相当于现代索马里的柏培拉（Berbera）港。但也有人持异议，指出弼琶罗与拨拔力读音相近，但在风俗、物产等方面差异显著，不应同属一地，认为从段成式记载的生活习俗和服饰而言，应该是指今东非肯尼亚和坦桑尼亚一带游牧的马赛族人（Masai）。无论以哪一说为准，但最晚至9世纪上半叶，唐朝人已经对东非沿海某地的风俗、物产及其与大食的关系有了比较详细的了解。

段成式对非洲诸国的记录不仅远远超出了前代，而且在数量和内容上都大大多于现存的唐代官方载籍的记录。《酉阳杂俎》有关东非沿海地区的记载，很可能来源于他亲自对来唐的客使或商人的查访。以卷十一"广知"为例，本卷总共记载了44事，其调查对象有僧那照、广升，道士郭采真、王山人、隐士张盈、李洪，秀才顾非熊等7人。可知在奇篇秘籍之外，博采异闻是《酉阳杂俎》的一大特色。

《酉阳杂俎》有关外国的记载，更是以调查得来者居多。如在"紫铆树"条下称："出真腊国，真腊国呼为勒佉。亦出波斯国。……波斯国使乌海及沙利深，所说并同。真腊国使折冲都尉沙门陀沙尼拔陀言，蚁运土于树端作窠，蚁壤得雨露凝结而成紫铆。"又在"阿魏"条下载，阿魏出自北天竺与波斯国，并在介绍了两国对阿魏称谓及阿魏的性状后称："拂林国僧鸾所说同。摩伽陀国僧提婆言，取其汁和米豆屑，合成阿魏。"拨拔力国的记载中特别提及波斯商人在那里交易的情景，则有关拨拔力的记载可能就是来源于对波斯商贾的调查。

除了以上诸国外，见于唐代载籍的非洲国家还有甘棠、殊奈等国。甘棠国在贞观十年（636）向唐朝入贡，据载，甘棠在"大海南"，今人认为应在"非洲东海岸"。殊奈国在"林邑南，去交趾海行三月余日"，被目为"绝远"之地，殊奈国自古未通中国，在贞观二年（628年）十月，首次遣使唐朝。

第五章 唐至元代典籍所记载的西方世界

图 5-5-1 唐黑人百戏俑，新疆维吾尔自治区博物馆藏

中国典籍里的西方

图 5-5-2 唐彩绘釉陶卷发俑

图 5-5-3 唐黑人俑

六 唐代人对域外事物的奇异想象

在唐代，对外贸易非常活跃。通过朝贡、商业渠道输入中国的异域珍奇物品，不仅极大地丰富了人们的生活，也进一步激起了人们对于域外事物的向往和追求，更激起和丰富了那个时代人们的异域想象。因为这些物品来自遥远的地方，甚至是来自人们所不知道的地方，因而充满了神秘的色彩，并被赋予了许许多多奇异的功能，许许多多神秘的气氛。这和早期中国的丝绸传播到罗马的情况是一样的，那个时候的罗马人不知道丝绸是从哪里来的，因而就流传着许多关于丝和丝绸以及它产地的神秘传说。所以，在唐代的文学作品中，有许多关于来自异域的物品的神异的故事，充满了各种各样奇妙的想象以及新奇的内容。

第五章 唐至元代典籍所记载的西方世界

在很早的时候，人们就对来自异域的事物，对来自其他民族和国家的贡品，赋予了许多奇异的故事。每个时代都有种种由外国贡献的神奇的贡礼的传说。至《山海经》为止，对异域遐方的幻想达到了一个空前的高度。汉代以来，西域的开通以及各种新奇物产的流入为地理博物类小说注入了新的活力。在汉魏六朝小说中，根据实有之物，夸大其功能，并与仙境、理想国的幻想结合起来，使这些物产具有了神话色彩。作者通过独特的视角把自己的情感、愿望投射于西域的商品与商人，各种传闻与想象源源不断地进入历史，从而重新建构了一个西域世界。

在唐代传奇故事中，对来自远方的奇珍异宝更是充满了奇异的想象。唐代传奇故事有许多都是假托叙说唐玄宗统治时期的故事。据一则故事中记述，在唐朝一位大臣献给唐朝皇帝的"定国宝"中，有两枚西王母的白玉环。这种白玉环与其他那些民间传说中非常有名的、具有魔力的玉环很相似。据信，谁要是有了这种玉环，他就能使所有周边的国家臣服。另一个故事讲的是由交趾国进贡的一枚犀牛角，这枚犀牛角"色黄如金"，放置在皇宫的金盘里。据带来犀角的使臣解释，这种犀牛角具有驱寒的功能——在犀牛角周围也确实"温温然有暖气袭人"。与辟寒犀功能类似的，是被称作"瑞炭"的一百根炭条。据说，这种炭是由西凉国贡献的。瑞炭坚硬如铁，"烧于炉中，无焰而有光。每条可烧十日，其热气迫人而不可近也"。来自龟兹的一件贡礼是由一块酷似玛瑙的光滑的石头制作的做工"甚朴素"的枕头，有幸能够枕在这个枕头上睡觉的人，可以在梦中四处漫游，海洋陆地，无所不至，甚至还能到俗世凡人闻所未闻的仙境中游历。

在唐代的传说中，通常有一类关于神奇宝石的故事，它或者由诡秘的异域人带入唐朝，或者是他们在唐朝境内寻找到的。这些宝石具有澄清污水的妙用，还有揭示埋藏的宝藏的功能，它能够为航海者带来顺风，或者天生就具备其他一些同样能够满足人们欲望的属性。

有一个故事说，在玄宗朝中期，唐玄宗对于近年的贡物中没有用五色玉制成的贡品感到惊奇。虽然玄宗的库藏中有一条用美丽的五色玉作为饰物装饰成的腰带和一个用五色玉雕成的玉杯，但这些都是很久以前由西方贡献的。于是，唐玄宗命令其主管"安西"的军将谴责进贡的诸蕃玩忽职守。这里提到的失职的诸蕃可能指于阗人，因为于阗国有着无穷无尽的玉石资源。于阗实际上并没有忘记将这种美丽的五彩宝石运往长安，不幸的是，他们派出的商队遭到了强盗的袭击，货物也被抢劫一空。袭击商队者来自帕米尔雪原边缘的寒冷而狭窄的山谷之中，他们是一群"缠巾、食虱"的强盗。当这坏消息传到宫禁之时，天子大怒，命令4万汉军和无数附属的蕃军包围抢劫者的首都，重新夺回珠宝。得胜的唐朝将军带着3000名俘虏班师还朝。一位蕃人术者宣称，唐朝将军会遭到毁灭的厄运。这位术者不幸而言中了。后来这批唐朝的士兵全都在一场暴风雪中丧生，只有一位汉人和一位蕃人幸免于难。于是，玄宗最终失去了已经到手的财宝，"即令中使随二人验之。至小海侧，冰犹峥嵘如山，隔冰见兵士尸，立者、坐者，莹彻可数，中使将返，冰忽消释，众尸亦不复见"。

写于9世纪末叶稍前的《杜阳杂编》，其内容几乎全都是反映与外来物品传奇有关的主题。书中描写的来自域外的奇珍异宝，都具有非凡的神奇功能，看似荒诞不经，却反映了唐代人对异域事物的向往与想象。

比如《杜阳杂编》说，有一个叫作"日林"的国家进献的"灵光豆"，吃一丸，"香美无比，而数日不复言饥渴"。神奇的"龙角钗"是与灵光豆一起由日林贡献给唐朝的一件贡礼。它是用一种深酱紫色，类似于翡翠的玉石制作的，代宗皇帝将它赐给了美丽的宠妃独孤氏。有一天，当代宗与独孤氏在龙舟池泛舟时，一团紫云从龙角钗上生成，皇帝将钗放在手掌中，在它上面喷上水，于是雾霭凝成两条龙，腾身跃入空中，在东方冉冉消失。日林这个国家的西南有一怪石，方数百里，光明澄澈，可鉴人五脏六腑，亦谓之"仙人镜"。其国人有疾，辄照其形，遂知起于某脏腑，即自采神草食之，没有不愈的。

另一种神奇的食物，是神秘的南海某国进献的一种芳香的小麦，吃了这种小麦，可以使人身轻御风。此外还有一种紫色的稻米，具有返老还童、延年益寿的功能。《杜阳杂编》记载南海贡献的一个水晶枕，在这种枕头里可以看到由建筑物和人物构成的奇妙景观，与水晶枕一起进献来的是一床由"水蚕丝"织成的"神锦衾"，这种织物在濡湿之后即可扩展，而当受热时又能收缩。

另外一个国家曾贡献过两名舞女，一名"轻凤"，一名"飞鸾"，所谓飞鸾、轻凤是人们所能想到的最为轻盈缥缈的飞禽形象。这两位舞女头戴金冠，金冠上饰有想象中的鸟的形象，她们的得名可能就是因为头上戴的这种鸟，或者是因为她们自身具有这种鸟的神韵。二女"修眉鬓首，兰气融冶，冬不纩衣，夏不汗体。所食多荔枝榧实、金屑龙脑之类"。她们穿靬罗之衣，戴轻金之冠，靬罗衣无缝而成，轻金冠以金丝结之为鸾鹤状，仍饰以五彩细珠，玲珑相续。二女每歌声一发，如鸾凤之音，百鸟莫不翔集其上。舞态艳逸，更非人间所有。

离奇的供暖器具是《杜阳杂编》记载的外来异物的一个特殊的类别。"常燃鼎"是一种不用生火即可做饭的器物。用它煮饭香洁异常，"久食之，令人反老为少，百疾不生"。这种非常有实用价值的器物是由一个神秘的王国贡献的。与常燃鼎性质相近的一种贡物是"火玉"，火玉是一种红色的玉石，它的作用与煤炭的余烬相同，"积之可以燃鼎，置之室内则不复挟纩"。

与供暖器具作用相反，但具有同样重要的实用价值的是纳凉器具，在这本书中，有关纳凉器物的记载也非常之奇妙。有一个国家的大凝山，有千年不化之冰，称之为"常坚冰"。运到京师后，洁冷如故，盛暑不消。"松风石"是一种呈半透明状的石头，"其中有树，形若古松"，松风石中的古松枝条能够生出一阵阵凉爽的微风。每逢盛夏酷暑，皇帝就将松风石放在靠近自己的地方消暑。

《杜阳杂编》记载的这些带有浓厚想象色彩的奇珍异宝中，有些是真实的东西，或者至少是根据真实的东西加工改写而成的。由新罗的高丽王贡献给唐代宗的"五彩氍毹"就是属于这种类型。五彩氍毹制度巧丽，冠绝一时，"每方寸之内，即有歌舞伎乐，列国山川之像。忽微风入室，其上复有蜂蝶动摇，燕雀飞舞，俯而视之，莫辨真假"。"万佛山"也是新罗国进献的贡礼。它高约十尺，是用印度尼西亚的伽罗木雕刻而成的，并且上面还镶嵌了宝石作为饰物。

大量外国人涌入，与唐朝人生活在一起，从事着商业、艺术等活动；由他们带进中国的"胡风"弥漫在社会生活之中，整个国家充满了对异域情调的想象和欣赏，影响着和改变着人们的生活习惯和社会风俗。

当时的艺术作品表现了对外来事物的浓厚兴趣，体现着带有时代特征的异域风情。或者说,当时社会中弥漫的异域风情、异域事物和舶来品,对外部世界的强烈好奇心,激发了人们的艺术想象力。

这种对于异域的想象,这种对异域风情的赞颂、描写和期待,成为许多艺术形式的表现主题。如在音乐舞蹈方面,有很多来自西域的乐舞,如胡旋舞、拓枝舞等,来自西域的舞蹈家和音乐家广泛地活跃在长安以及其他大都市,给人们带来强劲的"西域旋风"。再比如在宗教生活方面,僧人们的俗讲和变文中那些奇异鬼怪的故事,吸引了大量的听众,使其成为一种深受欢迎的大众文化形式。

在诗歌创作方面,也表现出这种浓郁的异域风情。唐代胡风的流行,包括胡装、胡食、酒家胡、胡姬、胡舞等,都有许多诗人创作的诗歌来表现,其中充满了绚烂的色彩、奇丽的想象、浪漫的意境。他们的吟咏酬唱,恰是那个时代社会生活的具体反映,是那个时代社会风气和精神情调的诗意的书写。此

图 5-6-1　河南洛南新区唐墓商胡牵骆驼壁画

外，在他们的诗歌中，还经常以各种外来事物来表现特有的意境，如李贺，他是一位想象丰富、奇诡险怪的诗人。他在诗歌创作中自然而然地流露出一种奇妙的异域风情。他在《昆仑使者》一诗中写道：

昆仑使者无消息，茂陵烟树生愁色。
金盘玉露自淋漓，元气茫茫收不得。
麒麟背上石文裂，虬龙鳞下红枝折。
何处偏伤万国心，中天夜久高明月。

在诗人元稹的歌诗中，也有许多与外来事物有关的主题，如进口的犀牛、大象以及突厥骑手、骠国乐等。

图 5-6-2　唐彩绘胡人骑卧驼俑，西安大唐西市博物馆藏

中国典籍里的西方

七　宋代人对外部世界的记述

　　虽然宋代不具备唐代那样广泛的官方国际交往，但民间贸易，特别是海上贸易的规模却不断扩大。进口国的范围大大地扩展了，进口商品的种类和数量也大大地增加了。在广州、泉州等港口城市，出现了比以往更加繁忙的景象。许多在前代仅为上流社会所享用的奢侈品，由于数量巨大，已经不再是少数上流社会成员的专用品，已经走进普通百姓的日常生活之中，为广大民众所享用。唐代人所惊之华丽器物，在宋代已是百姓寻常之物。宋人甚至嘲笑唐人贫眼没见过世面。大量输入中国的外国商品，包括香料、药物、珠宝以及工艺品和地方特产等，渗透到人们的日常生活中，改变着人们的生活意识和审美情趣，以至于在社会生活中处处体现着典雅精致的情趣。所以，从日常生活的角度看，宋代要比唐代更为精致、更为时尚，也更为丰富多彩。

　　这是一个物质大交流的时代。来来往往的各国商人、络绎不绝的各国使节、碧海扬波的商船、大漠流沙上的商队，都充当了世界各地物产的"搬运工"。正是他们，让世界各地的人们享用到其他国家、其他民族的文明成果。

　　与此同时，有更多的阿拉伯商人、波斯商人滞留在中国，形成了宋代的所谓"蕃客"，并出现了他们的集中聚居区"蕃坊"。自从汉以及南北朝时期，就有许多外国人进入中国，唐朝更为大盛，在社会生活中掀起阵阵"胡风"。到了宋代，随着对外贸易的大发展，来华的外国人更多了，除了唐以来的西域人、波斯人、阿拉伯人之外，甚至还出现了开封犹太人社区。这样广泛的人员交流，形成了前所未有的文化多样性景观。

　　在这种广泛的物质文化交流中，中国人的世界视野也比前代大为扩展。这样的往来也使得人们对于异域的知识逐渐增多，其中一些还都是时人亲闻的记录，内容也扩大到生活的各个方面，对西方的认识不再局限于"西域"，不仅仅是一些关于"大秦""拂菻"的遥远的传说。这时候，中国人对于世界的认知已经包含了整个欧亚大陆，以及南亚、东南亚和非洲的知识。这些关于世界

第五章 唐至元代典籍所记载的西方世界

各国的知识，包括对其物产、政治、经济和文化风俗的了解，都比较具体，比较切合实际了。对外部世界知识的扩大实际上也在改变着中国人的世界观，改变着中国人对外部世界的看法，同时也潜移默化地改变着对本国和本国文化的看法。

和往代一样，这一时期也有一些关于外国的文献，代表了宋人对外部世界的认知水平。有宋一代之载籍，除正史、政书、类书、总地志、地图及医家、兵家等著作外，记及海外交通史料的有各种杂著和部分地志，如：庞元英《文昌杂录》、沈括《梦溪笔谈》、朱彧《萍洲可谈》、楼钥《攻媿集》、叶梦得《石林燕语》、吴曾《能改斋漫录》、范成大《桂海虞衡志》与《吴船录》、周辉《清波别志》、赵彦卫《云麓漫钞》、岳珂《桯史》、吴自牧《梦粱录》、周密《癸辛杂识》等。

其中，《萍洲可谈》对宋代广州之外商集居、市舶往来、海舶规模、航海技术等记录甚详，《梦粱录》卷十二也叙及船舶、航海诸事，故向为中外学者所重视。不过，所有这些均非中外交通之专门著作，所含只是片段的资料。另高居诲述其与张匡邺于后晋时西游的《使于阗记》，王延德的《使高昌记》，徐兢的《宣和奉使高丽图经》，金国乌古孙仲端叙其拜谒成吉思汗的《北使记》等，属中西交通或中朝关系之专著，唯所记仅限于一国或局部地区。

另外，由于这一时期对外贸易的大发展，关于外来物产的记载也很多。《宋会要·职官》四四之一八、一九记载绍兴三年（1133）进口品总计212种，其中香药177种、珍宝11种、手工业品14种，其他资源性商品10种，资源性商品超过90%。学术界最常引证的是南宋宝庆《四明志》所列的外国货物清单。四明即宁波，是宋元时代主要的对外港口之一。除了通往日本、高丽的商船络绎不绝外，还发展了与东南亚、南洋及阿拉伯各国的通商贸易。《四明志》始撰于宝庆二年（1226），成书于绍定元年（1228），其中详细记录了当时进出明州港口的货物品种及名称。其中有202种，除了重复的，实际上是163种。其中细色占有绝大部分，有百种之多，粗色为60种。

周去非的《岭外代答》是宋代记载海外知识的比较重要的著作。周去非，

— 179 —

生卒年不详，是浙东路永嘉人。南宋孝宗隆兴元年（1163）考取进士，淳熙年间（1174—1178）任广南西路桂林通判，"试尉桂林，分教宁越"。东归后于淳熙五年（1178）撰《岭外代答》。《岭外代答》共录存294条，用以答客问，故名曰"代答"。全书共分地理、边帅、外国、风土、法制、财计、器用、服用、食用、香、乐器、宝货、宝石、花木、禽兽、虫鱼、古迹、蛮俗、志异等共20门，"今有标题者十九门，一门存其子目而佚其总纲"。记载了宋代岭南地区的社会经济、少数民族的生活风俗，以及物产资源、山川、古迹等情况。其中，外国门、香门、宝货门兼及南洋诸国，并涉及大秦、大食、木兰皮（故地在今非洲西北部和欧洲西班牙南部地区）诸国，反映了当时岭南地区与海外诸国的交通、贸易等情况。

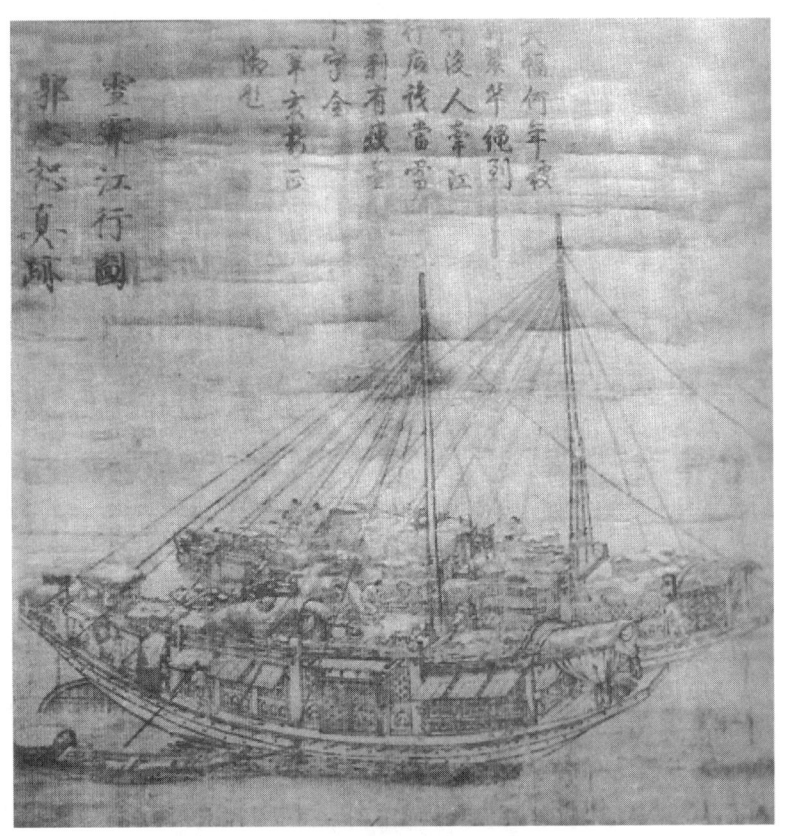

图 5-7-1　宋代画家郭忠恕《雪霁江行图》中之
宋代海外贸易船。台北"故宫博物院"藏

赵汝适（1170—1231）的《诸番志》是专门记述外国的地理学著作，"所言皆海国之事"。《诸蕃志》是赵汝适在福建路市舶司兼权泉州市舶使任上所撰著的，成书于宋理宗宝庆元年（1225），分上下卷。上卷《志国》，记海外诸国的风土人情，下卷《志物》，记海外诸国物产资源。《诸番志》记载了东自日本，西至东非索马里、北非摩洛哥及地中海东岸中世纪诸国的风土物产，并记有自中国沿海至海外各国的里程及所需日月，内容丰富而具体。该书有关海外诸国风土人情多采自周去非《岭外代答》的记载，有关各国物产资源则多采访于外国商人。

但是，宋代对外部世界的记述并不充分，传世的文献并不多见。而元代则又是一个大开放的时代，中西交通大开，人员的交往、中西之间的移民也很频繁，比如马可·波罗这样深入中国内地的旅行家。这个时代，中国人对西方的了解应该更充分了。但奇怪的是，除了汪大渊的《岛夷志略》，并没有见到其他得以传世的关于记载西方的官私著述。所以，中国典籍中有关西方的记载，还要等到明代后期大航海时代的到来。

图 5-7-2 《西域土地人物图》之嘉峪关图，台北"故宫博物院"藏

图 5-7-3 宋代胡人俑

八 《岛夷志略》对非洲的记载

元代旅行家汪大渊于 1230 年到 1239 年先后两次随商船出海，航迹遍及东亚、东南亚、南亚、西亚、印度洋与地中海，并把出海见闻写成《岛夷志略》，流传于世，甚至成为后来郑和航海的重要参考资料。

至顺元年（1330），年仅 20 岁的汪大渊首次从泉州搭乘商船出海远航，历经海南岛、占城、马六甲、爪哇、苏门答腊、缅甸、印度、波斯、阿拉伯、埃及，横渡地中海到摩洛哥，再回到埃及，出红海到索马里、莫桑比克，横渡印度洋回到斯里兰卡、苏门答腊、爪哇，经澳洲到加里曼丹、菲律宾返回泉州，前后历时5年。至元三年（1337），汪大渊再次从泉州出航，历经南洋群岛、阿拉伯海、波斯湾、红海、地中海、非洲的莫桑比克海峡及澳大利亚各地，于至元五年（1339）返回泉州。

汪大渊是中国历史上足迹最广的伟大的海上旅行家。在长期的远航考察中，汪大渊对所过之地，凡其目所及，都有记述。他在第一次航海归国后，撰写了航海纪实性著作；在第二次航海回国后，又以新增的阅历对旧志进行修订，最后完成《岛夷志略》一书。归来之后，他又以5年的时间，校对前人的记载，发现其中许多与自己的见闻"大有径庭"的地方。《岛夷志略》最后成书是在"至正己丑冬"，即元顺帝至正九年（1349）冬天。这年冬，汪大渊路过泉州，适值泉州路达鲁花赤偰玉立莅任。偰玉立以《清源前志》散失，《后志》仅至南宋淳祐十年（1250）为止，乃命吴鉴编修《清源续志》。吴鉴以泉州为对外贸易的大港，船舶司的所在地，诸蕃辐辏之所，不能没有海道诸岛屿及诸国地理情况的记载，于是请两次亲历海外、熟悉海道地理情况的汪大渊撰写《岛夷志》，附于《清源续志》之后。不久，大渊回到故乡南昌，复将《岛夷志》刊印成单行本，以广其传。至正十年（1350），又请翰林修撰，张翥为之作"序"，正式发行于世。

《岛夷志略》原名《岛夷志》，清代改名《岛夷志略》。全书共分100条，前99条记载和涉及的地点总计220个，有关各地的山川、风土、物产、居民、饮食、衣服和贸易的情况，都是他当时根据亲身的见闻记录下来的，其说可靠。其第100条"异闻类聚"，系摘录前人旧记《太平广记》等书而成。

对中国人认识外部世界来说，汪大渊对于非洲的记载尤其有开创性的意义。历史上中国与非洲往来不多，对其所知甚少。唐代杜环曾游历非洲，对非洲有一些记载，但只留下只言片语。与之相比，汪大渊的记载则详细多了。

汪大渊在麦加朝圣后，由红海北上埃及，从吉大港渡海，最近的登陆地点是阿思里的艾特伯港，从此，他就踏上了非洲大陆的土地，此后便顺尼罗河而下到达埃及首都开罗（马鲁涧），再至杜米亚特（特番利），泛舟地中海，游历伊本·巴图塔的故乡丹吉尔（挞吉那），然后东返红海，出曼德海峡，在索马里北部的纳卡塔（哩伽塔）稍停之后，再绕过瓜达富伊角南航。汪大渊在东非沿海首先访问了摩加迪沙（班达里），然后继续他的东非之行，接连造访了肯尼亚的马林迪（层摇罗）、格迪（千里马）、母纳拉尼（曼陀郎）、基林迪尼（加里那），最后到大坦桑尼亚南部的基尔瓦·基西瓦尼（家将门里）和松戈·姆纳拉（麻那里）小岛。

汪大渊先渡红海到达上埃及的阿思里，《岛夷志略》记载说：

极西南达国里之地，无山林之限，风起则飞沙扑面，人不敢行。居人编竹以蔽之。气候热，半年之间多不见雨，掘井而饮，深至二三百丈，味甘而美。其地防原，宜种麦，或潮水至原下，则其地土润，麦苗自秀。俗恶。男女编发，以牛毛为绳，接发梢至齐膝为奇。以鸟羽为衣。捣麦做饼为食。民不善煮海为盐。地产大绵布、小布足。贸易之货，用银、铁器、青烧珠之属。

他接着到了开罗，记述了当时的埃及王朝马木鲁克的情况，他称之为"马鲁涧"。汪大渊赞扬马木鲁克是一个幅员广大的国家，地中海和红海各国都受它控制。商业贸易发达，居民生活富裕。

汪大渊在结束了北非的访问之后，来到了东非，他首先记载的是索马里的纳卡塔，他译作"哩伽塔"：

哩伽塔，国居辽西之界，乃国王海之滨。田瘠，宜种黍。民叠板石为居，掘地丈有余深，以藏种子，虽三载亦不朽也。气候秋热而夏凉。俗尚朴。男女瘦长，其形古怪，发长二寸而不见长。穿布桶衣，系皂布梢。煮海为盐，酿黍为酒，以牛乳为食。地产青琅玕、珊瑚树，其树或长一丈有余，或七八尺许，（围）一尺有余。秋冬民间皆用船采取，以横木系破网及纱线于其上，仍以索缚木两头，人于船上牵以拖之，则其树槎牙，挂挽而上。贸易之货，用金、银、五色鞋、巫仑布之属。

他记载肯尼亚的马林迪：

第五章　唐至元代典籍所记载的西方世界

层摇罗，国居大食之西南，崖无林，地多渰。田瘠，谷少，故多种薯以代粮食。每货贩于其地者，若有谷米与之交易，其利甚薄。气候不齐。俗古直。男女挽发，穿无缝短裙。民事网罟，取禽兽为食。煮海为盐，酿蔗浆为酒。有酋长。地产红檀、紫蔗、象齿、龙涎、生金、鸭觜胆矾。贸易之货，用牙箱、花银、五色鞋之属。

汪大渊最后到达了昆仑古国首都基尔瓦·基西瓦尼，汪大渊称之为"加将门里"：

加将门里去加里两千余里的，乔木成林，修竹高节。其地堰潴，田肥美，一岁三收谷。通商贩于他国。气候常热。俗薄。男女挽髻，穿长衫。丛杂回人居之，其土商每兴贩黑囝往朋加刺，互用银钱之多寡，随其大小高下而议价。民煮海为盐，酿（蔗）浆为酒。有酋长。地产象牙、兜罗绵、花布。贸易之货，用苏杭五色鞋、南北丝、土绸绢、巫仑布之属。

汪大渊对北非和东非的记述，证实了元代中国与非洲贸易之发达，中国商品在非洲很受欢迎。

汪大渊以他亲身的航海实践写下的《岛夷志略》，是一部足以和他同时代的欧洲旅行家马可·波罗和非洲游历家伊本·巴图塔留下的游记并列的伟大著作。他在非洲东部海岸的航行，给以后中国航海家探索印度洋南部地区起到了开导的作用。①《岛夷志略》上承南宋周去非的《岭外代答》和赵汝适的《诸蕃志》，下启明初马欢的《瀛涯胜览》、费信的《星槎胜览》等书。但《岭外代答》，特别是《诸蕃志》，其内容主要是作者耳闻，而不是亲历。

《岛夷志略》是研究 14 世纪上半叶亚、非、欧各国历史、地理、经济、文化的重要文献，也是考察中国元代远洋航海活动的珍贵史料。自元以来，这部著作为中外研究海上交通的学者所重视。

---

① 沈福伟：《中国与非洲——中非关系二千年》，北京：中华书局1990年版，第405页。

第六章　明清之际对西方的新认知

一　明前期的海外知识

经过元朝那个中西交通大开的时代，中国与西方世界的交往大大地发展起来，中国人对外部世界的认知也大为扩大。但是，元朝也是一个短命的王朝，也就一个世纪的时间。明代元兴后，国际格局面临大动荡、大改组，国际秩序亟待重建，国内也面临着恢复和重建以汉文化主导的社会秩序的重要任务。明朝对内采取休养生息的政策，对外放弃了元朝的对外扩张战略，实行"怀柔"的羁縻手段，在西洋、东洋、西域三个地区的全方位外交，致力于一种"共享太平之福"的理念，重建一种合法性的国际秩序。与此同时，在和平邦交的基础上，再度激活了联结亚、非、欧之间的陆上和海上的通道，形成了中国古代史上又一个对外交往极为繁荣的时期。

洪武四年（1371）九月，明太祖在奉天门召集臣僚，郑重阐述了他所制定的对外政策总纲领："海外蛮夷之国，有为患于中国者，不可不讨；不为中国患者，不可辄自兴兵。"洪武二十八年（1395）《皇明祖训》刊布，进一步提出对周边国家的外交政策，宣布将朝鲜、日本等15个海外国家列为"不征之国"，告诫后世子孙不得恣意征讨。这15个国家是：朝鲜国、日本国、大琉球国、小琉球国、安南国、真腊国、暹罗国、占城国、苏门答腊国、西洋国、爪哇国、湓亨国、白花国、三佛齐国、浡泥国。

这 15 个国家，是当时与明朝建立了交往的国家，是明朝初年已知范围内周边"隔山限海"的国家。这些国家基本上都在当时明朝人认为的东洋范围，即今天的东北亚和东南亚地区的国家。

明成祖继承了这一外交政策。明成祖在位时期，虽有南侵安南，北征瓦剌之举，但其外交政策的核心仍是"锐意通四夷"。成祖即位之初，即对礼部诸臣表示："帝王居中，抚驭万国，当如天地之大，无不覆载。"（《明成祖实录》卷二三）他以与汉唐宋元盛世相比隆的气势，提出"抚驭万国"的政治原则。明成祖既是从"抚驭万国"的政治上考虑，也是为了适应发展海外贸易的需要，广泛派出使节遍访海外诸国，招徕它们入明朝贡，实行"宣德化，柔远人"的外交政策。

在永乐至宣德年间，为大力发展中国与海外诸国间的友好关系，以郑和下西洋为中心，明朝对外派遣使节之频繁，远远超过以往朝代。这些派往海外的使节，为推动明初外交方针政策的实现，为中国在海外赢得声誉，做出了很大的贡献，同时也对郑和下西洋的伟大事业起到了很好的配合作用。随之而来的就是各国纷纷派遣使节来中国回访，中国在东南亚、南亚、西亚和非洲的影响达到了高峰，出现了"四夷归附，万国来朝"的空前盛况。

为了适应对外交往的需要，明朝加强了对外语人才的养成教育。明洪武年间，在南京应天府设会同馆。永乐五年（1407），在北京顺天府设四夷馆，下分八馆，专门负责笔译，隶属翰林院，选取国子监生培训。四夷馆是一所学习、研究亚洲诸民族语言文化的学校和研究所，"馆"的含义为学校，所以四夷馆是明代或清朝翰林院的"亚洲研究院"。① 四夷馆是主管翻译事务、兼培养"习译"人才的"译学"机构。四夷馆置译字生，教习亚洲诸民族语言文字，是为了培养了解诸夷历史地理、夷情的翻译人才。其目的主要是储备翻译人才，应急之用。《华夷译语》是四夷馆编撰的诸蕃语言和汉语的对译辞书，按天文、地理、人事、器物分门别类，对诸蕃语词汇进行汉译并列出汉字音译。

---

① 刘迎胜：《〈回回馆杂字〉与〈回回馆译语〉校释举例（"器用门"至"文史门"）》，载《中亚学刊》，1996 年第 5 辑。

四夷馆承担着翻译外国文书的任务。诸蕃朝贡、往来使臣,须经严格审查方可入境。遇到语言文字的审查和翻译事务时,由四夷馆译字生来完成。译字官、译字生经常被派到边关,进行译审,验放入贡夷人。

明朝大力发展官方外交,鼓励海外诸国入明朝贡,以"朝贡贸易"作为海外贸易的唯一合法形式,把海外贸易置于官方的严格控制之下,实行最大限度的控制和垄断。成祖一方面加强海禁,另一方面又对海外朝贡国家开放,进而派遣郑和下西洋,招徕朝贡使者,为之扫清海道,从而形成"四方宾服,受朝命而入贡者殆三十国,幅员之广,远迈汉唐"的鼎盛局面。贸易历来是文化交流和文化传播的一个十分重要的渠道和方式。除了交易和转运带有特定文化信息的物品之外,贸易活动本身还扩大了人员往来,增进了相互交往、相互了解、相互认识和相互交流,扩大了对彼此文化的认知。

成图于明洪武二十二年(1389)的《大明混一图》,是明初海外知识的重要基础。《大明混一图》为明代宫廷藏本,彩绘绢本,386×475cm,是一幅大挂图,图内主要表示明朝及邻近地区的各级居民地、山形、河流及其相对位置。其中国内部分纵比例尺为1∶106万,横比例尺为1∶82万。是中国目前已知尺寸最大、年代最久远、保存最完好的古代世界地图。

《大明混一图》以大明王朝的版图为中心,东起日本朝鲜,南至爪哇,西至非洲西海岸、西欧,北面到蒙古,显示了明朝及临近地区的各级居民地、山形、河流及其相对位置,以及镇寨、堡驿、渠塘、堰井、湖泊、泽池、边地、岛屿等共计1000余处。明初十三布政使司及所属府州县治用粉红长方形书地名表示,其他各类聚集地均直接以地名定位,不设符号。蓝色方块红字书"中都"(今安徽凤阳)、"皇都"(今江苏南京),指出了明初王朝的政治中心所在。山脉以工笔青绿山水法描绘,或峰或岭,各有其名。其中,五岳(泰山、恒山、华山、衡山、嵩山)和五镇(霍山、沂山、吴山、无闾山、会稽山)均精美醒目,在粉红长方形内注方位及名称。长白山、昆仑山、大小雪山涂以白色,意为终年积雪不消。全图水道纵横,除黄河外,均以灰绿曲线表示,注名者百余条。较大河流标明渊源。长江发源地标在四川松潘,入海口在江苏通州以东。所绘鄱阳、洞庭各湖泊位置准确。黄河以粗黄曲线表示,发源于星宿湖,入山东境内分二支,故道由利津入海,新道则经江苏淮安入海。海

第六章 明清之际对西方的新认知

洋以鳞状波纹线表示,海岸、岛屿的相对位置基本准确,礁石沙洲分别注明。与现在最吻合的就是从渤海到海南岛的沿海地形,渤海湾、山东半岛的形状非常接近,水系也很详细。长江的位置也与今差别不大,长江支流水系标示得更详细,其中,鄱阳湖、洞庭湖、太湖三大湖泊清晰可见。广东沿海似乎还显示了珠江口的位置,但雷州半岛、海南岛的位置偏西了。台湾岛、澎湖列岛及日本岛与今差异较大。图中有简要图说多处,主要说明特殊地区的自然状况、里程、民情风俗等。该图对于研究明朝时期世界各国政区建制与自然地理、中国的边疆地理与对外关系等均有重要史料价值。

在《大明混一图》上,欧洲和非洲地区描绘得都很详细,绘制得也很规整,而且笔法流畅。非洲大陆位于这幅地图的左下方,其中河流的方位非常接近尼罗河和奥兰治河,突出部分的山地与德雷肯斯山脉的位置吻合。可见明人已经有了关于非洲的知识。地图中还显示,在非洲大陆的中心有一个大湖,这可能是根据阿拉伯的传说绘制的。因为在传说中曾写道:"撒哈拉沙漠以南更远的地方有一个大湖,其面积远大于里海。"地图上,位于南部非洲的好望角,海陆线条精美,形制一目了然。

《大明混一图》的资料,大致来自往返印度的海船商人,包括阿拉伯的航海家,绘制过程中可能参照过阿拉伯的一些地图资料。中国科学院研究员汪前进认为,《大明混一图》国内部分依据朱思本《舆地图》绘成,非洲、欧洲和东南亚部分依据李泽民《声教广被图》绘成,而印度等地可能是依据札马鲁丁的《地球仪》和彩色地图绘制。北部还可能参照其他地图资料。汪前进说,《大明混一图》的绘制未见文献记载,他曾将依据朱思本《舆地图》增补的罗洪先《广舆图》与《大明混一图》对照分析,发现它们之间有惊人的相似之处,说明有同源关系。在《大明混一图》的西南部和《广舆图》的《西南海夷图》上都绘有同一形状的非洲、非洲东岸的岛屿和地中海等,地名用字、所标的位置也相同。但是,因为朱思本《舆地图》中没有绘制域外部分,所以再将这两图与比《大明混一图》晚的《混一疆理历代图都之图》进行比较,可发现三者在非洲、地中海部分均相同,而且《大明混一图》和《混一疆理历代图都之图》的欧洲、中亚部分也相同。后者是根据《声教广被图》所绘,所以《大明混一图》在这些区域应是依据《声教广被图》绘成的。但是,《大明混一图》中还绘有印度，且形状突出，而在《混一疆理历代国都之图》中则不明显，所以《大明混一图》的这一部分应该是参照了其他的地图。

图6-1-1 《明代东西洋航海图》，绘于1566—1620年，绢本彩绘。英国牛津博德利安图书馆中国文献馆藏

第六章 明清之际对西方的新认知

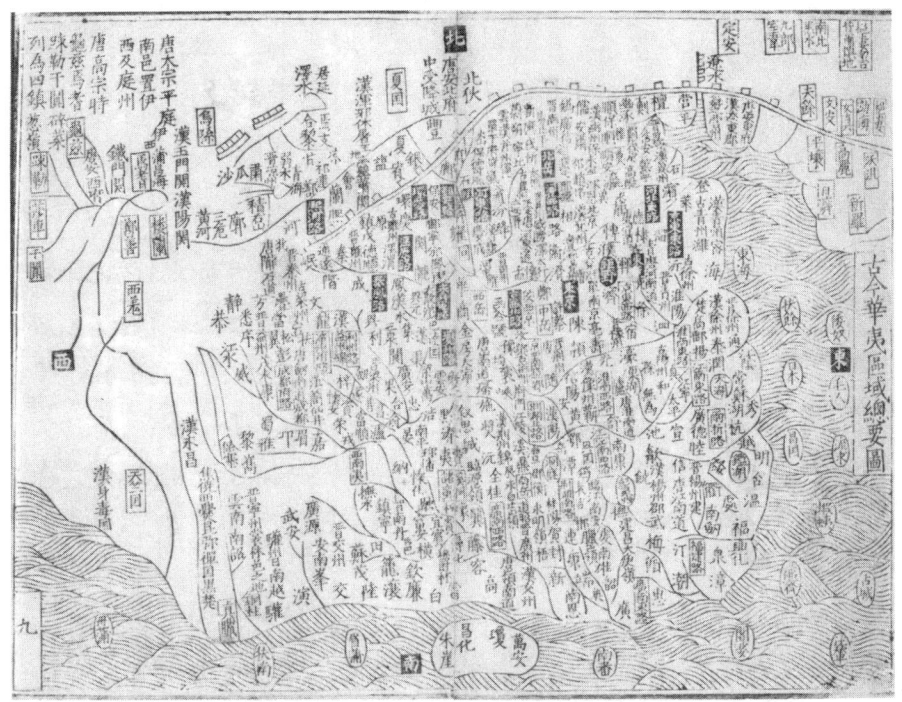

图6-1-2 明刊本《历代地理指掌图》之《古今华夷区域总要图》

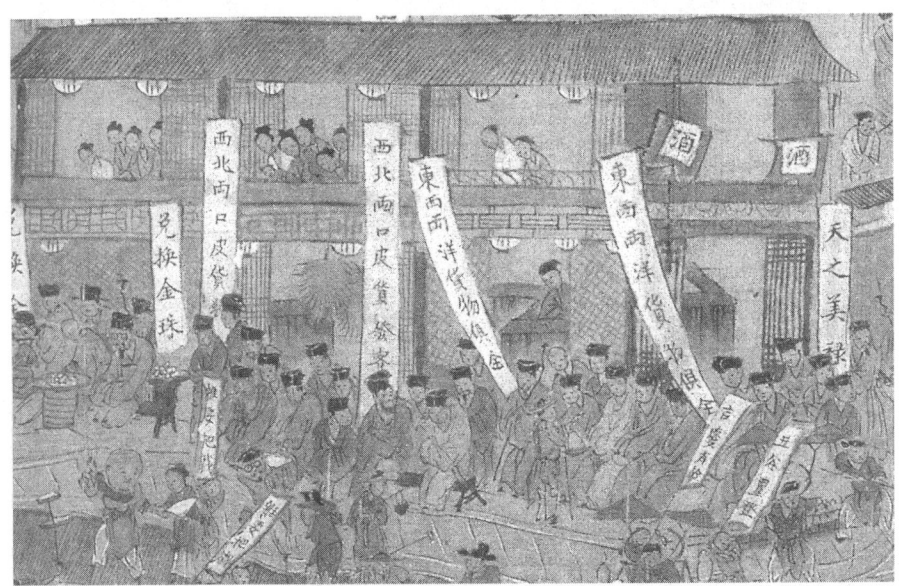

图6-1-3 明《南都繁会图卷》（局部），描绘了明代南京盛况。图中的大标语"东西两洋货物俱全"，反映了当时中国与西洋各国的贸易交往

中国典籍里的西方

二 郑和下西洋"三书"

明初最重要的外交活动是郑和下西洋。

郑和下西洋是一次规模庞大、影响广泛的国家外交活动。这场前无古人的远洋航海倾国家财力物力、调动全国的技术力量和军事力量,非在国家层面上进行不可。下西洋的动议是在永乐年间提出的,7次下西洋中,有6次是在永乐年间进行的,实际上正是永乐皇帝亲自决策和直接指挥了这场旷日持久的大航海事业。明成祖决策,令庞大的中国船队驶出国门,活跃在东南亚、南亚乃至阿拉伯和非洲东岸的广大海域,最后一次向世界显示中国作为航海大国的强大实力。

关于明代"西洋"的地理概念,明末张燮在《东西洋考》中以文莱即"婆罗国"为划分东西洋的界线,其西为"西洋",其东为"东洋"。《明史·外国列传》载:"婆罗,又名文莱,东洋尽处,西洋所自起也。"也就是说,以加里曼丹岛北部的文莱为界,东边的太平洋为"东洋",西边的印度洋为"西洋"。"西洋",也包含马六甲海峡以东的"南洋"地区。

明初郑和所下的"西洋",与张燮的划分有所不同。根据郑和本人所立的《天妃灵应之纪》碑对7次远航历程的总结,以及他的随员马欢、巩珍等人的著述所证,当时是以"苏门答腊国"(今苏门答腊岛萨马朗加)为"西洋总路头"。历史学家向达指出:"明代以交趾、柬埔寨、暹罗以西今马来半岛、苏门答腊、爪哇、小巽他群岛,以至于印度、波斯、阿拉伯为西洋。"[①] 历史学家冯承钧指出:"西洋二字,在现在固已丧失时效。然在当时地理概念尚未明了之时,凡玉门关以西的陆地,盖名之曰西域;南海以西的海洋及沿海诸地,盖名之曰西洋。所以印度东岸的 Cola 名曰西洋琐里,毛夕里(Mawsil)所产的纱布名曰西洋布(mousseline 或 muslin)。迨至耶稣会的传道师到了这里以后,方开始渐渐以西洋的名称专指欧洲。至若郑和所至之西洋,当然是包括印

---

① 向达校注:《两种海道针经》,北京:中华书局1961年版,序言第7页。

第六章 明清之际对西方的新认知

度洋而言。"① 历史学家万明指出:

> 明代初期,"东洋"和"西洋"是从海上划分的。根据马欢《瀛涯胜览》记载,当时是以南浡里国为东、西洋的分界,它位于今天的印度尼西亚苏门答腊岛。在岛的西北有一个很小的帽山,帽山以西被认为是西洋,也就是说今天的印度洋才被称为西洋,当年它叫作"那没黎洋"。帽山以东则是东洋。②

按今天的航区概念来说,即以马六甲海峡西口为界,其西的广大北印度洋水域为"西洋",其东的东南亚和东亚水域为"东洋"。③ 因此,郑和在永乐二十二年(1424)曾出使旧港,但因未入印度洋航区,所以并未将其列入下西洋的行纪中。

郑和下西洋,先后7次,历时近30年之久。七次下西洋所航行的路线略有不同。在航海沿途,船队设立了4大交通中心站和航海贸易基地。这4大交通中心站分别是占城、苏门答腊、锡兰山别罗里和古里。占城和苏门答腊属于中南半岛、马来半岛范围,为郑和船队发展南海及南洋海上交通,与东南亚各国进行航海贸易的要冲之地。别罗里和古里属印度半岛及其附近范围,为郑和船队发展印度洋和阿拉伯海上交通,与南亚、西亚和东非各国进行航海贸易的要冲之地。主船队利用这4大交通中心站,遵循惯常的主航线,与亚非各国开展贸易活动。此外,还分成若干分船队,从这四大基地出发,形成几条主要的分船队航线:

(1) 以占城新州港为据点,分别向东南的浡泥与西南的中南半岛和马来半岛诸地进发。

(2) 以苏门答腊为据点,一支北航榜葛剌,一支西航锡兰山,依次前往印度半岛西南海岸各国及其邻国。

---

① [法]伯希和:《郑和下西洋考·交广印度两道考》,冯承钧译,北京:中华书局2003年版,第8页。
② 万明:《明代中外关系史论稿》,北京:中国社会科学出版社2011年版,第6页。
③ 孙光圻:《中国古代航海史》,北京:海洋出版社1989年版,第498页。

中国典籍里的西方

（3）以古里为据点，一支北航波斯湾直达忽鲁谟斯，或绕阿拉伯半岛经佐法儿、阿丹，深入红海到天方国；一支则北航经波斯湾、亚丁湾，过曼德海峡，沿索马里的北海岸到东北方再经过须多大屿（索科特拉岛）、葛儿得风（瓜达富伊角）和哈甫泥（哈丰角），从而到达非洲东岸各国；一支则经小葛兰径航东非沿岸的木骨都束、卜剌哇、竹步、麻林、慢八撒等地。

（4）以锡兰山别罗里为据点，西南经溜山国直航东非沿岸木骨都束国。①

郑和船队以上述4大交通中心站为海运的枢纽，在广大的海域内建立起纵横交错的海上交通网络，使船队的航行尽可能达到所能达到的地方。

郑和所率领的庞大船队，在长达30多年的时间里，踏海扬波，行驶到波斯湾和非洲海岸，走了那么远的地方，大大地开阔了中国人的世界视野，丰富了中国人关于南洋乃至印度洋、波斯湾一带以及非洲的认知和了解，是中国人看世界、认识世界的一个重要篇章。

郑和下西洋的档案没有完整保留下来，郑和本身又没有著述，今人所见下西洋原始资料有3部基本文献，即马欢《瀛涯胜览》、费信《星槎胜览》、巩珍《西洋番国志》，即郑和下西洋史地"三书"，都是当时跟随下西洋的人所著。下西洋三书虽在内容上详略有别、各具特点，然而都明确记述了郑和船队"前往海外，开诏颁赏，遍谕诸番""宣布纶音往夷域"的共同使命，同时还记载了万里远航中"浮针于水，指向行舟"的航程；大量记述了海外各国的天时气候、物产之别、疆域之制，更详记了途经各国的地理位置、疆域范围、气候变化，以及矿产、林木、果蔬、禽兽、水产等自然资源。从而丰富了人们的地理概念和航海知识，扩大了国人对外部世界的认识。

马欢《瀛涯胜览》一书在三部书中史料价值最高，是研究郑和下西洋不可或缺的参考文献。此书久已蜚声中外，不仅是明代一系列有关中外关系记载、清修《明史·外国传》的史料渊薮，也是古代中外交往史上影响最大的史籍之一，在国内外产生了很大影响。

---

① 郑一钧：《郑和下西洋对15世纪初期世界文明发展的贡献》，王天有、徐凯、万明编：《郑和远航与世界文明——纪念郑和下西洋600周年论文集》，北京：北京大学出版社2005年版，第32—33页。

第六章 明清之际对西方的新认知

《瀛涯胜览》19篇，记载了占城、爪哇、旧港、暹罗、满剌加、哑鲁、苏门答腊、那孤儿、黎代、南浡里、锡兰山、小葛兰、柯枝、古里、溜山、佐法儿、阿丹、榜葛剌、忽鲁谟斯、天方等20个国家和地区的情况。每一个国家都单独成篇，皆记录前去的航行路线。《瀛涯胜览》以简洁的文字对其位置、沿革、重要都会港口、山川地理形势、社会制度和政教刑法、人民生活状况、社会风俗和宗教信仰、生产状况、商业贸易和气候、物产、动植物等做了翔实而生动的叙述。《瀛涯胜览》中对这些国家的民俗描写细致入微，被各国学者公认为重要的史料，被广泛引用。例如，在《暹罗国》一章中写了青年男子切割阳物外皮，嵌入十几颗锡珠，富人则嵌空心金珠，内嵌细沙，行动有声。欧洲一些旅行家也记述过这个民俗，但不如马欢记述得详细。《暹罗国》等篇所录日常事务均由妇人主管之类的风习，则可取作社会发展史研究的实证。

马欢，字宗道，号会稽山樵，浙江会稽（今绍兴）人。他通晓阿拉伯语，任通事（翻译官），曾随三宝太监郑和于永乐十一年（1413）、永乐十九年（1421）和宣德六年（1431）三次下西洋。《瀛涯胜览》一书在马欢第一次跟随郑和下西洋时就开始动议写作，并广集材料。他将下西洋时亲身经历的20国的航路、气候、物产、工艺、交易、货币和土产动植物等状况记录下来，从永乐十四年（1416）开始著书，此后经过35年修改和整理，在景泰二年（1451）完成。《瀛涯胜览》的撰写与修订长达近40年之久。

《星槎胜览》的作者费信，字公晓，吴郡昆山（今江苏昆山）人。费信14岁时，代亡兄当兵，戍江苏太仓。费信先后参加了第三次（1409）、第四次（1413）、第五次（1416）、第七次（1431）的下西洋，是下西洋史地"三书"的作者中下西洋次数最多的作者。

费信每到一地，抓紧公务之余，"伏几濡毫，叙缀篇章，标其山川夷类物候风习，诸光怪奇诡事，以储采纳，题曰《星槎胜览》"。于明正统元年定稿。费信还说他"二十余年，历览风土人物之宜，采辑图写成帙"。这似乎说该书原配有绘画插图，包括地图、海图。但后来插图亡佚，没人见过。

《星槎胜览》分前后两集，前集所记占城国、宾童龙国、昆山、昆仑山、

中国典籍里的西方

交栏山、暹罗国、爪哇、旧港、满剌加国、九洲山、苏门答腊国、花面国、翠兰屿、锡兰山国、小唄喃国、柯枝国、古里国、忽鲁谟斯国、剌撒国、榜葛剌国，均为费信亲身游历过的国家和地区。后集所记真腊国、东西竺、淡洋、龙牙门、龙牙菩提、吉里地闷、彭坑、琉球国、三岛、麻逸国、假里马打国、重迦逻、浡泥国、苏禄国、大唄喃国、阿丹国、佐法儿国、竹步国、木骨都束国、溜洋（山）国、卜剌哇国、天方国、阿鲁（群岛）国等国家和地区，均为采辑旧说传闻而成，其中有些内容采自元代汪大渊的《岛夷志略》。所记40余国对其位置、沿革、都会、港口、山川地理形势，社会制度及政教刑法，人民生活状况，社会风俗和宗教信仰以及生产状况，商业贸易和气候、物产、动植物等，做了扼要的叙述。

该书补充了《瀛涯胜览》所未收录的20多个亚非国家和地区，对于研究15世纪初亚非各国，特别是下西洋船队抵达访问的三个非洲国家（竹步、木骨都束、卜剌哇）的基本情况，极有价值。书中对郑和船队访问各国的一些情况，也做了记述，是研究下西洋和中西交通史的重要史籍之一。

《星槎胜览》中详细记录了沿途的航线和日程。这些航程以占城、满剌加、苏门答腊、古里为重要航站，船队总是先到达这几个航站，再由这几个重要的中转站，分抵西洋各国。

《西洋番国志》的作者为巩珍。巩珍，号养素生，应天（今南京）人，兵士出身。宣德五年（1430）郑和最后一次下西洋，他为总制之幕（相当于秘书）随行，往还3年，历20余国，凭通事转译，询悉各国事迹。巩珍归后写成《西洋番国志》一卷。他自述"凡所纪各国之事迹，或目及耳闻，或在处询访，汉言番语，番凭通事转译而得，记录无遗。中有往古流俗，希诧变态，诡怪异端而或疑，或传译舛而未的者，莫能详究"。

《西洋番国志》全书20则，记述郑和第七次下西洋的经过。书中记录了郑和船队经过的20个不同的国家和地区：占城国，爪哇国、旧港国、暹罗国、满剌加国、苏门答腊国、哑鲁、南巫里、柯枝国、小葛兰、古里国、阿丹、榜葛剌、忽鲁谟斯国、天方等，对此行途中的山川形势、人物风俗、物产气候等，都一一做了忠实而详尽的记录，所谓"人物妍媸不同，居止洁秽等别；

第六章　明清之际对西方的新认知

气候常如春夏，秋霜冬雪皆无；土产风俗，各不相类"等。此外，还收录了明永乐十八年、十九年及宣德五年的3通敕书。《西洋番国志》在条目篇章设置、顺序、国家地区的译名等方面与《瀛涯胜览》一样，在内容上也与《瀛涯胜览》基本类同。

巩珍在《西洋番国志自序》中记录了许多重要的航海知识，如说："唯观日月升坠，以辨西东，星斗高低，度量远近。皆斫木为盘，书刻干支之字，浮针于水，指向行舟。"这是记述当时船队用"牵星过洋"和水罗盘定向相结合的方法来确定航向。为了准确地判定航向和里程，船队还要选取有经验的船师担任"火长"，多是选取福建广浙一带"驾船民艄中有经惯下海者"，其执掌"针经图式"，以保"更数起止，计算无差"。巩珍还描述了下西洋宝船"体势巍然，巨无与敌，篷帆锚舵，非二三百人莫能举动"的壮观景象；记载了船队每停泊一处，需及时"汲取淡水，水船载运，积贮仓储，以备用度。斯乃至极之务，不可暂驰"。凡此种种，描写细致，均为研究15世纪中国航海史的重要材料。

马欢《瀛涯胜览》、费信《星槎胜览》和巩珍《西洋番国志》"三书"，以亲身的见闻，记载了郑和下西洋的详细经历，是记载郑和船队所见所闻的第一手材料，具有重大的历史价值和史料价值。

这"三书"都明确表达了明朝"宣德柔远"，加强中外联系、"共享太平之福"的意愿。费信说："太宗文皇帝德泽洋溢乎天下，施及蛮夷，舟车所至，人力所通，莫不尊亲。执圭捧帛而来朝，梯山航海而进贡。礼乐明备，祯祥毕集。"马欢说"圣明一统混华夏，旷古于今孰可伦"；巩珍则认为永乐皇帝"制作谋谟，腾今迈古"。"宣布纶音"的目的意在用仁义来感化西洋各国，使他们都来效法中国的礼乐制度，敬顺天道纲常，彼此和睦相处，密切联系，以"共享太平之福"。

下西洋"三书"记载了万里远航中"浮针于水，指向行舟"航程，大量记述了海外各国的天时气候、物产之别、疆域之制，从而丰富了人们的地理概念和航海知识，扩大了国人对外部世界的认识。他们还记录了航行沿途的山形水势，以及运用罗盘浮针、牵星过洋等航海知识。

下西洋"三书"更详记了途经30余国的地理位置、疆域范围、气候变化,以及矿产、林木、果蔬、禽兽、水产等自然资源,对亚非各国记载的地理范围虽然没有超出元代汪大渊的《岛夷志略》,却对《岛夷志略》的内容有重要的补充。汪大渊对亚非国家地区的记载,每条之下往往只有寥寥几句,语焉不详,让人费解。而"三书"中每国每地的内容都十分丰富,其中费信书于地理、疆域的记载更详,马欢书则于物产的叙述更细。"三书"对西洋各国地理物产的记录亦对《岛夷志略》有重要补充。比如,"三书"所记之"柯枝国""阿丹国""佐法儿国",《星槎胜览》所记之"九洲山""翠蓝屿""剌撒国""竹步国""木骨都束国""卜剌哇国",《瀛涯胜览》《西洋番国志》所记之"黎代国"等10个国家与地区皆为《岛夷志略》所无。"三书"所记之锡兰山国、忽鲁谟斯国、溜洋国、阿鲁国,汪大渊则分别称为僧加剌、甘埋里、溜山、淡洋;马欢、巩珍书所记之南淳里国,汪大渊称喃巫哩;费信书所记之吉里地闷,汪大渊则称古里地闷。这些也可以看出明代中国对西洋地区的认识,在元人的基础上又有了发展变化。

"三书"对西洋各国物产的记载,可补《岛夷志略》的内容更多。《岛夷志略》所记海外物产品名的数量可谓繁多,据统计有350余种,而"三书"对西洋各国物产的记录可补《岛夷志略》者,又多达100余种,其中珠宝类的如青米兰石、昔剌泥、金刚钻、玛瑙、黑珀等;林木类的如白檀香、花梨木、观音竹等;果蔬类的如沙弧米、万年枣、芦荟、胡荽、胡萝卜等;禽兽类的如火鸡、马哈兽、珍珠鸡、飞虎、麒麟等;水产类的如马鲛鱼、鼍龙、神珠等。他们还形象地记录了西洋许多奇珍异产的详状,如占城的观音竹"如细藤棍样,长一丈七八尺,如铁之黑,每一寸有二三节,他所不出";旧港的火鸡"大如仙鹤,圆身簇颈,比鹤颈更长,头上有软红冠,似红帽之状,又有二片生于颈中。嘴尖,浑身毛如羊毛稀长,青色。脚长铁黑,爪甚利害,亦能破人腹,肠出即死。好吃烧炭,遂名火鸡"。

下西洋"三书"还特别注意从社会制度、文化习俗、经济活动等各个方面,介绍海外诸国的社会面貌,记载了西洋各国的社会制度、军事、法律等方面的情况。如占城国"酋长所居高广,屋宇门墙俱砖灰叠砌,及坚硬之木雕琢兽畜之形为华饰，外周砖垣，亦有城墙之备""其部领所居，亦分等第。门高有限，民下编茅复屋，门不过三尺，过则即罪之"。爪哇、暹罗、阿丹等国重兵习武，阿丹国"人性强梗，有马步锐兵七八千，所以国势威重，邻邦畏之"。暹罗"风俗劲悍，专尚豪强""削槟榔木为标枪，水牛皮为牌，药镞等器，惯习水战"。爪哇兵为"诸蕃之雄"。占城国刑罚严峻，"罪轻者以藤条杖脊，重者截鼻，为盗者断手，犯奸者男女烙面成疤痕。罪甚大者，……令罪人坐于尖木之上，木从口出而死"。印度半岛的榜葛剌国"国法有笞、杖、徒、流等刑，官品衙门印信行移皆有，军亦有官管给粮饷"。而在一些国家，社会形态还处在比较落后的阶段，如与爪哇相邻的重迦逻"无酋长，以年高德者王之"。印度半岛的柯枝、古里有"木瓜"民，"无屋居之，唯穴居树巢"。溜洋国居民也是"巢树穴居"，"裸形无衣，唯结树叶遮前后也"。

"三书"记载了西洋各国的民俗民情，如占城、爪哇国民俗忌人摸头，"如有触其头者，如中国杀人之恨"。爪哇、锡兰等地有好吃槟榔之俗，终日"不绝于口"。暹罗旧有鸟葬之俗，"人死，抬尸于郊外海边，放沙际，随有金色之鸟大如鹅者，三五十数，飞集空中，下将尸肉尽食飞去。余骨家人号泣就弃海中而归，谓之鸟葬"。印度半岛的榜葛剌国、波斯湾口忽鲁谟斯国的耍虎、耍羊、耍猴等杂耍马戏，技艺绝胜。"三书"所记各国淳朴的民风，如苏门答腊北边的花面国"强不夺弱""富不倚骄，贫不生盗，可谓一区之善"。马来半岛上的龙牙犀角地区民风淳厚，"以亲戚尊长为重，一日不见，则携酒持肴而问安"。天方国则"居民安业，风俗好善"。西洋各国有的已有文字，如占城、爪哇皆有文字，然无纸笔，占城"用羊皮槌薄，或树皮熏黑""以白粉蘸字为记"；爪哇则"以尖刀刻之，亦有文法，国语甚美软"。"三书"还详细记述西洋各国之宗教习惯和习俗，《瀛涯胜览》记占城、暹罗、锡兰、小葛兰、柯枝、古里等国的佛教习俗和传说，记东南亚、阿拉伯等国家的伊斯兰教仪式和穆斯林不食猪肉、妇女蒙面的习俗。《星槎胜览》详细描述了天方国即麦加的圣殿、黑石等结构、形状。

"三书"还注意记载西洋各国的农业、手工业生产和经济活动。东南亚各国因"田沃勤热"，所以农业往往比较发达。如暹罗"田平而沃，稼多丰熟"；

中国典籍里的西方

旧港"田土甚肥,倍于他壤。古云:一季种谷,三季生金。言其米谷盛而为金也。民故富饶"。而阿拉伯半岛、东非等国则因"数年无雨""草木不生",所以不合耕种。如佐法儿国"田广而少耕,山地皆黄,亦不生草木,牛羊驼马唯食鱼干"。手工业方面,西洋各国所生产多有海盐、西洋布、酿酒等。酒的品种多样,如榜葛剌国"酒有三四等,椰子酒、米酒、树酒、荧樟酒",有些地方还有"蔗酒"。西洋人民心灵手巧,善于就地取材,一物多用。如古里国"其椰子有十般使用。嫩者有浆甚甜,好吃,可酿酒。老者椰肉打油、做糖、做饭吃。外包之穰,打索、造船。椰壳为碗、为杯,又好烧灰,打镶金银细巧生活。树好造屋,叶好盖屋"。"三书"还记述了各国的货币流通,如《西洋番国志》记爪哇、旧港用中国铜钱,暹罗以海贝为钱,苏门答腊的七成淡金铸钱称"底哪儿",古里国的六成金铸钱称"吧南",佐法儿的金币称"倘加",阿丹国的金币称"甫噜黎"、铜币称"甫噜斯",榜葛剌国的银币亦称"倘加",忽鲁谟斯国的银币亦称"底哪儿"。

"三书"还记述了中外交通的历史和中国人移居海外与当地居民友好相处的史实,记载了中国人在东南亚许多国家和地区成批聚居,建立新村;或杂居于当地,与"原住民"通婚生活,世代繁衍的历史与现实,体现了中外文化交流的密切联系,展示了中外贸易的繁荣。[①]

除了上述郑和下西洋"三书"外,还有明人所作三书,年代相去不远。这"三书"是黄省曾《西洋朝贡典录》、茅元仪《武备志》卷二四〇之海图和罗懋登《三宝太监下西洋记》。

《西洋朝贡典录》3卷,黄省曾撰,纂修于正德十五年(1520)六月,至清嘉庆十三年(1808)才刊印。《西洋朝贡典录》是黄省曾根据费信的《星槎胜览》、马欢的《瀛涯胜览》等书编成的。《西洋朝贡典录》分3卷:上卷述占城、真腊、爪哇、三佛齐、满剌加、浡泥、苏禄、彭亨、琉球九国。中卷述暹罗、哑鲁、苏门答腊、南浡里、溜山、锡兰山、榜葛剌七国。下卷述小葛

---

① 本节部分参考毛瑞方:《明代西洋三书的域外史记载与世界性意识——读〈瀛涯胜览〉〈星槎胜览〉〈西洋番国志〉》,载《淮北煤炭师范学院学报》(哲社版),2007年第6期。

第六章 明清之际对西方的新认知

兰、柯枝、古里、佐法儿、忽鲁谟斯、阿丹、天方七国。记录了郑和所至23国的道里、山川、风俗、物产、器用、语言。校正了《瀛涯胜览》《星槎胜览》书中一些文字错讹和脱文，补充了两书中所无的各地土特产品和贡品，其中关于针路的记载更是其他书中所少见的资料。

《三宝太监西洋记》，又名《三宝开港西洋记》《三宝太监西洋记通俗演义》，简称《西洋记》。作者罗懋登，作有传奇《香山记》，并注释传奇多种。本书虽然取材于史事，但不是历史演义小说，小说着意描绘的乃是降妖伏魔，故属神魔小说。作者将明代永乐年间郑和七次奉使"西洋"的史实铺陈描绘成神魔小说，希望借此激励明代君臣勇于抗击倭寇，重振国威。小说叙开天辟地，万劫九流，其中有三大管家：儒、释、道。郑和在碧峰长老和张天师的协助下，一路斩妖捉怪，慑服诸国。本书是明代中叶前后神魔小说中的一部代表作，曾产生过较大影响，其中保留的许多民间文学和历史资料，具有很高的价值。

第三部著作是《武备志》，其中收录了《郑和航海图》，具有特别重要的价值。或者可以说，正是因为《武备志》才使得《郑和航海图》得以保存和流传下来。

《郑和航海图》在《武备志》中叫作《自宝船厂开船，从龙江关出水直抵外国诸蕃图》。《郑和航海图》原图呈一字形长卷，收入《武备志》时改为书本式，自右而左，有图20页，共40幅，最后附《过洋牵星图》2幅。海图中记载了530多个地名，其中外域地名有300个，最远的东非海岸有16个。标出了城市、岛屿、航海标志、滩、礁、山脉和航路等。其中明确标明南沙群岛（万生石塘屿）、西沙群岛（石塘）、中沙群岛（石星石塘）。

《郑和航海图》上的航区，主要由4部分组成：一是内河航区，起自南京龙江关（今南京下关），止于长江口；二是东南沿海区，止于福建厦门五虎门；三是近洋航区，止于东南亚诸国及印度半岛；四是远洋航区，止于非洲东海岸。该图所示的地域非常广阔，航线众多、漫长。图中郑和船队所经之地均有命名，涉及的地区为今天的中国、越南、文莱、柬埔寨、泰国、印度尼西亚、马来西亚、新加坡、缅甸、斯里兰卡、印度、马尔代夫、也门、伊拉克、阿拉伯、索马里、坦桑尼亚、阿联酋、卡塔尔、巴林、科威特、塞舌尔、马达加斯加、科摩罗、莫桑比克等，约 500 个地名中，外国地名约 300 个，大大超过汪大渊《岛夷志略》一书所收的外国地名。如这张航海图中的非洲大陆东、南海岸，标注着 15 个地名。其标注原文自北至南分别为：葛儿得风、哈甫泥、木儿立哈必儿、黑儿、剌思那呵、抹儿幹别、木骨都束、木鲁旺、十剌哇、慢八撒、起若儿、者剌则即哈剌、门肥赤、葛答干、麻林地。15 世纪以前，中国关于亚非两洲的地理图籍，以《郑和航海图》最为详尽。该图不仅是研究郑和下西洋和中西交通史的重要图籍，在世界地图学、地理学史和航海史上，也占有重要的地位。

《郑和航海图》是郑和航海实践的一份重要成果。《郑和航海图》是郑和船队根据航海实践和长期考察经验所绘制的，是我国现存年代最早的一份航海图。《郑和航海图》也是世界上现存最早的航海图集。以航海的实用性为特点，突出导航、定位所需的基本要素，具有较高的实用价值。该图集除指导当时和以后的古代航海具有重要意义，还对后人研究中国古代航海史和亚非航线的开辟，起到重要作用。

图 6-2-1 马来西亚槟城寺庙的郑和下西洋宝船壁画

第六章 明清之际对西方的新认知

图6-2-2 《郑和航海图》局部

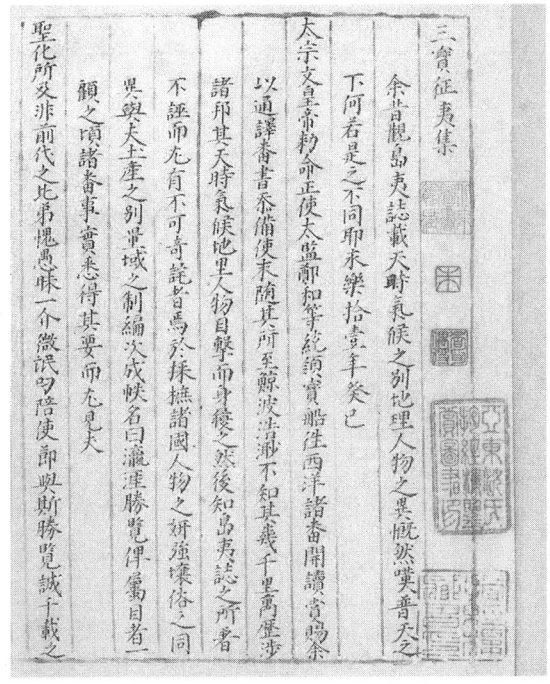

图6-2-3 《三宝征夷集》书影

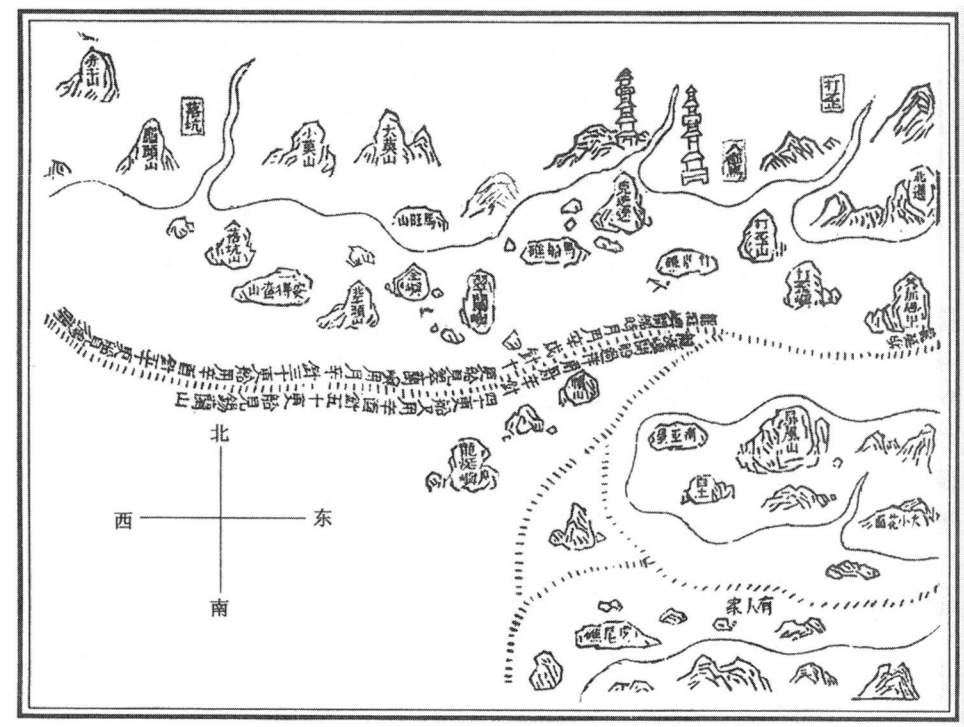

图6-2-4 《武备志》载郑和下西洋航海针路图

三 大航海时代带来的新视野

从15世纪中叶开始,西欧国家掀起了开辟全球性海上新航路的探险热潮。1486年至1487年,葡萄牙航海家迪亚士(Bartholmeu Dias,约1450—1500)率领的探险队航达好望角;1492年,西班牙哥伦布(Christopher Columbus,1451—1506)船队横渡大西洋,到达中美洲;1492年至1498年,葡萄牙达·伽马(Vasco da Gama,1460—1524)远征队从里斯本出发,绕过非洲南端,抵达卡利卡特,首次打通了东印度航路;1519年至1521年,西班牙麦哲伦(Fernando de Magallanes,1480—1521)船队进行了人类历史上第一次环球航行。

第六章 明清之际对西方的新认知

在这个时代的海上探险活动中,葡萄牙人充当了先锋。在14世纪和15世纪上半叶,葡萄牙的船队已经沿着非洲曲折的海岸走了相当远。当时他们形成了这样一个概念:也许再往前一些,海岸会向东转,到印度群岛和中国的路就会通了。1497年,葡萄牙政府组建和装备了一支舰队,去探索由葡萄牙起绕过非洲前往印度的海上航道。这支舰队由航海家瓦斯科·达·伽马率领,航行绕过了好望角,之后在非洲的东岸摸索上航到达马林迪,在那里找到一个阿拉伯领航员给他们指路,通过印度洋到了印度。1498年5月28日,伽马率领的葡萄牙舰队在印度卡利卡特城附近的一个停泊场抛下了锚。从此以后,葡萄牙的船只就经常取道好望角驶向东方,回去的时候满载着香料、丝绸和珠宝等贵重货物。他们还占据了锡兰、苏门答腊、爪哇和香料群岛。

新航路开辟之后,最先抵达中国的欧洲人是葡萄牙人。葡萄牙商人最早来中国者,始于1513年。当时限中国惯例,不许外人入境,故未能登陆,仅在屯门岛上交换商品。这些商人的行动属于私人性质,不是官方派遣的。1517年,葡领麻剌甲总督选派国王的药剂师皮列士(Tome Pires)为官方使节,由安德拉德(Fernão Pires de Andrade)率领8艘武装舰船护送,于1517年8月15日抵达广州屯门港。此为葡政府正式通使中国之始。

1518年,阿德拉德之弟西蒙·安德拉德(Simao de Andarde)又率舰队驶往屯门。西蒙·安德拉德擅自占据屯门岛,建筑棚寨,掠买人口,剽劫行旅,沿海乡村,横遭其祸,引起群情之愤。1521年9月,广东海道副使汪鋐奉命抗击,发生屯门之战,将占据屯门岛的葡萄牙人全部驱逐出境。不久,又发生新会的西草湾之战,葡人仍以失败告终。在1521—1522年,所有葡萄牙船只都被强行逐出广东海岸,同时明廷颁发一道圣旨,禁止一切与"番鬼"的贸易。

葡萄牙人自然不愿意轻易放弃与中国这样大有可图的贸易机会,所以他们转至福建和浙江沿海,进行走私贸易。宁波附近的双屿港、大厦门湾南端的浯屿岛和月港等地,成为他们的临时性驻地。以后,葡萄牙人又乘中国开放海禁之机,在广东海岸的上川岛和浪白落等地进行走私和贸易活动。到1553年,葡萄牙人获得了在澳门停留的权利,从此以澳门为据点,展开了对中国的大规模贸易活动。

中国典籍里的西方

葡萄牙殖民者在澳门立足以后，即把澳门当成同印度和日本贸易的中转站，并由此建立起庞大的东方贸易网络。从明末到清嘉庆年间，澳门是东南亚一个重要的国际贸易中心，是葡萄牙人从事亚洲至欧洲、亚洲以及至拉丁美洲国际间贸易的中转站和通往世界各地的海运中心。

葡萄牙人的海上扩张活动激起了欧洲各国的效仿。

16世纪末17世纪初，继葡萄牙人东来之后，又有西班牙、荷兰、英国侵入东南亚海上诸国。西班牙的对华贸易主要依靠"中国—马尼拉—墨西哥"的"大帆船"贸易，再从墨西哥转运回西班牙，从而形成了横跨太平洋和大西洋两大洋的海上贸易线路。后来不再经过墨西哥，直接开展了"中国—马尼拉—西班牙"的"大三角"贸易。荷兰人占据中国台湾期间，以台湾地区作为贸易据点，荷兰与中国的贸易绝大部分都由台湾地区中转。

1600年，英国成立东印度公司，取得对东方贸易的垄断权。1635年，葡萄牙印度总督授予英国东印度公司在葡萄牙远东殖民地贸易的权利，同年租用英国船"伦敦号"到中国运货。这只商船抵达澳门后，船上的英国人径直上岸与中国人交易。从此，英国商船开始了与中国的直接贸易。1689年，英国有两艘商船到达厦门，还有一艘英国商船正式进入广州黄埔港。此后，英国商船来华日益增多。1715年，英国东印度公司在广州正式设立商馆，以后每年都有商船来华，最多的年份达到10艘。

其他西方国家，如法国、丹麦、瑞典等国，也有商船开来中国。

这么多欧洲国家的商船来到中国，只有一个目的，就是通商，就是大批量采购中国商品。所以，明代后期开始，进入一个与欧洲直接通商的时期，对外贸易达到高峰。

康熙二十三年（1684）九月，康熙皇帝发布谕令，正式宣布开放海禁。之后，"粤东之海，东起潮州，西尽廉南，南尽琼崖，凡分三路，均有出海门户"（《粤海关》卷五《口岸一》）；福建、浙江、江苏沿海也是"江海风清，梯航云集，从未有如斯之盛者也"（《雍正浙江通志》卷八六《榷税》）；山东、河北、辽宁的港口"轻舟"贩运也十分活跃。根据史料记载，当时开放给中外商人进行贸易的大大小小港口计有100多处。北方以天津口为盛，其次是山东的登州、辽东的牛庄等港口。由此可知，虽然当时政府规定是广州、泉州、宁波、松江四口通商,但实际上中国整个沿海的大小港口都是开放贸易的。

清政府开放海禁以后,中国与近邻国家如日本、朝鲜、南洋地区的贸易以及与西方国家的贸易都有一定程度的发展,世界各个国家和地区的商人纷至沓来。东洋有日本、朝鲜;南洋有吕宋群岛、苏禄群岛、西里伯群岛、马六甲群岛、新加坡、婆罗洲、爪哇、苏门答腊、马来亚、暹罗、琉球、越南、柬埔寨、缅甸等国;欧洲有葡萄牙、西班牙、荷兰、英国、法国、丹麦、瑞典、普鲁士、意大利、俄国等国;美洲有美国、秘鲁、墨西哥等国;印度洋有印度等国,几乎所有亚洲、欧洲、美洲的主要国家都来广东与中国发生了直接的贸易关系。特别是美国,与中国发生直接贸易关系是从乾隆四十九年(1784)"中国皇后"号首航广州开始的。除了往返于日本、东南亚的商船外,欧美各国来中国贸易的商船数量也不断增加。

在不断增长的中西贸易中,不仅是双方具有民族特色的物产传播到对方的国家,而且人员的往来增多,文化信息的交流在增加,彼此都增长着进一步互相了解、互相认识的愿望。来往于中国和欧洲之间的商船,披波载浪,扬帆渡海,交换着两地人民创造的物质文明成果,也架设着中西文化交流的桥梁。与此同时,大批传教士东来,成为两种文化联系的先锋。他们担负着寻找新的福音之地的宗教使命,却成为中西文化交流的使者。

欧洲人沿着新航路东来,大批商船停泊在中国沿海港口,大批欧洲商人上岸与中国进行交易,增加了相互了解,扩大了中国人的世界视野。之前,中国人对外部世界的认识,主要还是在周边地区,对西方,先是西域,继而是印度、波斯和阿拉伯,在南方主要还是在东南亚和南亚。虽然也有一些关于欧洲的记载,比如"大秦国",但基本上还是基于传闻,并没有与欧洲人直接接触。明清之际对外贸易的发展,则是直接面对欧洲人,这时候,人们对于外部世界的眼光则指向了更远的"西方",指向了欧洲。虽然,在很长时间,中国人还分不清葡萄牙人、西班牙人、荷兰人和英国人,只是笼统称之为"夷人"或"洋人"。与此同时,不断传入的西方科学文化知识,包括天文学、地理学、算学、力学、物理学、医学和药物学等,还有西方哲学和逻辑,以及美术和音乐等艺术形式,部分地改变了中国人的学术传统和关于世界的观念图景。

中国典籍里的西方

图 6-3-1　16 世纪葡萄牙大帆船。就是这种船往来于中国和葡萄牙之间

第六章 明清之际对西方的新认知

图 6-3-2 穿越中国南海的英国东印度公司商船

图 6-3-3 明末清初广州怀远驿

中国典籍里的西方

四 利玛窦世界地图的流传与影响

在明清之际中西文化交流中发挥重要作用的是欧洲各国的来华传教士。他们不远万里，来到中国传教，采取了"学术传教"的路线，以传播学术文化作为宗教传播的途径和方法。为此，他们译著了许多西方近代科学著作，例如，利玛窦、熊三拔、金尼阁、邓玉函、汤若望、南怀仁、白晋等人都译著了许多较为重要的科学著作。传教士们把西方的天文、历法、数学、物理、地理、音乐、美术、建筑、机械制造、火炮技术等相继传入中国，在不同领域产生了不同的影响，掀起了中西文化交流的高潮。

传教士们介绍西方文化的著作，是写给中国人看的，都是用中文写作的。就像当年佛教高僧翻译的佛教经典一样，都是中国典籍的一部分。当时的人们也是这样看的，比如他们的许多译著都被编入《四库全书》或《四库全书书目提要》。

传教士们所传播介绍的西方科学文化知识，很重要的一项是对西方地理学以及世界地理知识的介绍。当时中国人的地理观念还很模糊，对欧洲、美洲的情况基本上是不了解的。比如传教士们初来的时候，要反复解释自己来自西方，来自"远西"，即比印度还要远的地方。大概当时中国人比较清楚的只有印度和波斯等，对于欧洲则没有什么地理概念。当时葡萄牙人的船只已经多次到过中国广东沿海，葡萄牙商人也在广东与中国进行贸易。但中国人把西方人都笼统地称为"佛郎机"，对西方各个国家和民族所在的具体区域，以及相互之间的区分并不清楚。如顾炎武《天下郡国利病书》卷一一九说："佛郎机国在爪哇南，古无可考。"所以，对于传教士们来说，向中国人介绍地理学知识，是有直接现实需求的。

利玛窦来华后把第一张世界地图引进中国。万历十一年（1583），他来到肇庆后，把一张他绘制的世界地图挂在客厅里，引起了来访官员和士大夫的极大兴趣。这是佛兰德斯地图学家奥特里（Abraham Oertel，拉丁文为Ortelius，

第六章　明清之际对西方的新认知

1527—1598）于1570年绘制印行的世界地图。此图原作在1546年由喀斯塔尔迪在罗马刊行，在威尼斯由弗尔拉尼·贝特利和卡莫西奥等人仿造，在安卫普特又由奥尔特利尤斯仿造。奥特里于1570年出版了包含70幅地图的地图集，于1573年又出版了包含17幅地图的地图集的补篇。1564年还制绘过一幅著名的世界地图。据李约瑟的意见，利玛窦带来的这张世界地图是奥特里在1570年刊行的一幅世界地图。这幅图采用的是平面投影绘图法，纬线是平行线，经线是曲线。李约瑟明确地把这种绘图法称为"文艺复兴时期的制图学"。这种方法比中国古代传统用的"计里画方"定位更精确。还有的学者指出，利玛窦地图还取材麦克托（Gerard Mercator, 1512—1594）、普朗修斯（Peter Plancius, 1552—1622）分别于1569年、1592年出版的世界地图。这3位都是欧洲佛莱明学派制图学家。①

肇庆知府王泮见到利玛窦的这张世界地图后，建议利玛窦以它为蓝本，绘制一张用中文标志的世界地图，并说这将会给他带来很大的声望和众人的赞许。利玛窦在耶稣会罗马学院里曾系统地学过天文学和地理学，因此他有能力为中国人绘制一张用中文说明的世界地图。原图依照欧洲制图学传统，将穿过福岛（Fortunate Islands，今非洲西北岸外之加那利群岛，Canary Islands）的本初子午线置于中央，中国则被挤到右边一个很不显眼的位置，而且画得非常简略。利玛窦在绘制这张世界地图的时候，他考虑到中国人一向把中国看成是世界的中央，为了使中国人更容易接受这张世界地图，"抹去了福岛的第一条子午线，在地图两边各留下一道边"②，这样本初子午线就向左移动170度，中国正好出现在地图中央的位置，把欧洲和非洲放在左边，把美洲放在右边。利玛窦把图中的各洲各国地名翻译成中文，并加注了许多说明，介绍了世界各大洲的情况。他还参阅《大明一统志》《广舆图》《古今形胜之图》《地理人子须知》《中国三大干龙总览之图》等中文地理图籍，结合亲身地理观察，详

---

① 梅晓娟、周晓光：《利玛窦传播西学的文化适应策略——以〈坤舆万国全图〉为中心》，载《安徽师范大学学报》（人文社科版），2007年第6期。
② ［意］利玛窦、［法］金尼阁：《利玛窦中国札记》，何高济、王遵仲、李申译，何兆武校，北京：中华书局1983年版，第180页。

中国典籍里的西方

细标注了中国的海岸线、山脉、水系、城市,其精密程度远非同时代的欧洲地图所能及。此外,他采用近代科学方法和仪器进行实地测量,画出北京、南京、大同、广州、杭州、西安、太原、济南八大城市的经纬度。因此,利玛窦世界地图的中国部分不仅比西文原图要翔实精确,对中国原图也有所补充。日本和朝鲜两国同属中华文化圈,利玛窦也参考中国地理图籍加以详细标注。

万历十二年(1584),王泮将这张地图刻印了几百份,名为《山海舆地图》,分发给两广的官员和读书人,引起了极大的反响,一时"荐绅多传之"。这张地图还辗转传到了两广以外的许多省份,甚至传到了南京和北京,许多士大夫都是从这张《山海舆地图》而闻知利玛窦的名字的。后来这张地图在南昌、南京、北京等地又被刻印至少达12次,并有过各种名称。应天巡抚赵可怀曾获得一张《山海舆地图》,他十分喜爱这张世界地图,在苏州把它刻在石碑上。利玛窦在万历二十九年(1601)献给万历皇帝的贡品中也有《万国图志》一册,收有西方各种世界地图53种。①

学术界一般认为,利玛窦绘制的地图主要版本有4个:

(1) 万历二十八年(1600)吴中明在南京刻制的《山海舆地全图》。
(2) 万历二十九年(1601)冯应京在北京刻制的《舆地全图》。
(3) 万历三十年(1602)李之藻在北京刻制的《坤舆万国全图》。
(4) 万历三十一年(1603)李应试在北京刊刻的《两仪玄览图》。

当时,中国人的世界地理意识还停留在中古水平,盛行的是罗洪先(1504—1564)根据元代制图家朱思本(1273—1333)《舆地图》增订重编的《广舆图》中传播的知识体系。利玛窦说:"他们对整个世界是什么样子一无所知。他们确乎也有与这幅相类似的地图,据说是表示整个世界,但他们的世界仅限于他们的十五个省,在它四周所绘出的海中,他们放置上几座小岛,取

---

① 洪煨莲:《考利玛窦的世界地图》,《禹贡》第5卷第3、4合期,1936年。

的是他们曾听说的各个国家的名字。所有这些岛屿都加在一起还不如中国一个最小的省大。因为知识有限,所以他们把自己的国家夸耀成整个世界,并把它叫作天下,意思是天底下的一切,也就不足为奇了"。① 这种观念在当时的士人中相当普遍,李之藻见到利玛窦的世界地图前曾绘制过中国15省的精确地图,"这对他就意味着全世界"②。

当代学者葛兆光指出,利玛窦的世界地图给中国造成了极大的震撼。"因为它告诉人们,第一,人生活的世界不再是平面的,这瓦解了天圆地方的古老观念。第二,世界非常大,而中国只居亚细亚十分之一,亚细亚又只居世界五分之一,中国并不是浩大无边的唯一大国,反而很小。第三,古代中国的'天下''中国''四夷'的说法是不成立的,中国不一定是世界的中心,四夷则有可能是另一些文明国度,在他们看来,中国可能是'四夷'。第四,应该接受'东海西海,心同理同'的想法,承认世界各种文明是平等的、共通的,而且真的有一些超越民族/国家/疆域的普遍主义真理。正是这些颠覆性的观念,利玛窦的世界地图给中国思想世界带来了一个隐性的、巨大的危机,因为它如果彻底被接受,那么,传统中华帝国作为天下中心,中国优于四夷,这些文化上的'预设'或者'基础',就将'天崩地裂'。"③

利玛窦的世界地图使当时的许多中国士大夫大开眼界,使他们获得了一种崭新的知识。在清楚划分的五洲、分明的经纬和到处写满国名的图上,他们开始意识到中国以外尚有辽阔的"天下"。一些有识之士渐渐认识到传统古代禹贡九洲、邹衍之说的陈旧狭窄和荒诞无据。徐光启曾说:"西泰子之言天地圆体也,犹二五之为十也。"瞿式谷声称世界地理新知在中国生根发芽,可以"破蜗国之褊衷"。

---

① [意]利玛窦、[法]金尼阁:《利玛窦中国札记》,何高济、王遵仲、李申译,何兆武校,北京:中华书局1983年版,第179—180页。
② [意]利玛窦、[法]金尼阁:《利玛窦中国札记》,何高济、王遵仲、李申译,何兆武校,北京:中华书局1983年版,第432页。
③ 葛兆光:《宅兹中国——重建有关"中国"的历史论述》,北京:中华书局2011年版,第109—111页。

中国典籍里的西方

万历二十九年（1601）李之藻接触到利玛窦的世界地图后，承认这种新的世界知识对于他的震撼，"地如此其大也，而在天中一粟耳，吾州吾乡，又一粟中之毫末，吾更貌焉中处，而争名竞利于蛮触之角也欤哉……"。他便醉心于西方制图学，指出中国传统制图学的缺陷，"余依法（西法）测验良然，乃悟唐人画寸分里，其术尚疏"。他们虽然不能完全肯定利玛窦所描绘的世界各国的状况是完全真实、确凿无疑的，但对这张地图所包含的各种新知识大多表示相信，并极尽赞美之词，持有热烈欢迎的态度。李之藻在刻印《坤舆万国全图》撰写的序中说：

舆地旧无善版，近《广舆图》之刻，本唐贾南皮画寸分里之法，稍以缜密。然取《统志》《省志》诸书详为校核，所载四履远近亦复有漏。……不谓有上取天文以准地度如西泰子《万国全图》者。彼国欧逻巴原有镂版，法以南北极为经，赤道为纬，周天经纬捷作三百六十度而地应之，每地一度定为二百五十里，与《唐书》所称三百五十一里八十步而差一度者相仿佛，而取里则古今远近稍异云。其南北则徵之极星，其东西则算之日月冲食种种，皆千古未发之秘。所言地是圆形，盖蔡邕释《周髀》已有天、地各中高外下之说；《浑天仪注》亦言地如鸡子中黄，孤居天内；其言各处昼夜长短不同，则元人测景二十七所已明载。唯谓海水附地共作圆形，而周圆俱有生齿，颇为创闻可骇。……其人恬澹无营，类有道者，所言定应不妄。又其国多好远游，而曾习于象纬之学，梯山航海，到处求测，踪逾章亥，算绝棣隶。所携彼国图籍，玩之最为精备，夫亦奚得无圣作明述焉者？……别有南北半球之图，横割赤道，盖以极星所当为中，而以东西上下为边，附刻左方，其式亦所创见。然考黄帝《素问》已有其意，……昔儒以为最善言天。今天观此图，意与暗契，东海西海，心同理同，于兹不信然乎！

冯应京也曾为他所刻《舆地图》作序，其中写道：

第六章 明清之际对西方的新认知

西泰子舆图,凡三授梓,递增国土,而兹刻最后,乃最详。大都以天度定轮广,以日行别寒(襖),以五大洲别疆界,物产、民风之环奇附焉。于戏!天下之观此图者众矣!或供卧游之兴,或广经略之谋,或销蛮(襨)之偏心,或鹜尘芥之虚见,傥亦有进于道者乎?《记》称:至圣德业,施及天地之所覆载,而莫不尊亲盛矣。崇伯子作《禹贡》,伊尹作《献令》,姬公作《王会》,毋亦为是诞敷文德,以恢无外之仁。乃周职方氏掌天下之图,四夷、八蛮、七闽、九貉、六狄止尔。延及我明,多方砥属,东南际海若朝鲜、暹罗、爪哇凡十有七国,西南夷若婆罗、满剌加凡二十九国,其由天方通者又十有六国,西域则泥剌、朵甘凡七国,其由哈密通者又三十有八国,北虏种类繁夥,佥受羁縻,视古声教为尤盛,视此图仅五分之一耳。所称无远弗届,是耶非耶?天下势分有限,心量无穷。心者,上帝所降衷,宇宙同之,随分所及,以尽此心,递相为唱和,递相为感应,拟议一室之中,流行八荒之表,且果以时地限哉。谛观殊方风土,尚有穴处者,不粒食不火食者,衣虫鱼皮者,结绳刻木叶者,食人者,食子者,为(馐)鹞食者,死而挂之树、葬之腹中者。……圣人立极绥猷,代天以仁万国,夫亦顺人心以利导,而吾徒顾瞻环宇,效法前修,各以心之精神,明道淑世,薪火相传,曷知其尽。即如中国圣人之教,西土固未前闻,而其所传乾方先圣之书,吾亦未之前闻,乃兹交相发明,交相裨益。唯是六合一家,心心相印,故东渐西被不爽耳。夫物非吾所有者,玩之丧志。悠悠方仪,万象咸载,吾道放之而皆准,讵忍遐遗,直当视如家园谱牒,油然兴并包之思焉。西泰子有云:神之接物,司记者受之,司明者辨之,司爱者处之,要归事上帝为公父,联万国为兄弟。是乃绘此坤舆之意兴!应京尝备员职方,见其献图于上,备蒐掌故,乃悉其蕴,序而传之,用昭咸宾之盛,且以资学者宏览云。

但持有这种态度的在当时还是少数人。不少士大夫讥笑利玛窦是信口雌黄,南京礼部郎中徐如珂指责传教士"其徒自夸风土人物,远胜中华";福建建宁人魏浚著有《利说荒唐惑世》一文，认为其说"直欺人以其之所不能见，足之所不能至，无可按验耳。真所谓画工之画鬼魅也"。官方的《明史·意大里亚传》也断定利玛窦五大洲的地理描述是"荒渺莫考"的谎言。《四库全书总目提要》也称利氏"所述多奇异，不可究诘，似不免多所夸饰"。不少人甚至认为"大西洋"这一译名侵犯了中国的尊严，为此北京礼部还专门进行了有关大西洋地理名词真伪的争论。一些反对派所据即中国传统的盖天说和落后的制图技术，不能理解也不想理解这幅世界地图的真实价值及其制作投影技术与方法。直到19世纪后半叶，随着中西文化交流的再度展开，人们接受了地圆说，了解了五大洲的位置，才再次认识到利玛窦世界地图的价值。王韬《弢园文录外编·地球图跋》称："大地如地球之说始有明。由利玛窦入中国其说始创，顾为畴人家言者，未尝悉信之也。而其图遂流传世间，览者乃知中国九州之外尚有九州。泰西诸国之名稍有知之者。"

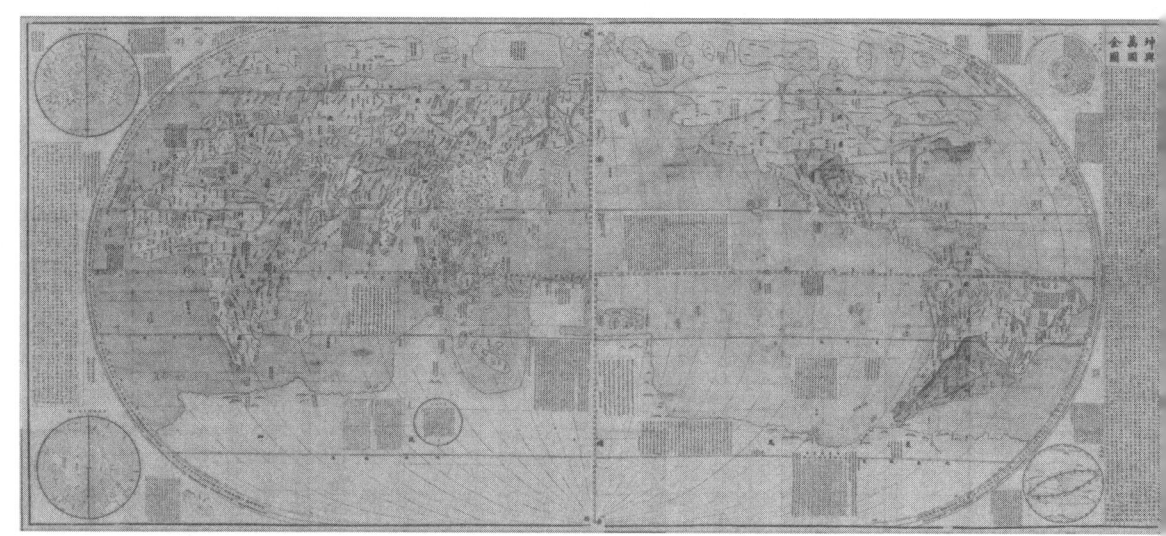

图6-4-1 利玛窦《坤舆万国全图》，南京博物院藏

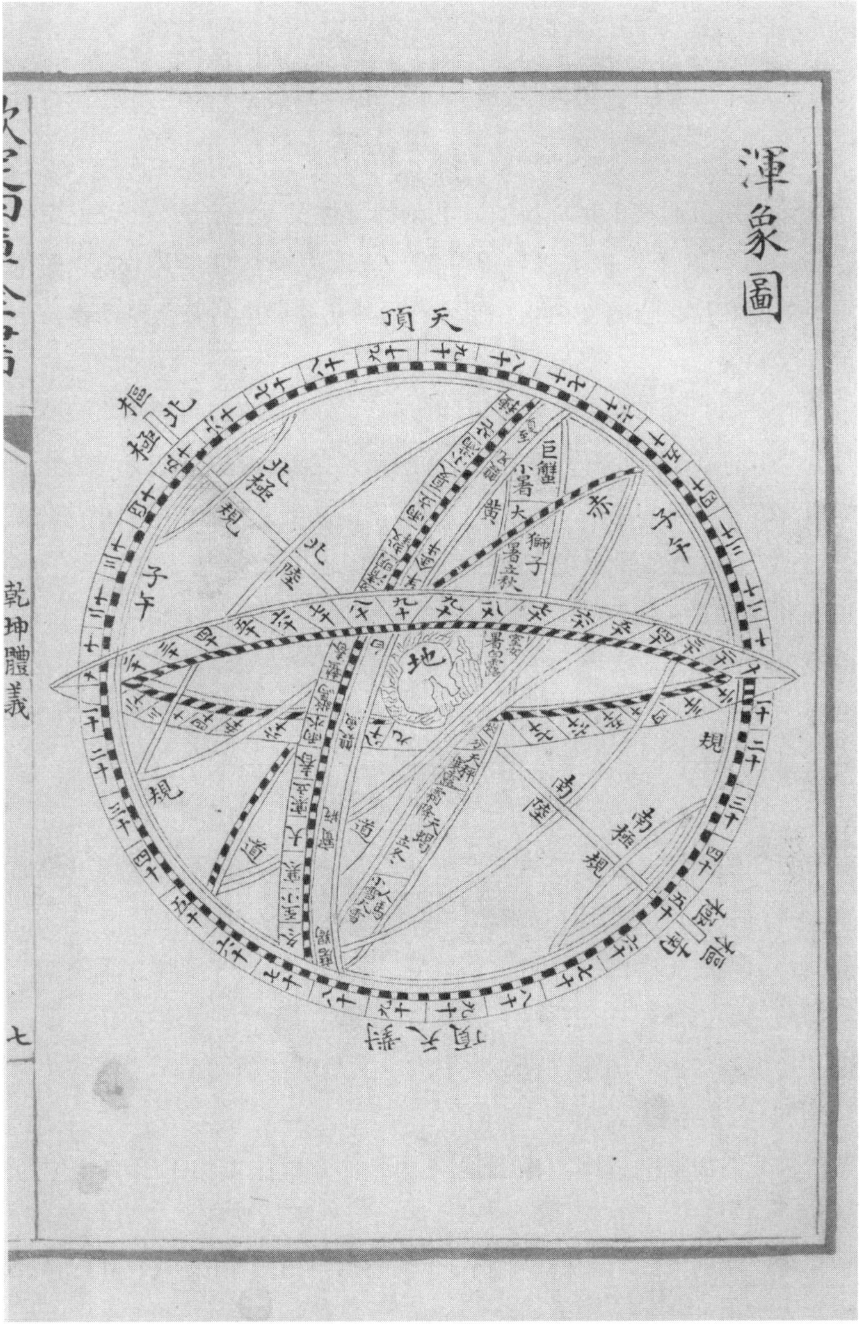

第六章 明清之际对西方的新认知

图 6-4-2 利玛窦《乾坤体义》中的《浑象图》，
清乾隆文渊阁四库全书写本。台北"故宫博物院"藏

中国典籍里的西方

五 利玛窦世界地图的内容

李之藻于明万历三十年（1602）刊刻的《坤舆万国全图》（以下简称《全图》），原是六幅屏条，拼接连合成一图，装裱为一整幅，纵168.7厘米，几乎是一个人的高度，通幅横380.2厘米，另外还有设色的彩色摹绘本。上面有大量的文字解说。

这张《全图》除了右上角的总说明以外，还有三段较长的文字，分别解释了日月食发生的原理，太阳比地球大、地球比月亮大的道理，以地球为中心的九重天学说，以及太阳、月亮、水星、火星、木星、土星与地球的大小倍数关系。

《全图》上画出了世界的五个大洲：欧逻巴、利未亚（非洲）、亚细亚、南北亚墨利加、墨瓦蜡泥加。

欧逻巴洲的国家，包括波尔杜瓦尔（葡萄牙）、以西把泥亚（西班牙）、谙厄利亚（英吉利）、拂郎察（法兰西）、入尔马尼亚（日耳曼）、意大利亚、苏亦齐（瑞典）、诺尔物入亚（挪威）、厄勒齐亚（希腊）、波罗尼亚（波兰）等国。

利未亚洲的国家，包括黑地兀皮亚（埃塞俄比亚）、黑人国（坦桑尼亚一带）、仙劳冷祖岛（一名麻打葛失葛，即马达加斯加）等国。

亚洲的国家除了中国以外，还有日本、朝鲜、印度、爪哇、满剌加、苏门答腊、撒马尔罕、如德亚（犹太）等国。

南北亚墨利加洲的国家，包括加拿大、墨是可（墨西哥）、字露（秘鲁）、智里（智利）、伯西儿（巴西）等国。

至于墨瓦蜡泥加洲，则是欧洲地理学传统上所认为的位于南半球的"南方大陆"。奥特里于1570年印制世界地图时，欧洲航海家尚未发现澳洲大陆，因此利玛窦绘制的《山海舆地全图》上用1519—1522年第一个进行环球航行的航海家麦哲伦的姓"Magallanes"（西班牙语的拼法）来称呼这片未知的大陆和附近未知的海洋，并加上这样的说明："若墨瓦蜡泥加者，尽在南方，唯见南极出地，而北极恒藏焉，其界未审何如，故未订定之，唯其北边与大、小爪哇及墨瓦蜡泥峡为境也。"① "墨瓦蜡泥系佛郎机国人姓名,前六十年始过此峡,并至此地。故欧逻巴士以其姓名名峡、名海、名地。"②

这张地图还画出了地球上五大洲之间许多海洋的名称,包括大西洋、冰海(北冰洋)、地中海、曷剌比海(阿拉伯海)等,以及大陆与海洋的相互位置关系,海洋中的许多岛屿,并可以看出陆地的总面积与海洋相比要小得多。此外,这张地图上还画出了非洲的泥罗河(尼罗河)、西亚的欧法蜡得河(幼发拉底河)、南美洲的马夹温河(亚马孙河)等。

《全图》上许多地名旁边都有文字说明,其中包含了丰富的外国地理历史和社会风俗知识。大部分释文译自普朗修斯1592年世界地图,注重科学性和严密性,但为了迎合中国人喜好地理传说的心理,也夹杂了少量颇具《山海经》风格的奇闻异说。

这张世界地图包含着大量当时中国人所不了解的世界地理历史和文化风俗知识。利玛窦通过他绘制的世界地图引进了世界五大洲的概念,包括亚洲、欧洲、非洲、新发现的美洲,以及西方传统上认为应该存在于南半球的未知的大陆"墨瓦蜡泥加洲",也就是后来发现的澳洲以及南极洲,把一个确凿无疑的海外世界,以整体的面貌呈现给了中国人。该图最早将"洲"的概念引入,阐明了中国仅仅是世界,乃至于亚洲的一部分,而并非想象中的大地中心。他还引进了地球可分为热带、南北温带、南北寒带等五带的概念。他翻译的一些世界地理的专有名词,如亚细亚、地中海、尼罗河、罗马尼亚、罗马、古巴、加拿大、南极、北极、地球、经线、纬线、大西洋、赤道等一直沿用到今天。

利玛窦还引进了西方测量经纬度的方法,并实地测量了南昌、南京、北京等地的经纬度,指出了过去中国对一些城市纬度测量的错误,如他特别指出北京的纬度应该是40度,而不是过去中国所认为的50度。③ 利玛窦的地图采用了当时较为先进的地图投影法,借助于对经纬的测定来绘制地图,使得地图精确性得到保证。

---

① 朱维铮主编:《利玛窦中文著译集》,北京:复旦大学出版社2001年版,第174页。
② 朱维铮主编:《利玛窦中文著译集》,北京:复旦大学出版社2001年版,第204页。
③ [意]利玛窦、[法]金尼阁:《利玛窦中国札记》,何高济、王遵仲、李申译,何兆武校,北京:中华书局1983年版,第328页。

由于当时欧洲地理学发展水平的限制，利玛窦绘制《全图》所依据的奥特里的世界地图本身就有不少错误，因此《全图》上也有不少错误。如亚、非、欧、美各大洲的图形比例不够准确，总的说来南北方向的长度偏短；墨瓦蜡泥洲（即澳洲）完全是根据猜测画出的，占据了整个南极区域，与澳洲的实际形状差距很大，而且当时利玛窦也不可能知道真正的南极洲的存在和形状。此外，图上的许多国家、岛屿等的名称也有错误。

《两仪玄览图》是在北京的朝鲜天主教徒李应试继李之藻刻《坤舆万国全图》之后，于万历三十一年（1603）在北京刊刻的世界地图。利玛窦初入京，就与李应试结为好友。李应试要求利玛窦在绘制《坤舆万国全图》的基础上，

图 6-5-1 利玛窦与徐光启像

新制一幅在规模上、内容上有过之的世界地图，利玛窦慨然允诺，他自述："窦不敢辞，谨参互考订，以付吾友之美意。"

《两仪玄览图》，不仅仅是一部"标新立异"的世界地图，更是一部内容严谨、内涵十分丰富的人文地理百科全书。它是利玛窦在中国所绘制的六种不同名称和版本世界地图中的最后一个版本，因此内容最为丰富、完整，图幅尺寸也最大。《两仪玄览图》纵4.42米，高2.00米，8屏幅，展开面积将近9平方米，原图之上不仅有今天人们所熟知的定型了的整个地球世界呈平面展开的基本轮廓，大陆、陆地、海洋、岛屿、主要河流、山脉、五大洲、四大洋、南北极分布，还有大量当今普通人所不知道，难得一见的说明性文字、符号、专用术语，表格等内容。这些文字加在一起约有15000多字。四朝元老、曾官至太子太师的常胤绪也曾参与《两仪玄览图》的制作，并为之作序。因为参与地图制作、作序者大都身居高位，所以《两仪玄览图》又被万历皇帝诏呈紫禁城，此事在当时影响很大。

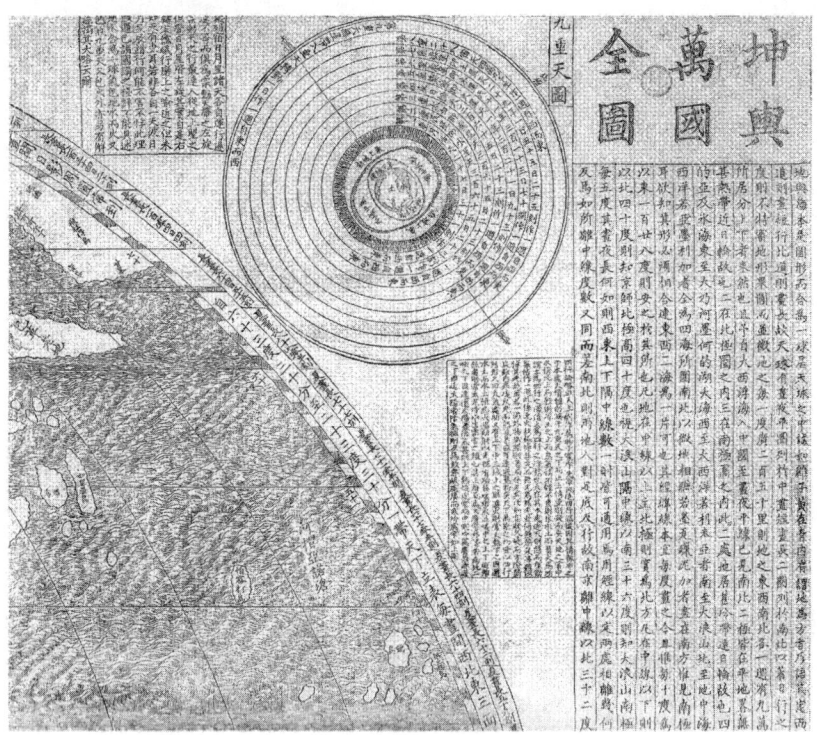

图6-5-2 《坤舆万国全图》局部

图6-5-3 利玛窦《野墅平林图》，辽宁省博物馆藏

六 艾儒略的《职方外纪》

利玛窦的世界地图在当时有很大影响，但它还是以地图的形式出现的，所介绍的地理学知识还不全面、丰满。天启三年（1623），传教士艾儒略（Giulio Aleni，1582—1649）和杨廷筠刊行了合作编译的《职方外纪》，是明末清初影响最大的地理学著作，也是第一本用中文写成的世界地理著作。这部著作以庞迪我（Diego de Pantoja，1571—1618）和熊三拔（Sabbatino deUrsis，1575—1620）所写的抄本为底本，增译了随7000部西书来华而得到的较新的一些材料。

《职方外纪》卷首插有《万国全图》，分为西半球、东半球两幅，可能是在利玛窦《坤舆万国全图》基础上修订而成。之后共分 5 卷。卷一之首是"五大洲总图度解"。卷一亚细亚总说；卷二欧逻巴总说；卷三利未亚总说；卷四亚墨利加总说。以上 4 卷每卷中先有各大洲总说，后继之各个国家和地区的介绍，各卷首还附有本洲地图。其中，卷二专述欧罗巴，在书中所占篇幅最多，详细地介绍了当时欧洲的社会、政治、经济、军事、文化等方面。卷五为四海总说，然后分海名、海岛、海族、海产、海状、海舶、海道分别介绍海洋知识，本卷首附北舆（北极）地图和南舆（南极）地图。

《职方外纪》所介绍的世界人文、自然地理，比利玛窦的《万国舆图》要详细、清晰得多。与利玛窦《坤舆万国图志》对比，艾儒略《职方外纪》有两个特点：一是《职方外纪》不仅附有世界（万国）地图，而且各大洲也附有洲图。世界地图分为东、西两半球，大致以亚洲与北美洲连结部位的亚泥俺（白令）海峡为界，经线的弧形，东半幅向东凸，西半幅向西凸。五大洲展布形态已与现代世界地图类似，图中山脉、河流、国家等名称沿走向标出。世界全图与各洲图都采用了经纬网，图上国家、岛屿、山脉、河流、海洋名称也在利氏基础上重新做了修订和校对，许多名称与现代相同和接近，只是各国间难以绘出国界。二是《坤舆万国图志》中的"志"，即文字说明因填在世界挂图的空白处，空间有限而内容必受限制。《职方外纪》五大洲及海洋不仅有总说，而且有各论，对明代《一统志》等方志中已列入的国家略而不述，总共简要介绍了全球鲜为中国所知的大陆国家 42 个、岛国（屿）21 个及海洋名称 27 个，对迄今了解 370 年前世界有关国家与地区的人文地理概况，是极其珍贵的文献。

《职方外纪》所记亚洲，西起那多里亚（土耳其小亚细亚半岛），东止亚尼俺（白令）海峡，横跨经度网为 13 格（10 度为 1 格），现代地图为 16.5 格半，东西距离与现代地图实际短了 3.5 格。从纬度看，南起爪哇（今爪哇），北至冰海，纵跨纬度网为 8 格（10 度为 1 格），南北间距与现今相近。由此可见，当时欧洲与中国经纬度测量水平大致接近，即经度测量误差较大，纬度（北极出地）测量误差较小。总说指出亚洲"所容国土不啻百余"，各论介绍大陆国家 8 个，岛国 9 个。亚洲图上关于中国大陆，用城垛花纹绘出万里长城走向，地名有北京、辽东、山东、山西、河套、陕西、黄河、星宿海、土番

中国典籍里的西方

（即西藏）、昆仑、云南、贵州、四川、河南、洞庭、鄱阳、江西、南京、庾岭、浙江、福建、广西、广东等，海洋中绘出台湾、海南等岛屿，并标出大明海范围，渤海湾形状与现今相似，能掌握这样多的资料，表明艾氏很可能利用了我国地理制图的成果。苏门答腊、加里曼丹、吕宋等岛屿走向及呈三角形的印度半岛也与现代地图类似。

《职方外纪》中欧洲西起福岛（今加那利群岛），东止阿比河（今鄂毕河），横跨经度网约为9格，现为8格，东西间距比现代地图实际长了1格。从纬度看，南起地中海，北至冰海（北冰洋），纵跨纬度网稍多于4格，现约为3.5格，南北间距比现代地图实际长了0.5格。总说指出欧洲"共七十余国"，各论介绍大陆国家13个，岛国3个。伊比利亚半岛、亚平宁半岛、小亚细亚半岛及地中海的轮廓已类似现今图貌，北高海（里海）形状与现今差别甚大，《明史·外国传》中列入的和兰（荷兰）、佛郎机（葡萄牙），在洲图上没有标出其名，当时英国尚未认识，《职方外纪》称为谙厄利亚。

《职方外纪》中非洲西起绿峰岛（佛得角群岛），东至西红海（红海）东出口，横跨经度网约为9.5格，现为7.5格，东西间距比现代地图实际长了2格。从纬度看，南起南极出地35度，北至地中海（北极出地35度），纵跨纬度网为7格，与现今相似。从图形全貌看，《职方外纪》中的非洲轮廓与现今地图非常神似，只是把东西拉长了。总论指出非洲"大小有百余国"，各论介绍大陆国家10个，岛国5个，著名山脉（峰）4处。

《职方外纪》南美洲西起孛露（秘鲁）海，东至伯西儿（巴西东部）东海岸线，横跨经度网约7格，现代地图为6.5格，东西间距比实际长约0.5格。从纬度看，南起墨瓦蜡泥（麦哲伦）海峡（南极出地52度），北至加纳达（北极出地10度半），纵跨纬度网6.5格，与今地图南北间距相似。但是，《职方外纪》南美洲轮廓与现今图形对比变形较大，东西变宽，尤其是阿根廷、智利南部地区东西变宽，火地的经度位置也向西偏了约4格，画到了那时了解不多的大洋洲边缘。各论中介绍了墨瓦蜡泥海峡及本洲国家4个，如伯西儿、智加（今智利及阿根廷南部）等。

《职方外纪》中北美洲西起亚泥俺（白令）海峡，东至巴革老地，横跨经度网17格，现地图为11.5格，东西间距与实际距离相差很大。从纬度看，南

— 224 —

起加纳达（北极出地 10.5 度），北至北冰洋，纵跨纬度网约 5.5 格，现地图为 7 格，南北间距与实际距离相差亦很大。总之，《职方外纪》北美洲轮廓与地图相差很远。各论介绍陆地国家 7 个，岛国 5 个。"加拿大国"虽未介绍，但洲图上标出位置，在墨是可（墨西哥）北，两国接壤。新拂朗察（今美国亚特兰大，加拿大渥太华地区）似与法国（拂朗察）移民有关。

《职方外纪》中关于大洋洲，指出："其人物、风土、山川、畜产与夫鸟兽虫鱼具无传说，即南极数、道里运几何，皆推步未周，不漫述。"这表明当时人们对大洋洲的地理知识及风土人情物产概况的认识还是相当模糊的。

《职方外纪》在"四海总说"中首先对海洋进行了分类，接海与陆的关系，海在国之中，陆地包海称地中海。国在海之中，海包陆地称寰海；海亦可以洲命名，也可以国家命名，或以"其本地方隅命之"，如称南海、北海等。"兹将中国列中央，则从大东洋（太平洋）至小东海（北美西岸太平洋），为东海。从小西洋（印度洋）至大西洋为西海。近墨瓦蜡泥一带为南海。近北极下谓北海，而地中海附焉。"

《职方外纪》最早向我国介绍了欧洲寻找世界新航线的概况。艾儒略说，百年前"先是阁龙（即哥伦布）诸人既已觅得两亚墨利加"，然后较细介绍了 1492 年哥伦布受西班牙国王资助发现美洲的经历。同时，艾儒略指出：墨瓦兰（麦哲伦）受西班牙国王委派，于 1519—1522 年经南、北美洲，"直抵亚细亚马路古（今马鲁古群岛）界，度小西洋，越利未亚大浪山（即非洲南端好望角北依的开普山脉）而北折，遵海以还，报本国遍绕大地一周"，实现首次环球探险。这两次地理大发现，哥伦布航行只有三条旧军舰、80 余人，麦哲伦航行也只有 5 艘旧军舰、256 人。

《职方外纪》介绍了欧洲来中国的两条航线：

西线：由欧洲里西波亚都城（西班牙属国都城，见《外纪·以西把尼亚》），"候西南官舶，春发入大西洋，从福岛（非洲西南之加那利群岛）之北过夏至线，在赤道北 23 度半。逾赤道而南，此处北极已没，南极渐高，又过冬至线，在赤道南 23 度半。越大浪山（好望角附近），见南极高 30 余度。又逆转冬至线过黑人国（莫桑比克）、圣老楞佐岛（马达加斯加）夹界中，又逾

中国典籍里的西方

赤道至小西洋（印度洋），南印度卧亚城在赤道北16度，风有顺逆，大抵亦一年之内抵小西洋。至此则海中多岛，道险窄难行矣。乃换中船，亦乘春月而抵则意兰（斯里兰卡），经榜葛剌海（孟加拉国海），从苏门答腊与满剌加（马来西亚南部）之中，又经新加步峡（马六甲海峡），迤北过占城、暹罗界，阅三年方抵中国岭南广州府。"

东线："自以西把里亚（西班牙）地中海，过巴尔德（直布罗陀）峡，往亚墨利加之界，有两道：或从墨瓦腊尼加峡（麦哲伦海峡）出太平洋；或从新以西把尼亚界（今海地、多米尼亚），泊舟从陆路出孛露（秘鲁）海，过马路（鲁）古、吕宋等岛，至大明海以达广州。"艾儒略还指出，"儒略辈……皆从西而来，不由东道而来"，原因是西线比较近。

从《清史稿·邦交志》看，直到清代康乾时，仍是欧洲国家诸如英国等来中国通商，未见中国去欧洲通商。因此，《职方外纪》关于世界海洋航线的叙述，扩大了我国对寰海的认识。

《职方外纪》中不仅包括了有关整个世界的自然地理知识，而且也为中国人展示了一幅西方人文世界的图景，介绍了欧洲国家的君主制度、法律、宗教、民俗、建筑等。

《职方外纪》反映了16世纪欧洲地理科学和航海技术的认识水平与成就，为中国人了解世界打开了窗口。历史学家徐宗泽指出："是书在明末当然为地舆学上之一种新知识，足以纠正中国古人天圆地方之许多谬见，南怀仁之《坤舆图说》与是书亦大同小异，此二书诚为二种地理上之明著。"①

《职方外纪》被编入《天学初函》和《四库全书》，得到较为广泛的传播。至19世纪30年代，《职方外纪》仍是中国士大夫可以从中获得地理知识的珍本，魏源撰写《海国图志》时就大量引用了《职方外纪》的内容。

崇祯十年（1637）刊刻的艾儒略的《西方问答》一书，分两卷，介绍了40多个有关自然地理和人文地理问题，虽篇幅不多，而包罗甚广。南怀仁等根据此书节录成《御览西方要纪》呈进。

---

① 徐宗泽：《明清间耶稣会士译著提要》，上海：上海书店出版社2006年版，第245页。

第六章　明清之际对西方的新认知

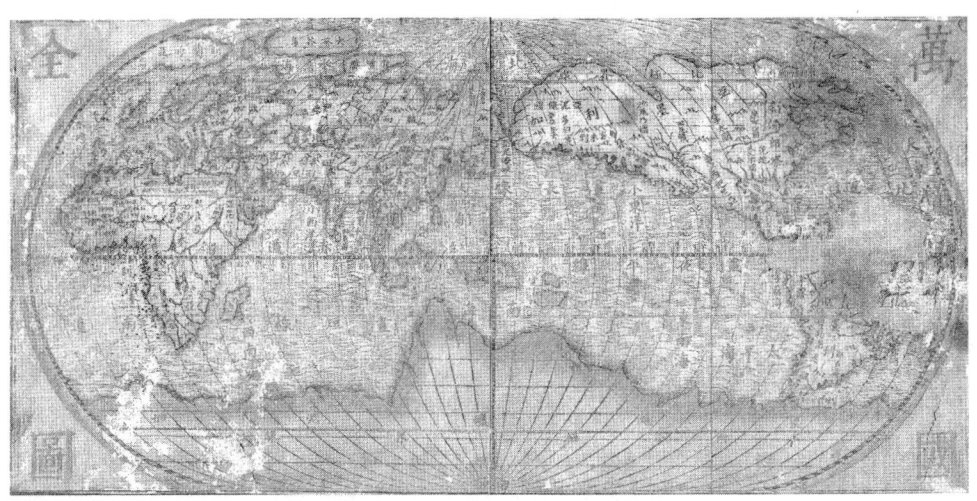

图6-6-1　艾儒略《万国全图》

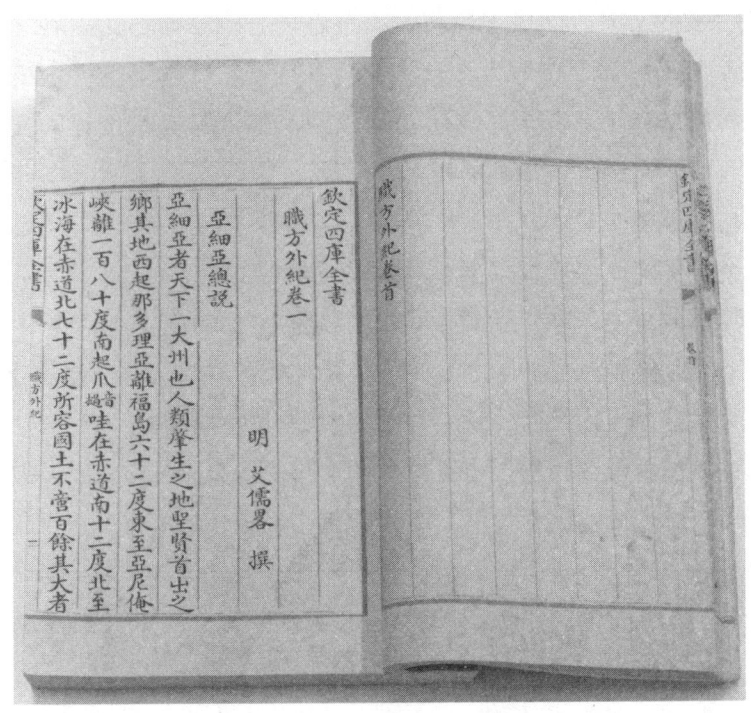

图6-6-2　艾儒略《职方外纪》书影，清乾隆文渊阁四库全书写本。
台北"故宫博物院"藏

七 南怀仁的《坤舆全图》

入清以后,南怀仁也曾编撰了数种地理学著作、绘制了数种地图,它们成为 17 世纪地理学和地图学在中国发展的标志。

康熙七年(1668)十一月二十三日,康熙皇帝遣人向南怀仁与利类思、安文思问询有关欧洲的风土国俗等情况。不久,他们向皇帝进呈了三人合著的《御览西方要纪》,内容涉及欧洲的一般地理知识,以及社会和文化生活的各个方面,包括国土、路程、海舶、海奇、土产、制造、西学、服饰、风俗、法度、交易、饮食、医学、性情、济院、宫室、城池、兵备、婚配、教法、西士等共 21 节。徐宗泽说:"大西洋利类思、安文思、南怀仁,于康熙七年十一月二十三日,承皇上问西洋风土国俗,而条答之书也。书与艾儒略之西方问答同,且更简括。"① 康熙帝时虽年幼,但"甚明敏,好学不倦,尤酷嗜西学",令南怀仁等给讲利玛窦所译《几何》,"以及其他耶稣会士所译天文、风俗等书"。②

南怀仁于康熙十三年(1674)完成了《坤舆全图》的绘制。该图系木刻、着色,由两个半球图组成。东半球为亚洲、欧洲和非洲;西半球为北美洲和南美洲。半球图的直径为 150 厘米,即比例尺为 1:1700 万。整个地图分成 8 长幅(每幅约为 180 厘米×50 厘米),东西两半球各占 3 幅,头尾文字注记占 2 幅。该图采用球极平面投影,这是在欧洲 16 世纪晚期和 17 世纪初期流行的地图绘制方法。图上经纬线均以十度划分。本初子午线通过顺天府,东、西半球线连续标度。纬度以赤道为零度,有南、北纬之分。图上还有南、北回归线和南、北极圈线。

《坤舆全图》的幅面很大,除主要部分表示各大洲(亚细亚洲、欧逻巴洲、利未亚洲、亚墨利加洲、墨瓦蜡尼加洲、新阿兰地亚)之外,南怀仁在

---

① 徐宗泽:《明清间耶稣会士译著提要》,上海:上海书店出版社 2006 年版,第 299 页。
② [法]费赖之:《在华耶稣会士列传及书目》,冯承钧译,北京:中华书局 1995 年版,第 345 页。

图的四周分布了 14 大段注记文字,解释自然现象,尤其是气象现象。它们的标题分别为:论四元行、论南北极、地圆之研究、论地体之圆、论雨云、潮汐之理、论风、海潮、论气行、论海水之动、论地震、论人物、论江河、论山岳。图上还有带注解和说明文字的地名,以及绘有欧洲不同类型的帆船、陆上和海中的珍奇动物几十种。全图布局合理,整体和谐统一,恢宏大气,图文并茂,相得益彰,是国内保存最为完好的一幅早期中文版地图。

南怀仁在《坤舆全图》的注记文字中,宣传了自然地理方面的许多知识。他解释了因地球是球体而具有的各种自然现象,因月球环绕地球运动而引起潮汐的周期性消长,雨和云系大气中水汽凝结而成,风和公海上影响航行的季风的成因,各地不同的气候状况导致了文化的地区性差异,以及江河的起源、山岳的形成、空气的运动等。南怀仁还批评了中国人对自然现象的迷信观念,如有关月食和地震的错误说法。

南怀仁的《坤舆全图》与利玛窦的《坤舆万国全图》一样,是来华耶稣会士绘制的最具影响的世界地图。它的工艺不仅是对利玛窦、艾儒略、汤若望等制图方法的继承,更是对经纬理法和圆锥投影绘图的创新发展,被认为是"西学东渐经典之作"。杨景淳在《坤舆万国全图》跋中说:

> 《禹贡》之书,历乎九州,《职方》之载罄乎四海,班氏因之而作《地理志》,政治风习靡所不具,此其大章明较著者。而质之六合,盖且挂一漏万,孰有囊括苞举六合如西泰子者。……此图一出而范围者借以宏其规摹,博雅者缘以广其玄瞩,超然远览者亦信太仓稊米、马体毫末之非窾语。

康熙十三年(1674),南怀仁的《坤舆图说》两卷在北京刊行,为解说同年所刻的《坤舆全图》而作。上卷系自然地理常识,包括地体之圆、地球南北两极、地震、山岳、海水之动、海之潮汐、江河、天下名河、气行、风、云雨、四元行之序并其形、人物;下卷内容多为人文地理方面,包括亚细亚洲及各国各岛分论 14 则、亚墨利加洲及各国各岛分论 14 则、墨瓦蜡尼加洲,以及四海总说、海状、海族、海产、海舶等。下卷末附异物图,有动物(鸟、兽、鱼、虫等）23种，以及"七奇图"，即世界"古代七大奇迹"等，共32幅图。"世界古代七大奇迹"是西方古代的七项建筑奇观，包括埃及金字塔、巴比伦空中花园、罗德斯岛的铜人巨像、亚历山大里亚的灯塔等。《坤舆图说》末尾依次以图文并茂的方式介绍了这"七奇"。

《坤舆图说》在清代前期影响很大，许多人都读过此书，比如张潮在康熙二十二年（1683）编纂的《虞初新志》，收录了明末清初许多奇闻轶事，卷十九中把"七奇"全部收录进去。王士祯在康熙三十年（1691）成书的笔记著作《池北偶谈》大量摘录了南怀仁的《坤舆图说》等多种西学书籍，内容涉及西洋奇器、物产习俗、天主教概况等，其卷二十四"谈异"类五有一条"铜人"，记录南怀仁所述的"铜人"："不知何由铸造也"。他称《坤舆图说》"所记西洋诸国物产多异，其尤奇者有七"。

《坤舆格致略说》一卷，康熙十五年（1676）刊行于北京。该书有徐光启的长孙徐尔觉（1603—1680）写的序。实际上是《坤舆图说》的简编，但略去了地图方面的几乎所有知识。仅述及世界上各种奇闻，诸如动物、植物、古代七大奇观以及其他稀罕事物，皆短篇，寥寥数语，多已见于《坤舆图说》或《职方外纪》等书。《坤舆格致略说》述及宇宙学、地理学和自然科学的一般性知识，地理学方面只是大略地涉及亚洲、欧洲、非洲、美洲、澳洲和南极洲的情况，内容部分取材于《坤舆全图》和《坤舆图说》。

南怀仁还有一部《坤舆外纪》，内容以奇闻逸事为主，但也有知识性条目，共约30余则。前者如巨鸟异兽、石人、人异、骡能传种、异鸡、无对鸟、独角兽、狸猴兽等。后者如人奉四元行、小自鸣钟、冬至日短、长尾鹊、无目蛇、骆驼鸟等。

南怀仁在地理学方面，除了编撰著作、绘制地图之外，还参与实际的勘测工作。早在他制造天文仪器之前，他与利类思和安文思制作过一个测量路程的器具——"里程计"，于康熙八年（1669）进呈皇帝。在《仪象志》卷三和《仪象图》图一〇一、图一〇二，南怀仁描述了如何在陆上和海上测量经纬度的方法。南怀仁两次随驾巡幸各地期间，沿途进行天象观测以及各地北极高度的测量，其工作成为日后进行大规模地图测绘工作的先导。南怀仁还主持过京郊万泉河的疏浚、京城内外牌楼街道高低的测量等工作。

第六章 明清之际对西方的新认知

八 新地理知识的认知与影响

利玛窦、艾儒略、南怀仁等人的地图和有关地理学的著作给中国人带来了全新的地理知识,使部分中国人获得了对外部世界新的认识,也更新了他们的地理观和世界观。

首先,人们认识到大地乃圆形球体,居于天体(宇宙)的中心。《职方外纪》说:"天体一大圆也,地则圆中一点,定居中心,永不移动。盖唯中心离天最远之处,万重所趋,而地体至重就下,故不得不定居中心。稍有所移,反与天体一边相近,不得为最下处矣……可见天圆地方,乃语其动静之德,非以形论也。地既圆形,则无处非中,所谓东西南北之分,不过就人所居立名。"对此,《天文志》汲取并发挥说:

《楚词》言"圜则九重,孰营度之",浑天家言"天包地如卵裹黄",则天有九重,地为浑圆,古人已言之矣。西洋人之说,即不背于古而有验于天,故表出之。

原先中国人对于世界整体缺乏完整的认识,所知不过限于周边国家和地区,对于更远的地区则只有一些模糊的传闻。通过新的地理知识,中国人有了对于世界整体的把握,得知世界分为五大洲。《明史·外国传》说:

意大里亚,居大西洋中,自古不通中国。万历时其国人利玛窦至京师为《万国全图》,言天下有五大洲。第一曰亚细亚洲,凡百余国而中国居其一;第二曰欧罗巴洲,中凡七十余国而意大里亚居其一;第三曰利未亚洲,亦百余国;第四曰亚墨利加洲,地更大,以境土相连分为南北二洲;最后得墨瓦泥加洲,为第五。

在中国正史中,《明史》首次进行了这样比较完整的记载。

— 231 —

人们还进一步深化了关于地球纬度的认识。纬度即某观测点的地平高度，因我国在北半球，故称纬度为北极出地。《职方外纪》指出：考察南北距度，"其在东西同带之地，凡南北极出入相等者，昼夜寒暑节气具同，但其时则有先后"，"人居赤道之下者，平望南北二极，离南往北，每二百五十里，则北极出地一度，南极入地一度（即每向北250里，北纬高出一度，原起点相对降低一度）。行二万五千里（即90度里数的总和），则见北极，正当人顶出地九十度而南极入地九十度，正对人足矣。从南亦然，此南北纬度也"。

我国古代对纬度变化早有认识。元至元十六年（1279），郭守敬便测量了我国主要城市的纬度。明代，对纬度认识进一步加深，《天文志》指出："地居天中，其体浑圆，与天度相应。中国当赤道之北，故北极常现，南极常稳。南行二百五十里，则北极低一度；北行二百五十里，则北极高一度，东西亦然（原注：亦二百五十里差一度也）。以周天度计之，知地之全周为九万里也。以周径密率求之，得地全径为二万八千六百四十七里又九分里之八也。又以南北纬度定天下之纵，凡北极出地之度同，则四时寒暑靡不同。若南极出地之度数与北极出地之度数同，则其昼夜永短靡不同，唯时令相反，此之春、彼之秋，此之夏、彼为冬耳。"可见，明代通过学习地球知识，在我国原有纬度知识的基础上，懂得了南、北半球纬度相等时，四时节气恰恰相反的原理。崇祯初年，曾运用西方技术，测得北京、南京等15处地理纬度。

还有关于经度的认识。我国古代对地理经度的认识要比纬度晚得多，直到元代才建立起朴素的经度概念。《职方外纪》指出："至于东西经度，则天体转环不定，不可据七政量之。随方可作初度（即本初子午线），而天文家亦立一法，算之以宗动。天一周，则日月行三百六十度，故每时得三十度（即每天为十二时辰）。如两处相差一时，则东西便离三十度也。今两处观月食，各自不同，则知差一时者，其地相离三十度，以此推之，东西之度可考验矣。""东西诸规，渐近两极，其规渐小然。亦分为三百六十度，其里数以次渐狭，别有算法。""西洋最西处为初度，即以过福岛子午规为始，仿天度自西而东十度一规，以分东西之度……譬如中国京师，先知离赤道北四十度，离福岛以东一百四十三度，即于两经纬线相交处得京师本位也。"明末，对西方经度知识采取兼容态度，《天文志》指出："以东西经度定天下之衡，两地经度相差三十度，则时刻差一辰；若相距一百八十度，则昼夜相反焉。其说与《元史》

第六章 明清之际对西方的新认知

札马鲁丁地圆之旨略同。"崇祯时,曾"以京师子午线为中,而较各地所偏之度"。方法有两种,一是"欲定东西偏度,必须两地同测一月食,较其时刻";二是"据《广舆图》计里"求之,但"各省差数未得测验"。徐光启等人用此二法,测算了我国13个省城的经度,如太原西偏北京约6度,南京东偏北京约1度,前者误差较小,后者误差较大,说明明末已知经度与绘制地图的重要关系,但缺少精密的测量仪器,所以确定的经度精度不高。

西方新地理学知识的传入给中国的传统观念以很大的冲击,它触及中国传统精神。杨廷筠序《职方外纪》说:

楚辞问天地何际?儒者不能对……西方之人,独出千古,开创一家,谓天地俱有穷也,而实无穷;以其形皆大圆,故无起无止,无中边……然是编所摘,犹是图籍中之百一,即彼国图籍所纪,又是宇宙中之万一,而儆诡瑰奇,业已不可思议矣。

李之藻在接触了利玛窦的世界全图后说:

地如此其大也,而其在天中一粟耳;吾州吾乡,又一粟中之毫末,吾更藐焉中处,而争名竞利于蛮触之角也……

但在当时,利玛窦等人传入的新地理学知识的影响还是有限的。真正有所触动并接受其说的,只是与传教士交往密切的一些天主教徒,如徐光启、李之藻、冯应京等,而即便是他们对于传教士传达的世界地理知识,"亦未能穷其究竟"。大多数士人对此等著作所介绍的各国情况,虽有兴趣,但大体是"好异",把它看作"异闻",其作用恰恰是瞿式谷所反对的"娱心志悦耳目",至于对其内容的真实性,一部分人士则根本不信。大部分人士则持疑信参半的心理,《四库提要》说《职方外纪》:

所纪皆绝域风土,为自古舆图所不载,故曰《职方外纪》。其说分天下为五大洲……前冠以万国全图,后附以四海总说,所述多奇异,不可究诘,似不免多所夸饰,然天地之大,何所不有,录而存之,亦足以广异闻也。

中国典籍里的西方

乾隆年间撰修的《皇朝文献通考》"四裔考"关于欧洲部分采纳《职方外纪》等书的内容不少,但在评论《职方外纪》时说其五大洲说"语涉荒诞……疑为剿说謷言"。

人们对于新的地理学知识,并没有进行充分的研究。《明史》"外国传"分为佛郎机、吕宋、和兰、欧罗巴四传,其记述多有错漏。张维华注此四传时即感叹:"尝取此四传而深究之,每病其疏漏脱略,且往往与西人所志不合。"① 此四国传多处将佛郎机、法兰西混淆,又将葡萄牙与西班牙混淆;《佛郎机传》称佛郎机(即葡萄牙)"近满剌加","所产多犀象珠贝","初奉佛教,后奉天主教"。《吕宋传》称吕宋(西班牙)"居南海中,去漳州甚近";《和兰传》称荷兰所产有金、银、琥珀、玛瑙、玻璃、琐服、哆啰嗹。诸如此类的错误不少。张维华说:"欧西诸国与中国发生关系者,以葡萄牙、西班牙、荷兰三国为最重。载笔之士,尚不知其国之所在,则利玛窦地图发生影响之微,可以见矣。"②

图 6-8-1 镶有黄金和珍珠的天距仪,17 世纪意大利的产品,底座是康熙时代的中国景泰蓝。故宫博物院藏

---

① 张维华:《明史欧洲四国传注释》,上海:上海古籍出版社 1982 年版,原序第 1 页。
② 张维华:《明清之际中西关系简史》,济南:齐鲁书社 1987 年版,第 208 页。

到了清代，这种情况也没发生多大变化。梁启超指出："言世界地理者，始于晚明利玛窦之《坤舆图说》，艾儒略之《职方外纪》。清初有南怀仁、蒋友仁等之《地球全图》。然乾嘉学者视同邹衍谈天，目笑存之而已。"① 乾隆时期修的《皇朝文献通考》"四裔考"虽从传教士的地理著作中采纳了不少内容，然撰修者亦是不求甚解，将佛郎机、法兰西、西班牙混淆的情况并没有多少改变。

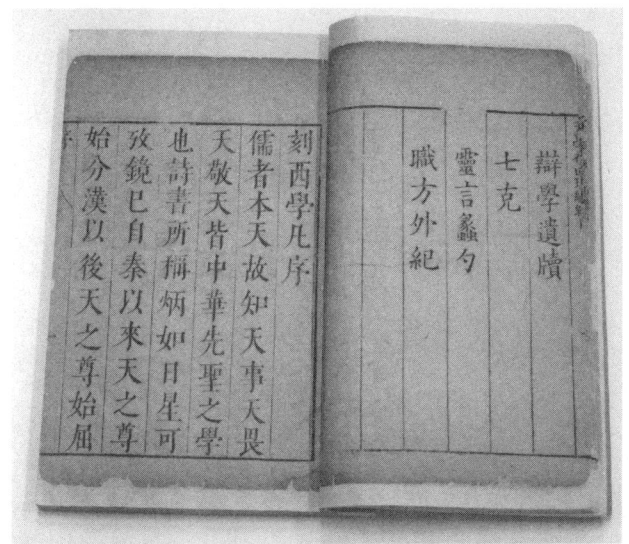

图6-8-2　艾儒略《西学凡》书影，明崇祯刊天学初函本。
　　　　　台北"故宫博物院"藏

---

① 梁启超：《中国近三百年学术史》，北京：东方出版社1996年版，第391页。

第七章 "开眼看世界"的人们

一 "变局观"与世界意识

1840年鸦片战争以后,中西关系发生了根本性的变化。鸦片战争及其以后西方殖民主义的入侵,给中国社会造成强烈的冲击。在这一时期所传播的"西学",是西方发展起来的工业革命及其成果,具有强大的技术优势和生产力,同时,又是在西方列强以坚船利炮开路,对中国进行了几次侵略战争的情况下进行的文化传播。这样,19世纪的西学东渐就与明清之际的西学东渐具有了不同的意义和作用,同时也给中国传统文化和传统社会造成了巨大的冲击,造成了重大的文化危机,促使中国文化和中国社会发生了根本性的变革,走上了从传统向现代化转变的艰难而痛苦的过程。

但是,正是经历了这样艰难甚至是痛苦的过程,中华文化才得以实现自我再造和更新,并且以新的面貌和新的形式,获得了新的强大的生命力和发展的动力。

鸦片战争以后,西方列强通过一系列不平等条约,迫使清朝政府开放了五个通商口岸,后来在第二次鸦片战争后,又开辟了十几个通商口岸,并允许外国人进入中国内地活动。这样,就打破了中国社会长期以来的封闭状态,形成了对外国,特别是对西方国家全面开放的态势。西方各国的外交官员、军人、商人、传教士、旅行者、冒险家等蜂拥而至,从事外交、商务以及其他活动。

第七章 "开眼看世界"的人们

他们还在中国口岸城市建立租界，形成外国人的聚居区。清政府和军队、企业还聘请了一些洋雇员，从事技术专家性质的工作。这些生活在中国的侨民群体，也把西方各国的文化和生活习俗带到中国来，成为西方文化输入中国的一个载体。

来华的外国人中，有一个特殊的群体，那就是来自天主教和新教的传教士。这些传教士继承了利玛窦那个时代来华传教士的事业，使沉寂多年的天主教再度活跃起来，同时也开辟了新教在中国的传播事业。与此同时，他们还从事了一系列文教活动，兴办教会学校，开展教育事业，培养了大批了解、接受西学的新式人才；兴办教会医院，开展医疗卫生事业，将西方医药学和医事制度传到中国，培养了许多中国本土的西医生，同时推广卫生保健知识，促进了社会的移风易俗。传教士们还组织多种社会团体，在中国开展宣传天足、宣传禁止鸦片等活动，对于破除许多社会弊端发挥了十分重要的作用。

传教士们创办的许多报刊，更成为直接输入西学的十分有效的渠道。在19世纪，报刊是一种新兴的媒体，特别是他们引进西方先进的印刷技术，使这些报刊具有传播面广、发行量大而且及时的特点，许多报刊都把传播各方面的西学知识作为重要的内容。这些宣传介绍西方文化的报刊产生了很大的影响。此外，他们还大量翻译和出版介绍西方文化的书籍，像前面介绍的墨海书馆、华花圣经书房、广学会等专门的出版机构，出版了大量的书籍，具有广泛的影响。

鸦片战争是中国近代史的起点。在当时，也有一些上层官员和文人学者受到了强烈的心理震动，他们已经认识到这种入侵可能孕育的巨大变局。如魏源在《海国图志》中谈及东南洋时指出："红夷东驶之舶，遇岸争岸，遇洲据洲，立城埠，设兵防，凡南洋之要津，已尽为西洋之都会。地气天时变，则史例亦随世而变。"徐继畬说："南洋诸岛国，苇航闽粤、五印度，近连西藏。汉以后、明以前，皆为弱小番部，朝贡时通。今则胥变为欧罗巴诸国埔头，此古今一大变局。"文学家黄钧宰（1826—1895）也认为："初不知洋人何状，英法国何方也，乃自中华西北环海而至东南，梯航航赆，中外一家，亦古今之变局哉！"因此，他们开始注意研究"夷情"，并且如魏源提出"师夷长技"的口号，认识到西方文化特别是其技术层面的先进性，提出了学习西方文化的

— 237 —

迫切性。

但是，在当时以及鸦片战争以后的一段时间里，这只是极少数人的认识和主张。当时中国朝野大多认为鸦片战争的失败只是一个偶然的事件，《南京条约》是一个"万年和约"，一劳永逸地解决了与西方的争端，他们并没有对当时的局势进行认真的反思与思考，很快又回到原来的平静生活之中。这正如林则徐所说，"大有雨过忘霄之意"。甚至有人认为，"自昔无常强之国"，试观辽、金、元三朝初兴，天下无敌，但自入中国便渐萎靡不振。欧洲的罗马、西班牙、荷兰同样盛极而衰。据此可知，"今日之英，骄盈极矣，然盈必复，骄必败，天道然也"，所以无须张皇，眼前先忍辱负重，二十年后，"必有驱除之法矣"。

此时介绍世界史地的著作在国内的流传和影响也十分有限。《海国图志》《瀛寰志略》等书并未引起士林的太多震动，反而受到一些责难。《海国图志》问世后，非但未能及时得到社会认同而广为传播，更遭到清政府的无端扑议。据有人推测，在第一鸦片战争后20年间4次印刷，仅印了1000册左右。《瀛寰志略》则只在1850年印过一次，还被时人指责、诋毁"颇张大英夷"。姚莹说，魏源倡"悉夷师夷"之说，当时受到的舆论压力很大，"举世讳言之，一魏默深独能著书详求其说，已犯诸公之忌"。直到19世纪60年代以后，《海国图志》《瀛寰志略》等介绍世界知识的著作才开始在国内受到重视并流行起来。

经过第二次鸦片战争的强烈刺激，形成了真正开始面对西方、学习西方的热潮，开始了颇为壮观的洋务运动。自19世纪60年代起，士大夫们开始认真研究和思考这样的历史大变动。江南名士冯桂芬说："乃自五口通商，而天下之局大变。"时任两江总督的李鸿章说："今则东南海疆万余里，各国通商传教，来往自如，麇集京师及各省腹地，阳托和好之名，阴怀吞噬之计，一国生事，万国构煽，实为数千年来未有之大变局。轮船电报之速，瞬息千里；军器机事之精，工力百倍；炮弹所到，无坚不摧，水陆关隘，不足限制。又为数千年来未有之强敌。""外国猖獗至此，不亟亟焉求富强，中国将何以自立耶？千古变局，庸妄人不知，而秉钧执政亦不知，岂甘视其沉胥耶？"

李鸿章说，这是三千年未有之大变局。这是当时人们的一种普遍认识。

19世纪70年代以后，外患加剧，更多的士大夫把它与变局观联系起来。

第七章 "开眼看世界"的人们

1874年,湖南巡抚王文韶指出:"窃维中国之有外患,历代皆然,而外洋之为中国患如此之烈,实为亘古所未有。变既出于创见,议论遂无所适从。"1878年,出使英、法、俄国大臣曾纪泽认为:"泰西之轮楫,旁午于中华,五千年来未有之创局也。天变人事,会逢其适。"

西方列强不断入侵中国,引起国际局势大变动,这种认识已经成为晚清士大夫们的共识。在洋务运动和戊戌变法运动时期,"古今之变局"论成为一股有广泛影响的社会思潮。

另一方面,晚清的中国人也逐步认识到了解、认识外部世界的重要性。从林则徐、魏源开始,就出现了后人称之为"开眼看世界"的努力。从魏源的《海国图志》开始,陆续有许多中国学者撰写了研究西方文化的著作。而到了19世纪末,又有许多中国外交官出使外国,或者像王韬那样到外国游历,更有一批一批留学生到美国、欧洲、日本留学。他们走出国门去看世界,除了带回专门的科学文化知识外,还带回他们对外部世界的直接感受。他们撰写了大量行纪等方面的书籍,成为中国人认识外部世界、了解和学习西方文化的重要渠道。

二 林则徐:"开眼看世界的第一人"

近代中国面对的最直接的西方文化的冲击,是从鸦片战争开始的。林则徐(1785—1850)作为鸦片战争的直接参与者,亲身感受到西方文明"船坚炮利"的强大物质力量,也最先对西方文明的冲击做出了反应。

虽然早在明清之际,就有过西方文化的传播,中国人与传教士、商人等西方人士有过不少接触和了解,但经过百年禁教,中国对西方的接触和了解又中断了。所以,在林则徐禁烟前,国人对西方世界又几乎茫然无知。比如,认为英国人吃的是牛羊肉磨成的粉,食之不化,离开中国的茶叶、大黄就会"大便不通而死"。清朝官员称英国人膝盖不能打弯,所以拜见中国"万岁"就不能下跪。林则徐刚到广州时,也称茶叶、大黄是"制夷之大权",相信夷人膝盖伸展不便,认为"彼万不敢以侵凌他国之术,窥伺中华"。因此,他对英国发动战争的可能性也是估计不足的。1839年9月1日,林则徐在给道光皇帝的奏折中写道:"知彼万不敢以侵凌他国之术,窥伺中华",至多不过是"私约夷阜一二兵船","未奉国主调遣,擅自粤洋游弋,虚张声势"。

不过,林则徐一旦接触到外部世界,便逐步发现和承认西方有许多长处值得中国学习、借鉴。1839年3月,林则徐一到广州,就注意"采访夷情",了解外国情况,派人专门收集外国人办的报纸书刊,如《广州周报》《广州纪事报》《新加坡自由报》《孟买新闻纸》等,并把懂英文的人招入钦差行辕,翻译西文书报,以探悉夷情,从着重了解鸦片的生产和销售、西方对中国禁烟的反应起,供制定对策、办理交涉参考。继之,林则徐对外部世界更广阔的历史、地理、制造等各方面的兴趣越来越浓。他所组织译出的资料,先后辑有《四洲志》《华事夷言》《滑达尔各国律例》等,成为中国近代最早介绍外国的文献。林则徐在中西两极初逢时,迈出了了解、研究西方的第一步,史学家范文澜称他为近代中国"开眼看世界的第一人"。

林则徐令人将1836年英国出版的曾任东印度公司长驻广州的"大班"德庇时(John Francis Davis, 1795—1890)所著《中国人》译成中文,介绍了外国人对中国的看法,名为《华事夷言》,成为了解"夷情"的重要文献。

1839年,林则徐通过其随员袁德辉和美国传教医师伯驾(Peter Parker),翻译了《各国律例》一书的若干章节。《各国律例》的原著是瑞士法学家、外交家滑达尔(Emerichde Vattel)所著的《国际法》,中译本依据的是经过奇蒂(Joseph Chitty)校注的1759年英译本《国际法,或运用于国家和主权的行为和事务上的自然法原则》,汉文译成后定名《各国律例》,该书被国内学者认为是中国近代引入的第一部法学著作,为晚清法制注入了现代化的意识。

林则徐还以这部国际法著作作为与外国人进行交涉的依据。《各国律例》的第二百九十二条之四有"往别国遵该国禁例,不可违犯,如违犯必有罚以该国例也"的内容,林则徐据此认为其要求义律(Charles Elliot)交出打死林维喜的凶犯以便中国政府处理的主张是符合国际惯例的。当义律于1839年8月15日来函妄称自行处理罪犯是"按照本国之律例"时,林则徐即复函驳斥说:"查该国向有定例,如赴何国贸易,即照何国法度,其例甚为明白……岂得不交官宪审办?"揭穿了义律的谎言。在处理鸦片贸易问题上,林则徐也意识到了自己所坚持的对夹带鸦片者"人即正法,货物入官"的主张,符合

第七章 "开眼看世界"的人们

《各国律例》第二百九十二条之五的译文"有人买卖违禁之货物,货与人正法照办",因而要求洋商出具甘结。

《四洲志》是林则徐组织人员,据英国作家慕瑞(Hugh Murray)的《世界地理大全》一书译出,并亲加润色而成。原本1836年出版,是由美国传教士、马礼逊学堂的负责人布朗(Brown)赠给林则徐的。

林则徐出资雇请的译员有4位。第一位是在印度塞兰普尔一所教会学校念过十多年书并参与过英国浸会牧师马什曼(John Marshman,1768—1837)译述《圣经》的亚孟。第二位是曾就学于槟榔屿天主教会学校、学习过拉丁文的四川人袁德辉,1825年他因成绩出众而获英华书院的奖学金。他有很深的英文造诣,编写过一本大学用书《英语与学生辅助读物》,在马六甲出版。1839年春天,袁德辉受聘任林则徐的译员,曾译述过林则徐、邓廷桢、怡良三人联合写给英女王的信。第三位是早年留美,在美国康涅狄格州康沃尔地方的美国基督教公理会差会部的学校里念过书的亚林,他于1825年由美返回广州,在外国商行里教职工英文。第四位是第一位华人传教士梁发的儿子梁进德,他随美国传教士裨治文(Elijah Coleman Bridgman,1801—1861)学英文与希伯来语。马礼逊(Robert Morrison,1782—1834)在教育社第三年度报告里指出,梁进德是《四洲志》的主要译者之一。

林则徐组织编撰《四洲志》,主要在于了解"夷情",重点是了解西方国家的先进之处。对于西方国家的"长技",《四洲志》有如下一些记载:英国"俗贪而悍,尚奢嗜酒,唯技艺灵巧。纺织器具俱用火轮、水轮,抑或用马,毋须人力"。法国"俗尚奢华,虚文鲜实。精技艺,勤贸易,商船万四千五百三十"。《四洲志》评价俄国彼得大帝学习西方时说:"(俄国)及至比达王,聪明奇杰,离其国都微行,游于岩氏达览等处船厂、火器局,讲习工艺,旋归传授,所造火器战舰,反优于他国。造至近日底利尼王攻取波兰国十部落,又击败佛兰西国王十三万之众,其兴勃然,遂为欧罗巴最雄大国。"林则徐在被遣戍伊犁途中,回忆了鸦片战争中"器不良""技不熟"因而失败的教训,总结出取胜的八字诀——"器良技熟,胆壮心齐",把"器良技熟"放在首要地位,并申论说:"剿夷而不谋船炮水军,是自取败也。"

《四洲志》当时是否印行单行本,至今仍不清楚。有记载称道光二十一年

中国典籍里的西方

(1841) 有过印本,但据马礼逊教育社第三年度报告,林则徐曾准备将该书刻印出版,可是突然接到清廷谕令,要他前往浙江抗英前线,这些译稿自然无法付梓。据说他离开广州时随身带着这些译稿,打算到浙江整理,做出版准备,后来译稿下落不明。目前能够见到的全本是收在《小方壶斋舆地丛钞再补编第十二帙》中的。该译本叙述了世界五大洲三十多个国家和地区的地理与历史,是当时最齐备、最新颖的世界地理、历史、风土人情类图书。

《四洲志》主要是通过《海国图志》的流传发生影响的。道光二十一年(1841)七月三日,林则徐在扬州奉命折回东河,效力"赎罪"。在从浙江到扬州途中,在京口(江苏镇江)会晤了魏源,嘱其将译编的《四洲志》扩充编撰为《海国图志》。《海国图志》50卷本发行于1844年,《四洲志》的材料全部分别辑入,并且把《四洲志》的材料放在第一条,注明是"原本",然后将《英吉利夷情纪略》《澳门纪略》等书中的有关材料作为"重辑"列入《四洲志》之后。唯独在介绍美利坚时,把美国高理文(裨治文)所著《美理哥国志略》辑在前,称为《弥利坚即美理哥国总记上》,而将《四洲志》原本,作为《弥利坚国即育奈士迭国总记下》列于后,并加按语说:"志例当先原本(指《四洲志》),次重辑。唯《美理哥志》出其本国,实校原志尤提纲挈领,故先之。"《海国图志》序中首先声明:"《海国图志》何所据?一据前两广总督林尚书所译西夷之《四洲志》,再据历代史志及明以来岛志,并近日夷图、夷语。"

林则徐主译《四洲志》的重大意义并不仅仅在于其为近代中国人提供了一部了解"夷情"的世界历史地理书,而且作为近代第一部较为系统地介绍世界史地的译作,林则徐以其同时代人少有的远见卓识,开了一代"睁眼看世界"的风气。继起的汪文泰《红毛番英吉利考略》(1841)、陈逢衡《英吉利纪略》(1841)、何秋涛《朔方备乘》(1843)、梁廷枏《海国四说》(1846)、徐继畬《瀛寰志略》(1848)、夏燮《中西纪事》(1850)等,都在某种程度上较为深入地推进了对外国史地的研究,并以强烈的经世意识和崭新的时代内容,汇成了一股生气勃勃的"开眼看世界"的时代思潮。他们都广泛地介绍了西方各国的历史地理、政治经济、文化宗教、民情风俗等各个方面的情况,并希望借此"正告天下,欲吾中国童叟习见习闻",了解和认识西方。

第七章 "开眼看世界"的人们

图7-2-1 林则徐在虎门销烟

图7-2-2 虎门海战图

三 魏源与《海国图志》

鸦片战争之后，中国学者所撰著的关于外部世界的著作，最有影响的是魏源的《海国图志》。梁启超在《中国近三百年学术史》中非常推崇《海国图志》，认为："中国士大夫之稍有地理知识，实自此始"，"其论实支配百年来之人心，直至今日尤未脱离净尽，泽其在历史上关系，不得谓细也"。① 方豪说："此书之史事及考证，虽舛误时见，然地理之外，更及战舰、火器与夷情，实当时致用之书，影响及于日本，张之洞称为'中国知西政之始'。"②

魏源（1794—1857）是晚清有名的思想家，积极的经世实用派。在鸦片战争之前，魏源应江苏布政使贺长龄之邀，代其编辑《皇朝经世文编》120卷，分学术、治体、吏政、户政、礼政、兵政、刑政、工政八纲，系统清理、总结了清道光前的经世学说。魏源著作宏富，除《海国图志》外，还著有《圣武记》《元史新编》《清夜斋诗稿》《古微堂诗集》《默觚》等。

1841年6月，林则徐因鸦片战争事遭贬，北上途中在京口与魏源见面。二人对榻倾谈，都意识到对中国之外的"夷"，实在知之甚少，此乃鸦片战争失败的一个重要原因。林则徐说了他所了解的情况，并将他组织人手翻译的《四洲志》《澳门月报》《粤东奏稿》等资料交给魏源，嘱他编纂《海国图志》，以唤醒国人，放开眼界，了解世情，挽救危亡。魏源有诗文记述了此次会面："万感苍茫日，相逢一语无""与君宵对榻，三度雨翻蘋""乘槎天上事，商略到鸥凫"。

《海国图志》完成于道光二十二年（1842）十二月，正是鸦片战争结束，南京条约签订后3个月。初版50卷于1843年刻印于扬州，1847年增补为60卷，到1852年时更扩充为100卷，还包括地图75幅，西洋技艺图式57页，

---

① 梁启超：《中国近三百年学术史》，北京：商务印书馆2011年版，第383页。
② 方豪：《中西交通史》上卷，上海：上海人民出版社2008年版，第5页。

地球天文合论图式 7 幅。

《海国图志》的全部内容，就是围绕"夷"这个中心，全方位地介绍世界各国的地理、历史、政治、经济、军事、科技，乃至宗教、文化、教育、风土等各种情况。《海国图志》的主旨是"师夷之长技以制夷"和"以夷制夷"，所以如何造西洋炮、造西洋船等近代军事科技资料，但凡能搜集到手的，无不汇聚书中，是中国有史以来未曾有之书。魏源在《海国图志》序中说：

（是书）何以异于昔人海图之书？曰：彼皆以中土人谭西洋，此则以西洋人谭西洋也。是书何以作？曰：为以夷攻夷而作，为以夷款夷而作，为师夷长技以制夷而作。《易》曰："爱恶相攻而吉凶生，远近相取而悔吝生，情伪相感而利害生。"故同一御敌，而知其形与不知其形，利害相百焉；同一款敌，而知其情与不知情，利害相百焉。古之驭外夷者，诹以敌形，形同几席；诹以敌情，情同寝馈。

魏源指出："有用之物，即奇技而非淫巧。"对付外国侵略者，不能"舍其长，甘其害"，而必须"塞其害，师其长"。唯有"师夷之长技"才可"制夷"，"善师四夷者，能制四夷；不善师外夷者，外夷制之"。《海国图志》内容大致可以分为 6 个部分。

第一部分，为《筹海》四篇。魏源从议守、议战、论款三个方面，总结了鸦片战争失败的经验教训；提出了战败之后所应该采取的防患于未然的措施；系统论述了"师夷长技以制夷"的战略对策；并且对严禁鸦片、广开贸易、大办工厂等问题，提出了自己崭新的见解。

第二部分，为世界地图及各国分地图。

第三部分，为世界各国的地理位置、历史沿革、政治制度、物产矿藏、宗教信仰、风土人情、中西历法、中西纪年对照通表，等等。

第四部分，为鸦片战争的有关档案材料及林则徐组织翻译的国外情报资料。

第五部分，为船、炮、枪、水雷等武器的制造图样、西洋技艺、远镜做法资料、用炮测量方法及测量工具，等等。

第六部分，为《地球天文合论》，系统介绍了地球形状、运行规律，哥白尼太阳中心说等近代自然科学知识。

《海国图志》中征引中外古今近百种资料，系统地介绍了西方各国的地理、历史、政治状况和许多先进科学技术，如火轮船、地雷等新式武器的制造和使用方法。所记各国气候、物产、交通贸易、民情风俗、文化教育、中外关系、宗教、历法、科学技术等，都超过了前书。前引魏源序言说："彼皆以中土人谭西洋，此则以西洋人谭西洋也。"意思是说，过去对于西洋的知识是中国人的耳闻和想象，现在对于西洋的知识是来自西洋人自己。魏源当时已经尽一切可能，搜集、使用了各种能够得到的西书，而且尽力发掘那些尚未行世的中译抄本。据1852年出版的百卷本《海国图志》，其中征引书目，中国正史及专著近百种，外国人著作及报刊约20种。但是实际引录的文字数量，外国人著述占了80%。外国人著述中，明末清初传教士的文字仅占20%，80%的资料来自19世纪前期传教士的著译。摘引最多的是玛吉士（José Martinho Marques，1810—1867）的《地理备考》，其次就是马礼逊的《外国史略》、郭实腊（Karl Friedrich August Gützlaff，1803—1851）的《万国地理全图集》《贸易通志》《东西洋考每月统纪传》、祎理哲（Richard Quarterman Way，1819—1895）《地球图说》、高理文（裨治文）《美理哥国志略》，以及1850年才开始出版的培瑞（麦嘉缔）编《平安通书》等。魏源在谈及该书材料来源时说："《海国图志》何所据？一据前两广总督林尚书所译西夷之'四洲志'，再据历代史志及明以来岛志及近日夷图夷语，钩稽贯串，创榛辟莽，前驱先路。"《四洲志》为翻译著作，严格说来也属于"夷图夷语"之列，而在诸多"西洋人谭西洋"之书中，魏源最推崇的除林译《四洲志》外，就是《地理备考》和《美理哥国志略》，称两书"皆以彼国文人留心丘索，纲举目张"。正是因为魏源吸收了这些外国著作的成果，使《海国图志》的眼界和见识大大超过了前人的同类著作。

魏源《海国图志》撰著的直接目的是为"夷"的问题而作。在鸦片战争

第七章 "开眼看世界"的人们

前后,"夷"是涉及国家利益最核心的问题,是当务之急。《海国图志》的中心思想,其对当时及后世最有影响的观点,就是他在书中反复论证的"师夷之长技以制夷"。

在鸦片战争中,林则徐已经认识到,中国失败的原因主要是由于中国军队的"器不良""技不熟"。要战胜敌人,除"胆壮、心齐"而外,必须做到"器良、技熟"。他认为,如果枪炮等火器与洋人相埒,"则不患无以制敌"。于是,林则徐逐步形成一个认识,要"制夷"必须火器能赶上洋人,要能迅速地赶上洋人,只能"师夷长技",即学习西方资本主义国家的先进科学技术,尤其是军事技术。这个提法在整个近代中国的历史上,都是一个具有重大意义的思想,在很长时间里成为中国人学习西方文化、抵御外来侵略的指导思想,为各阶层的先进人物所遵循。正是从"师夷"思想的提出开始,在中国社会中逐渐形成了学习西学的思潮。

魏源指出:"礼宾外国,是王者之大度;旁咨风俗,广览地球,是智士之旷识。"魏源的这个思想很重要,他提出"王者""智士"要有广博的胸怀,海纳百川的气度,"旁咨风俗,广览地球",虚心地学习一切外国的先进文化。在当时浓厚的"天朝上国"的氛围中,有这样的认识是极为难得的。

魏源在《圣武记》中首次提出:要"尽转外国之长技为中国之长技,富国强兵"。在《海国图志》中,他详细论述了"师夷长技"的思想。魏源一再强调外患的危险和严峻性,强调这种危机感和紧迫感,当下必须要做的事情就是"制夷"。魏源认为,所谓的"制夷",就是"以守为战",积极防御。制夷的关键就在于利用本地人熟悉地形、水势的长处,发挥自己的优势,置敌人的长处(坚船利炮)为短处(船大笨重),采用火攻和炮击,歼灭敌人。魏源特别强调应吸取鸦片战争的教训:"守外洋不如守海口,守海口不如守内海。""守远不若守近,守多不若守约,守正不若守奇,守阔不若守狭,守深不若守浅。"他在《筹海》四篇里进行了精到的分析,提出了著名的攻夷之策:"调夷之仇国以攻夷,师夷之长技以制夷。"

魏源认为,当下当务之急是"制夷",而"制夷"的前提是"悉夷""师夷","悉夷""师夷"的目的是为了"制夷"。"悉夷"乃是通晓夷情,了解

中国典籍里的西方

夷事,知己知彼;"师夷"的目的是为了谋求国富民强,让东海之民犹西海之民。魏源编撰《海国图志》,宣扬的一个主题就是一定要"悉夷情"。"译夷书",就是为了让国人了解世界和自己的对手。《海国图志》里的 75 幅地图,世界五大洲(亚洲、小西洋利未亚洲、大西洋、欧罗巴洲、美洲)各国地志、表、国地总论等,都是围绕这个主题而编撰的。

魏源认为清朝所面临的最大、最强的敌人是号称日不落帝国的英国,编著《海国图志》的主要目的之一就是为了抵抗英国侵略。他希望通过对英国的全面介绍,让国人对英国有一个清醒认识,悉夷情,师夷技,以抵制其殖民扩张。魏源主张对"夷"要区别看待,不可混为一谈,更不可统统将"夷"视为敌人。

在《海国图志》的编撰过程中,魏源认识到西方诸国特别是英国,并不等同于历史上经济、文化等远远落后于中原的"蛮夷""夷狄",恰好相反,它们的制度和文明、技艺、器物等有高于中国之处,对于这样"夺造化,通神明"的高超对手,我们必须承认自己在诸多方面落后于人家,要学习"蕞尔小夷"技艺发达、商贸兴隆、国富兵强的长处。只有这样,才有可能储备实力来抵抗侵略,御侮图强。

魏源不仅提出了"师夷之长技以治夷"战略主张,而且在《海国图志》中提出了一系列具体的措施。当时魏源关注的重点在于军事方面。他说:"师夷长技三,一战舰,二火器,三养兵练兵之法。"他认识到要使中国像西方一样"船坚炮利",则需要发展自己民族的工业,"置造船厂一,火器局一,行取佛兰西、弥利坚二国,各来夷目一二人,分携西洋工匠至粤,司造船械。并延西洋橐师,司教行船演炮之法,如钦天监夷官之例,而选闽粤巧匠精兵以习之。工匠习其铸造,精兵习其驾驶攻击"。另外,"武试增设水师一科,有能造西洋战舰、火轮舟、造飞炮、火箭、水雷奇器者为科甲出身"。提出"沿海商民,有自愿仿设厂局以选机械或自用或出售者,听之"。魏源说:"古之圣人刳舟剡楫,以济不通,弦弧剡矢,以威天下,亦岂非形器之末?""引诱用之物,即奇技而非淫巧。今西洋器械,借风力、水力、火力造化,通神明,无非竭耳目心思之力,以前民用。"

第七章 "开眼看世界"的人们

当时,由于鸦片战争,人们对于西方在武器技术上的先进和强大威力,有着直接的感受,所以关注的重点就在于学习西方先进的军事技术,认为中国的落后,中国需要向西方学习的,也在这个方面。这个认识,直到洋务运动初期,仍然主导着人们的思想。洋务运动也是从学习西方先进军事技术、发展军事工业开始的。这是中国人最初接触近代西方文化必然的结果。

魏源的思想给后世留下了深刻的影响。他的"师长"之说在整个中国近代文化史上的影响持续不息,不到60年间,《海国图志》便连续刊行了9次。左宗棠主持重刻《海国图志》,明确说明他主持"设局造船"就是实行"魏子所谓师其长技以制之"之说。曾国藩、李鸿章、左宗棠、郑观应、盛宣怀等,几乎所有的洋务派,无不接受魏源思想的精神润泽。有魏源思想才有洋务思想的发端,魏源思想成为洋务运动的思想指导。洋务派诸多举措实为魏源思想的践行。

图7-3-1 《海国图志》书影

中国典籍里的西方

图 7-3-2　魏源像

第七章 "开眼看世界"的人们

四 徐继畬的《瀛寰志略》

徐继畬(1795—1873),号松龛,道光六年(1826)中进士,朝考获第一名,钦点为翰林院庶吉士。道光十六年(1836)调升为福建省延建邵道道台,后来又担任过两广盐运使、广东按察使。1844年任福建布政使,办理厦门、福州两口的通商事。1865年,徐继畬又担任总理各国事务衙门大臣,兼总管同文大臣。徐继畬对地理学研究有着学者式的热情,他在传统的舆地考证方面写有《尧都辨》《晋国初封考》以及《两汉幽并凉三州今地考略》《汉志沿边十郡考略》,并主修《五台新志》。他最著名的代表论著是道光二十四年到二十八年(1844—1848)出版的《瀛寰志略》一书,是当时介绍世界各国状况的最优秀著作之一,在中外历史上产生过积极影响。方豪说道:"鸦片战争后海禁大开,出国贸易与考察、出使、留学者接踵相接;即足未出国门者,或亲与西人交接,或研读西人所著外国史地;而西人亦竞撰介绍世界情形之书;于是道光以降,谈世界情形与记述游历之书,遂乘时而起。魏源之《海国图志》与徐继畬《瀛寰志略》,实为代表之作。"① 王韬在19世纪70年代就说:"近来谈海外掌故者,当以徐松龛中丞之《瀛寰志略》、魏默深之《海国图志》为嚆矢,后有作者弗可及也。"

徐继畬之所以能写出《瀛寰志略》,跟他与美国传教士雅裨理的交往关系极大。雅裨理(David Abeel)是首批来华的美国宗教人士之一。雅裨理1830年到南洋地区传教,学会了汉语和一些方言,1833年因健康原因回美国。1839年,雅裨理重回广州,鸦片战争期间在澳门、马六甲等地活动,1842年与美国圣公会传教士文惠廉(William Boone)一起前往英军占领下的鼓浪屿,开始在厦门传教。雅裨理被英国首任驻厦门领事纪里布(Henry Gribble)聘为翻译。

道光二十四年(1844)初,徐继畬被清朝任命为福建布政使,负责该省

---

① 方豪:《中西交通史》上卷,上海:上海人民出版社2008年版,第5页。

的洋务事宜，被派往厦门办理通商事务、勘定外人活动区界址。这次机会促成了他和雅裨理等人的交往，徐继畬借机向雅裨理询问了世界各国的情况，这是他获得撰著《瀛寰志略》资料的主要渠道。

除了通过雅裨理了解世界各国的情况外，徐继畬还向其他传教士及外国驻福州官员请教相关问题。他曾自述"每与夷官接晤，辄询以西国事，亦多有所闻"。

徐继畬写作《瀛寰志略》很可能还得到了一位中国人的帮助。这位中国人来自香山，他那时刚刚在旅居美国 4 年后回国，他在美国学习了英语，读、写都还算不错。这位年轻人当时是英国皇家战船"都鲁壹号"（Druid）船长士密（Capt. Smith）的翻译。很可能这位年轻人曾受徐继畬的要求，翻译他从纽约带回来的地理书和历史书的纲要。

《瀛寰志略》的材料主要来源于两部分：一是徐继畬搜集了有关西洋国家的几十种材料，并对全球各国的疆界、地理、物产、政治、经济、文化及军事状况加以比较、选材，择其可靠者而用之。《瀛寰志略》凡例中称："泰西诸国疆域、形势、沿革、物产、时事皆取之泰西人杂书，有刻本，有钞本并月报新闻纸之类约数十种，其文理大半俚俗不通而事实则多有可据，诸说间有不同，择其近是者从之，亦有晤泰西人时得之。述者凑合而敷衍成文。"二是引用了 26 种中国文献，对凡中国文献中论述海外世界部分的内容，均与西洋材料加以核对比较，选最准确的用之。他自述著作的艰辛时说："每得一书，或有新闻，辄窜改增补，稿凡数十易，自癸卯至今，五阅寒暑，公事之余，唯以此为消遣，未尝一日辍也。"

因为兼办通商事宜的需要，徐继畬经常往来于福州与厦门之间，自道光二十三年（1843）冬以后，有一段时间长驻厦门。就在这段时间里，他以比较快的速度编成了《瀛寰志略》的前身——上下卷的《瀛寰考略》稿本。

徐继畬完成《瀛寰考略》后，并没有刊刻出版，而是继续采寻西人杂说，询问西方人士，并参阅魏源《海国图志》（初版）等书，补充疏漏，日臻完备，最后定名为《瀛寰志略》，于道光二十八年（1848）初刻于福建抚署。同治四年（1865），经沈桂芬大力提倡，由总理衙门主持重刻，次年刻成。该书分 10 卷，分装 6 册，总分图共 44 幅。书中先为总说，后为分叙，图文并茂，

第七章 "开眼看世界"的人们

互为印证,于各洲之疆域、种族、人口、沿革、建置、物产、生活、风俗、宗教、盛衰等均有详细记述,亦间有议论。

《瀛寰志略》开篇,展现给读者的就是一幅"地球平圆全图",并写道:"地形如球,以周天度数分经、纬线,纵横画之,每一周得三百六十度,每一度得中国之二百五十里。海得十之六有奇,土不及十之四。泰西人的推算甚详,兹不赘。"又谓:"地球从东西直剖之,北极在上,南极在下,赤道横绕地球之中,日驭之所正照也。""地球从中间横剖之,北极、南极在中,其外十一度四十四分为黑道,再外四十三度四分为黄道限,再外二十三度二十八分赤道环之。"徐继畬基本接受了西方地理学将世界分为四大洲的理论。他说:

> 大地之土,环北冰海而生,披离下垂如肺叶,凹凸参差,不一其形。泰西人分为四土,曰亚细亚、曰欧罗巴、曰阿非利加……曰亚墨利加。

对于中国在世界中的位置,他明确指出,中国在亚细亚之东南,所占之面积,"固不止得其半也",即亚细亚之中最大一国。他从地理学意义上确认,中国仅是世界版图中之一国。徐继畬进而还描述了美洲,称其"南北亚墨利加,袤延数万里,精华在米利坚一土,天时之正,土脉之腴,几与中国无异"。同时,他又肯定了英国、法国和俄国在世界中的强国地位。谈及欧罗巴人,他说,其民"性情精密,工于制器,长于用舟,四海之内,无所不到"。

《瀛寰志略》对西方强国发达的工商业给予了高度的赞赏。徐继畬称赞欧洲诸国:

> 长于制器,金木之工,精巧不可思议;运用水火,尤为奇妙。火器创自中国,彼土仿而先之,益加精妙。铸造之工,施放之敏,殆所独擅。造舟尤极奥妙。篷索器具,无一不精,测量海道,处处志其浅深,不失尺寸。越七万里而通于中土,非偶然也。

徐继畬在分析欧美社会经济发展迅速,领先进入近代社会的原因时,提出如下若干因素:

中国典籍里的西方

(1) 欧美人"长于制器,金木之工,精巧不可思议";

(2) "运用水火,尤为奇妙。火器创自中国,彼土仿而为之,益加精妙,铸造之工,施放之敏";

(3) "以商贾为本计,关有税而田无赋";

(4) "造舟尤极奥妙",并且"善于操舟";

(5) 为对外交流"测量海道,处处志其浅深,不失尺寸""四海之内,遍设埠头""航海贸迁,不辞险远""越七万里而通于中土,非偶然也"。总之,"亦固国计全在于此,不得不尽心而为之"。

徐继畬在《瀛寰志略》中不仅介绍了西方的科学技术,还介绍了西方的民主制度,对19世纪资本主义民主政治制度的积极作用给予了充分的阐释和肯定,特别介绍了英、美、法、俄、瑞士等国的选举制、议会制和立宪制,对于议会的组成、职权范围等,都做了较详细的叙述。

在19世纪中期出现的有关外国史地著作中,徐继畬对于外国各国情况的介绍是最为详细的。葛兆光指出:"比起《海国图志》来,徐氏的《瀛寰志略》更具有新知识的意义,……这是一部相当仔细而且相当认真的地理书,它不像《海国图志》那样属于应对时事的实用性著作,而是一部更严格意义上的地理学著作。如果说《海国图志》仍然把万国当成'四夷',而把中国自身置于'世界'之外,反映了魏源的'天下'观念,那么,徐继畬的《瀛寰志略》则以'瀛寰'一词表明了中国与世界的共存关系,而他不用'夷'字来称呼外国,则表明了他对'万国'的平等意识,至于其中对西方各国代议制度的介绍,对华盛顿倡议民主制度的赞扬,以及其中关于'公''私'的重新诠释,则表明了他比魏源的思路更加具有'现代性。"①

但在当时的文化氛围下,《瀛寰志略》对于西方各国国情的介绍与赞赏,无异于异端邪说,很难为士大夫们所接受,因而,"甫一付梓,即腾谤议"。大部分人都认为徐继畬蓄意"张大"外夷。但是,《瀛寰志略》仍然受到一些

---

① 葛兆光:《中国思想史》第二卷《七世纪至十九世纪中国的知识、思想与信仰》,北京:复旦大学出版社2000年版,第580页。

第七章 "开眼看世界"的人们

人的欢迎,他们争相传阅。道咸间,读过此书的大臣,有祁寯藻、吴文镕、董恂、曾国藩等人。刘韵珂、刘鸿翱、彭蕴章等,竟以一、二品大员身份,为书作序。刘韵珂与徐继畬同事,自谓海疆之事,皆由徐氏主理,本人言听计从,不敢掠人之功。他于该书序中说:"余与中丞共治海邦,抚辑彝夏,有以见其用志之密,度物之明,慎枢机于一室,恢磅礴于万里者。"刘鸿翱的序说:

图 7-4-1 徐继畬像

中国典籍里的西方

"上世《山海经》之奇怪,全属空撰;近时《海国图志》,大半臆说,而徐氏书,乃治者言,故务实,言各国舆地,皆有考据,能补当年南怀仁《坤舆全图》之不足,而为'百世言地球之指南也'。"

到了19世纪60年代,自总理衙门刊本问世后,《瀛寰志略》便具有了官方性质,以至于官员出国,人手一册,沿途作为参照,并加以考核。

以后,有人在研读《瀛寰志略》的同时,开始了续补、增订工作。咸丰年间,有何秋涛作《〈瀛寰志略〉辨正》,对有关俄罗斯记述的错漏处做了订正。到了光绪年间,有刊载于《小方壶舆地丛钞再补编第十二帙》中署名"毅"的《瀛寰志略订误》,有慕维廉辑、陈侠君校订的《瀛寰志略续集》,有"游五大洲人"作的《瀛寰志略续编》,还有张煜南作《辨正瀛寰志略》和《推广瀛寰志略》以及李慎儒的《瀛环新志》等,更有薛福成《续瀛寰志略》。

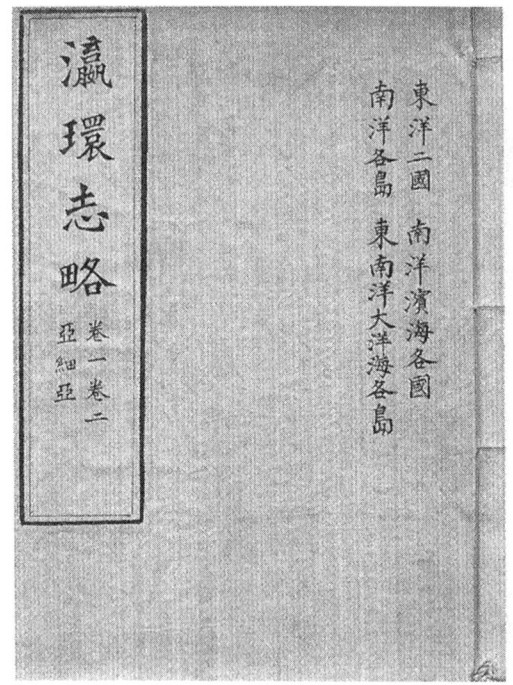
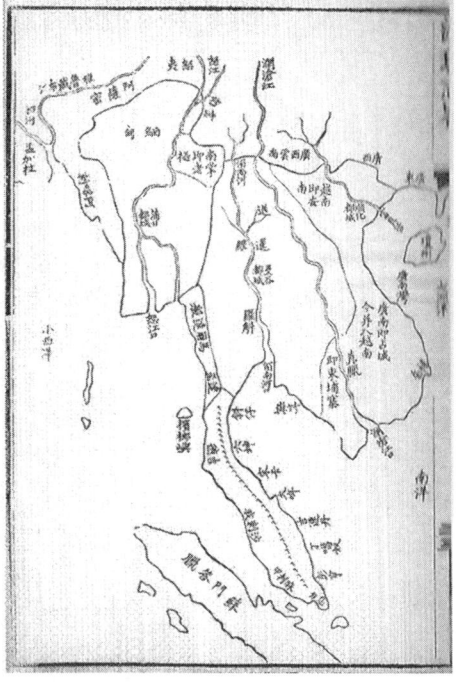

图 7-4-2 《瀛寰志略》书影

第七章 "开眼看世界"的人们

五 梁廷枏与《海国四说》

梁廷枏（1796—1861）曾任广东澄海县（今汕头市澄海区）教谕，学海堂学长，越华、粤秀书院监院。当年两广总督卢坤在越华书院设广东海防书局，纂修《广东海防汇览》，梁廷枏被聘入书局，开始接触有关西方世界的资料。1837年，粤海关监督豫坤聘梁廷枏为粤海关志局总纂，在越华书院的红云明镜亭编纂《粤海关志》。在修志的过程中，他阅读了大量的官署档案，有机会对以前"从古未通中国者"进行了深入考察，大大开阔了他的眼界。

1839年，林则徐来广东禁烟，首先拜访了越华书院监院梁廷枏，询问筹备海防和战守的事情，两人一见如故，说起广东海防和禁烟事情，畅谈甚欢。早在10多年以前，林则徐任杭嘉湖道时就看过梁廷枏的著作，对他非常欣赏。在来广州的路上，听说梁廷枏在海防书局，经手所有国来往文书以及沿海要隘、县界道里等资料，因此嘱托梁廷枏把有关海防和外国人的资料收集整理，梁廷枏整理了大量资料转交给林则徐，为林则徐筹备海防提供了第一手的资料。林则徐在禁烟的大事上，还多次与梁廷枏商讨。

鸦片战争时，中国大多数士大夫对英国还"实不知其来历"，而在《粤海关志》中，梁廷枏已经能够确指其地理位置，并记载了英国的政治、经济、物产等情况。鸦片战争结束时，梁廷枏已经成为当时究心时务的名士。1842年6月，徐继畬到广东任按察史时，曾多次向梁廷枏请教海外知识。鸦片战争的失败，激励了梁廷枏开始著书立说，向国人介绍其心目中所认识的西方世界。

1848年底，英人企图强行进入广州城，广州人民掀起反入城斗争。梁廷枏联合许多士绅，印刷布告，联络各社学，组建了十余万的民兵队伍，形成了反入城斗争的浩大声势。梁廷枏又亲自跑到英国领事馆，当面严责英国公使。这时"夷馆耳目切近，始而骇，继而畏，终而服，而后贴然受范，市易相安，事遂寝息"。

1842—1846年，梁廷枏在家整理以前收集的资料，写下14卷《海国四

中国典籍里的西方

说》，该书由 4 部分组成，分别为《耶稣教难入中国说》1 卷、《合省国说》3 卷、《兰仑偶说》4 卷、《粤道贡国说》6 卷。这 4 部书于 1844 年后陆续撰成，合刊于 1846 年。他在《海国四说》自序中写道：

> 予以读礼家居，取旧所闻，编成《四说》，先详彼教之委曲，而折衷之以圣道，并其所习闻之说考证焉，而明其所出，而后其教可听与方外并存，曰《耶稣教难入中国说》。次举入市之国之所称货多税重者，为之各胪其风土起灭之由，一冠以中国年号，自案牍以逮时贤撰著，参以彼所自说，诞异者仍而正之，而后始末燎如，用资闻见，曰《合省国说》，曰《兰仑偶说》，而终之《粤道贡国》。凡贡道之由广东者，纪其年月、品物、锡赉、筵燕，而厚往薄来之义见焉。贡道不止粤东，谨就耳目所及，不敢滥也。粤道不止西洋，附以暹罗诸国，从其同也。即称臣纳赆之故，可共晓然于天朝厚泽，煦育已深。不特思义顾名，群安无事，抑更沾濡圣学，勉作异域循良之民，则圣代声教，夫岂汉、唐以下比哉？区区之怀，如是而已。

《海国四说》对美、英、法、荷兰等西方国家的政治经济文化宗教进行了比较系统的考察。《耶稣教难入中国说》不分卷，其内容是有关西方基督教问题的专门著述。梁廷枏从历史、社会条件、教义、教规以及传教活动等方面比较准确地阐述了耶稣教的情况。他运用比较研究的方法去说明世界三大宗教——佛教、伊斯兰教、耶稣教之间的异同，并进而分析中国的儒学、民间的宗教信仰与耶稣教在宗教观念、信仰方面的差异，又从文化传统、政治和经济情况诸方面去说明耶稣教很难在中国广泛传播的道理。据此，他主张发扬中国的文化传统以抵制西方耶稣教在中国的影响。

《合省国说》共 3 卷。卷一是按历史顺序记载了哥伦布发现新大陆、欧洲各国移民北美、英吉利建立北美 13 个殖民地的历史。卷二介绍了北美独立战争、美利坚合众国立国的经过，美国的政治、经济制度等。卷三的内容包括了有关美国人的宗教信仰、婚姻家庭、生活习惯以及社会生产、社会经济生活等方面的情况。《合省国说》被学者誉为第一部由中国人编写的美国通志。

《兰仑偶说》共4卷。卷一是用中英历史纪年对照的方法撰写的英国编年史大纲。其内容始于公元初不列颠岛的凯尔特人的氏族社会晚期,到18世纪30年代英国女王伊丽莎白时期为止。卷二叙述了英国本土的自然地理、民族分布、行政区域划分情况,还叙述了英国海外殖民地的分布。在卷三中,首先简要地介绍了英国的国家机构、议会、军队,以及有关银行、保险、金融、税务等方面的制度,然后又详尽地论述了英国及其东印度公司在鸦片战争前的半个世纪中,对中国的侵扰和扩张活动,以及英国在欧洲、西亚分别与荷兰、法国、俄罗斯等国争霸的经过。卷四是有关英国的社会经济、文化教育以及社会风俗的介绍。

图7-5-1 梁廷枏像

中国典籍里的西方

《粤道贡国说》共6卷。该书根据清朝海关的档案写成。卷一、卷二评述自隋唐以至清朝时期,暹罗来华贸易的历史,其余各卷是有关欧洲国家对外贸易的情况介绍。

《海国四说》是代表梁廷枏"睁眼看世界"的著作。和魏源、徐继畬等人相比,梁廷枏更早接触了西方的思想和文化。有学者认为,"梁廷枏堪称中国近代最早认识和着力介绍西方民主制度的先驱"。

梁廷枏另著有《夷氛闻记》共5卷,是一部有关鸦片战争历史的专著。该书大约写成于道光末年至咸丰初年。由于该书对朝廷有直言之批评,故"虽经镂刻,但不著作者姓名,没有序文,流传也不多"。梁廷枏并不因中国在鸦片战争中战败而悲观失望,而是冷静地、积极地"讲求胜夷之法"。他认为,若像林则徐那样"理海事",并能"始终其事",则打败侵略者并不是没有可能。他认为,只有学习英国在军事上的长处,造巨舰,建立外海作战舰队,才是战胜侵略者的"利在久远"的大计。

六　近代早期中国人的世界观

在近代地理学传入中国之前,中国人的世界构想是以中国为中心,中国人都是以"中国"与"四夷"相对称,也就是用"中国中心"的世界坐标轴来认识世界。"天圆地方","天处乎上,地处乎下。居天地之中者曰中国,居天地之偏者曰四夷。四夷外也,中国内也"。中国士大夫的世界观是"中国即世界、世界亦中国"的天下国家观念。因此,正如姚莹所说:"自来言地理者,皆详中国而略外夷。《史记》、前后汉书,凡诸正史,外夷列传多置不观,况外夷书乎?"

16世纪中叶,随着传教士和贸易商人来华,世界地理知识开始输入中国,对中国传统的世界地理观产生了很大的冲击,同时也为中国摒弃传统的世界观,形成全新的近代世界观提供了一个有利的契机。

在明末清初传教士传来的西学中,十分重要的一项就是关于世界地理知识。如利玛窦的《万国舆图》和《山海舆地图》、艾儒略的《职方外纪》、庞

第七章 "开眼看世界"的人们

迪我的《海外舆图说》、利类思的《西方要纪》等，对五大洲、气候带的分布以及各国的政教、历史、人情风俗等做了较为详尽的介绍，向中国介绍了许多崭新的世界地理知识。这些西方知识都是当时中国人见所未见、闻所未闻的，在当时部分士大夫中引起了不小的轰动。但这些从西方传入的世界地理知识，在当时的影响还是极为有限的。在相当长的时间内，西方世界地理知识的传播仅局限于很小的学者圈子。即便是相信其说的，如徐光启、李之藻、冯应京等人，对于这些世界地理知识，"亦未能穷其究竟"。乾隆时期修《争朝文献通考》"四裔考"虽从传教士的地理著作中采纳了不少内容，承认"大地东西七万二千里，南北如之"，一面却又指出，"中国居大地之中，瀛海四环，其缘边滨海而居者，是谓之裔，海外诸国，亦谓之裔。裔之为言边也。"梁启超说："言世界地理者，始于晚明利玛窦之《坤舆图说》，艾儒略之《职方外纪》。清初有南怀仁、蒋友仁等之《地球全图》。然乾嘉学者视同邹衍谈天，目笑存之而已。"

因而，此时近代世界地理观远远没有进入一般有知识的中国人的世界认知中。当利玛窦、李之藻、徐光启等人过世后，世界地理知识很快被人所遗忘、失传。当1792年英国特使马嘎尔尼率团来华时，清廷几乎无人知道"英夷"究竟在何方。嘉庆朝时，关于世界及周边国家的情况依然相当模糊，嘉庆朝所修《钦定大清会典图》卷八十七的中国全图中，只包括了中国和诸藩部以及周边的朝贡国，至于中国在世界中的地理位置，甚至在亚洲的地理位置，都没有在地图上反映出来。直至鸦片战争爆发后的1842年，作为最高决策者的道光皇帝还曾向将军奕经询问："英吉利国距内地水程，据称有七万余里，其至内地所经过者几国？克食米尔距该国若干路程？是否有水路可通？该国向与英吉利有无往来？"

鸦片战争前后，西方传教士创办报刊和出版的一系列涉及世界地理历史知识的书籍，如《察世俗每月统纪传》《特选撮要每月统纪传》《东西洋考每月统纪传》《遐迩贯珍》《新释地理备考》《贸易通志》《美理哥合省国志略》《万国地理全集》《地理全志》等书刊，输入了新的世界历史地理知识。这些世界史地著作旨在"终言万国建业之始，疆圉之分，沿革变迁之故，山川民物之名，即荒陬僻壤之区，披发赤裸之辈，举全舆所有者，莫不了若指掌，以

中国典籍里的西方

资后学之人,广其见闻,拓其民志也",为那些开眼看世界的士大夫提供了了解世界的窗口,并逐渐促使他们在世界观念上发生着变化。

鸦片战争爆发后,了解外国已经成为一种迫切的需要。姚莹认为,中国在鸦片战争中的惨败,"正由中国书生狃于不勤远略,海外事势夷情平日置之不讲,故一旦海舶猝来,惊若鬼神,畏如雷霆,夫是以偾败至此耳!"因此,一些士大夫积极从事世界形势及各国历史、地理的研究以筹划出制夷之策。中国近代出现了第一批介绍和研究世界历史、地理和现状的著作,主要有:林则徐《四洲志》(1841),魏源《英吉利小记》(1841),《海国图志》(1842),陈逢衡《英吉利纪略》(1841),汪文泰《红毛蕃英吉利考略》(1841),李兆洛《西洋奇器述》(1841),姚莹《英吉利国志》(1842)、《康輶纪行》(1846),王蕴香《海外蕃夷录》(1844),梁廷枏《海国四说》(1846),徐继畬《瀛寰志略》(1848),夏燮《中西纪事》(1850),何秋涛《朔方备乘》(1860)等。据统计,从1840年到1861年止,至少出现了22种有关世界史地方面的著作。① 他们的目的,诚如姚莹所说是要"知彼虚实""徐图筹制夷之策。冀雪中国之耻,重边海之防,免胥沦于鬼域"。

这些著作已经在一定程度上把"天下"的概念建立在近代地理科学知识的基础之上,还较为系统地介绍了世界各国的概况,基本上向国人提供了一个较为完整的世界形象。例如,魏源的《海国图志》明确了地球的概念和整个世界的地理构成,介绍了东洋、南洋和欧美国家的简明历史,初步形成了世界政治地理的概念。这些书籍以确证可信的地图地理知识,表明了地球的形状、世界各国的地理位置,证明英、法等并非为围绕中国周边的蛮夷下国,而是远隔重洋、久被隔绝在地球另一端的文明强国。这种新的世界观念,打破了中国人千百年来的中华为天下中心,自以为居"天下之中央"的华夏中心观念,中国人第一次不得不面对列强林立、充满竞争和威胁的世界。姚莹的《康輶纪行》以新的视角比较全面地反映了当时中国的边疆和对世界形势的了解、认识。夏燮的《中西纪事》分析资本主义国家的殖民扩张史,提出中国的兴

---

① [美]费正清、刘广京编:《剑桥中国晚清史》下卷,中国社会科学院历史研究所编译室译,北京:中国社会科学出版社1985年版,第172页。

第七章 "开眼看世界"的人们

衰发展已不可逆转地纳入世界局势变化的轨道中。何秋涛的《朔方备乘》着重考察中俄边界的历史和现状,进而考察了俄国及其周边国家和地区的历史、地理等有关问题。梁廷枏的《海国四说》详细介绍了英、美的史地情况。徐继畬的《瀛寰志略》以图为纲,纵横贯通,介绍了世界80多个国家的地理情况、历史沿革和风土人情。

历史地理知识是世界观中最基本的知识基础。近代世界地理知识和观念的传入,促使先进的士大夫开始摆脱"中国独居天下之中,东西南北皆狄夷"的传统世界地理观,同时也认识到西方人也并非古之夷狄,开始承认西方文明。这些世界史地著作通过对欧洲列强历史、政事、财政、商务、军事、文化、教育、宗教、风俗等方面的记载,大略地描绘出一种与中国传统文化迥然不同的文明体系,从而表明它们并不是茹毛饮血的野蛮部落,而是已具有发达文明的国家。关于西洋历史与中国历史同样悠久、西洋文明并不亚于中国文明的观念,渐渐为知识阶层所接受。此时,中国士大夫所看到的西方文化,已经不再是利玛窦等传教士所介绍的西方中世纪文化,而是高度发展了的近代文明和近代科学。这些文明具有了新的时代特征:"坚船利炮"练兵制器的技艺、"天文算术"的自然科学、"以商贾为本计"的经济制度、"凡事会议而后行"的政治制度等西方近代文明。

对西方侵略者的"坚船利炮",中国人早有认识,如在1834年,两广总督卢坤就已论及"该夷性凶狡,向来恃其船坚炮利,蚕食诸夷,一旦创之太甚,必不甘心,以后势必狡焉思逞"。至鸦片战争发生后,谈起坚船利炮的人就更多了。据现有的文献资料统计,约有66人之多。《海国四说》里详细介绍了轮船、火车及蒸汽机原理。其述轮船、火车"以或蒸水,作舟车轮机动,行驶如风。舟曰火轮船……为惊人开路之用;……火蒸车用以运载货物,不假人马之力,而驰行特速";对于蒸汽机,"他由水受热成汽,汽缺、活塞工作,到如何发动、牵引舟车行驶,均做了详细说明"。有学者考证,这是国人最早介绍蒸汽机工作原理的文字。《瀛寰志略》对西方火轮船如何行驶做了一番细致的考察,其最后发出了"船之行也,轮激水如飞,瞬自不见,一昼夜约千余里"和"可谓精能之至"的惊叹。《海国图志》以整整12卷篇幅专门介绍西洋火轮船、洋炮、炸弹、炮台、水雷等的原理、制法、用法,当时的中国出

中国典籍里的西方

现了研究船炮技艺的热潮,刊刻了不少这方面的著述。据统计,在鸦片战争以后的一二十年间,中国人编写的有关枪炮、火药制造和火器攻防技术等方面的书籍有22种之多。这些学者敢于正视敌强我弱的现实,改变妄自尊大的自欺观念,承认外国列强军事上有长于我国的"长技",这是在为"制夷"而"悉夷"所取得的认识上的一大收获。

有不少外国史地著作论及西方"以商贾为本计"的经济制度。《海国图志》中关于近代英、法等国崛起的叙述是"不务行教而专行贾,且佐行贾以行兵,兵贾相资,遂雄岛夷"。《瀛寰志略》一书直截了当地把讲求商业作为欧洲的特征之一,指出欧洲各国"以商贾为本计,关有税而田无赋。航海贸迁,不辞险远,四海之内,遍设埔头,固由其善于操舟,亦因国计全在于此,不得不尽心力而为之也"。在梁廷枏的《海国四说》中也有类似的见解:"英国税皆资于市货多,故税亦日蕃,国用成出于是";美国"实以贸易为本务,所不视农工远甚,统领之所奖励者固在此。盖税之所出,国用仅资也"。上述议论远远谈不上是对资本主义经济制度的本质认识,而只能算是一种表面、肤浅、直观的归纳总结,但在千余年来一直有崇尚农本、耻言贸易、卑商贱商传统的中国,则又是颇有见地、值得称道之论了。

这些著作对西方资本主义政治制度也颇感兴趣。林则徐编译的《四洲志》,最早注意了解和介绍西方资本主义政治制度,它在向国人介绍英国议会民主制的同时,也概略地提到了美国的资产阶级共和制度。随后《海国图志》《海国四说》《瀛寰志略》等对西方政治制度的介绍不仅远溯西土"声名文物之邦"的亚德纳斯国(即雅典),还扩及欧美数十国,涉及总统选举、议会设置、司法程序、宪法条款以及三权分立等内容。在介绍西方资本主义政治制度的基础上,他们几乎是以相同的言词对之进行赞美。魏源称赞美国的民主政治是"一变古今官家之局,而人心翕然""其章程垂奕世而无弊"。梁廷枏肯定美国"合众为国""视听自民"的司法条例和政治制度,为"创一开辟未为之局""以迄于今"。徐继畬推许美国的民主制度,"推举之法,几于天下为公,骎骎乎三代之遗意""不设王侯之号,不循世及之规;公器付之公论",是"创古今未有之局"的奇事。这一时期对西方政治制度的研究和介绍,如张之洞所说,是"中国人知西政之始"。

第七章 "开眼看世界"的人们

但在这时期,士大夫阶层及其他国人对外部世界的理解和认识仍然是很肤浅的。虽然有了对外部世界的史地认识,承认西方文明的先进,但中国的士大夫依然固守文化上的传统世界观,其内心深处华夷对峙的情结依然没有消解。他们并没有把西方文明看作足与华夏文明对等的文明体系,也没有视西方国家为真正平等独立的国家,华夏文化的优越感、天朝上国的意识仍根植于他们的文化思想之中。对中国外部世界仍冠以"海国""瀛环""四裔"之类的华夷观念下的老名称,对西方先进科技还是附以"百工技巧""艺技""奇器"等称谓。传统世界观念的根深蒂固,使得这时期国人对世界的认识基本局限于对世界史地的描述上,而未能更深入地对西方文明进行分析和探察,也就不能从整体上改变国人对"天下""世界"的认知。

但是,这些著作所反映的努力却具有开创性意义,这不仅打开了认识世界的一个窗口,而且从根本上来说也是对传统封建专制制度的一个冲击。

第八章　近代传入的西方史地知识

一　西方地理学知识的传播

鸦片战争以后，随着中西之间的交通便利，贸易更为频繁，传教士再次东来进行传教和其他文教活动。与此同时，晚清政府开始把引进西学作为一项国家事业，兴办洋务，翻译西书，创办新式学堂，官员出国考察，派遣留学生出国学习，进行了以西方文化为引导的部分改革。这些都为西学东渐创造了很好的条件。与明末清初相比，晚清的西学东渐要广泛得多、深入得多、全面得多。晚清时期的西学东渐，是一次系统的、全面的和深刻的西方文化的传播，包括工业革命以后发展起来的各门自然科学和实用技术，也包括在此基础上形成的近代哲学和社会科学理论，也包括近代西方的美术、音乐和文学艺术等。

鸦片战争前后，西方地理学知识也陆续传入中国。早期来华传教士创办的一些报刊，都曾刊登了一些介绍西方近代地理学知识的文章。如《六合丛谈》就曾连载慕威廉撰写的《地理大率论》《地质》《地理释名》《水陆分界论》《洲岛论》《山原论》《地震火山论》《平原论》《洋海论》《潮汐平流论》《湖河论》《地气》等文章。1823 年 7 月，麦都思在巴达维亚创办《特选撮要》，从第一期开始连载他编写的《咬嚼吧总论》，较为详尽地介绍了爪哇岛的地理、历史、风情，并附地图。《东西洋考每月统纪传》共载世界地理类文章达 35 篇，对西方各国在南亚和东南亚殖民地介绍尤详。

第八章 近代传入的西方史地知识

西方近代地理学的著作也有被介绍到中国的，如1847年，澳门土生葡人汉学家玛吉士编译的《新释地理备考》10卷，是鸦片战争后第一部由外人撰写的西方地理学著述，也是晚清最著名的两种清人地理著述《海国图志》和《瀛寰志略》的重要资料来源之一。

上海墨海书馆在19世纪50年代出版过《五大洲图说》《地理全志》《地理新志》等。1853年，墨海书馆出版了慕维廉编译的《地理全志》10卷，是第一部中文版的西方地理学百科全书，较为系统地向中国人介绍地质、自然地理、人文地理、区域地理的知识，也介绍了气候学、水文学和人种学的一些基本知识，为近代中国文人带来了大量的西方地理学的最新知识。其中，"地史论"较早详细地介绍了荷马、希罗多德、洪堡等一些西方著名的地理学家。作者在绪言中批判了中国的地理学与地理观，认为"西洋之讲地理，乃为独得正宗"，今日借通商传教之便"广喻斯人，中华为天下之一隅，昔之文士不能深探其秘"，建议中国士人"宜知斯理"，并"咸当童而习之，详加推阐"。1883年慕维廉为迎合中国读者的接受能力而将该书重新修订，修订版《地理全志》虽然内容有很大的缩减，但产生过很大的社会影响。

祎理哲编译的《地球图说》于1848年由华花圣经书房出版，经修订于1856年易名为《地球说略》再版。该书是简明的世界地理读物，介绍了世界五大洲概况，主要国家和地区的位置、人口、物产、文化、风俗、宗教等资料，其中对英、法、美等欧美列强言之最详。该书图文结合，文字通畅，有一定可读性。祎理哲在引言中坦陈，让"中华之人，与他国相贸易，所在多有，可知他国之人情物产及教述礼仪等"。作者认为，教育与书刊出版是一个国家文明程度的重要标志，因此对欧美国家的教育与印刷业多有论述。关于美国，书中指出："国内多书院，凡民无论男女贫富，皆准入学，以故谙读之人较他国为多。又有印书局几处，每日所印新闻纸均得数千张，而书籍亦印出不少。"其用意在于与中国相比较，批评清朝禁止女子入学及新闻事业不发达的状况。

这些报刊文章和译著介绍了西方自然地理学的知识，介绍了世界各国的地理状况，包括位置、疆域、山川、河流、气候、矿藏、动植物、户口、宗教、技艺、政治、风俗等；还介绍了西方地理学的发展史，包括欧洲人对南美洲、

中国典籍里的西方

南北极、澳大利亚、太平洋岛屿和非洲内陆的地理考察活动。

1860年以后,传教士的报刊中都大量译介了西方地理学的文章。如《中西见闻录》连载了英国传教士包尔腾撰写的《地学指略》、艾约瑟(Joseph Edkins,1823—1905)撰写的《泰西河防》等,《万国公报》连载过韦廉臣的《万国地图说略》、艾约瑟的《中国纪游》《东游记略》等。《格致汇编》连载了传兰雅翻译的《格致略论》,其中包括地理学知识部分内容。此外,还有李提摩太的《地球养民关系》、潘慎文的《地球环游杂记》、卜舫济的《地理初恍》、慕威廉的《地球奇妙论》等。在19世纪60年代以后,广学会、江南制造局翻译馆等译书机构都翻译了一批地理学著作。益智书会也编译了一些地理学的教科书。

此时陆续有一些中国人走出国门,包括一些出使国外的公职人员,还有像王韬那样独自出国的。他们中的一些人在国外时留心观察和记录国外的风土人情,归国后编撰旅行记,扩大了国人的地理视野,加深了他们对世界地理的认识。据徐维则在《东西学书录》记载,截止到甲午战争前,比较有价值的游

图 8-1-1 总理衙门

第八章 近代传入的西方史地知识

记有50种。

19世纪末20世纪初,一些在外国的留学生开始主攻地理学。他们中有人在留学期间就开始翻译地理学著作,向国人介绍西方的地理学知识和理论。1900—1911年,中国出版的大量地理学译著中多数都是留学生翻译的。这些地理学译著几乎都是适应初中水平读者的普及性著作,以日文译著为主,区域地理著作所占比重较大。19世纪末20世纪初,以留日学生为主体翻译了许多日文的地理学著作和教科书。因此,晚清西方地理学在中国的传播,无论是从传播内容与规模、传播方式与渠道上,还是影响的范围和深度上,都大大超过了明末清初,为近代中国引进了一整套西方地理学知识体系和专业术语。

二 西方史学知识的介绍

在传教士来华初期,郭实腊、麦都思等人编辑《东西洋考每月统纪传》等杂志,陆续向中国人介绍诸如"希腊国史"、罗马历代皇帝大事纪略、古希腊罗马文学等西方古典学知识以及欧洲各国历史知识。

1820—1821年,《察世俗每月统纪传》连载了米怜(William Milne,1785—1822)撰写的《全地万国纪略》,1822年在马六甲出版了单行本。《全地万国纪略》分《论有罗巴列国》《论亚细亚列国》《论亚非利加列国》《论亚墨利加列国》等4部分,分别介绍了四大洲各国的简要情况,并特别强调欧洲在整个世界历史上的重要地位。1820年,《察世俗每月统纪传》刊登了《法兰西国作变复平略传》,介绍了法国大革命和拿破仑的事迹,还有马礼逊翻译的《大英国人事略说》。

1829年,麦都思在巴达维亚出版了《东西史记和合》,这部书的内容后来还在《东西洋每月统纪传》和《天下新闻》连载过。《东西史记和合》属于编年体史书,分上下两栏,列出中西历史大事,将东西方历史上同一时期不同地区的历史过程中,选择一些比较稳定的单位时进行对比论述,意在告诉中国读者,西洋人早在公元前4000年已有历史记载,以此纠正中国人对西方国家的偏见。在19世纪西学传播的过程中,《东西史记和合》不仅是问世的第一部

中国典籍里的西方

中西比较的编年体史书,可能也堪称有史以来第一部中西比较历史的著述。

1837年,郭实腊在《东西洋考每月统记传》又刊出《史记和合纲鉴》,补叙了清朝历史和欧洲列国近代史。这篇文章同样借用了中国传统的"和合"的比较手法,并说明进行中西方历史比较,是为了说明中西方历史因风俗不同,所以历史也不相同;但是宗族是同一的,所以他们不是蛮夷,也不是远客,中国人、西方人本是同根生。

郭实腊早先编译了《万国史传》,在马六甲出版。1838年,他在《万国史传》的基础上修订加工,在新加坡出版了《古今万国纲鉴》,介绍了世界各国的历史,配有大幅地图。其中大部分内容在《大西洋每月统纪传》上连载过。1850年,该书又经过修订在宁波再版。

1838年,裨治文撰写了一部名为《美理哥合省国志略》的书,该书系统地介绍了美国的情况,在新加坡印行。鸦片战争后,该书在广州等通商口岸颇受欢迎,裨治文略加修订,改名为《亚美利格合省国志略》,于1844年在香港出版第二版,1861年在上海出版该书第三版,并定名为《联邦志略》,第三版做了较大修订,增加了很多地图和统计表。

1856年,上海墨海书馆出版了慕维廉(William Muirhead,1822—1900)编译的《大英国志》,为近代中国文化人带来了大量的关于英国历史的知识信息,为晚清中国人正确认识英国历史,提供了最新的、最准确的第一手资料,使中国人第一次全面地了解了英国的政体演变、历史沿革和文化成就。

此后,传教士们陆续翻译介绍了一些西方的历史学著作。通史有艾约瑟的《欧洲史略》,谢卫楼(Davelle Z. Sheffield,1841—1913年)的《万国通鉴》,李提摩太(Timothy Richard,1845—1919)的《万国通史》,冈本监辅的《万国史记》,而以山西大学堂后出的《迈尔通史》最为流行。国别史及专史有艾约瑟的《希腊志略》《罗马志略》,傅兰雅(John Fryer,1839—1928)的《俄国新志》(1898)和《法国新志》(1898),金楷理(Carl Traugott Kreyer)译有《海道图说》(1874)和《西国近事汇编》(1876),徐景罗、阚斐迪(Frederick Galpin)的《俄史辑译》,冈千仞的《美利坚志》,王韬的《法国志略》《普法战纪》,徐建寅的《德国合盟本末》,沈敦和的《英法俄德四国志略》。林乐知(Young John Allen,1836—1907)有《四裔编年表》(1874)、

第八章 近代传入的西方史地知识

《列国岁计政要》(1878)、《东方交涉记》(1880)、《英俄印度交涉记》(1887)、《法兰西国》(未刊)、《德国史》(未刊)、《欧罗巴史》(未刊)等史学著作。1881年,慕维廉所译《大英国志》影响很大。影响尤大的是1885年广学会李提摩太及蔡尔康合译的《泰西新史揽要》,销行最广。李提摩太又有《欧洲八大帝王传》等书。

刊刻于光绪八年(1882)的《万国纲鉴》,是美国传教士谢卫楼所著。这部书是谢卫楼在潞河中斋授课讲义的基础上整理而成的,共4卷31章。第1卷是亚洲史;第2卷为西方古世史;第3卷为西方中世纪史;第4卷为西方近代史,分为上下卷,叙述宗教改革、历次战争、社会政治经济状况、欧洲近代各国的变革与革命、美国独立、西方近代学术文化等内容,是全书分量最大的部分。地图部分亦占有相当比重,而且绘刻较为精致。全书最后一章为《论格物之学术兴起》,简略叙述欧美近代科学技术的发展。其中特别提到哥白尼的日心说与开普勒在天文学上的贡献,牛顿因见苹果坠地而悟万有引力原理,富兰克林在电学方面的成就以及近代化学、地质学等学科的发展,西方近代机械工艺进步,等等。值得注意的是,谢卫楼在书中也一再强调西方学术发展与基督教之关系,如谓:"西国天文生精求格物之学,大得效验,使人知造物极其高远广大,皆系相连为一,正见圣训所言,万物是一全能全知主所造也。"这部世界历史著作在当时具有一定的影响,它使整整一代中国人对于伟大而不可思议的外部世界获得了一些初步的概念。据明恩溥(Arthur H. Smith, 1845—1932)说,谢卫楼这本书"成为被广泛使用的教科书,有一些经特别装帧在官员当中发行"。

梁启超在其《西学书目表》"史志"目下收录洋务运动时期出版的世界史类书籍25种,多数为译作,少数为著述。这些历史译著提供了丰富的历史信息,建立起横向比较的历史意识;传达了具有强烈时代性的新观念——进化史观;所传入的"民史"内容给中国史学以极大的冲击;在编纂形式上引进了分期法和章节表述的新体例;带来多种历史学的异质因素,促使中国史家形成了自省意识和建立起国际史学交流的新视野等。

在19世纪90年代的维新运动期间,维新派思想家高度重视借鉴世界历史的重要性,更全面地了解了世界各国史学的状况。康有为说:"然且地球之

中国典籍里的西方

国,启自泰西,其政学、律历、风俗皆出于希腊、罗马,而法为罗马之宗邦,美开民主之新义,百余年来,为地球今古万岁转轴之枢……故近今万国史学关涉重大,尤非旧史可比哉!"在此期间翻译编写的西史译著主要有康有为的《俄罗斯大彼得变政考》《日本明治变政考》《法国革命记》《波兰分灭记》《突厥削弱记》,唐才常的《日本宽永以来大事述》等。章太炎主笔的《译书公会报》在1897至1898年连载多种西方史学译著:《英民史略》(英人约翰力查葛林著、慈溪胡浚谟译)、《万国中古史略》(法人高祝著、张国珍口译、胡唯志笔述)、《拿破仑兵败失国记》(英华尔司雷著、陈佩常译)、《增订五洲通志》(法蒲以贤原著、古雷业增订、吴宗濂译)、《交涉记事本末》(美人威廉司著、张书绅译)等。

此时期还翻译了大量日文的历史学著作。康有为于1898年春出版的《日本书目志》就收录了日文历史著作560种之多,共分11大类,其中"万国历史"31种,"各国历史"35种,"日本史"204种,"传记"127种,"本邦历史考证"21种,"年代记"6种,"年表"14种,"行记"33种,"名所记"33种,"旅行案内及道中记"22种,"类书"34种。还有两种关于史学理论方面的著作:一是下山宽一郎著《史学原理》,一是铃置仓次郎纂译《历史哲学》。留日学生主办的《译书汇编》曾登载大量关于日本学者史著的译作,诸如《近代政治史》《近时外交史》《十九世纪欧洲政治史论》《欧美日本政体通览》《最近俄罗斯政治史》等。该社还把有的连载译述附以单行本,先后出版《波兰衰亡战史》《美国独立史》《比律宾志士独立传》《爱国独立谭》等书。梁启超在日本主编的《新民丛报》更是连篇累牍地刊载介绍国外政治史、经济史、思想文化史等方面的文章,如《论民族竞争之大势》《天演学初祖达尔文之学说及其略传》《匈牙利爱国者噶苏士传》《泰西学术思想变迁之大势》《生计学学说沿革小史》《新派生物学家小史》《意大利建国三杰传》《格致学沿革考略》《万国思想家年表》《英国商工业发达史》《欧美各国立宪史论》《欧洲地理大势论》等。《浙江潮》刊登有《希腊古代哲学史概论》《最近三世纪大势变迁史》等。1902年,留日学生汪荣宝编译日本学者坪井九马三的《史学研究法》,以《史学概论》为题在中国发表。日本著名史学家浮田和民集众多西方史家学说著成的《史学原论》一书,引起我国学术界的极大兴趣,一些留

第八章 近代传入的西方史地知识

日学生竞相翻译此书，译本有五六种之多。"近代日本的史学理论和方法，受到西方的影响，而中国的新史学，在20世纪初，主要又是受到日本的影响。"①

国人创办的一些报刊是介绍国外史学的重要途径。这些报刊一般都辟有"历史""史学""史传""史髓""传记""论说""学术"等栏目，专刊包括国外史学及其信息在内的各种历史类文章，为数之多，难以胜计。《译林》一至十期刊载翻译的外国史著述有：《印度蚕食战史》《世界商业史》《明治法制史》《日本近世名人事略》《维多利亚大事记》等。

国内出版机构大量地出版西方史学著作。如商务印书馆，曾出版《美国独立战史》《法国革命战史》《苏格兰独立史》《义大利独立战史》《菲律宾独立战史》《葡萄牙革命史》《尼罗海战史》等译著。作新社出版《英国革命战史》《哥萨克东方侵略史》《朝鲜政界活历史》等译著。广智书局出版《希腊独立史》《埃及近世史》《十九世纪大事变迁通论》《俄国蚕食亚洲史略》《意大利建国三杰传》《世界十二女杰》等译著。群学社出版《美国独立史》《美国独立史别裁》等书。文明书局出版《世界女权发达史》《滑铁卢战血余腥记》《利俾瑟战血余腥录》《埃及惨状》等书籍。开明书局出版《南阿新建国史》《印度灭亡战史》等书。明权社出版《希腊兴亡史》《十九世纪亚美利加之风云》《林肯》等书。此外，还有一新书局《意大利建国史》、新民社《越南亡国史》、人演社《佛国革命战史》、青年会《法兰西革命史》、大同译书局《义大利侠士兴国传》、国民丛书社《近世欧洲大事记》、普通书室《法兰西近世史》、闽学会《西力东侵史》等。②

19世纪末20世纪初出现的各种历史著作，包括通史、断代史、国别史、专门史、人物传记、历史编年、历史教科书，以及少量的史学理论与方法类著作，基本包含了当时西方及日本所具有的历史学体系的方方面面。顾燮光的《译书经眼录》是收录出版于辛亥革命期间各种译书书目的重要目录书，其中"史志"类译书共125种，包括通史11种，近世史4种，政治史20种，文明史2种，国别史41种，传记24种，女史4种，战史15种，历史编年3种，

---

① 俞旦初：《爱国主义与近代中国史学》，北京：中国社会科学出版社1996年版，第51页。
② 张静庐：《中国近代出版史料初编》，北京：中华书局1957年版，第175—181页。

中国典籍里的西方

教科书2种。《译书经眼录》所收"史志"类译书在数量上超过其他门类,诸如"法政""学校""交涉"以及声光电化等自然科学各学科,因此排列在全书之首,占显著地位。

20世纪初,随着科举制度的废除,近代教育体制的确立,世界历史作为一门"开民智"的重要课程而进入课堂。为了解决教材问题,江楚编译官书局、京师大学堂译书局、学部图书局等出版机构组织人力,编译包括中外历史课程在内的教科书。其中有相当数量的教科书是翻译外国人编著出版的书籍。1903年,京师大学堂刊有《暂定各学堂应用书目》,分16科分别列举了选用的教科书。"中外史学门"一科开列的书目:《普通新历史》(普通学书室日译本)、《中国史要》(日本市村瓒治郎著、陈毅译,广智书局本)、《中国通史》(日本那珂通世著,东文学社本)、《最近中国史》(日本河野通之辑,振东室本)、《世界近世史》(作新社译本)、《东洋史要》(日本桑原著、樊炳清译,东文学社本)、《西洋史要》(日本小川银次郎著、樊炳清译,金栗斋本)、《欧罗巴通史》(日本箕作元八等著、胡景伊等译,东亚译书会本)等。1906年,

图8-2-1 传教士与中国学者交流

江楚编译官书局出版陈寿彭译的《万国史略》4册,称"此原书经美国会批准,作为中学教科书,故译之"。

图8-2-2 广学会的办公大楼

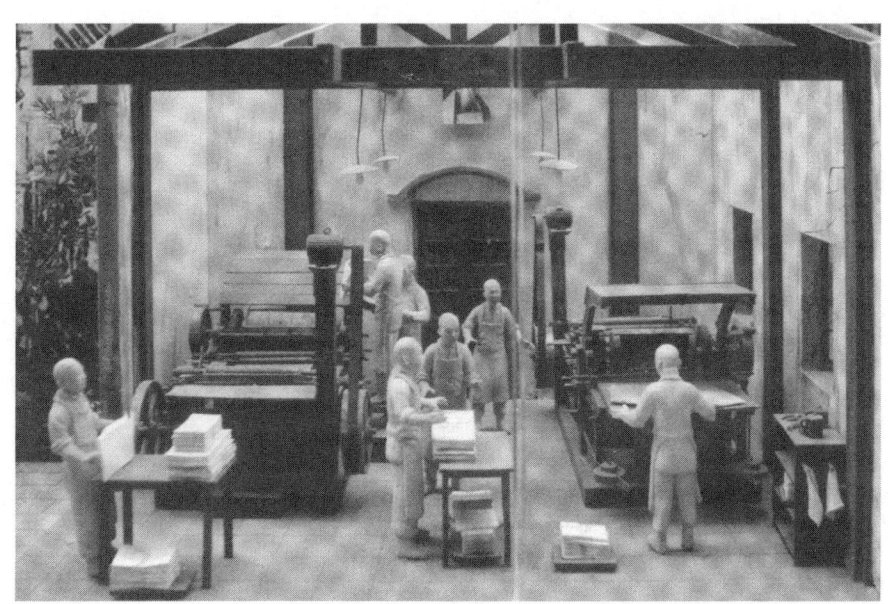

图8-2-3 上海土山湾博物馆内印书馆微缩场景

中国典籍里的西方

三 《四裔编年表》及其影响

江南制造局翻译馆1874年出版的《四裔编年表》，是晚清第一部专门介绍西方历史的年表体著作，该书用年表体例，以各国帝王、总统沿革为经，以各种种族、政教、争战之事为纬，叙事清楚，语言简洁，是人们了解世界历史的实用工具书。

《四裔编年表》是由传教士林乐知与中国学者严良勋（1845—1914）、李凤苞（1834—1887）共同编译的介绍西方历史的年表体著述。该书上起少昊四十年（公元前2349），下迄同治元年（1862），用年表体例，以帝王世系、总统承袭为经，按照历史的演变进程，种族、政教、争战为纬，将东西方错综复杂的历史素材按序列先后，逐年排列各个时代主要国家的盛衰沿革，将头绪纷纭的历史事件提纲挈领，简述古今各国重要史事，将日本、印度、波斯、小亚、西亚、巴比伦、希腊、埃及各国历史发展进程放在一起加以对比考察。并与中国年号相对应。原本为英国人博那（Henry George Bohn）著，林乐知等加上中国纪年方式。"四裔"，在传统中国史书中是凸显传统"华夷秩序"的一个专门术语，指代四方极远之地，此时被用来指称除中华以外的所有地区和国家。

《四裔编年表》全书共分4个年表，每个年表一册。最高一栏为中国的帝王纪年，最下一栏为西历。

"年表一"依次列出的"四裔"有日本、印度、波斯、小亚细亚、亚西里亚、巴比仑、亚里亚、巴勒士登、希利尼（希腊古名）、埃及，起于少昊四十年壬子（前2349），迄于汉哀帝元寿二年（前1）。

"年表二"依次列出的"四裔"为日本、印度、罗马、日耳曼（及北方诸国）、白里登（英吉利古名），起于汉平帝元始元年（1年），迄于宋太祖建隆三年（962）。根据历史演变的日益复杂增加比较的事项，如自东晋安帝隆安四年庚子（400）起，在中国纪年后依次列出日本、印度、波斯、东罗马、西罗马、日耳曼、白里登；至宋文帝元嘉四年丁卯（427）依次列出日本、印度、波斯、东罗马、西罗马、日耳曼、荷兰、法兰西、白里登、亚非利加；其间还增加意大利、西班牙、丹麦、阿拉伯等。

"年表三"自宋太祖乾德元年癸亥（963）起，迄于明景帝景泰四年癸酉（1453）。在中国纪年后依次列出日本、印度、东罗马、意大利、日耳曼、荷兰、俄罗斯、丹麦、法兰西、英吉利、西班牙、阿拉伯、阿非利加。

"年表四"起于明景帝景泰五年（1454），依次比较日本、印度、波斯、意大利、日耳曼、荷兰、俄罗斯、挪威、丹麦、瑞典、法兰西、英吉利、西班牙、葡萄牙、土耳其、阿非利加等，迄于清咸丰十一年辛酉（1861），同治元年壬戌（1862），有中国纪年，但无记载事项。

《四裔编年表》的编纂特点是以中国王位纪年和年号纪年为主，辅以干支纪年，将中国的纪年方式与基督纪年结合在一起。采用中西合历的纪年方法，能比较清晰地表现在同一时空背景下世界上发生的历史事件，国家、民族间的互相关系，著名历史人物，重要的法令和重要的科技发明等。

该书把各国并行或相继发生的历史事件，按照时间顺序加以排列，有助于读者了解世界各国历史事件的互相联系，帮助读者从东西方并行的历史事件发生、发展和演变的过程中，寻找世界历史发展的线索。《四裔编年表》对于世界史编年模式的重要贡献，还在于为中国学者提供了一种中西历史横向比较的思考形式，从而渐渐生成一种横向比较的思维方式，这种思维方式进一步触发和增加了民族的危机感。这种连续性的表述形式和迭进的思考方式，也为中国人接受后来传入的西方进步主义做了重要的铺垫。

郭嵩焘在出使期间收到李凤苞的赠书后，称该书系据"各国书史而汇编成书者"；唐才常的《史学论略》也称该书是"通西史"的好书，并在《各国政教公法总论》等篇中多处引用该书的内容。梁启超在《西学书目表》中就称该书"虽非完备而颇便检览"，同时也指出该书"舛错亦多"；黄庆澄在《中西普通书目表》中也称赞该书"极便查考"；1902年《增版东西学书录》"史志"称，该书中"种族变迁、政学始末，与夫战争大局，一一俱载，颇便检阅，而舛错处亦不少，依竹书纪中国年代，尤其巨谬"。

中国典籍里的西方

四 《泰西新史揽要》及其影响

晚清最有影响的历史学著作是李提摩太翻译的《泰西新史揽要》。这部著作译自英国历史学家罗伯特·麦肯齐（Robert Mackenzie）的《19世纪史》。此书原著出版于1880年，分国别叙述了19世纪欧、美各国资本主义发展的历史。这部著作把人类历史完全描绘为一部进步的历史，且这种进步在19世纪达到了空前的状况，认为这是一个从几乎无法再加以夸张的野蛮、无知和兽性的状态进步到科学、启蒙和民主统治的时代。

李提摩太在助手蔡尔康的帮助下，从1892年3月开始翻译这本书，把此书原24卷，"汰其大半，厘内八卷"，于1894年译成中文。初以《泰西近百年来大事记》为题在1894年3月至1894年9月的《万国公报》上连载，1895年又以《泰西新史揽要》为名，由广学会出版单行本。

《泰西新史揽要》采用了欧洲使用较多的章节体史书体裁，以重要事件、人物、制度为标目。为了达到中西时空的统一，加上了中西年历对照表，增加了人名、地名、事物的中英文对照表。《泰西新史揽要》以"世纪史"的形式，将同时期的欧洲各主要国家的历史进行了对照，为急于了解欧洲各国发展状况的中国知识界提供了很好的模本。

该书翔实地论述了西方政治制度变革的内容，对19世纪西方各国的议会制度及变革都有详尽的分析。全书翔实地分析了欧洲各国经济发展、学校教育改革以及新技术的使用。如对英国国内的工价、食价、粮食贸易、纺织、田赋、刑罚、监狱、贫民、城镇发展、征召入伍、妇幼儿童招工、受伤士兵的保护、邮递业务、报章业务等都有涉及。在新技术方面，介绍了火车、轮船、电报、电话、电灯、枪械等新发明和使用情况，并用一定篇幅阐释了西方各国鼓励民众进行发明创造的内容。

该译本初版时，正逢戊戌维新前学校课程的改革，在府一级举行的各种考试中都开始强调西学，除了传统的儒学八股策论外，还要加试世界时事知识。于是，此书正投那些试图通过时务策论的士子所好，初版几千册一销而空，不

第八章 近代传入的西方史地知识

仅光绪皇帝把此书"置御案，日加披览"，甚至还有一位招商轮船局的职员购此书百部，以分赠友人。据光绪廿四年（1898）正月美国传教士卫理（Williams Edward Thomas，1854—1944）译《上海广学会第十年年会纪略》，此书销路甚好，其盗版书更多，如杭州一地，此书就有六种翻刻本。1898年，李提摩太在《广学会第十一届年报纪略》中称："四川一省，翻版至十有九种。"以至于许多地方道台不得不出告示，严禁翻刻此书，以维护广学会的经济收益。此书初版几千即刻售罄，3年之间，卖了2万本。三版在1898年出书，两星期内卖了4000本。前后一共卖了3万本，翻版和私印者还不计在内。售销之数打破了中国书业史的记录。而张星烺的《欧化东渐史》则称该书"卖出一百万部以上，翻版及节本者尚不在内"，为维新时期最风行的读物。①1895年广学会《年报》中写道："去年我们为中国人翻译的一本最重要的书，

图8-4-1 王韬西书书影六种

---

① 张星烺：《欧化东渐史》，北京：商务印书馆2000年版，第38页。

中国典籍里的西方

就是李提摩太先生译的马恳西的《泰西新史揽要》。这本书是很出名的,它被认为是一本权威著作。它吸引了帝国好几位高级官员的注意,特别在北京更受欢迎。最近李提摩太先生为了教会的工作到北京去,他发现士人们都在谈论这本书,把它叫作新学问。他们开始认识到过去不知道的这种新学问,他们需要对它关心。"①

图 8-4-2 王韬《漫游随录》插图 "巴黎古迹"

---

① 《出版史料》1990 年第 1 期。

第八章 近代传入的西方史地知识

李鸿章为此书写的序言说:"此书为暗室之孤灯,迷津之片筏,详而绎之,质而言之,又实救民之良药,保国之坚壁,疗贫之宝玉,而中华新世界之初桄也。非精兵亿万、战舰什百所可比而拟也。"1896 年,梁启超在《读西学书法》中向读者推荐此书,认为《泰西新史揽要》"述近百年以来欧、美各国变法自强之迹,西史中最佳之书也"。1899 年,徐维则《东西学书录》中也认为此书"于近百年来各国变法自强之迹,堪称翔实,为西史佳本"。

图 8-4-3 王韬《漫游随录》插图"伦敦玻璃巨室"

第九章 "出洋"与"开眼"

一 走出国门去看世界

19世纪中期以后,不但仍然有西方人继续来到中国,而且数量远远超过前代,更有中国人以不同的形式走出国门,去亲眼看看一个不属于"天朝帝国"的"世界"。

近代以来走出国门的人群,大量的是出国谋生的劳工。据统计,从1847年至1852年,厦门已输出华工8281名;而从1856年至1864年,澳门每年送出的华工约有一两万人。后来还有一些华侨和华工出海来到东南亚各国开垦和移民。这些华工和华侨,最后落地生根,融入当地的社会生活中。但他们许多人仍然关心祖国,特别是在清末的辛亥革命时期,海外华人华侨发挥了重要作用。

还有一类出洋的中国人是个别从事对外贸易的商人或替西方商人、洋行、外国外交、宗教、文化教育机构团体服务的买办、雇员、翻译。例如福建人林鍼,受雇于厦门美商,1847年6月到美国,工作一年多后于1849年3月回国,并写了一部《西海纪游草》,是晚清中国人最早的美国游记。书中介绍了自己在美国的见闻,还记录了他在旅美期间援助被英人诱骗到纽约的26名华人打官司回国的故事。又如广东南海文人罗森,1854年担任美国培理将军远征日本舰队的汉文翻译,随培理舰队到过日本横滨、下田、箱馆等地,回国后写了

第九章 "出洋"与"开眼"

一篇《日本日记》,是晚清中国人的第一部日本游记。还有王韬,1867年应英国传教士理雅各邀请,赴欧洲访问。

清政府向西方各国派遣的使臣是这一时期对外人员交流的重点。使节是国家之间交往的重要纽带。自古以来,中国历代王朝都与许多国家,特别是周边国家互派使节,保持着使节往来的关系,往来不断。中国派出的使臣,在许多情况下为发展中外交流做出了重要贡献。他们回国后撰写的出使报告或其他文献,成为中国人了解、认识外部世界的重要渠道。如汉代张骞出使西域,唐代王玄策出使印度,明代郑和下西洋,等等,都是中外交流史上的重大事件。而与周边国家,比如朝鲜、琉球、安南等国,尤其在明清两朝,向其派遣使臣更成为定例。

中国古代的使节派遣和双边关系,是在"朝贡体制"下的关系。但是,这种关系在近代就完全不适用于与欧美国家的交往了。第二次鸦片战争后,中西之间建立正式的外交关系在事实上已经不可避免,清政府中比较务实的洋务派以比较积极、主动、求实的姿态接受西方事务,以对付前所未有的变局,即所谓"今日夷务,在筹未然之防,兼救已然之弊"。近代使节制度也终于在这一历史情境下被当作一种处理中外关系、解决中外矛盾的手段。

1866年,清政府海关总税务司、英国人赫德(Robert Hart,1835—1911)请假回国,总理衙门派遣前山西襄陵县知县斌椿与其子广英以及凤仪、张德彝、彦慧等3名同文馆学生,随赫德赴欧洲观光游历。他们在英、法、荷、德等9国游历了7个月后归国,这是晚清中国官员走出国门、游历海外的第一次尝试。但斌椿使团主要还是观光考察的性质,并非正式的国家使节。1868年的蒲安臣(Anson Burlingame,1820—1870)使团,是清政府向海外派遣的第一个肩负外交使命的正式外交使团。蒲安臣使团的出使,在晚清政府的外交上取得了很大成功。1870年,天津教案发生后,清政府派遣刑部侍郎、三口通商大臣崇厚率领一个赔罪使团前往法国道歉。这是第一个独立派遣的正式外交使团。

19世纪70年代开始,清政府开始直接派出驻外使臣。1875年任命的出使英国钦差大臣郭嵩焘,是晚清第一位驻外公使。自1877年至1878年,清政府陆续在英、法、德、日、美等国开设了驻外使馆,派遣了驻外使团,还在旧金

中国典籍里的西方

山、古巴、新加坡等地开设了领事馆，并逐渐建立起一套驻外使领制度。

1895年之前，近代使节制度处于创建阶段，派出的使节数量较少，任职时间较长。这些使节大多数为思想比较开明的洋务专家，对西方世界的了解比当时大部分官僚士大夫要多一些，但无人受过正规的外语和国际法训练，仍然深受儒家学说的浸润，且外交官一般并非实官，只是一个临时差事。这些早期驻外使节包括出使英、法、俄、德等欧洲国家的郭嵩焘、曾纪泽、刘瑞芬、薛福成、崇厚、洪钧、许景澄、龚照瑗、刘锡鸿、李凤苞，出使日本的何如璋、黎庶昌、徐承祖、李经方、汪凤藻、张斯桂（副使），出使美国、西班牙、秘鲁的陈兰彬、郑藻如、张荫桓、崔国因、杨儒、容闳（副使），共22人（署理公使及未成行者除外），出驻12个国家。甲午战后，驻外使臣则以接受专门教育而成长起来的职业外交官为主体。

19世纪70—80年代，清政府还派出一些官员独立地出洋考察、游历和调查。例如，1874年清政府派出陈兰彬、容闳等官员专程到美洲古巴和秘鲁调查华工受虐待状况，力图维护华工权益。1876年派遣浙海关文案李圭与海关洋员一起前往美国费城参观世界博览会。1879年，徐建寅受北洋大臣李鸿章派遣到欧洲订购铁甲舰，同时考察了各国工厂。1887年清政府还通过考试，从中央六部下级官员中选拔钦点了12名海外游历使，分别派赴亚、欧、南北美洲20多个国家，进行了为期两年、以调查研究外国情况为主要任务的海外游历考察。到了20世纪初，又有五大臣出洋考察宪政。

这个时期地方大员也开始派员出国游历考察，如1878年四川总督丁宝桢派江西贡生黄楙材游历考察缅甸、印度等国。1879年两江总督、南洋大臣沈葆桢派遣道员王之春赴日本，名义上是观光游历，实际上还负有对日本调查侦察的任务。他回国后写了《东瀛录》。1886年两广总督派记名总兵王荣和等游历南洋群岛，考察华侨状况。到甲午之后，更出现了大批赴日官绅考察的热潮。

1847年，美国传教士布朗带容闳、黄宽、黄胜3名中国学生到美国留学，成为近代最早的留学生。从19世纪70年代开始，陆续有成批的莘莘学子负笈海外，从1872年至1875年先后分4批派遣120名10~16岁幼童赴美国留学，不久又有船政学堂派往欧洲的4批留学生。到了甲午之后，兴起了留学日本的热潮,有数万中国青年赴日本留学。清末还有美国的庚款留学。总之,晚清出国的留学生遍及美国、日本和西欧诸国,蔚成中国历史上空前的留学运动。这些留学生承担的主要任务,是学习、吸收和引进西方先进的近代科学文化,成为西学东传的一座桥梁。他们在传播西方文化,推动近代中国社会和文化的变革与发展,促进中国的现代化运动方面,起到了相当大的作用。

总之,晚清时期,有大批各类人员走出国门,成为早期直接接触西方文化的人。他们走出国门,置身域外,亲临其境,耳闻目睹,切实体察,获得关于外域的直接知识和经验,这种"开眼"的实际刺激和感触,是坐守国门之内所无法产生的。除了极个别的特例,晚清出洋的国人认识世界的视野都有所开阔,观念都有所更新。他们所看到并惊奇和羡慕的,首先是西方物质文明的某些表面现象,诸如都市的繁华、建筑的宏丽、衣食的丰美、住行的便利、机器工艺的精巧、船舰枪炮的坚利等,大有如入"宝山""胜境","万象争奇,两目尽眩""泰西富强远迈华邦"之类的感慨。也有一些人,特别是出国考察的官员和知识分子,对异域能够进行更多方面的了解和体察,除物质层面外,视野和思维扩及政习商情、文化教育、宗教信仰、风土人情、历史地理等诸多方面。还有的在对外国情况有比较全面真切的了解的基础上,有的放矢地侧重于社会政治制度方面的实际考察,并能进行较为深刻的理性思考,立意借鉴西方社会政治制度来改造中国。

二 晚清的海外行纪

中国历史上早有海外游历的纪行传统,如著名的法显《佛国记》、玄奘《大唐西域记》等。行纪所记多为长途之跋涉、异域之见闻,有导人游于陌生境地的功能,或有史料见证价值,且篇幅较长,历代目录学著作多将之收入史部传记类、地理类、杂史类、伪史类、外记类等;僧徒至西域、天竺求法巡礼,所著行记则常被录入子部释家类。宋以后历有以日记体作行记的,即不同于《法显传》《宋云行记》《大唐西域记》等以道里行程为线索的写作方式,旅行家所记述的当日旅行见闻,常常可作为单篇的游记文学来看待,如范成大

中国典籍里的西方

《吴船录》、陆游《入蜀记》。

晚清出国的中国人屡有出游海外并以文字载纪行程，增广见闻，察考制度，备述异国风情。此类行记大体构成一新的时代风气。

晚清中国人的海外行记，除却少数为事后追忆文章，如容闳《西学东渐记》、单士厘《归潜记》等，余者多沿用日记体。薛福成《出使英法义比四国日记》凡例说："日记及纪程诸书，权舆于李习之《来南录》、欧阳永叔《于役志》，厥体本极简要。后世纂日记者，或繁或简，尚无一定体例。窃谓排日纂事，可详书所见所闻；如别有心得，不妨随手札记，则亭林顾氏《日知录》之例，亦可参用。"又谓"即有偶读邸抄、阅新报而记之者，亦因其事关系时局，不能不录"。间或记述道里行程、综述殊域方物制度、抄录重要碑传文献，这几种内容都是在中国古行记中常常出现的部分。

晚清的海外纪行，以官派出使考察的海外旅行所占比例最大，其风气盛行于19世纪60年代以后。出使海外事务例归总署管理，自从光绪初年清廷开始向海外正式派驻出使人员，鉴于朝臣对外国情形几无所知，为了解外情的需要，总署便规定，各出使大臣需逐日记述所驻之国政情民俗及交涉等诸情形，上呈总署以备考察。1866年，总理衙门上奏折，议派员游历之事，"即令其沿途留心，将该国一切山川形势、风土人情随时记载，带回中国，以资印证"。1875年，清廷派出的第一个出使大臣郭嵩焘就曾说："初议至西洋，每月当成日记一册呈达总署，可以讨论西洋事宜，竭所知为之。"次年总署在奏订出使章程十二条时，又附片奏请饬令出使东西洋各国大臣："凡有关系交涉事件及各国风土人情，该使臣当详细记载，随时咨报。数年以后，各国事机，中国人员可以洞悉，即办理一切，似不至漫无把握。"并做出具体规定："务将大小事件逐日详细登记，仍按月汇一册咨送臣衙门备案查核，即翻译外洋书籍、新闻纸等件内有关系交涉事宜者，亦即一并随时咨送，以资考证。"此奏获得旨准后便颁发各驻外使臣，使依例而行，遂成定制。此后，不仅各出使大臣皆需定期向总署呈送日记，其他随使人员如有相关著述也可呈送。

1884年，清廷出于对中法战争的反省，据使日大臣徐承祖、福建巡抚刘铭传等奏请，谕令总理衙门组织使外官员收集汇刻有关西洋及海防的书籍，谕称："即行知照出使各国大臣，将西洋各书及舆地图说，分别选择，咨送该衙门,酌量汇刻,颁发各省,并将中国所有论海防各书,一并采择。"这样,这些出使人员都撰写了大量的出使报告和日记,及时地将在外的经历和所见所闻报告给国内。总理衙门除了上奏御览外,将其中的部分刊刻发行,成为当时国内了解海外各国情况的一个重要渠道。

最早的斌椿使团有《乘槎笔记》和《航海述奇》,参加蒲安臣使团的志刚撰有《初使泰西记》、孙家谷有《使西述略》、张德彝有《欧美环游记》,都是他们出使的记录。郭嵩焘、曾纪泽和薛福成都有出使日记。李圭写了一部《环游地球新录》,记录了参观费城世博会及游历各国见闻。徐建寅写的《欧游杂录》是中国官员第一次对欧洲近代工业进行深入考察的珍贵记录。1887年的海外游历使,20世纪初出洋考察宪政五大臣,都有考察报告或其他记录。清末有许多官绅赴日考察,他们考察日本新政,涉及的范围很广,从宪政、法律、军事、教育、工业、商业、农业、交通到司法、卫生、监狱等。他们撰写了不少调查报告和考察记,为中国改革和建设提供了借鉴和参考。

费正清编的《剑桥中国晚清史》说,在传播西学的过程中,这些外交官员的活动"也都具有重要意义。它们导致了比较深刻地接受西学。出国人员的旅行回忆录和其他著作扩大了这种活动的影响。从1866年斌椿开始,中国官员和学者旅行家开创了一个好传统,从此以后,中国人把他们的见闻和观感收集起来,详细记述在日记和诗文中。从1866—1900年,由66人所写的国外见闻的单行本,总数超过158部。这些日记和诗文被出版而广泛流传,它们对于官员和士绅必然有一定的影响。这些出版物对于在进一步推进制度的改革方面,有它们的一份功劳"①。

除官方规定的写作之外,其他海外出游者也多有著述,如林鍼《西海纪游》、王韬《漫游随录》、郭连城《西游笔略》、单士厘《癸卯旅行记》等。戊戌变法失败后被迫流亡海外的维新派领袖康有为、梁启超等也周游列国,考察和分析各国政治和文化,撰写游记。如康有为写了《欧洲十一国游记》,梁启超在1902年美洲之行后写了《新大陆游记》。他们的著作为中国人认识世

---

① [美] 费正清、刘广京编:《剑桥中国晚清史》下卷,中国社会科学院历史研究所编译室译,北京:中国社会科学出版社1985年版,第168页。

中国典籍里的西方

界提供了新的视角和资料。

晚清海外行记,是综合了各家文体之优长,兼顾史家实录和文学描摹的一种文体。这些官方派遣的使臣和私人游历者们的著述,数量很大,体裁各异,内容丰富,蔚为大观,成为中国人走向世界、认识和了解世界的重要文献。

三　林鍼的《西海纪游草》

鸦片战争之后,最早走出国门并写下海外纪行的是厦门人林鍼。林鍼(1824—?)祖籍福建闽县,后随伯父迁居厦门。当时的五口通商口岸厦门已是一个"华洋杂处"的大码头,他在那里很快学会了英语,平日靠担任翻译、教授中文为生,以至于"素习番语,译文为各国所推重,奉委经理通商事务"。1847年初,林接受美商聘请,前往美国教习中文。林鍼回国后撰著《西海纪游草》,记述他在美国的经历和观感。他在《西海纪游自序》中写道:"去日之观天坐井,语判齐东;年来只测海窥蠡,气吞泰岱。"① 意思是说,过去自己坐井观天,把世界上的新事物都当作"齐东野语",现在有了一点直接的接触,哪怕只能算以蠡测海,眼光和气概也和原来大不相同了。这反映了最初"开眼看世界"的人们的共同体会。

道光二十七年(1847)2月,23岁的林鍼辞别新婚不久的妻子和家人,在广东潮州登上一艘三桅帆船启程奔赴美国。经过140天的舟旅劳顿,于道光二十七年(1847)农历六月抵达美国东海岸的纽约。他在诗中叙述出洋的经过:

　　足迹半天下,闻观景颇奇。
　　因贫思远客,觅侣往花旗。
　　初发闽南棹,长教檝外驰。

---

① 钟叔河编:《走向世界丛书》第1卷,长沙:岳麓书社2008年版,第39页。

第九章 "出洋"与"开眼"

星霜帆作帐,冻馁饼充饥。①

初来乍到,林𬭁立即被纽约繁华的景象所吸引。展现在他眼前的是"宫阙嵯峨现,桅樯错杂随;激波掀火舶,载货运牲骑;巧驿传千里,公私刻共知;泉桥承远溜,利用济居夷"这样陌生而神奇的大都会和"玉堂铺锦绣,琼宇衬玻璃""楼头灯变幻,镜里影迷离"的城市风貌。他在"序"里是这样描述这些新鲜事物的:

百丈之楼台重叠,铁石参差(以石为瓦,各家兼竖铁支,自地至屋顶,以防电患);万家之亭榭嵯峨,桅樯错杂(学校、行店以及舟车,浩瀚而齐整)。舻舳出洋入口,引水掀轮(货物出口无饷,而入税甚重。以火烟舟引水,时行百里);街衢运货行装,拖车驭马(无肩挑背负之役)。浑浑则老少安怀,嬉嬉而男女混杂(男女出入携手同行)。田园为重,农夫乐岁兴歌;山海之珍,商贾应墟载市(每七日为安息,期则官民罢业)。博古院明灯幻影,彩焕云霄。②

林𬭁留意到保护残障人的盲瞽院、专门接纳孤寡鳏独的孤寡栽培院,"明灯幻影"的博古院(博物馆)。特别是先进科技的应用,尤使他大为感慨。他在"序"中对"巧驿传密事急邮,支联脉络。暗用廿六文字,隔省俄通"的电报做了解释:"每百步竖两木,木上横架铁线,以胆矾、磁石、水银等物,兼用活轨,将廿六字母为暗号,首尾各有人以任其职。如首一动,尾即知之,不论政务,顷刻可通万里。"③ 又如自来水设备,他介绍说:"初患无水,故沿开至百里外,用大铁管为水筒,藏于地中,以承河溜。兼筑石室以蓄水,高与楼齐,且积水可供四亿人民四月之需。各家楼台暗藏铜管于壁上,以承放清浊

---

① 钟叔河编:《走向世界丛书》第1卷,长沙:岳麓书社2008年版,第43页。
② 钟叔河编:《走向世界丛书》第1卷,长沙:岳麓书社2008年版,第36页。
③ 钟叔河编:《走向世界丛书》第1卷,长沙:岳麓书社2008年版,第36—37页。

中国典籍里的西方

之水,极工尽巧。而平地喷水高出数丈,如天花乱坠。"① 即便是"以玻璃管装水银,为风雨暑寒计"的温度计,他也有所记载。

林鍼记录了不少美国历史、政治和社会见闻,例如,他描写总统和官员选举制度:"众见华盛顿有功于国,遂立彼为统领,四年复留一任,今率成一例";"凡大小官吏,命士民保举多人,荐拔者得售"。② 而对美国的司法制度,书中也有涉及:"郡邑有司,置刑不用",准许原、被告聘请律师,在法庭上当堂论驳,败诉者或被罚金,或被打入监狱,沦为囚犯。林鍼简略说到他担任教习的美国学校情况:男女老师、学生同校教学学习,400 多学生从 6 岁到 17 岁不等;他们"术数经纶",彬彬有礼,每日早晨上课,下午放学,每礼拜休息两天。③ 他甚至注意到美国南北方经济发展的不平衡和残酷的蓄奴制度,以及"四毒冲天,人有奸淫邪盗"的社会问题。

林鍼是中国早期的银版摄影师。当时,美国正盛行银版摄影术,林箴对此耳闻目睹,极感兴趣,称之为"神镜",随即购买了一套银版摄影器具,并掌握了使用方法。他还说明照相原理:"炼药能借日光以照花鸟人物,顷刻留模,余详其法。"④

《西海纪游草》成书之后,稿本曾在厦门、福州等地流传,曾为闽浙总督左宗棠等人注目、存阅,大约在同治六年(1867)付梓刊刻。刻本正文由《西海纪游自序》和《西海纪游诗》组成,附录《救回被诱潮人记》等 2 篇,首尾有序、跋和题诗 26 篇,全书不分卷。《西海纪游草》是近代中国人最早的游西笔记。钟叔河先生说:"中国知识分子去到西方国家中并且做出自己的记述,到 19 世纪下半叶才开始。林鍼 1847 年去美国,可算是近代第一人。""我们讲 1840 年以来'走向世界'的报道,只能从福建人林鍼的《西海纪游草》算起。"⑤

---

① 钟叔河编:《走向世界丛书》第 1 卷,长沙:岳麓书社 2008 年版,第 37 页。
② 钟叔河编:《走向世界丛书》第 1 卷,长沙:岳麓书社 2008 年版,第 38—39 页。
③ 钟叔河编:《走向世界丛书》第 1 卷,长沙:岳麓书社 2008 年版,第 38 页。
④ 钟叔河编:《走向世界丛书》第 1 卷,长沙:岳麓书社 2008 年版,第 38 页。
⑤ 钟叔河编:《走向世界丛书》第 1 卷,长沙:岳麓书社 2008 年版,第 11—12 页。

第九章 "出洋"与"开眼"

四 王韬的英法之行与《漫游随录》

在近代中西文化交流中，王韬是一个非常重要的人物。王韬曾在香港作英国传教士理雅各（James Legge，1815—1897）译书工作的助手。1867年，理雅各回国后，又给王韬写信，邀请他到英国继续协助他进行《中国经典》翻译工作。王韬于这年年底乘船前往英国，在理雅各家乡苏格兰住了两年多，协助理雅各翻译了《春秋左氏传》《易经》《礼记》等。王韬说："余之至泰西也，不啻为前路之导，捷足之登。"① 他在苏格兰停留很长一段时间之后，才听说中国第一个派往西方国家的蒲安臣使团"星轺在道"的消息，而比郭嵩焘在英国担任公使更早了7年多。

在理雅各的安排下，王韬游览了伦敦、爱丁堡等地和法国巴黎。他在《漫游随录》中记载："每日出游，遍历各处。尝观典籍于太学，品瑰奇于名院，审查火机之妙用，推求格致之精微"。② 在此期间，王韬在各地都做了讲演。其中，牛津大学校长特邀王韬到大学以华语演讲。这是有史以来第一位中国学者在牛津大学演讲。王韬谈到中英通商的历史，说维多利亚女王遣人到广东，开始了英国的东方贸易，后来英国官员斯当东始学汉语，随后来华的英国人才通中国语言文字。王韬希望两国继续和睦共处，"是时一堂听者无不鼓掌蹈足，同声称赞"。王韬在爱丁堡大学就儒家文化问题"宣讲几两夕"，"来听者男女毕集"。为了使英国听众能具体把握中华文化，王韬特意为他们高声吟诵了白居易的《琵琶行》。他说："此一役也，苏京士女无不知有孔孟之道者。"他在各地讲演中都特别提到，中国虽然以仁义为本，愿意与西方各国往来贸易，但绝非无原则地向外一切开放。他说，丝茶贸易既有利于中土，也有利于外邦，因此应该设法扩大；而鸦片贸易对中国有百害而无一利，对英国正当商人亦有所损害，所以应当坚决"予以除之"。据说有一位下议院的议员听

---

① 钟叔河编：《走向世界丛书》第6卷，长沙：岳麓书社2008年版，第43页。
② 钟叔河编：《走向世界丛书》第6卷，长沙：岳麓书社2008年版，第96页。

中国典籍里的西方

了王韬的讲演后当即表示，要在议会中提出一个禁止种植鸦片和输出鸦片的提案。

在苏格兰期间，理雅各和他的三女玛丽常陪同王韬游览邻近的杜拉山、坎伯古堡、替里扣特里镇、阿罗威、斯德零故宫，也游览了爱丁堡，参观爱丁堡大学，游览阿伯丁、亨得利、格拉斯哥、丹迪等地。王韬旅居苏格兰期间，应用西方天文学方法研究中国古代日食记录，著有《春秋日食辨正》《春秋朔闰至日考》等天文学著作。

王韬每游一地都会记录下来，后来在上海编入《漫游随录图记》。《漫游随录》最初面世时间为1887年10月至1889年2月，在《点石斋画报》连载。

《漫游随录》3卷，王韬游踪所记自甫里乡间、沪上、香港、西亚，至欧洲，实际上是他的一部从家乡走出以来的回忆录，其中卷二、卷三为在英法游历的记录，并且是全书的重点内容。他对沿途的新加坡、马来西亚、埃及等国均有描述，所述关涉异域的器物、风景、民俗、文字等文化层面，赞叹异域之"新""异"。如描述新加坡"虽居处已二百余年，而仍俯卧衣冠，守我正朔，岁时祭祀，仍用汉腊，亦足见我中朝帝德之长涵、皇威之远播矣"。他记载行程所见：

> 余自香港启行，由新嘉坡而槟榔屿、而锡兰、而亚丁、而苏彝士——至此始觉景象一新：居民面色渐黄，天气亦稍寒，睛发俱黑无异华人，士女亦多清秀；古称埃及为文明之国，洵不诬也。复历基改罗，经亚勒山大，渡地中海而泊墨西拿，惜未及登岸。其地多火山，产硫黄。既抵法埠马塞里，眼界顿开，几若别一世宙。若里昂、若巴黎、名胜之区，几不胜纪。逮至伦敦，又似别一洞天。①

王韬对英法形象的最初感知是物产富足、气象繁华。《漫游随录》中不仅有对宫室、器物、街道等的简要描述，即宫室壮丽、居处繁华、园林美胜、衢路整洁、车马往来，还有对葡萄酒、玻璃巨室、秋千胜会、风俗类志、器物制

---

① 钟叔河编：《走向世界丛书》第6卷，长沙：岳麓书社2008年版，第98—99页。

造等的详尽描述。对巴黎市容街道的简短描写:"市廛之中,大道广衢,四通八达。每相距若干里,必有隙地间之,围以铁栏,广约百亩,尽栽树木,樾荫扶疏。游者亦得入而小憩,盖借以疏通清淑之气,俾居人少疾病焉。"

《漫游随录》中,王韬描述最多、感触最深的莫过于英法进步的、迥异于本土的科技、军事、文化、教育、制度等。在晚清海外游记中,西行者对域外交通工具,如便捷的火车,往往感触极深,因为旅行速度的改变不仅缩短了空间的距离,也改变了他们观察外物记录空间的方式。王韬在《漫游随录》中多次描写到火车,如说开罗初乘"轮车,始行犹缓,继则如迅鸟之投林,狂飙之过隙,林树庐舍,瞥眼即逝,不能注睛细辨也"。他还写道:

泰西利捷之制,……无不赖轮车之迅便。其制略如巨柜,左右启门以通出入,……行时数车联络,连以铁钩,前车置火箱。……数车相互牵率以行。……其行每时约二百里或三百余。辙道铸铁为渠,起凸线安轮分寸合轨,平坦坚整以利驱驰,无高低凹凸欹斜倾侧之患。

轮车既兴,贸易更盛,商旅络绎于途;轮车不及之处,济以车马。轮车获利,尤在载货,货多则生理大,利息倍,税课亦增,实为裕国富民之道。①

王韬将目光广泛地投注到英法的博物馆、藏书院、科技、武器、制造、制度等文化深层的不同方面,并做了形象相异性的思考:

英国以天文、地理、电学、火学、气学、光学、重学为实学,弗尚诗赋词章。其用可由小而至大。如由天文知日月五星距地之远近、行动之迟速,日月合璧,日月交食,彗星、行星何时伏见,以及风云雷电何所由来。由地理知万物之所由生,山水起伏,邦国大小。由电学知天地间何物生电,何物可以防电。由火学知金木之类何以生火,何以防火。由气学知各气之轻重,因而创气球、造气钟,上可凌空,下可入海,以之察物、救

---

① 钟叔河编:《走向世界丛书》第6卷,长沙:岳麓书社2008年版,第108、116页。

中国典籍里的西方

人、观山、探海。由光学知日月五星本有光耀,及他杂光之力,因而创灯戏,变光彩,辨何物之光最明,由化学、重学辨五金之气,识珍宝之苗,分析各物体质。又知水火之力,因而创火机,制轮船火车,以省人力,日行千里,工比万人。穿山、航海、掘地、浚河、陶冶、制造以及耕织,无往而非火机,诚利器也。①

王韬《漫游随录》对英法风尚习俗均有描述,王韬这样综述英国风俗:

英国风俗醇厚,物产蕃庶。豪富之家,费广用奢;而贫寒之户,勤工力作。日竞新奇巧异之艺,地少憧怠游惰之民。尤可美者,人知逊让,心多悫诚。国中士庶往来,常少斗争欺侮之事。异域客民族居其地者,从无受欺被诈,恒见亲爱,绝少猜嫌。无论中土,外邦之风俗尚有如此者,吾见亦罕矣。

盖其国以礼义为教,而不专恃甲兵;以仁信为基,而不先尚诈力;以教化德泽为本,而不徒讲富强。欧洲诸邦皆能如是,固足以持久而不敝也。……余亦就实事言之,勿徒作颂美西人观可也。②

在英国漫游期间,王韬有幸看到了已经迁至伦敦郊区的首届世博会场馆"水晶宫"。在王韬的笔下,水晶宫"地势高峻,望之巍然若冈阜。广厦崇牖建于其上,逶迤联翩,雾阁云窗,缥缈天外。南北各峙一塔,高矗霄汉。北塔凡十四级,高四十丈。砖瓦榱桷,窗牖栏槛,悉玻璃也;日光注射,一片晶莹。其中台观亭榭、园囿池沼、花卉草木、鸟兽禽虫,无不必备……"③ 寥寥几笔,足以让人感觉水晶宫的壮阔。这是汉语叙述"水晶宫"中不可多得的记载。

王韬重返香港后,在1871年先后编著了《法国志略》14卷和《普法战纪》14卷。经过实地考察,对法国和德国的当代史和各项制度进行深入研究,

---

① 钟叔河编:《走向世界丛书》第6卷,长沙:岳麓书社2008年版,第116页。
② 钟叔河编:《走向世界丛书》第6卷,长沙:岳麓书社2008年版,第107页。
③ 钟叔河编:《走向世界丛书》第6卷,长沙:岳麓书社2008年版,第99页。

第九章 "出洋"与"开眼"

在中国实以王韬为第一人。

五 斌椿的欧洲之行及《乘槎笔记》

1866年初,中国海关总税务司、英国人赫德要回国休假,行前他向清政府建议,带几名同文馆学生到英国开开眼界,以培养同英国打交道的人。洋务派人物恭亲王奕䜣早就想派人到欧洲各国考察,便选定山西襄陵知县、63岁的满人斌椿为首席代表,率团赴欧,名义上是旅游观光,实际上抱着考察西方社会的目的。

斌椿(1804—1871),字友松,汉军旗人,曾在山西和江西做过知县一类的低级官员。1864年起,应赫德之邀到"总税务司"办理文案,这是他接触洋人的开始。由于工作上的关系,他结识了美国驻北京使馆参赞卫廉士(S. W. Williams,1812—1884)、同文馆总教习丁韪良(William Alexander Parsons Martin,1827—1916)等人,接受了一些近代科学观念和西学知识。

当总理衙门决定派人赴欧游历、大小官员"总苦眩晕,无敢应者"时,斌椿却"慨然愿往"。由于他在朝廷的职位不高,也被认为是出国考察的最合适人选。1866年2月20日,主管总理衙门的恭亲王奕䜣曾专奏建议委派斌椿等赴欧游历一事:

> 查自各国换约以来,洋人往来中国,于各省一切情形日臻熟悉;而外国情形,中国未能周知,于办理交涉事件,终虞隔膜。臣等久拟奏请派员前往各国,探其利弊,以期稍识端倪,借资筹计,……迟迟未敢渎请。兹因总税务司赫德来臣衙门,谈及伊现欲乞假回国,如由臣衙门派同文馆学生一二名,随伊前往英国,一览该国风土人情,似亦甚便等语。……兹查有前任山西襄陵县知县斌椿,现年六十三岁,系内务府正白旗汉军善禄管领下人。因病呈请回旗,于咸丰七年在捐输助赈案内加捐副护军参领衔。前年五月间,经总税务司赫德延请办理文案,并伊子笔帖式广英襄办年余

中国典籍里的西方

以来,均尚妥洽。拟令臣衙门札令该员及伊子笔帖式广英,同该学生等与赫德同往。即令其沿途留心,将该国一切山川形势、风土人情随时记载,带回中国,以资印证……①

斌椿使团成员还包括同文馆学生凤仪、张德彝、彦慧和斌椿之子广英。1866年3月7日,斌椿一行从北京出发,先后游历了法国、英国、荷兰、丹麦、瑞典、芬兰、俄罗斯、德国、比利时等11个国家,历时4个多月,行程9万余里。开了中国官方旅游团赴欧洲的先河。斌椿自称:"愧闻异域咸称说,中土西来第一人。"

斌椿父子率领的同文馆学生一行5人,于同治五年(1866)正月二十一日离开北京,三月十八日到达法国马赛。马赛是这次考察的第一站。初到马赛,这里高楼耸立,街巷相连,令斌椿等人大为惊讶,他们从来没有见过如此繁华的街市。当晚,斌椿等人被安排在一家酒店的七楼下榻,上上下下的电梯,令他们大为感慨,认为西方文明的"奇巧"果然名不虚传。第二天,他们坐火车前往巴黎。这是斌椿平生第一次见到并乘坐火车,让他兴奋不已。斌椿在欧洲多次乘坐火车,对其描述也最为具体:"前车为火轮器具,烧石炭,贮水激轮。后车以巨钩衔其尾,蝉联三四十辆,中坐男妇多寡不等。……初犹缓缓,数武后即如奔马不可遏。车外屋舍、树木、山冈、阡陌,皆疾驰而过,不可逼视。"② 他还以诗歌盛赞火车的迅捷:

宛然筑室在中途,行止随心妙转枢;
列子御风形有似,长房缩地事非诬,
六轮自具千牛力,百乘何劳八驾驱?
若使穆王知此法,定教车辙遍寰宇。③

到达巴黎后,他与人多次谈到乘坐火车的奇妙感觉,当地华侨商人见他如

---

① 钟叔河编:《走向世界丛书》第1卷,长沙:岳麓书社2008年版,第68—69页。
② 钟叔河编:《走向世界丛书》第1卷,长沙:岳麓书社2008年版,第104页。
③ 钟叔河编:《走向世界丛书》第1卷,长沙:岳麓书社2008年版,第163页。

此喜欢火车，特意购买了一个火车模型送给他。

结束了17天的法国之行，斌椿一行来到了英国。在赫德的安排下，英国政府以很高的规格接待了他们。一进伦敦，斌椿便看到了"人烟稠密，楼宇整齐，街道整洁"的景象，他兴致盎然地连续参观了若干地方。在伦敦照相馆，他拍下了生平第一张照片。

令斌椿最难忘记的是他应邀参加了维多利亚女王专门为中国来访者举办的一次宫廷舞会。5月7日晚，斌椿在译官的引导下，进入白金汉宫，成为进入此地的第一个中国官员。数百级台阶上铺着地毯，两旁摆满了鲜花，灯火照耀，宫廷卫兵列队两侧。斌椿在众官员的簇拥之下走进舞厅。舞厅之大，令人瞠目结舌，大厅之豪华令人称奇。厅的四角仅各种灯就悬挂了上千盏。参加舞会的公爵、侯爵大臣有400余人，加上他们的夫人、小姐共800多人。跳舞者袒肩露背，珠光宝气，光彩耀人。随着乐队的演奏，他们翩翩起舞，场面之宏大，使斌椿大开眼界。他感慨道："中华使臣，从未有至外国者，此次奉命游历，始知海外有如此盛景。"① 他在《四月二十三日英国君主请赴宴舞宫饮宴》一诗中写道：

> 玉阶仙仗列千官，满砌名花七宝栏；
> 夜半金炉添兽炭，琼楼高处不胜寒。
>
> 长裙窄袖羽衣轻，宝串围胸照眼明；
> 曲奏霓裳同按拍，鸾歌凤舞到蓬瀛。②

第二天，维多利亚女王亲自接见了斌椿一行，斌椿十分感激。他对女王说："得见伦敦屋宇器具，制造精巧，甚于中国。至一切政事，好处颇多。且蒙君主优待，得以浏览胜景，实为感幸。"③ 斌椿一行在英国逗留的时间长达1个月零7天。在此期间，他们还参观了英国的造船、钢铁、纺织等工业企业。

---

① 钟叔河编：《走向世界丛书》第1卷，长沙：岳麓书社2008年版，第117页。
② 钟叔河编：《走向世界丛书》第1卷，长沙：岳麓书社2008年版，第167页。
③ 钟叔河编：《走向世界丛书》第1卷，长沙：岳麓书社2008年版，第117—118页。

中国典籍里的西方

7月6日，斌椿一行来到瑞典。瑞典专门安排他们游览北极圈内小城，斌椿等人在这里看到了白昼奇观，兴奋得彻夜不眠。而沿途"碧水湾环，山岛罗列，峰回路转"的美景，更令他们心旷神怡。3天后，瑞典国王在自己的别墅接见了斌椿，王妃被斌椿手中一把折扇所吸引——扇面上是沈凤墀的《采芝图》。斌椿向王妃解释了扇面的寓意。皇太后得知中国官方旅游团到来后，特意在太后宫召见，以当地非常珍贵的水果宴招待客人，斌椿受宠若惊，当即吟诗一首，盛赞皇太后：

西池王母住瀛洲，十二珠宫诏许游；
怪底红尘飞不到，碧波青嶂护琼楼。①

清朝官方旅游团欧洲之行，实现了中国与欧洲各国交往的历史性突破。虽然他们还不是清政府的正式外交使节，但他们所到之处，都受到热烈欢迎。他们得到各国国王、王妃和王子的接见，和大臣晤谈，被名流学者争相款待。德国媒体把斌椿一行称为"中国天使"；荷兰媒体把斌椿参观水利工程后，有感而发所写成的一首七律登载在报纸上，广为传播；在英国，新闻媒体一直追逐斌椿等人的行踪，它们把报道连同斌椿等人的照片刊登在报纸上，使报纸的销量大增。有的还单独印制斌椿的照片，广泛散发。一些小商人竟将斌椿等人的照片加印，在大街上高价出售。

斌椿对自己的这次出行是很兴奋的，他自称是"东土西来第一人"。李善兰在为《乘槎笔记》所作的序中，对斌椿的此次远行十分羡慕，他说：

举天下之人，其足迹有不出一郡者矣，有不出一邑者矣，甚至有终身不出里巷者矣。……即曰不畏风涛，视险若夷，而中外限隔，例禁綦严，苟无使命，虽怀壮志，徒劳梦想耳。故曰，游必有福。郎中斌君友松，少壮宦游，足迹半天下。一旦奉命往欧罗巴访览政教风俗，遂得游数万里之外。所历十余国，皆开辟以来，中国之人从未有至者。……斌

---

① 钟叔河编：《走向世界丛书》第1卷，长沙：岳麓书社2008年版，第175页。

第九章 "出洋"与"开眼"

君凡身之所至，目之所见，排日记之。既恭录进呈，又刻以行世，令读其书者，亦若身至之而目见之也。然则斌君非独一人游，率天下之人而共游之也。①

斌椿一行是第一批由清政府派遣赴泰西游历，也就是第一批亲自去接触和了解西方文化的代表。返国后，斌椿按照清政府的任务要求著《乘槎笔记》，如实记述了各国的水陆里程、生活习俗等情况。《乘槎笔记》这部书篇幅不大，其中在欧洲的见闻不到两万字。但无论如何，这本书毕竟是近代中国知识分子最早亲历欧洲的记述，而且它在很大程度上反映了当时一部分士大夫的传统观点，因此仍然值得重视。此外，斌椿还有《海国胜游草》《天外归帆草》诗稿2种。斌椿回国的第二年，即1867年初，担任同文馆"西学总管"。

六　张德彝的"八述奇"

在斌椿的赴欧洲观光团中，除了斌椿父子，还有3位同文馆的学生，其中有一位叫张德彝，这是他第一次出国。在以后的生涯中，张德彝8次出国，在国外度过27个年头。每次出国，他都写下详细的日记，依次成辑《航海述奇》《再述奇》《三述奇》，直至《八述奇》，共约200万字。张德彝是19世纪中国最多产的"大游记作家"。他所写的各种"述奇"的价值，不仅在于记述了中外交往中许多有趣的事实，而且也在于它生动地反映了像张德彝这样的一个人，即使是在不自觉的情况下，只要他被历史潮流卷上了走向世界的道路，也就不可能不承认新的、多样化的世界确实是客观存在这样一个事实。

张德彝（1847—1918），又名张德明，祖籍盛京铁岭，在15岁那年，考上了北京同文馆，是这所学校仅有的10名学员之一。1866年，张德彝19岁时，

---

① 钟叔河编：《走向世界丛书》第1卷，长沙：岳麓书社2008年版，第86—87页。

被选中参加了斌椿的观光团。他随斌椿游历了法国、英国、比利时、荷兰、汉堡、丹麦、瑞典、芬兰、俄国、普鲁士等10个国家,饱览了世界风情。张德彝把主要注意力集中到了对泰西(欧洲)新奇文化的观察上。回国后,他写出《航海述奇》,详细记载了他的观察见闻。他在《航海述奇》中的记述,比斌椿的《乘槎笔记》要生动、具体得多。张德彝自己说:"明膺命随使游历泰西各国,遨游十万里,遍历十六国,经三洲数岛,五海一洋。所闻见之语言文字、风土人情、草木山川、虫鱼鸟兽、奇奇怪怪,述之而若故,骇人听闻者,不知凡几。"[1]

此后,张德彝又多次出国周游世界。1868年,中国第一次派外交使团访问欧美,他随蒲安臣当翻译。实际上,他只经历了使程的一半,在巴黎时因坠马受伤,治疗痊愈后先行回国。他在《欧美环游记》(《再述奇》)中,张德彝记述了他在美英法三国的见闻。

1871年,张德彝以随员身份,又随钦差大臣崇厚使团任再度赴法,此次是中国第一次派出外交专使到西欧国家办交涉。这年3月17日,也就是巴黎公社革命爆发的前一天,张德彝奉崇厚之命先行到巴黎租定馆舍,因而目击了巴黎公社这一惊天动地的大事件。这次出使后,他所著的《三述奇》原稿8卷,有5卷记述了有关法兰西内战和普法战争的事情,此文本作为一个东方人的观察记录,具有十分重要的史料价值。张德彝记述了凡尔赛军队攻入巴黎、公社战士的街垒战、旺多姆圆柱被拆除等历史性场面,不仅和正式记载相符,而且有许多生动具体的细节。

1876年,张德彝随郭嵩焘公使做译官驻英国,这是中国第一次向外国派公使。他著有《随使英俄记》(《四述奇》),记载了他的这次海外经历。他的记载,反映了19世纪70年代中国人对西方社会认识的进一步深入,颇富文化史的价值。

此后,张德彝曾一度回国,任光绪皇帝的英语教师。1887年任出使英、意、比大臣罗丰禄的参赞。1896年以参赞出使日本。1902年受赏二品官衔,出任英国大使,直至1906年回国。

---

[1] 钟叔河编:《走向世界丛书》第1卷,长沙:岳麓书社2008年版,第640页。

第九章 "出洋"与"开眼"

张德彝的"述奇"中有许多"第一"的记载。如他是第一个记录了西餐的中国人。1866 年,张德彝随同使团出访,坐英国轮船由天津去上海,在船上第一次享用西餐。他第一次记录下中国人的西餐食谱:"每日三次点心,两次大餐……所食者,无非烧炙牛羊鸡鱼,再则糖饼、苹果……饮则凉水、糖水、热牛奶、菜肉汤、甜苦洋酒""更有牛油、脊髓、黄薯、白饭等物""每人小刀一把、大小匙一、叉一、盘一、白布一、玻璃酒杯三个"。调料瓶有"五味架""分装油、醋、清酱、椒面、卤虾""菜皆盛以大银盘,挨坐传送",早饭有"烧鸡、烤鸭、铁雀、鹌鹑、白煮鸡鱼、烧烙牛羊、鸽子、火鸡、野猫、姜黄煮牛肉、芥末酸抹马齿苋、粗龙须菜、大小药豆",晚饭则"唯先吃牛油汤一盘,或羊髓菜丝汤,亦有牛舌、火腿等物"。对以上这一切,张德彝表达了自己的观感:"盖英国饮馔,与中国迥异,味非素嗜,食难下咽""牛羊肉皆切大块,熟者黑而焦,生者腥而硬,鸡鸭不煮而烤,鱼虾味辣且酸""一嗅即吐""一闻(开饭)铃声,便大吐不止"。

他第一个记载西方标点符号。在《再述奇》中,他介绍了西洋标点:"泰西各国书籍,其句读勾勒,讲解甚烦。如果句意义足,则记'。';意未足,则记',';意虽不足,而义与上句黏合,则记';';又意未足,外补充一句,则记':';语之诧异叹赏者,则记'!';问句则记'?';引证典据,于句之前后记'""';另加注解,于句之前后记( );又于两段相连之处,则加一横如——。"在张德彝这些记述之后过了将近 40 年,中国的现代汉语才正式采用西式标点符号。

他第一个记载若干著名西洋工具、乐器和房屋名称。"自行车"的名称,即来自张德彝的记载。他描述伦敦的自行车:"前后各一轮,一大一小,大者二尺,小者尺半,上坐一人。弦上轮转,足动首摇。其手自按机轴而前推后曳,左右顾视,趣甚。"

他也是第一个描述火车的中国人。他描述当时英法的火车:

头等车厢分三间,每间左右各二门,门旁各二窗,有活玻璃可上可下。蓝绸小帘,自卷自舒,机关甚奇。四壁糊以洋绫壁上有面镜、帽架,有丝络以便盛什物。前后两木床,宽一尺五寸,分四幅,可坐八人。靠背坐褥，厚皆三寸，面有回绒洋呢。地铺花毡，有唾盒。晚上，燃玻璃灯于车顶，两床抽出可并为一坑。

他也是第一个描述钢琴的人。1866年二月初四，张德彝途经上海，去拜访印刷家姜辟理，曾听姜氏的妹妹"播弄"洋琴。张德彝描写道："琴大如箱，音忽洪亮，忽细小，差参错落，颇举可听。"他还首次记载了缝纫机。《航海述奇》载他1866年4月19日在英军将领戈登家中做客，"见有铁针架一座，俗名铁裁缝"。张德彝描写"铁裁缝"说："形似茶几，上下皆有关键，面上前垂一针，后一轴线。做女工时，将布放于针下，脚踏关键，针线自能运转，缝纫甚捷。"

他是最早进入金字塔参观的中国人之一。张德彝首先考察了金字塔（即王陵）的外貌，记录该王陵，一个大的，两个小的，均呈"三尖形"。张德彝在土人的引导下，钻进了那座最大的金字塔。他是从破损的缝裂中进去的，进口又陡又窄，上下左右都是纵横累叠的大石头，一片漆黑，只能秉烛前行。开始如蛇爬，后再似猿攀，"一步一跌，时虞颠扑"又"石震有声"，令人"神魂失倚"。通道弯弯曲曲，"趋前失后，退后迷前"，走了好一阵方豁然开朗，原来进了墓室。里边只有"一石棺无盖，形如马槽，击之铿然，放于壁角"。

中国第一位用中文记述"集邮"活动的人，也是张德彝。《再述奇》之"英吉利游记"一章"同治七年（1868）十一月初六日己卯"的日记中是这样记述英国的集邮情况的：

闻英国两三年前，有种陋俗，凡收得信票者，张贴壁上，以多为贵，相习成风。女子有因无许多信票者而不得嫁者。据艾教习云，有贫妪英姓者，应得欠款银一百二十两，有百万旧信票者不能得，以故众人集得万余张送去。

时距英国1840年发行"黑便士"邮票已有28年，可见英人集邮活动已较广泛开展，喜爱邮票程度也到如痴如醉的地步。

第九章 "出洋"与"开眼"

张德彝第一次向我国介绍了有关外国的钱币制造、钱币形制和钱币轶事。他在欧美参观了好几处"铸币局"。同治五年（1866）三月二十八日，他同旅游团一起到了法国巴黎造币厂，目睹了造币的生动情景："入西面楼门，乃铸钱处。铜片切钱，凿花雕字，皆用火机，一时可得数千。金银钱分两不同，分毫不爽，洋钱质最纯净。"两个月后，他再次参观了这家造币厂，对机械部分做了补充记载："其鼓铸之火机，系以水气冲激轮机，令进退于铁管之中，以转大轮。其大轮上置长轴无数，中系小轮百千，下连各种机器，彼此接以韦条。大轮动则各机器相随，快甚。所造之钱，分金、银、铜三种，大小不一。"同年四月，他又在伦敦参观了造币技术。英国的造币方法、机械、工艺，没什么特殊地方，只是厂房比较宽阔。它除了造铸英国的钱币外，还给香港、印度等处造大小铜、银钱。张德彝对各国各种钱币的币制也做了详细的了解和记录。他不仅介绍了其钱币的种类、名称、重量、质量、大小、形状、面值，还介绍了其相互间的兑换关系。

图 9-6-1　张德彝像

中国典籍里的西方

航海述奇

铁岭张德彝著

京师自与泰西各国定约后设有总理各国事务衙门，并于各海口洋税事宜特用泰西一人总司其事。同治乙丑年冬十有二月经总理衙门奏派前任山西襄陵县知县副护军参领衔三品顶戴内务府正白旗汉军斌椿号友松其子文生六品顶戴广英号叔含暨同文馆英馆八品官六品顶戴镶黄旗汉军彦慧号智轩凤仪号夔九八品官六品顶戴镶黄旗汉军德彝号在初法馆学生七品顶戴正黄旗蒙古等前往泰西各国游历察访风俗奉○○旨依议时恰值按察使总理洋税务司英国爱尔兰人赫德号鹭彬者亦乞假回国遂定於次年丙寅正月薛即约车治装亲友送别至二十日庚辰巳正由京登车起身道出崇文门行三十五里至余家卫早尖又行二十五里至张家湾又十二里住通州

初大等缤纷年尺有余

初六日己刻开行至马头卯早尖申刻过张家湾酉初住河西务

初七日巳刻行至余家卫早尖未初出步发门进城

初五日未刻由陆起程戌刻始至杨村觉休店住

初四日往拜通商大臣崇地山侍郎恺云新观察

真有出入玉门之乐成熟道见卿光□□

过安平天燥风乾尘扬迷路晚行五十里至蔡村住宿

二十一日辛巳卯初起身时鸡声茅店月影横斜晴暮萧瑟风冽冽行四十五里至安平镇早尖午初

二十二日壬午晓起残月无辉稀星有数鸡鸣四野犬吠孤村卯初动身见红日三竿炊烟四起行五十里抵浦口早尖午后风起尘扬又行三十五里至天津卫运北口通商大臣崇所派之张把总迎接至天津县东关外南斜街恩裕店住宿遂乘小轿赴大人话毕途至二篓门外四公馆

二十三日癸未早在街市开游人民拥挤熙闹繁华午后斌公□□起身也是日送同乘小轿往拜赫总税司于梁家园崇大人回拜凡四门

二十四日甲申早往南门外看本地城遗队操演乃先至角楼南关帝庙内访见王松溪通送同伊至教场东日镇海西日艺先斌公□□亟北口带河县城不大园卷繁杂

小方壶斋舆地丛钞 第十一帙 航海述奇一 五八一 杭州河王氏排版

第九章 "出洋"与"开眼"

图9-6-3 张德彝在伦敦留影

七 康有为的《欧洲十一国游记》

戊戌政变后,作为维新变法领袖人物的康有为和梁启超开始了漫长的流亡生活。他先在英国人的保护下,顺利逃到了中国香港地区。1899年4月中旬,康有为一行到达加拿大域多利(今维多利亚)。1899年7月20日,康有为联合加拿大华侨领袖李福基、冯秀石等人,携手创立了"保皇会"。随后,康有为派遣门人弟子分赴美国、墨西哥、南美洲、澳洲、东南亚,甚至南非,共建

中国典籍里的西方

立总会 11 个、分会 103 个，会员多达百万之巨。保皇会总局设在中国香港、澳门地区，康有为任正总会长，梁启超、徐勤任副总会长。可以说，凡有华人的地方，就有保皇会。

在此后的岁月里，康有为"流离异域一十六年，三周大地、遍游四洲，经三十一国，行六十万里路，一生不入官，好游成癖"。16 年间，康有为四渡太平洋，九涉大西洋，八经印度洋，泛舟北冰洋七日，先后游历英、法、意、日、美、加拿大、墨西哥、新加坡、印度、越南、缅甸、巴西、埃及等国家和地区，"其考察着重于各国政治风俗，及其历史变迁得失，其次则文物古迹"。其中许多国家他都多次出入。在当时，没有哪个中国人能像康有为这样，足迹遍布全球。1913 年 12 月，当康有为结束了 16 年的海外生涯回国时，曾请好友吴昌硕刻了一枚印章，上书："维新百日，出亡十六年，三周大地，游遍四洲，经三十一国，行六十万里。"

戊戌变法时，康有为虽然主张学习西方，但他从未出过国，也不懂洋文，对西方的认识都是从翻译作品中得来，不免存在诸多误读和想象。流亡海外，正好为康有为提供了一个了解世界、观察世界的机会。康有为的海外游历，令他感触颇多。回国后，他写成《欧洲十一国游记》。他把自己比作"耐苦不死之神农"，游历世界是为了"遍尝百草"，寻找能够医治中国的"神方大药"。康有为每到一处，特别关注当地的政治制度、国计民生和风俗文化，并细心地把所见、所闻、所思详细记录下来。

在伦敦，康有为游览了英国议院，又拜会了英国商务大臣。谈话中，康有为说，他想学习英、法等西方国家的政治制度，在中国实行变法。听罢康的话，英国商务大臣发表了一段今天看来仍可称为真知灼见的议论。他说："各国有各国的教化、风俗和历史传统，绝不能照搬他国的政治。我们英国的政治体制是千百年来自然积累形成的，不是效仿得来，而且也绝不可能通过效仿而来。病症不同，一种药方是不能包治百病的。"闻听此言，康有为受益匪浅。他在游记中感慨道："今之妄变法而专媚欧美者，不可不思此言。"

除了了解西方国家的社会文化，康有为也参观了许多自然和人文景观。水晶宫是 1851 年英国为举办第一届世博会而建造的主会场。它通体由玻璃搭建而成，晶莹剔透，堪称一大建筑奇观。康有为在《英国游记》中，对水晶宫的建筑布局有详尽的描述：

> 入门即有玻廊数十丈，上复藤花，廊外敞地遍绿，小冈颠有亭，陈杂戏，下有圆屋，为普破巴黎影画。正面凭冈，列级栽花。上为玻璃楼，高三层，左右二塔，高耸天半。登楼，悬英国诸名胜景。再入右楼，遍陈百物。左楼陈杂戏，右楼陈百物，中有列室以陈古物，若博物院。

康有为觉得，水晶宫盛名之下其实难副，"英人以水晶宫自号之。昔闻甚艳羡瑰异，及到观……太辜负此名"。在他眼里，水晶宫不过是一座用玻璃盖的大楼，门堂污秽，也没有什么精致的装饰，只是在玻璃之下藏着几束鱼藻，"欧美之俗多夸若此"。但康有为也承认，从功能看水晶宫还是一个非常有趣的地方。它集戏院、音乐厅和博物馆于一身。外面还设有滑冰、戏水等游乐项目。每隔五天，水晶宫便点起内外百万盏电灯，吸引许多市民晚间游览。

在法国，当时，巴黎刚刚经历过19世纪末的大改造，康有为说其街道"广洁妙丽，诚足夸炫诸国矣"。康有为在巴黎一座博物院中看到，从中国大内抢来的奇珍异宝摆满了几个陈列架。这些都是庚子之变时，法国人从紫禁城中抢来的。康有为非常感慨，想起当年中国强盛时，德国人汤若望、比利时人南怀仁都来中国供职，荷兰的使者还把量天尺等天文仪器送给中国。而今，清廷昏庸，国力衰弱，竟至于连大内珍宝和皇帝的玉玺也保不住。

康有为从历史、制度、器物、风俗等各个方面考察了意大利。康有为眼中的那不勒斯是个贫穷落后的地区，"盗贼甚多""乞儿数十，追随里许""巷道甚窄，与广州村落同""道路污秽滑斜，果菜之渣及马矢盈积"。据康有为说，当时意大利比较贫穷，人均农产品只有法国的一半，因此大量移民出国求生。在意大利的游记中，康有为多次提到"嘉富洱"（Camillo Benso Conte di Cavour），并毫不掩饰自己对这位意大利开国首相的崇敬之情。

康有为赞叹于意大利和法国人对古物保存的保护。罗马"累经万劫，征乱盗贼，经二千年，乃无有毁之者。……无有取其一砖，拾其一泥者，而公保守之，以为国荣"。而我国"数千年美术精技，一出旋废，后人或且不能再传其法"。所以，他赞叹西人"其好古人而重遗物，遍及小民，乃百倍于我国"。

中国典籍里的西方

康有为说:"古物虽无用也,而令人发思古之幽情,兴不朽之大志,观感鼓动,有莫知其然而然者。"

康有为对德国称赞备至,他认为德国进步神速,三四十年以前,还是分裂状态,"小国杂乱,百政不修",在普法战争中打败法国实现统一以后,"武备第一,政治第一,文学第一,医术第一,电学第一,工艺第一,商务第一,宫室第一,道路第一,乃至音乐第一。飚举骤进,绝尘而奔,天下万国进化之骤

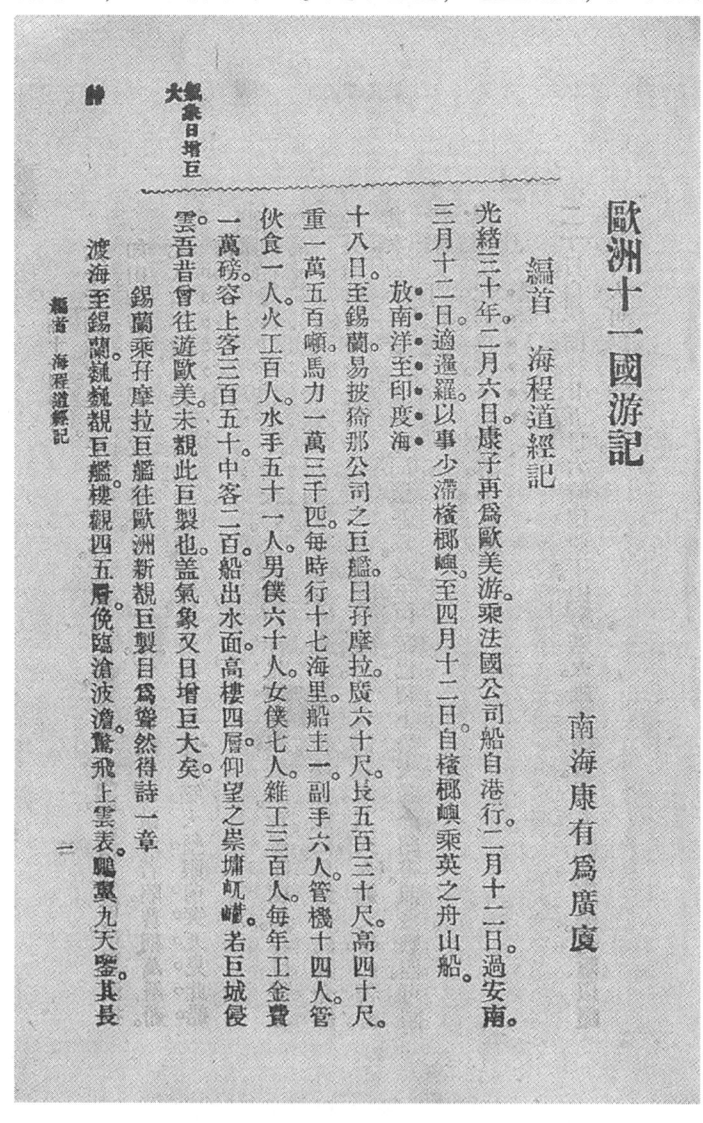

图 9-7-1　康有为《欧洲十一国游记》书影

且神,未有若德者也"。他还认为德国的政体值得我们学习。他虽主张君主立宪,但如英国君主那样毫无权力他也不赞成,像德国这样君主既有一定权力,而又有其他制度予以制约,则比较理想。康有为或许认为以德国为师,中国就有希望迅速强大,所以才特别钟情于德国,以至于他9次到柏林,出入德境11次,"四极其联邦,频贯穿其数十都邑,接其都人士,游其工厂官府,本其史谱,搜其图象,考其风俗"。

在西方的所见所闻,一直刺激着康有为。他总结,西方国家之所以强盛,"重都府、通道路、速邮传、立银行"是四大法宝,而中国的顽固派却"终日仰屋呼贫",宁可"鬻官开赌",也不愿意兴办实业。

1908年6月22日(阴历五月二十四)半夜11时,康有为在女儿康同璧的陪同下,登上了北冰洋那岌岛。夜半时分,太阳本已呈下沉之势,但忽又重升。见到这样的奇景,康老夫子写下了《携同璧游挪威北冰洋那岌岛颠,夜半观日将下没而忽升》一诗,并在序中记下了所见奇景:

时五月二十四日,夜半十一时,泊舟登山,十二时至顶,如日正午。顶有亭,饮三边酒,视日稍低如暮,旋即上升,实不夜也,光景奇绝。

有学者认为,康有为是第一个探险北极的中国人。

图9-7-2 康有为像

中国典籍里的西方

八　梁启超的《新大陆游记》

1903 年，应美洲维新会之邀，梁启超从横滨出发，横穿太平洋，来到北美洲大陆。随后，他在 7 个月里对加拿大和美国进行了访问，返回日本后，把其间的观察感想整理成《新大陆游记》一书。《新大陆游记》是中国人以亲身实地考察的感受撰写的第一部全面介绍美国、评价美国，并进行中美比较的著作。

在谈到这次旅行的目的时，他写道："一以调查我皇族在海外之情状，二以实察新大陆之政俗"，故而对于一般游记中的描写和抒情悉皆删去，"中国前此游记，多纪风景之佳奇，或陈宫室之华丽，无关宏旨，徒灾枣梨，本编原稿中亦所难免。今悉删去，无取耗人目力，唯历史上有关系之地特详焉"。梁启超给自己规定的任务，是"以其所知者贡于祖国"。

梁启超到新大陆游历时，正值美国城市化进程突飞猛进、社会面貌日新月异的大转折时期。他在众多城市之间穿梭旅行，对五光十色、绚烂多姿的城市景观和城市文明感触良多。在这次考察过程中，梁启超对所经之地的政治、经济、文化展开了详细的观察，一方面考察西方先进国家的先进之处，寻求合适的"药方"；一方面以西方先进国家为镜子去观察同胞和祖国的影像，去寻找"病因"。

此次考察带给梁启超的震撼是极大的。初到纽约，他写道：

> 从内地来者，至香港、上海，眼界辄一变，内地陋矣，不足道矣。至日本，眼界又一变，香港、上海陋矣，不足道矣。渡海至太平洋沿岸，眼界又一变，日本陋矣，不足道矣。更横大陆之美国东方，眼界又一变，太平洋沿岸陋矣，不足道矣。此殆凡游历者之所同也。至纽约，观止也谓？

每到一处，梁启超对当地的著名大学和图书馆是必须考察的。关于这两种地方的记录也尤其多。如哈佛大学、耶鲁大学、芝加哥大学等。他写道：

第九章 "出洋"与"开眼"

（中国初次出洋留美学生）内唯有一郑生，与工学新得甚多，有名于纽约……然不复能为中国用，以美国数百万学者中，多此一人，何补于美国？……自余或在领事署为译员，或在银行买办……人人皆有一西妇，此亦与爱国心不兼容之一原因，一叹！

（耶鲁）今年夏季卒业，王君（北洋大学官堂费生）为举首……代表全校四千余人致答词，实祖国一名与也。……各报纸竞纪之，谓从未有之异数也。

美国东部大学—哈佛、耶鲁、哥伦比亚三所者最著名，其程度莫能轩轾。至科学，则仍以哈佛为最高云。吾中国始终未有一人卒业于此校。

大学以外，对各处的大型图书馆，梁先生也做了不少记载。

在游历过程中，梁启超的心中一直装着祖国。如参观波士顿的博物院时，"最令予不能忘者，则内藏吾中国宫室内器物最多者"。在回想波士顿倾茶事件时，他又想道："斯事与林文忠广东焚毁鸦片绝相类。而美国以此或十三省之独立，而吾中国以彼役启五口之通商，则岂事之有幸有不幸耶？毋亦国民实力强弱悬殊之为之也。"

梁启超意识到了交通运输的重要性，如美国西部的发展很大程度上是由于大北铁路的修建。对于巴拿马在美国扶植下"独立"并被授予修建运河一事，他也有着透彻的认识。此外，他还对电报的迅捷做了详细的描述。可见他意识到了交通和通信对于国家发展的重要性。当时国人对于西方的关注更多地集中在洋枪、洋炮、战舰上，他的这一认识，可以说是超前而正确的。

梁启超于5月16日至21日访问美国首都华盛顿，对美国的民主制度及其总统选举过程做了认真的考察，他历述美国两党在竞选过程中表现出的种种弊端："当其竞争剧烈之时，甲党对于乙党之候补者，攻击亦不遗余力。往往将其平生行谊，毛举以相指摘。"随后他又比较了英国（君宪）与美国（共和）两种政体的选举制度："英国但求党员在议院中占多数耳，既占多数，则其党魁自得，为大宰相而莫与争；……美国反是，胜败之机，专在一着，夫安得不于此兢兢也。"于是,他得出结论:"美国争总统之弊,岂直此而已,其他种种黑暗情状,不可枚举。吾游美国,而深叹共和政体,实不如君主立宪者之流弊少而运用灵也。"

梁启超通过对美国民主政体的考察,特别是当他了解到竞选总统时,往往伴随着杀人流血事件,而新上任之总统,如与前任者为异党,"则一国之官吏,将尽行易人",官员大幅度更替,造成秩序混乱。新任总统忙于应酬求官者,根本无暇顾及政事。因此,梁启超对新大陆这个民主共和制度感到失望,认为民主共和不如君主立宪,因后者更有秩序而安定。

梁启超在观察思考贫富悬殊问题时,对"社会主义"思想及其运动表现出很大的兴趣和重视。他认为,美国社会的贫困现象虽有慈善事业加以补救,但并不能从根本上解决问题。那么,解决问题的出路何在?他的回答是,只能搞社会主义:"吾观于纽约之贫民窟,而深叹社会主义之万不可以已也!""观于此,而知社会之一大革命,其终不免矣。"

梁启超留意考察美国社会的特色,比较中美两国人的性质,指出中美在基本国情上存在重大差异。其中分析最多的,是美国的政治特色:

> 美国之政治,实世界中不可思议之政治也。何也?彼美国者,有两重之政府;而其人民,有两重之爱国心者也。质而言之,则美国者,以四十四之共和国而为一共和国也。故非深察联邦政府与各省政府之关系,则美国所以发达之迹,终不可得明。……各省政府之发生,远在联邦政府以前。虽联邦政府亡,而各省还其本来面目,复为数多之小独立自治共和国,而可以自存。此美国政治之特色,而亦共和政体所以能实行能持久之原因也。

据此特色,书中得出一个重要结论:美国获得自由是因为独立战争前已具备相当的基础(即各省的独立自治),若无此基础,"断不能以一次之革命战争而得此完全无上之自由"。他认为,要仿效美国的政治制度,必须了解其政治制度演变的历史和建立的基础,必须具备与之相同的条件。

对新大陆的亲身考察使梁启超的思想观念和政治立场都产生了巨大的变

化。美国学者勒文森（Joseph R. Levenson）说：“梁启超在美国的几个月，学到了许多东西，他作为一个知识更渊博、智慧更丰富的人回到日本。他同最初束缚其思维的中国世界，逐渐拉开了很大的距离。”①

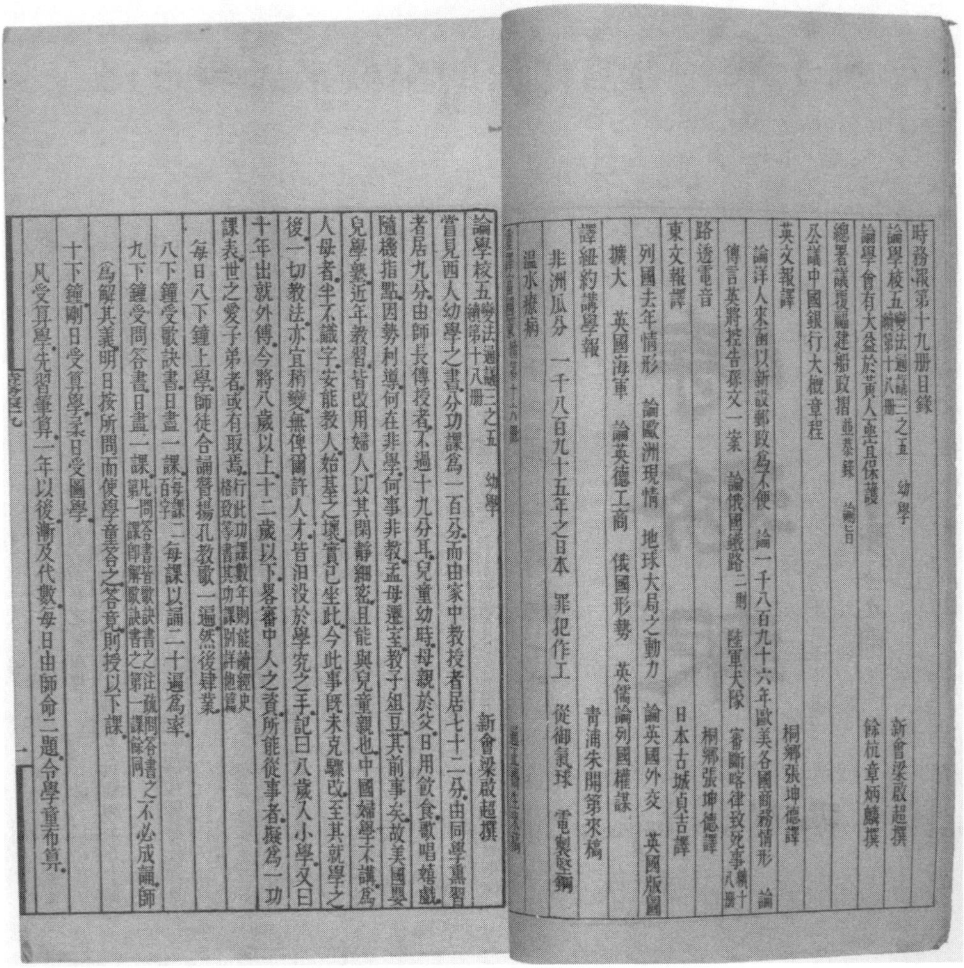
時務報第十九册目錄
論學校五變法通議三之五續第十八册 幼學 新會梁啟超撰
論學會有大益於黃人亟宜保護 餘杭章炳麟撰
總署議覆福建船政摺 並恭錄 諭旨
公議中國銀行大概章程
英文報譯 桐鄉張坤德譯
論洋人來函以新設郵政爲不便 論一千八百九十六年歐美各國商務情形 論
傳言英將控告孫文一案 論俄國鐵路二則 陸軍大隊 審斷喀律致死事續十八册
路透電音 桐鄉張坤德譯
東文報譯 日本古城貞吉譯
列國去年情形 論歐洲現情 地球大局之動力 論英國外交 英國版圖
擴大 英國海軍 論英德工商 俄國形勢 英儒論列國權謀
譯紐約講學報 青浦朱開第來稿
非洲瓜分 一千八百九十五年之日本 罪犯作工 從御氣球 電製医鍼
溫水療病

論學校五變法通議三之五續第十八册 幼學 新會梁啟超撰
嘗見西人幼學之書分功課爲一百分而由家中教授者居七十二分由同學薰習
者居九分由師長傳授者不過十九分耳兒童幼時母親於父日用飲食歌唱嬉戲
隨機指點因勢利導何在非學何事非教孟母遷宅教子俎豆其前事矣故美國嬰
兒學塾近年教習皆改用婦人以其閑靜細密且能與兒童親也中國婦學不講爲
人母者半不識字安能教人始基之壞實已坐此今此事既未克驟改至其就學之
後一切教法亦宜稍變無俾爾許人才皆汩沒於學究之手記曰八歲入小學又曰
十年出就外傳今將八歲以上十二歲以下畧審中人之資所能從事者擬爲一功
課表世之愛子弟者或有取焉行此功課數年則能讀經史格致等書其功課別詳他篇
每日八下鐘上學師徒合誦贊揚孔教歌一遍然後肄業
八下鐘受歌訣書日盡一課每課二百字每課以誦二十遍爲率
九下鐘受問答書日盡一課凡問答書皆歌訣書之注疏問答書之第一課即解歌訣書之第一課餘同不必成誦師
爲解其義明日按所問而使學童答之答竟則授以下課
十下鐘剛日受算學柔日受圖學
凡受算學先習筆算一年以後漸及代數每日由師命二題令學童布算

图 9-8-1 梁启超主笔的《时务报》

① ［美］勒文森：《梁启超与中国近代思想》，刘伟等译，成都：四川人民出版社 1986 年版，第 97 页。

第十章 清朝官员的出使报告与日记

一 郭嵩焘的出使活动与《伦敦与巴黎日记》

19 世纪 70 年代,清政府开始陆续派出驻外使节。郭嵩焘是晚清政府派出的第一位驻外使节。郭嵩焘(1818—1891),道光二十七年(1847)进士,选为翰林院庶吉士。曾国藩创办湘军时,郭嵩焘随曾国藩参赞军务,成为他的得力助手。咸丰八年(1858),郭嵩焘离开曾国藩幕府,进京入值上书房。郭嵩焘将多年来对西方事务的思考具疏上奏,认为要"制御远夷",首先要了解外国情况,建议从广东、上海、恰克图、库伦等地选派通晓外国语言的人才入京转相传习,并在天津设局,仿制西式战舰以制夷。

光绪元年(1875),清政府筹议兴办洋务方略,郭嵩焘将自己办洋务的主张和观点写成《条陈海防事宜》上奏。郭嵩焘认为,将西方强盛归结于船坚炮利是非常错误的,中国如果单纯学习西方兵学"末技","如是以求自强,恐适足以自敝"。只有学习西方的政治和经济,"先通商贾之气,以立循用西方之基",即发展中国的工商业才是出路。由于这些主张,郭嵩焘名噪朝野,成为当时的洋务思潮中颇有影响的思想家。

光绪元年(1875),清廷原则上同意遣使驻外,并谕令推荐人选。这表明

第十章 清朝官员的出使报告与日记

清政府最终接受了西方的使节制度,这是中国外交踏入近代化门槛之重要一步。

八月,清廷正式加授郭嵩焘为出使英国大臣,这也是中国历史上第一位驻外使节。消息传开,顽固派纷纷指摘、讥讽,友人为他出洋"有辱名节"惋惜,王闿运说他"以生平之学行,为江海之乘雁,又可惜矣",李慈铭说"郭侍郎文章学问,世之凤麟,此次出山,真为可惜。行百里者半九十,不能不为之叹息也"。王闿运编了一副对联讽刺郭嵩焘:"出乎其类,拔乎其萃,不容于尧舜之世;未能事人,焉能事鬼,何必去父母之邦。"只有李鸿章为他撑腰,说:"当世所识英豪,与洋务相近而知政体者,以筠仙(郭嵩焘的号)为最。"

在强大压力下,郭嵩焘几次告病推脱,但都未获准。慈禧召见郭嵩焘,以作安抚。出发前夕,太后再次召见郭嵩焘,安慰他说:"汝心事朝廷自能体谅,不可轻听外人言语,他们原不知道什么。"

光绪二年(1876)冬,郭嵩焘率副使刘锡鸿等随员30余人启程赴英,在伦敦设立了使馆。

光绪四年(1878),朝廷命郭嵩焘"兼充出使法国钦差大臣"。与此同时,法国驻英大使传斯达邀请他参加将于5月1日开幕的法国巴黎世博会。1878年4月27日,郭嵩焘从伦敦坐船到巴黎赴任,

是年5月1日,"万国珍奇会"(万国博览会)隆重开幕,郭嵩焘偕李湘甫等人至特洛卡德罗宫这个"大圆屋"出席开幕式。回程前他偕员李丹崖、黎莼斋等人到世博会场游览。此后,他有几次进入场馆参观,对英、美、法等国的先进设备和发明进行了饶有兴趣的考察。

郭嵩焘出于保护华侨利益考虑,上奏清廷,建议在华侨集中的各埠设领事以护民,该建议得到清廷赞赏,翌年,即在新加坡、旧金山、横滨等地设立领事馆,以维护海外华侨的权益。郭嵩焘还从中外交涉日益广泛的现实出发,建议总理衙门编纂《通商则例》发给各省并各国驻华公使,使在处理外交事务时有所参本。总理衙门接受了建议,后来虽未编成《通商则例》,但翻译了大量西方法律规章备用。郭嵩焘出使期间,还处理了相当多的具体外交事件,并

接待了中国第一批海军留学生,与严复等建立了友谊。因郭嵩焘在对外交往中不卑不亢,分寸合度,处理外交事务合乎国际惯例,给驻在国留下了良好的印象,以至于郭嵩焘卸任回国时,英、法两国政府均依依难舍。

在郭嵩焘的《伦敦与巴黎日记》中,记载了他出使期间的见闻和感想。他对西方政治体制讨论极多。早在出使英国前,他就发现"西洋立国有本有末,其本在朝廷政教,其末在商贾,造船制器相辅以益其强,又末中之一节耳",主张取法西方"强兵富国之术,尚学兴艺之方,与其所以通民情而立国本者"。出使以后,他虽然也注意欧洲的技术文明,但是更关心其整体社会经济生活,并且能够从国家制度、经济理论等方面探索当时英国繁荣兴盛的根本原因。

郭嵩焘对英国的议会制度进行了详细的考察。郭嵩焘对英国政党及其两党制的认识是逐步深入的。起初,郭嵩焘将英国的两党制误认为中国历史上常见的"党争",亦是"负气求胜,挈权比势"之属,其争斗激烈程度较中国为甚。此后,郭嵩焘对英国两党制的优点有了较为深刻的认识,认识到两党"各以所见相持争胜,而因剂之以平""西洋议院之有异党相互驳难,以求一是,用意至美"。

郭嵩焘考察了英、法、德等国议会的历史渊源、议会与政党的关系、议会的运作程序和议事规则以及议员的选举等问题。在郭嵩焘看来,英国政教修明,非中国"三代之治"所能及,根本原因在于其风俗、人心酝酿历久而成。这种风俗表现为民心归于诚实,政治、经济、文化教育等崇尚实际,朝野上下声气相通。因此,植根在此基础上的英国议会及其两党制,能够有效地发挥"维持国是"的作用,"朝廷之爱憎无所施;臣民一有不惬,即不得安其位",从而可使国家"持久而国势益张"。西方议会的存在,使得朝政"公之臣庶""治民以法"和朝野交相维系等得以实现。议员是选举产生,大都是有政治风度的,而政党之间,互相辩驳争胜,"以求一是",则有利于政事公允、政局稳定。

郭嵩焘还非常留心西方司法制度等其他社会政治制度,认为中国应该学习西方的法律制度,改善监狱条件,废除过于严酷的刑罚等,这样才能受到西

第十章 清朝官员的出使报告与日记

列强的平等对待。郭嵩焘在一次与英人的讨论中,热情地描绘了中国政治改革的蓝图,即在保留皇帝的前提下,其他一切,包括各项政治制度都要全面向西方学习,进行改革。

认识到西方国家立国有本有末后,郭嵩焘对洋务派官员仅从学习西方兵事和器械上用功夫、舍本逐末的做法提出批评。郭嵩焘认为中国的变革仅从兵事、器械上考究是不够的,更应该注重政治制度、人心风俗等本源之处,而西方的各种创制多有可供参考之处,议院制度尤其值得借鉴。

郭嵩焘同样深刻认识到学习西方先进技艺、发展近代工商业等经济活动在强国之路上的重要作用。他认为谋求中国富强也要先大力发展近代工商业,为最终引进西方先进的社会政治制度奠定物质基础。他希望朝廷效法西方各国来发展资本主义经济制度,以求国富民强。

郭嵩焘着重考察了西方的教育事业,对教育在国家近代化中的重要作用有了比较明确的认识,并提出了自己对本国文教事业的改革措施和建议。

郭嵩焘出使行前,朝廷应总理衙门之奏请,诏命将沿途所记日记等咨送总署。经过几十天的海上航行,他于1877年1月下旬到达伦敦,甫一下船便立即将从上海至伦敦50天的日记题名为《使西纪程》寄回总署。在日记中,郭嵩焘不仅客观记述了所见所闻,而且对这些见闻做出了自己的评价。他从途经十数国的地理位置、异土民情、风俗习惯、宗教信仰,到土耳其开始设立议会、制定宪法的改革,苏伊士运河巨大的挖河机器,"重商"对西方富强的作用等,都做了介绍,尽可能让国人对世界有更多的了解。

该书寄到总理衙门,大概至迟在光绪三年(1877)的农历三月份,《使西纪程》一书便由同文馆刻印出版了。李鸿章得以先睹为快,并大加称赞道:"总署钞寄行海日记一本,循览再四,议论事实,多未经人道及者,如置身红海、欧洲间,一拓眼界也。"在1877年7月11日的信中,他更鼓励说:"西洋政教规模,弟虽未至其地,留心咨访考究几二十年,亦略闻梗概",20年来自己仍冲破重重阻力、克服种种困难兴办洋务,因此更感郭嵩焘的"崇论闳议,洵足启发愚蒙"。

不料此书一经刊刻,立即引来朝野顽固守旧者一浪高过一浪的口诛笔伐,

中国典籍里的西方

一时间群情汹汹,有人痛斥他对外国"极意夸饰,大率谓其法度严明,仁义兼至,富强未艾,寰海归心……凡有血气者,无不切齿""诚不知是何肺肝,而为之刻者又何心也""殆已中洋毒,无可采者";有人以郭嵩焘"有二心于英国,欲中国臣事之"为理由提出弹劾他;有人上奏,认为应将郭嵩焘撤职调回:"今民间阅《使西纪程》者既无不以为悖,而郭嵩焘犹俨然持节于外""愚民不测机权,将谓如郭嵩焘者将蒙大用,则人心之患直恐有无从维持者"。由于找不到合适人选,清廷未能将他召回,但下令将此书毁版,禁其流传。

郭嵩焘本来计划到西方后,每月编成一册日记,交给总理衙门出版,用作讨论研究洋人事务之用。孰料《使西纪程》犯了众怒,逐月编写日记的计划只好就此搁置。但郭嵩焘并没有放弃自己的见解。他在伦敦给友人写信说:"谤毁遍天下,而吾心泰然。自谓考诸三王而不谬,俟诸百世圣人而不惑,于悠悠毁誉何有哉!"

光绪三年(1877)七月时,郭嵩焘与副使兼驻德公使刘锡鸿发生激烈冲突。在早期交往中,郭、刘其实是很好的朋友,郭嵩焘甚至曾把刘锡鸿当作自己的心腹;刘锡鸿作为副使出使,还是缘于郭嵩焘本人和总署大臣毛昶熙等人的推荐。出使英国前后的一段时间内,二人虽曾发生过一些矛盾,但至少还维持着表面上的友好关系。在对待学习西方问题上,刘锡鸿也不是特别保守顽固,郭嵩焘对他的评价是"于洋务颇有见地""所见原自高人一等",只是"于世事多未谙悉"。但《使西纪程》毁版事件之后,刘锡鸿捕捉到了朝廷的政治风向,暗中对郭嵩焘多加诋毁,指责郭嵩焘有"三大罪":"游甲敦炮台披洋人衣,即令冻死亦不当披。""见巴西国主擅自起立,堂堂天朝,何至为小国主致敬?""柏金宫殿听音乐屡取阅音乐单,仿效洋人之所为。"刘锡鸿还公然在使馆中扬言:"此京师所同指目为汉奸之人,我必不能容。"并又密劾郭嵩焘"十款",极尽罗织诬陷之能事。刘锡鸿指责郭嵩焘的罪状,得到国内顽固派的强烈响应,翰林院编修何金寿参劾他"有二心于英国,想对英国称臣"等语。郭嵩焘愤然托病辞职。

光绪五年(1879),郭嵩焘与继任公使曾纪泽办理完交接事务后,黯然回国，称病回籍。5月5日乘船抵达长沙。由于湘阴发生守旧排外风潮，形势颇为紧张；连用小火轮拖带木船到省城都受到长沙、善化两县的阻止，大骂郭嵩焘"勾通洋人"的标语贴在大街之上。尽管郭嵩焘钦差使臣的官衔暂时尚未解除，但自巡抚以下的地方官员都"傲不为礼"。不久，朝廷便诏允其休。

尽管英国《泰晤士报》、上海《字林西报》载文称誉郭嵩焘，并盼朝廷起用郭氏，洋务派官员刘坤一等也一再上奏请召用郭嵩焘，但直至郭嵩焘终老于湖南老宅，再未得朝廷起用。

郭嵩焘蛰居乡野后，仍然关心国家大事，经常就时事外交上疏朝廷、致书李鸿章等重臣。他参与湖南学政朱肯夫的兴学计划，帮助拟定章程，建立经、史、文、艺各堂，还参考了严复草写的英、法两国的学馆课程。晚年在湖南开设禁烟会，宣传禁烟。

图10-1-1　郭嵩焘像

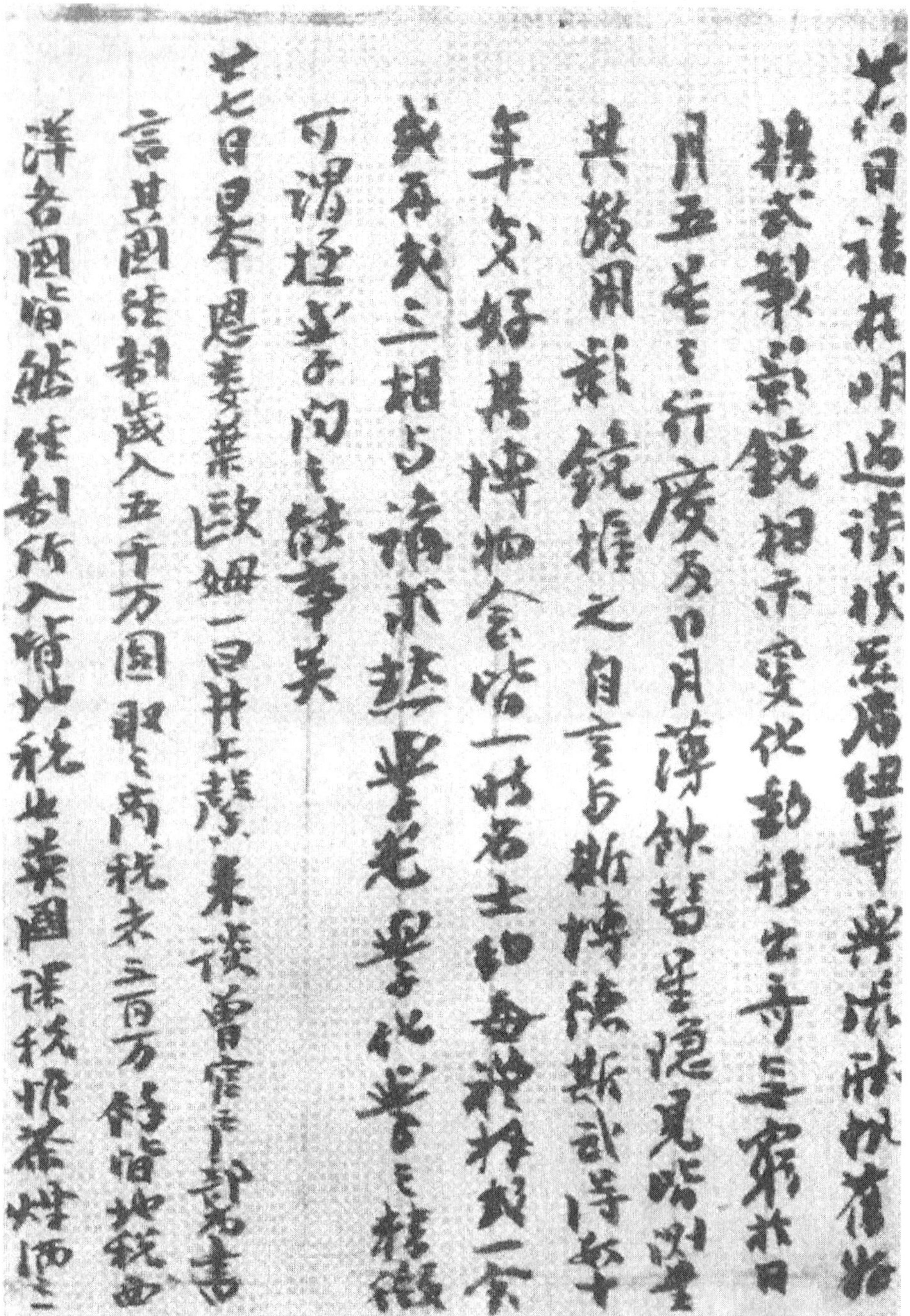

图 10-1-2 《郭嵩焘日记》手稿

第十章 清朝官员的出使报告与日记

二 刘锡鸿的《英轺私记》

前文提到，刘锡鸿（？—1891）是郭嵩焘出使英、法副使，正是他与郭嵩焘发生激烈的矛盾，并罗织罪名参劾郭嵩焘，导致郭嵩焘去职回国，结束了其出使生涯。刘锡鸿参劾郭嵩焘后，于1878年同时被召回国。他也撰写了一部《英轺私记》，记载了他的出使经历。

刘锡鸿固守"用夏变夷"的决心和希望，他留有一枚刻有"儒侠"二字的印章，代表了他一生"以儒家思想解救乱世"的志向。他坚持认为发展商业是"舍本逐末"之举，认为"官中多一商贾，即国多一蠹，民多一贼。岂政令不讲，民生不恤，而唯船炮机器之是恃，遂足治天下邪？"他也反对机器的使用，认为"一意讲求杂技，使趋利之舟车，杀人之火器，争多竞巧，以为富强，邃谓为有用之实学哉？"在洋务问题上，他持反对观点："如必欲用机器以壮军心，可令教操洋人代为购办，不必开局自制"，因为"募人学习机器，辗转相教，机器必满天下。其以此与官军对垒者，恐不待滋事之洋匪也"。"故仁义忠信可遍令人习之，机巧军械万不可多令人习之也。"他还认为近代科学是"余为之辩曰：彼之实学，皆杂技之小者"。他做出的最突出的事莫过于反对修建火车，认为"此非治国正轨，恐非可恃"。当清廷内部围绕建造铁路的利弊问题展开激烈的论争时，他以亲自出洋考察过的官员的资格，呈交《缕陈中西情况不同，火车铁路势不可行疏》，列举了"势不可行者八，不利者六，有害者九"的23条理由，极力反对建造铁路。

尽管刘锡鸿观点十分保守，但他并非完全没有观察事物和思考问题的能力。他在英时间前后不过9个来月，这9个月的观察和思考，在刘锡鸿的身上还是留下了一些痕迹。作为来自中国的使节，刘锡鸿在欧洲受到了与其身份相当的外交礼遇，曾受到英国维多利亚女王以及德国、比利时国王的接见。虽然他思想保守，但他在参观中看到的一切也都让他大开眼界，整洁漂亮的市容，彬彬有礼的市民，先进的化学、光学与电学实验室，以每小时印刷7万份报纸的速度在风驰电掣地运转的印刷机，以及正在进行政治辩论的上下议院等，这些在他的日记中也都有记载。

他在日记中称赞英国的君主立宪制"无闲官,无游民,无上下隔阂之情,无残暴不仁之政,无虚文相应之事"。刘锡鸿在1877年到英国各地访问并去议院听了几次演讲后,这样写道:"凡开会堂,官绅士庶各出所见,以议时政,辩论之久,常自昼达夜,自夜达旦,务适于理、当于事而后已。官政乖错,则舍之以从绅民。故其处事,恒力据上游,不稍假人以践踏。而举办一切,莫不上下同心,以善成之。盖合众论以择其长,斯美无不备;顺众志以行其令,斯力无不殚也。"① 承认"合众论""顺众志"的议会民主制确有优越性。他感叹道:"盖合众论以择其长,斯美无不备;顺众志以行其令,斯力无不殚也。""地方整齐肃穆,人民欢欣鼓舞,不徒以富强之能事,诚未可以匈奴、回纥律之矣。"

通过与马格里、博郎、井上馨等外国知识分子的接触,刘锡鸿的思想观念也有了一些变化。通过与博郎的辩论,他一定程度上改变了先前反对船舰的看法:"事理无穷,因乎时势。如人之一身,疾病未起,则补养元气,自可退外邪,此一理也;疾病一起,不先祛外邪,而唯言补养,则其病终不可廖,此又一理也"。他对领事裁判权提出了质疑:"倘照理藩院刑法,参酌变通,以圈禁代流徙,以罚款代笞杖,定为专例,以治外国寄居商民,亦未尝不可。"刘锡鸿的日记还有对于英国专利制度的描述:

人知英人制造之巧,而不知其有所奖而成也。英人于物之不适于用,或适用而意未快足者,则竭其心思之力,广其耳目之助,不惜资本,不避况瘁,遍访天下,历试诸法,以务求其当。或数十年,或十数年,一旦有得,则以告诸白丁德亚非士(官名也,专管人之创制新物者)。验之而果济于事,则给以文据。凡夫人之效为此者,皆纳资于创造之人焉。由是遍告邻近诸国,亦官主持之。有私仿其式而不纳资者,则信罚。故一物既成,其利辄以亿兆计。非然者,几经求索以发斯秘,他人坐享其成,无所控诉,谁则甘虚费财力以创造一物者?故英国之富,以制造之多也;且不

---

① 钟叔河编:《走向世界丛书》第7卷,长沙:岳麓书社2008年版,第83页。

第十章 清朝官员的出使报告与日记

宁唯是,创造既成,告诉官而官不以为异,犹可诉诸刑司,俾审断之。近有妥玛士者,筹得利炮新法,不获见收于官,官中实阴用之。妥玛士以控刑司,卒断令国王赔给金钱六千。人有一得之技,尊如朝廷,不得以势相抑遏,夫安能不劝。①

刘锡鸿还记载了英国新式印刷术和报纸:

其印书,以中国聚珍铅字版,始于西历一千四百五十年,葛吞配儿阁所创行。今骚士坚星墩犹悬其画像,以志鼻祖。字戳制以机器,瞬息而成千百(熔铅灌于筒内,机器动,则铅自入模而成字,亦即次第出模,而就剪截,戳皆圆匀如一)。编排成文,亦以机器。②

伦敦新闻纸,乃清议所系。国主每视其臧否,为事之举废弛张。有曰"戴晤士"者,才识特优之绅士主之,朝野所共览者也。次则曰地哩牛士。次则曰地利家其。曰司丹达者,则官授之意者也。曰磨棱卜士者,则备载仕宦往来与其升黜,无异中国之宫门抄、辕门报者也。论政者之有所刺讥,与柄政者之有所伸辩,皆于是乎著。③

他还记载了在英国医院看到的情形:

初三日既晡,尝入一院曰该士者观之(捐产为院费者姓该,故曰该士)。堂室布置,殊整洁也。英人好善,此其一。至其治病之法,刀斩锯截,断筋吸血,奇技诸多。然亦有治之不愈,反益其患苦者。其教医,则取死者之骨节脏腑,罩诸玻璃匣中,俾人辨视。行其庭,头颅林立,肢体横陈,血色殷殷,令人不忍寓目(或云多是以蜡为之)。所蓄药,皆预煎炼成水,盛以玻璃瓶,分类庋阁之。又或如饴如饧,注诸瓮,种类不甚

---

① 钟叔河编:《走向世界丛书》第7卷,长沙:岳麓书社2008年版,第104—105页。
② 钟叔河编:《走向世界丛书》第7卷,长沙:岳麓书社2008年版,第179页。
③ 钟叔河编:《走向世界丛书》第7卷,长沙:岳麓书社2008年版,第73页。

中国典籍里的西方

多。烟土亦备一种。余于是日始见所谓鸦片者焉。①

刘锡鸿对晚清吏治腐败的现状感到痛心疾首,他提出:"故今日之事,为吏者当以顺治是诸辅臣为法,代幼主以遵成宪,毋忘综核名实之严,然后国威可以复振,非然者筋脉日益弛缓,寸步将必难移,唯僵仆以任人陵虐已矣。""见上所为赏罚者一皆不拘情面,不关毁誉,不杂恩怨,不任素性,爱憎不因偶然喜怒乃知求荣去辱,只此化恶善一途。"他提出了解决的办法。如裁撤冗员,以礼驭吏等,"择枢臣之忠清刚正者,省去别项差使,专核吏、兵、刑三部议处事件,而治其徇纵滥保之失",从而使得"是非悉当默险能明,人人有所惩劝,以效其才能,亦人人无可干求,以养廉耻,则牧民驭兵两大政,自然日有起色"。

他又指出了人民素质与国家富强的关系:"英之众庶,强半勤谨,不自懈废;商贾周于四海,而百工竭作,亦足繁生其物,以供愨迁之需;国之致富,盖本于此。非然者,火车轮船即能致远,而可贩之货,国中无从造而成之,金币究何如人哉?"除此之外,他也是提出民间开矿设想的第一人。

三 黎庶昌的《西洋杂志》

黎庶昌(1837—1896),字莼斋,曾入曾国藩幕,名列"曾门四弟子"。光绪二年(1876),黎庶昌随郭嵩焘出使欧洲,曾纪泽接替郭嵩焘后,黎庶昌继续留任驻英、法、德、西班牙四国参赞。他还游历了比、瑞、葡、奥等国,注意考察各国政治、经济、军事、文化、地理和民俗风情等,回国后写成《西洋杂志》。以后先后两度任驻日本公使共6年。

黎庶昌在出使西欧诸国期间,对西欧各国的政治、经济、文化、教育等方面情况,对其科学技术的发展,民主共和的兴盛,都做了认真的考察。他在《西洋杂志》中向国内介绍了欧洲各国的国政民俗、社会生活、交通途径、风

---

① 钟叔河编:《走向世界丛书》第7卷,长沙:岳麓书社2008年版,第165—166页。

第十章　清朝官员的出使报告与日记

土人情。尽管他思想上倾向性不强,政治态度毋宁说略近保守,文章也不像薛福成那样多发议论、鼓吹改革,但也许正因为如此,这些客观的、平实的记叙,更容易使当时多数读者乐见喜闻,起到了让中国人打开眼界、了解世界的作用。《西洋杂志》中黎庶昌的文字,有一种与众不同的特色。他所记述的重点,不是本人的行踪交往,亦不是使馆的交涉应酬,甚至也不是外洋的基本情况,而是当时英、法、德、西等国的社会和文化。它们就像是反映19世纪西洋生活的一卷风俗画,画面奇特,色彩新鲜,为当时国内的人们见所未见。

《西洋杂志》对欧西政俗,有极深入的观察及研究。他描述了欧洲国家的议会民主和政党制度。论议会立法,为国家三大权之一。以英国言,上议院为王族、世爵议政之所,下议院为绅民议政之所,议院与新闻报纸有电视相通,议院辩论未终,而新闻报纸已排列成版矣。议长立于上,议员按登记号数传呼发言,不许搀越抗争,不如法则议长扶出之。得失不能决,以人多者为胜。黎庶昌将西方政党制与中国朋党之祸进行对比:"西洋朋党最甚,无论何国,其各部大臣及议院绅士,皆显然判为两党,相习成风,进则俱进,退则俱退而与国事无伤,与中国党祸绝异。"

《西洋杂志》介绍了西洋国家的强大军事力量。黎庶昌在参观海军有关设施以及武器兵船制造时,率皆细心观察询问,质其特点所在,而详予笔记。日舰"清辉号"访英,曾请黎庶昌上舰参观,其船之花卉饰设、兵器之光泽、海军之服装,与英无殊。①

同时,黎庶昌认识到教育与科学技术是推动社会发展的巨大动力,对教育问题尤为关注,在《西洋杂志》中有多篇文章记述西方的学校。他客观而公正地描述了当时学校的情况,如巴黎的舞剑处,性质为私学;搔尔班纳性质为官学;幼瞽学校性质为官私之间;农务学堂性质为国家设。黎庶昌尤其对综合性官办学校搔尔班纳用大量文字进行了记述,其中因分科不同,学生和教师着衣颜色的不同尤为详细,"有数人执教棍为导,外褂皆分色,冠亦如之,左肩披带与众同,则格致诸科者也;其衣大红色者也,则律例之师者也;其青衣而缘红者,则医理之学也"。还提到了福利性的聋哑学校,进行分科教学,而且

---

① 钟叔河编:《走向世界丛书》第6卷,长沙:岳麓书社2008年版,第437页。

中国典籍里的西方

学习科目为书写、算学、弹琴、奏乐、歌唱、手工等,以及乡下舞剑学校的竞技比赛,从而知道西方的尚武之风也是非常浓厚。

他在文章中表现出他对教育与科学的浓厚兴趣,记述了工业革命带给欧洲各国的巨大变化和资本主义机器大生产的优越性;钢铁、军火、毛纺、电力、铅印、石印、玻璃、机械、造纸等当时西方主要工业生产的工艺,都在书中有叙述和描绘。《西洋杂志》所记关于交通资讯,有伦敦电报局、邮局,泰晤士报馆,印度橡皮电缆,船只出海以及氢气球。工业有伦敦铸钱局、柏林官钱局、巴黎印书局、布生织呢厂、赛勿尔瓷器局、德国瓷器厂、蝉生玻璃厂、巴黎电灯局、德国花纸厂、水泥厂。其关于金融者有吕宋赌票局(即彩券),又曾分别详记有关英、法、德、俄、意、奥、荷及西班牙货币。黎庶昌于1877年至巴黎时,当地尚以煤气灯照明,及1878年再度前往,巴黎歌剧院前街已全装电灯。此外,中国瓷器扬名世界。黎庶昌于巴黎参观瓷器厂全系列工作程序后,在《西洋杂志》中写道:"西洋瓷器,若论作法之精,实远在中国之上,所以不及中国者,特瓷质松脆,不能如徽窑等处所产之佳耳。"

黎庶昌对于欧洲的社会生活、节庆民俗也格外关注,欧洲各地极富特色的社会文化活动和宗教仪式激发了黎庶昌强烈的好奇心。举凡英国之王宫,法国之市衢、公园、动植物园、水族馆、画廊、纪念会、歌剧院、灯会、赛船、赛马、溜冰、马戏、斗牛等,其描绘皆无不生趣盎然,淋漓尽致。在他看来,这些民俗现象最能够显示出不同国家、民族生活环境和心理特质方面的异同。

作为中国首批常驻外交官之一,黎庶昌通过与西方社会的广泛接触、直接观察,在《西洋杂志》中展示了一个迥异于中国的西方形象。该书以其独特的史料价值和浓郁的文化兴味,深受好评。

四　曾纪泽的《出使英法俄国日记》

郭嵩焘出使英国只有两年多时间就被解职,由曾纪泽接替。曾纪泽(1839—1890)是曾国藩次子。他在30岁以后利用父亲办洋务的便利条件,请外国人教习英语。由于刻苦努力,在他出任公使前便已达到能够与外国人对话及翻译文字的水平。

光绪四年（1878），曾纪泽派充出使英国、法国大臣，在英办理订造船炮事宜。在出使任内，他将使馆馆址由租赁改为自建，亲自负责图书、器物购置，务使使馆规模不失大国风度，亦不流于奢靡。

1878年6月，清政府曾派崇厚赴俄谈判索回失地，崇厚受沙俄的威胁，在清廷不知情的情况下，于1879年12月2日擅自与沙俄签订了丧权辱国的《里瓦几亚条约》，除割去霍尔果斯河以西和特克里斯河流域大片富饶的领土外，还赔款500万卢布。伊犁名义上归还中国，实际上却是"已成弹丸孤注，控守弥难"的残破空城了。清廷得知后极为震怒，于1880年派曾纪泽兼任出使俄国大臣，与沙俄谈判修改崇厚擅订的《里瓦几亚条约》。曾纪泽抵达俄国后，与俄外部及驻华公使布策等前后谈判历时10月，正式会谈辩论，有记录可稽者51次，反复争辩达数十万言。至光绪七年正月二十六日（1881年2月24日），终于达成《中俄改订条约》（即《中俄伊犁条约》）。与崇厚所签条约比较，虽然伊犁西境霍尔果斯河以西地区仍为沙俄强行割去，但乌宗岛山及伊犁南境特克斯河一带均予收回；取消俄人可到天津、汉口、西安等地进行经济活动诸条款；废除俄人在松花江行船、贸易、侵犯中国内河主权等规定。

光绪九年（1883）中法战争爆发后，曾纪泽不断抗议法政府挑衅。他主张"坚持不让""一战不胜，则谋再战；再战不胜，则谋屡战"。与法人争辩，始终不挠。又疏筹"备御六策"。光绪十年（1884）三月，曾纪泽卸驻法大臣职，仍为驻英、俄大臣，与英国议定洋药税厘并征条约，几经周折，终于为清政府争回每年增加烟税白银200多万两。

曾纪泽在任出使英、法、俄三国大臣期间，订造了"致远""靖远"舰，为了订购军舰不受制于洋人，深入地学习过近代海军知识，在有关舰船技术的论述上极有见地。光绪十二年（1886）六月，曾纪泽离英返国。

曾纪泽在任职的近9年时间，如饥似渴地学习、掌握西学，广泛地了解西方的政治、经济、军事、文化、风土人情。在公事之余对西方社会做了较全面的考察。他不仅注意考察西方的政治、经济、城市建设、绿化、环保等问题，而且对其先进的军事工业也进行了广泛的考察、细心的研究。他还去观看莎士比亚的歌剧《哈姆雷特》《奥赛罗》；参观伦敦画报社、名画展、蜡像馆、植

中国典籍里的西方

物园、图书馆、医学院；观看显微镜、双筒望远镜；登格林尼治天文台观天文望远镜；到伦敦大书院舆地会听学术报告；参观德国著名的西门子电器局等。这些参观、考察大大开阔了他的眼界，使他不仅看到了外国资本主义的船坚炮利，同时也看到了中西文化的差别及政治制度上的差距。曾纪泽出使期间，写下了近50万字的日记，详细记录了他在欧洲的所见所闻。

曾纪泽初到欧洲感到有两件事最难习惯：一是房屋太窄，二是物价太贵。同时他也看到了中西方在城市用地、建筑等方面的不同。如："西人地基价值极昂，故好楼居，高者达八九层，又穴地一、二层为厨室、酒房之属，可谓爱惜地面矣。然至其建筑苑囿林园，则规模务为广远，局势务求空旷。游观燕息之所，大者周十余里，小者亦周二三里，无几微爱惜地面之心，无丝毫苟简迁就之规。与民同乐，则民不怨。"他参观乌里制炮局时看到"大烟通二十四管，皆矗立于云，如极高浮图。烟通皆开旁门，略泄火焰，故火旺而烟轻。若烟出过重，使四境居民不便者，则局官有罚"。

曾纪泽对西方议会制度也表示由衷的欣赏。他发现，"自法国改为民主之邦，国之事权皆归于上下议院"，总统"位虽尊崇，权反不如两院"。在伦敦，他致函丁日昌，对西方"政教之有绪，富强之有本"，表示"艳羡之极"。

在考察中，曾纪泽感到欧洲国家在用地规划、城市建设、绿化、环保等方面都是非常注意的，尤其是这些国家在苑囿林园、游观燕息等公共场所却毫无爱惜地面之心，因此才会出现"与民同乐，则民不怨"的情景。他描述巴黎："巴黎为西国著名富丽之所，各国富人巨室，往往游观于此，好虚靡巨款，徒供耳目玩好，非尽能专心一志以攻有益之事也。"

在欧洲，他参观了兵工厂、现代武器、新制铁甲舰等，当他参观英国乌里制炮局看到百吨大炮时，甚为惊讶，他在日记中仅用200余字便将大炮的结构、特征、性能一一展现在人们眼前，使人读来如观其物，可见观察之细微。他这样描述道：

> 已制之炮最大有一百吨者，计重一十八万斤。精钢为膛，熟铁为壳。高六尺半，长三丈六尺，前口径一十七寸，后膛径一十九寸，皆英尺也。英尺一十二寸，每尺较工部营造尺短四分有奇。食药三百三十斤，子重一

千四百九十斤，则以中国权衡计之。子行，能于十三英里外，击穿三尺厚之铁板。炮一位，值金镑一万六千；燃炮一次，则子药之费需金镑四十。自八十磅以下至三、五十磅有数十尊。物力递减，精钢为腹而熟铁为壳，则大抵略同。熟铁皆揉令极碎，为丝为板，然后熔炼为一。譬诸屈大铁条以箍束炮身者，层层包裹，阴阳相错，盖于坚刚之中寓柔韧之力焉。

至于"屈铁之机""锤条之机""锤铁之机""锯铁之机"，他也做了详细介绍。他最后总结道："盖其规模，亦合通国人士之智力，积数十年之历练，耗无数之财赋而后成焉。故闳博精微，兼擅其胜也。"他认为西方国家军事上的强大是"合通国人士之智力"。

1879年，当清政府欲从英国订购四艘"蚊子船"时，他针对旧蚊子船存在的弊病，提出改进的要求和方案，要求造船主尽心尽力保证质量。当新舰造好，为证实其性能如何，曾纪泽由英国税务司金登干陪同亲自登舰出海试航并进行实弹演习，之后他脱掉官服，又来到舱底检查水兵居室及弹药库，了解其结构是否合理，察看非常细致。然后，他评价此舰"……皆极慎密。得良将精兵驾之，以防御海口，自是一种利器"，表示对新"蚊子船"基本满意。

图10-4-1　曾纪泽像

在考察西方的文化教育时，曾纪泽非常细心地去观察、去认识、去体验、去比较、去接受新生事物。通过参观西方学校并进行比较，他看到了中西方教育在教育思想、教育内容、教育方式上存在的巨大区别，深感中国教育的落后，于是提出中西应互派教师以促使中西文化的教育交流、融合的主张。他说："中国办洋务，必须多得通达外国情形之人，并于中国设立学塾，聘洋人以教中国子弟之好西学者。又宜于英、法、德等国设立中国学塾，择中华绩学之士，以教洋人子弟之向华学者，久则声气相孚，可以扶幽洞微，暗获助益。"

五　薛福成的《出使英法义比四国日记》

薛福成（1838—1894），咸丰八年（1858）考中秀才。1874年底，薛福成应诏陈言，提出"治平六策"和"海防密议十条"。"治平六策"为养贤才、肃吏治、恤民隐、筹海运、练军实、裕财用，即培养人才、整肃吏治、减轻百姓负担、修浚运河、训练精壮步兵和拔擢轮船将才、倡廉崇俭。"海防密议十条"为择交宜审、储才宜豫、制器宜精、造船宜讲、商情宜恤、茶政宜理、开矿宜筹、水师宜练、铁甲船宜购和条约诸书宜颁发州县。这十条密议讲的是洋务，是效法西方的"自强之道"，归纳起来，主要有5个方面的内容，即改善外交工作、培养新式人才、重视科学技术、加强海军力量、发展商业和矿业。

薛福成的陈言疏在朝廷影响极大，两宫太后面谕军机大臣，将他的陈言疏发给各衙门商议。它也在全国各地力求变革的进步人士中引起了很大的震动，争相传抄，成为一时议论的热点。薛福成一夜知名，李鸿章立即延请他加入幕府，从此成为李鸿章的智囊人物。

光绪十五年（1889），因出使英国、法国、意大利、比利时四国公使的刘瑞芬任满，朝廷对薛福成赏二品顶戴，以三品京堂候补的身份担任出使英、法、意、比四国大臣。

光绪十六年二月十六日（1890年3月6日），薛福成一行到达法国马赛港。薛福成按照程序，先后奔波于法、英、比、意诸国，他不卑不亢，举止不凡，各国都表示热烈欢迎。期间，他还到过德国、瑞士等国。薛福成在欧洲各国参观访问，观光游历，同西方各界知名人士广泛接触，西方的物质文明和精神文明大大开阔了他的视野。光绪二十年（1894），薛福成任职期满离开巴黎归国，回到上海后即缠绵病榻，猝然长辞。

薛福成曾将他光绪十六年（1890）正月到十七年（1891）二月的日记整理刊行，共6卷，名为《出使英法义比四国日记》。薛福成去世后，其第三子又将他光绪十七年（1891）三月到二十年（1894）五月的日记整理刊行，共10卷，名为《出使日记续刻》。

薛福成很早就投身洋务运动。出使四国，给了薛福成接触并重新认识西方文化的良机，使其思想产生了新的飞跃，令他改变了自己臆测的对西方文化的偏见。他说："昔郭筠仙每叹羡西洋国政民风之美，至为清议之士所排。余亦稍讶其言之过当，以询之陈荔秋中丞、黎莼斋观察，皆谓其说不诬。此次来欧洲，由巴黎而伦敦，始信侍郎之说，当于议院、学堂、监狱、医院徵之。"

出使期间，薛福成实地考察了欧洲各国的政治和社会经济状况，并加以比较。在考察了欧洲国家的议院后，薛福成得出结论："泰西诸大国，自俄罗斯以外，无不有议院，实沿罗马之遗制也。其所由来，数千年矣。议院者，所以通君民之情也。"并认为，"西洋各邦立国规模，以议院为最良"。由此他提出，设议院是富国之良术。他评说君主制与民主制的利弊："民主之国，其用人行政，可以集思广益，曲顺舆情，为君者不能以一人肆于民上，而纵其无等之欲；即其将相诸大臣，亦皆今日为官，明日即可为民，不敢有恃势凌人之意。此合于孟子'民为贵'之说。政之所以公而溥也。然其弊在朋党角立，互相争胜，甚且各挟私见而不问国事之损益，其君若相或存五日京兆之心，不肯担荷重责，则权不一而志不齐矣。君主之国，主权甚重，操纵伸缩，择利而行，其柄在上，莫有能旁挠者。苟得贤圣之主，其功德岂有涯哉。然其弊在上重下轻，或役民如牛马，俾无安乐自得之趣，如俄国之政俗是也。而况舆情不通，公论不伸，一人之精神，不能贯通于通国，则诸务有堕怀于冥冥之中者矣。"既然民主、君主皆有利亦皆有弊，薛福成合乎逻辑地得出最后的结论："夫君民共主，无君主、民主偏重之弊，最为斟酌得中。"

薛福成还结合中国当时的实际情况，提出了一系列学习外国政治制度、先进技术，以达到富国强兵目的的主张。在政治上，薛福成主张变法，效法西方国家，实行君主立宪制；在经济上，他认识到商业发展是欧美列强各国的立国之本，因此主张振兴商业。薛福成认为，要使中国发展资本主义工商业以求富强，必须改变社会上传统的"重农贱商"风气，提高工商业者的社会地位。

薛福成将西方国家与清以前的朝代相比拟：

> 同人有谈美国风俗之纯厚者，余谓泰西之国，在今日正为极盛之时，固由气数使然；然开辟之初，户口未繁，元气未泄，则人心风俗自然亦有厚薄。美利坚犹中国之虞夏时也，俄罗斯犹中国之商周时也，英吉利、德意志犹中国之两汉时也，法兰西、意大利、西班牙、荷兰，其犹中国之唐宋时乎？若法人之意气嚣张，朋党争胜，则几似前明之世矣。

薛福成在光绪十九年九月呈递的奏章中说：

> 臣观西洋大国，图治之原，颇有条理。英俄皆创国数百年，或近千年，炎炎之势，不始今日。今其制胜之术，屡变益精，舟车则变而火轮矣，音信则变而电传矣，枪炮则变而后膛矣……顾国必自强而后和可持。事变如此之棘，时局如此之艰，皆肇端于此数十年内……欧洲强国，四面环逼，此巢燧羲轩之所不及料，尧舜周孔之所不及防者也。今欲以柔道应之，则启侮而意有难餍；以刚道应之，则召衅而力有难支；以旧法应之，则违时而势有所穷；以新法应之，则异地而俗有所隔。交涉之事，日繁一日，应付之机，日难一日，诚不知何所底止矣。

> 唯是变通方能持久，因时所以制宜，伊古盛时，或多难以保邦，或殷忧而启圣。臣愚以为，皇上值亘古未有之奇局，亦宜恢亘古未有之宏谟。夫英国地多而势散，俄国土旷而人稀，法国政烦而民困。彼有所长，亦有所短；我有所短，亦有所长。诚能弃所短而集所长，自可用所长而乘所短，未得其术，则难者益难，苟握其窍，则难者亦易。

薛福成希望皇帝能"恢亘古未有之宏谟",在政治上破格拔擢"通达时势之英才";军事方面整顿武备,练习水陆将才;经济方面则应开矿、筑路、振兴商务;此外还应培养外交人才。

《薛福成日记》将海外见闻与奇思异想交织在一起,读后令人耳目一新。薛福成记述晚清历史事件以及社会民情风俗的散文更是脍炙人口。其中,《观巴黎油画记》早在20世纪30年代就被选入中学语文课本作为范文学习,该文写道:

> 又赴油画院观普法交战画图。其法为一大室,以巨幅悬之四壁,由屋顶放进光明。人入其中,极目四望,则见城堡、冈峦、溪涧、树林,森然布列。两军人马杂,放枪者、点炮者、搴大旗者、挽炮车者,络绎相属。各处有巨弹坠地,则火光迸裂,烟焰迷漫。其被轰击者,则断壁危楼,或黔其庐,或赭其垣。而军士之折臂断足、血流殷地、偃仰僵仆者,令人目不忍睹。仰视天,则明月斜挂,云霞掩映。俯视地,则绿草如茵,川原无际。情景靡不逼真,几自疑身外即战场,而忘其在一室中耳。迨以手扪之,始知其为壁也,画也,皆幻也。夫以西洋油画之奇妙,则幻者可视为真;然普法之战逾二十年,已为陈迹,则真者亦无殊于幻矣!

他在日记中详细记述了发明电报的历程,以及电报的基本使用原理和功能。此外,有关西方光学、电学、铁路、农业、立法、军队等方面的记录,大都内容翔实,考证严密。为保证记录完整,内容具体、准确,薛福成在记录日记的过程中,查证了大量的文献资料,包括史地著述、中外报刊、先秦典籍,以及时人的著述。薛福成于光绪十六年二月二十三日写道:

> 与世益三同登法国新造之铁塔,高三百迈,当合中国之一百丈。乘机器而上,凡四换机器而至顶。每高一层,则下见川原庐舍人物车马愈小一半,俯视巴黎,全城在目,飘飘乎有凌虚御风、遗世独立之意。

巴黎埃菲尔铁塔始建于1887年,两年后竣工。次年初,薛福成便到此一游，他应该是最早登上埃菲尔铁塔的中国人之一。

图 10-5-1　薛福成像

六　李圭的《环游地球新录》

1876 年是美国独立 100 周年，美国政府在发表过《独立宣言》的费城举办 "万国博览会"。费城世博会是当时规模最大的世博会。当年有 35 个国家参展，累计参观人数达 1000 万。清朝政府也送去了价值近 20 万两白银的展品。

李圭（1842—1903）是江苏江宁人，23 岁受聘任宁波海关副税务司霍搏逊的文牍（秘书）。赫德委派他前往美国费城参加美国建国 100 周年博览会。临行前，赫德特意嘱咐李圭"将会内情形，并举行所闻见者，详细记载，带回中国，以资印证。……欲敦交谊，广人才，冀收利国利民之效也"。1876 年 5 月 13 日，李圭一行乘坐日本海轮离开上海，翌日到达日本长崎。在日本停留 10 多天后,改乘美国海轮东渡太平洋,于 6 月底抵达美国费城,立即投入中国展览馆的筹建工作。停留 4 个月后,他于 10 月底乘英国轮船离开费城,横渡大西洋,抵达英国,开始为期 20 多天的考察活动。11 月底李圭乘船过英吉利海峡到达法国,在游览了巴黎、里昂、马赛等城市后,12 月初离开法国,经意大利半岛,驶过地中海,到达非洲埃及的亚历山大港。李圭上岸稍作观光后,所乘"阿瓦"号驶过苏伊士运河,驶入印度洋,经锡兰岛,于 1877 年元旦抵达新加坡。之后,"阿瓦"号继续朝东北方向航行,经西贡、香港、厦门、福州、宁波,于 1877 年 1 月 17 日回到上海。

李圭环游地球一周,历时 240 多天,行程 4 万多公里。李圭回国后,写成《环游地球新录》一书,记载了他在考察途中的成果、见闻,尤其是翔实介绍了费城世博会的盛况。李鸿章为此书作序,给资印行 3000 部。此书刊刻出版后,士大夫争相购买,引起很大反响,很快销售一空,以至于后来坊间相继翻刻。李圭自己也在光绪十年(1884)经重新校订后再版。一时间,该书产生了"五洲重译,有若户庭。车轩往来,不绝于道"的广泛影响。郭嵩焘在出使英国期间,赫德也曾赠送给他一部。

《环游地球新录》的第一卷为《美会纪略》,翔实地描绘了一名中国人眼中的 1876 年世界博览会。"北阿墨利加洲有美国者,洋文称'友乃德司得次',译即合众国,俗称'花旗',泰西强大国也,在地之西半球……"①

在美国世博会上,中国展品取得了更大的成功。中国在主展厅中拥有"大清国"展区,展区正中是一座木质牌楼,横匾上有"大清国"三个大字。两侧是一副对联:"集十八省大观,天公可夺;庆一百年盛会,友谊斯敦。""两旁有东西辕门,上插黄底青龙旗,与官衙一式,极形严肃。"② 中国展区内有各种奇珍异品,精心的布置和浓郁的中华民族特色吸引了众多参观者。展区面积 880 平方米,共展出了 6801 项产品,其中丝、茶、瓷器、绸缎、雕花器和景泰蓝在各国产品中被推为第一,其余铜器、漆器、银器、藤竹器也颇受欢迎。当时的媒体这样报道:"中国展厅给参观带来的惊喜似乎是它不太大的占

---

① 钟叔河编:《走向世界丛书》第 6 卷,长沙:岳麓书社 2008 年版,第 199 页。
② 钟叔河编:《走向世界丛书》第 6 卷,长沙:岳麓书社 2008 年版,第 206 页。

中国典籍里的西方

地面积应该带来的三倍之多","这是一个各种精美事物的集大成的展室。那些展品超乎寻常地优雅精致,许多东西对于这里的人们来说从未见过。这是迄今为止在美国展出的最丰富多彩的中国展品","中国是本届博览会最成功的国家之一"。

在这次博览会上,美国民众对中国人礼遇有加。李圭记载,中国人"每至一处,竟若身入重围,几不可出"。当时的美国总统勃兰特特地在费城接见了李圭和参观世博会的中国留学生。

在李圭的记载中,博览会"内建陈物之院五所:一为各物总院,一为机器院,一为绘画石刻院,一为耕种院,一为花果草木院"。最让李圭感慨不已的不是来自各国的奇珍异宝,而是那些代表着当今世界变化趋势的各种新型机器。"于以叹今宇宙,一大机局也。"这也是本次世博会的中心议题。美国借此表明自己已经从农业国家脱胎换骨成为进入蒸汽机时代的新型工业强国。机器院中陈设的展品美国占据了大部分,"美国地大人稀,凡一切动作,莫不持机器以代人力。故其讲求之力,制造精,他国皆不逮焉"[1]。他看到了当时世界上最大的"科林斯"蒸汽机、抽水机、挖泥船、缝纫机、织布机。在看见机器造纸的时候,李圭感叹:"我中国造纸之法,由来二千余年,纸亦绝佳,西人每称赞之。然精者皆用棉、竹,若稻草所制,皆恶劣不堪之物,制法亦堪迟缓。今观此法,尤觉工省事倍。"[2] 在这里,他发现,不仅稻草可以制作精良的纸,而且废纸、写过字的纸、破布、败絮等都可以制作成精美的制品。此外,还有精巧的打字机、自来水笔、手表、放映机,德国的克虏伯钢炮,刚问世的电灯等。

《环游地球新录》卷二、卷三为《游览随笔》,杂记游览见闻,议论感想;卷四为《东行日记》,记述旅途情景。

在费城医院,见西医"必先于人之形体、脉络、脏腑,事事考证无讹,然后出试其技",谓"宜乎西人医术所以有迈于中华"。[3] 又记监狱:"外国监狱,迥异中华,第一务取洁净,第二饮食调匀,第三作息有节,第四可习技

---

[1] 钟叔河编:《走向世界丛书》第 6 卷,长沙:岳麓书社 2008 年版,第 223 页。
[2] 钟叔河编:《走向世界丛书》第 6 卷,长沙:岳麓书社 2008 年版,第 225 页。
[3] 钟叔河编:《走向世界丛书》第 6 卷,长沙:岳麓书社 2008 年版,第 251 页。

艺，第五则其总管，司事一切体贴人情……"① 在华盛顿游白宫，拜会"洋务衙门"费大臣，了解办公情况。费大臣问李圭："办公之法，较中国如何？"李圭虽答以"大致相同"，心里却不能不承认资本主义比封建官僚主义的效率要高得多。

《环游地球新录》还对美国邮政做了详尽的记述，并建议开办中国邮政。李圭的见解得到了李鸿章、张之洞等的赞许。1885年，在赫德和英籍海关税务司葛显礼主持下，李圭将英文的《香港邮政指南》译成汉语，同时又拟写了《译拟邮政局寄信条规》，对十几种邮件的规格、特征、资费等做了详细的规定。值得注意的是，李圭的一段阐述直接引出一个新的邮政概念，并沿用至今："邮政局有印就厚纸片，其信资图记也印于片上，由邮政局出售，以便商民凡寄无关紧要之信，可就片面写姓名住址，不用封套，价更便宜。各国信馆皆有此片，谓之明信片。"汉语"明信片"一词首见于此。1897年10月1日，大清国邮政首枚邮资明信片发行，邮资图下印着"邮政明信片"5个字。从此，"明信片"一词正式使用，并为国人耳熟能详。

七　徐建寅的科学考察及《欧游杂录》

江南机器局翻译馆是晚清的重要翻译西方科技书籍的机构，其中徐寿、徐建寅父子为翻译西方科学技术书籍做出重要贡献。1861年，徐建寅随其父在安庆军械所供职，1867年任江南机器制造局提调，协助其父研究制造"惠吉""澄海"等多艘轮船，开中国造船工业之先河。徐建寅父子与西人傅兰雅、金楷理协作翻译了《化学分原》《冷机尺寸》《炮和铁甲论》等西方科学技术论著。其间，徐建寅还协助傅兰雅在上海创办格致书院，为传播近代科学知识，兴办近代科学教育起了示范作用。1874年，清政府征用人才，江苏巡抚丁日昌素识徐建寅的才学，要其筹论时局，徐建寅遂"上书万言"，详陈时势，受到总理各国事务衙门的重视，并"奉旨以出使大臣记名"。

---

① 钟叔河编：《走向世界丛书》第6卷，长沙：岳麓书社2008年版，第246页。

1875年，徐建寅应山东巡抚丁宝桢聘请，至济南筹办山东机器局，被委任为总办，从选址到规划设计、施工安装。翌年，山东机器局建成投产。开创了由中国自己的工程技术人员设局建厂的先例。

1879年，徐建寅奉调北上，以驻德国二等参赞名义出使德、英、法等国进行技术考察，成为中国第一个被派出国进行考察的工程技术人员。徐建寅这次出国考察，主要有两项任务：一是订购铁甲舰船，二是考察英、法等国生产制造技术。

对于订购铁甲舰船，徐建寅尽心竭力。他考察了英、德两国最著名的一些造船厂，经过对比、考证，最后选定德国最大的一家造船厂（伏耳铿造船厂），订造了两艘铁甲舰船。这就是清政府北洋舰队中的两艘主力舰——"镇远"号和"定远"号。

从1879年至1881年两年间，他先后对英、德、法三国80多家工厂和科技部门，进行了深入细致的考察，对它们的制造能力、设备、技术状况以及各种船舰的性能、装备、优缺点等都进行了深入细致的考察和了解，并把其中的一些重要问题做了详细记录。尤其对生产设备、工艺技术方面中的一些重要问题，更为专注。

徐建寅回国后写成《欧游杂录》2卷，其中介绍了造船、机械、枪炮、火药、熔铁、铸钢、采煤、开矿、电器、印刷、水泥等几十个门类和行业，涉及设备、工艺、机器安装、船坞建造等方面就有200项。此外，还有关于金属加工方面的60多项。这部书把19世纪七八十年代，西方最进步、最有代表性的制造技术、生产工艺、机器设备及工厂管理方法等，全面真实地记录下来，对中国近代工业的发展和创办，都是非常及时和有益的。如《游欧杂录》光绪七年八月十八日之日记：

曾侯由俄国赴法，道出柏林，往火车站相迓。同游圆画馆、生灵园，复游蜡像院。院中新到蜡像一位，面目衣履，与生人无异，能据案疾书，足有轮，可任意推置何处。揭其襟，则见胸膈间机轮甚繁，表里洞然。开其机柅，则蜡人一手按纸，一手握管横书。试书数字于掌心，握拳叩之，则口不能言，而能以笔答，往往出人意表。曾侯在掌心写中国字，问余到外国几年?则蜡人书一月数。余亦写数华字掌心,问余几时能返中国?则答以冬间。其时,余未有归志,其后卒如其言,不知蜡人何以能先知也?此事若非目击,出于他人之口,鲜有不河汉其言。在外洋数年,所见奇异,终以此事为第一。其神妙莫测,真觉言思拟议之俱穷矣。①

徐建寅在日记中记述的在德国蜡像院所见的神妙莫测的蜡像,与现代的机器人的功能颇有些类似。这些西方的先进科学技术,使徐建寅的眼界大为开阔。

徐建寅去法国考察一家染丝厂,看到这个厂的机器设备齐全而精致,生产工人很多,工艺也比较复杂,"但染成之丝,皆脆而易断,且不能成艳色",相形之下,他认为反不如中国的简易方法,用人既少,而所染出之丝,色泽好、效率高,且成本较低。由此,他联想到中国固有的长处,也有不少值得西人所学习的。

图 10-7-1　徐建寅像

---

① 钟叔河编:《走向世界丛书》第6卷,长沙:岳麓书社2008年版,第777—778页。

中国典籍里的西方

八　张荫桓的《三洲日记》

张荫桓（1837—1900），光绪八年（1882），命值总理各国事务衙门，累迁户部左侍郎。光绪十一年（1885），张荫桓被任命为特派出使美国、秘鲁、西班牙三国大臣，侨居华盛顿3年之久，办理华工被害案获得赔偿，对西方社会进行全面考察。

张氏驻外期间所撰《三洲日记》，为《张荫桓日记》的一部分，是其担任驻美、西、秘三国公使期间所撰，自光绪十二年二月初八（1886年3月13日）至光绪十五年十一月十三日（1889年12月5日）。在日记中，张氏除了对外交活动、参观游历、往来公私文牍都有所笔录，对当时美国的排华法案亦有诸多记述。

《三洲日记》对西方政治法律制度不乏精辟分析，也有对中西法律文化进行比较后的种种心得。张荫桓在光绪十二年三十日癸亥（1886年5月3日）向美递交国书，拜会美"律政部""按察司"等官员，日记中记载："美廷诸臣各附其党，咸随总统为去留，唯合众国按察司屹立不动，岁俸九千金。额设九员，堂有六员便可听断，权力极大。民主之国政有议院，而法司之权自若也。"张荫桓统计1886年美国各州及属地的土地面积、人口情况及各州推举议员的人数，总计"上议院议绅共84员，下议院议绅334员"，并总结道："总统之权，实则议院主之。总统奉行，无能准驳也。"

张荫桓描述美国"政治分三门，一曰行法司，总统是也；一曰立法司，国会是也；一曰定法司，律政院是也"，并对这三个部门的构成、职能做了详细的介绍。张氏特别指出美国司法权的独立。在光绪十五年二十二日丙寅（1889年8月18日）的日记中，张荫桓又记述："美例每年避暑时，九察院分巡各省，就地判案，略如吾华巡按之意，法甚善也。"对于美国法院的巡回审判制度，张氏将其比作中国的"巡按"审判，还认为其"法甚善也"。

张荫桓是为数不多的熟练掌握英语的出使官员，故而在日记中有不少详细记述戏剧演出盛况和剧情故事的文字。光绪十三年八月二十九日（1887年10

月15日），张荫桓在纽约"晚观水法英剧，情文并美"。他用了近两千字的篇幅详述剧情故事，他说："戏识其略，有能为传奇手笔点缀成文，为义侠者助，此西剧之可观者也。"在他看来，此剧之可观，是因为曲折离奇的故事情节有改编成侠义小说的价值。光绪十五年正月二十九日（1889年2月28日），他在华盛顿观看一部讲述孪生兄弟同生共死的戏剧，讲述哥哥为弟弟复仇，不惜寻死。他为剧中兄弟手足深情所感动，详细讲述情节之后，不禁感慨："昨观英剧，情节甚佳。西俗伦常之道漠然，此剧殆仅见者，因撮记之。"光绪十四年正月二十五日（1888年3月7日），张荫桓在华盛顿参加美外务部为前任总统加非（即美国第20任总统詹姆士·加菲尔德）的遗属筹款举行的戏剧义演活动，见"良家子女登场演剧，无说白歌唱但举手比拟而衣饰甚华。所演多罗马旧事，随意牵合，略如京戏之十八扯，戏竟跳舞而散"。光绪十三年十一月初十（1887年12月24日），正是西方圣诞节前平安夜。他应邀赴友人郁文家中做客，"郁文合家人妇子作杂剧。灯后往观，坐客百十。所演北冰洋雪景，郁文自蒙皮为白熊，与小女儿跳跃，别一老者浑身雪点，状如货郎，分给诸孩嬉具，西谚所谓山特呵罗士也，中置一树，满缀友朋赠遗之物"。张荫桓显然将西方人平安夜里扮成圣诞老人的家庭游戏也当作"杂剧"。"山特呵罗士"即英文圣诞老人（Santa Claus）。在辞旧迎新之际，观此一家其乐融融，张荫桓不禁有"客中寓目，徒深异乡之感"的感慨。

张荫桓出使归国后，被任命为总理衙门大臣，兼户部侍郎，从此一身兼负外交、财政两大重任，成为清廷重要大臣之一。戊戌变法期间，张荫桓与康有为"往还甚密"，时人称之为"甲午至戊戌间之幕后大人物"。梁启超在《戊戌政变记》中回忆，光绪皇帝向张"屡问西法新政"。慈禧发动政变后，捉拿张荫桓，准备处死。由于外国列强的干预，张荫桓得免死罪。在谭嗣同等"六君子"被害的次日，慈禧以"张荫桓居心巧诈，行踪诡秘，趋炎附势，反复无常"等罪名，下令将他"发往新疆，交该巡抚严加管束"。八国联军武装入侵的前夕，慈禧下令在戍所处死张荫桓。他是继"六君子"之后为变法捐躯的又一人，也是参与变法的朝廷大员中的唯一殉难者。

中国典籍里的西方

九　钱恂的《五洲各国政治考》

1890 年 1 月，钱恂（1853—1927）以门生兼随员的身份，随薛福成出使英国、法国、比利时等国家，开始了他的外交生涯。1890 年，钱恂奉调赴俄罗斯，成为驻俄使馆的参赞。1893 年，出洋 3 年期满回国。接着，在翁同龢的协助下，再度被派往英国。1895 年，钱恂以通晓西学，被张之洞调请回国，成为张的幕僚，并开始结交维新派的代表人物。

1899 年，张之洞以"学生游学，关系重大"，派钱恂为游学日本学生监督。留日期间，钱恂一方面作为官方的代表，一方面却同时和当时旅居日本的梁启超、孙中山互相往来，并对有革命倾向的留日学生保持同情。1905 年任赴东西洋考察宪政大臣参赞官，即下一节叙述的五大臣出洋宪政考察团的随员。1907 年，钱恂出任出使荷兰大臣与意大利大臣。宣统元年（1909）回国后，任北京政府参政院参政。

钱恂博学杂览，亦具才名，加以游历西洋的见闻与办理洋务的历练，使得其新学素养及观念开通的程度，远高于清朝一般官绅。钱恂与他女婿董鸿祎合编了《日本法规解字》，并在 1901 年分别出版了《五洲各国政治考》及《五洲各国政治考续编》两种百科全书类的著作。《五洲各国政治考》和《五洲各国政治考续编》是依照两套不同的标准来编写的。前者体现了百科全书的理念和设计，后者则保留着《皇朝经世文编》的架构。续编卷十三到十六介绍西方列强军政的部分，依条目编写，格式近乎《五洲各国政治考》，其他介绍中国新政的各卷则是奏折、数据的汇编，则和百科全书的精神不同。

《五洲各国政治考》是根据他自己对欧洲各国和日本上层政治的亲身了解，做了一手的记述，和当时一般侈谈洋务、勒为成书，却无法掌握到各国"政治大端"和"制作之原""振兴之本"的现象很不相同。钱恂在《五洲各国政治考续编》的自序中，对自己根据亲身经历撰写这套书的过程，有相当生动的描写：

第十章 清朝官员的出使报告与日记

往年随使英、法等国，公余之隙，唯以采问其政俗为事。凡曾确闻暨目击者，笔诸于书。六年报满回华。又奉张孝达督宪，檄使日本。彼国风景人物，固予所心仪而神往者。一旦得此惬意之事，兴更勃然。到差后，得获与彼国士大夫游。见其政治之美，备于是，择要访录，积稿成卷。

钱恂先后驻节欧洲和日本，对东西列强政治制度和先进文明都有比较深入的了解，在当时的知识分子和外交使节圈中，确实是少见的例子。他用心采访、搜集资料，对各国的政法制度、风俗习惯，做了广泛而扼要、生动的介绍。

《五洲各国政治考》共 8 卷，总目部分依照中国政治的框架，分为吏政、户政、礼政、兵政、刑政、工政 6 个类别，但细目和内容则已是近代百科全书的撰写方式。如卷一吏政下共分 36 个条目，简要地介绍了 36 个国家的政治，从日本、美国和欧洲列强到非洲的埃及、南美洲的秘鲁、智利、乌拉乖（今乌拉圭）、中亚的阿富汗，涵盖甚广。每个条目各有标题，内容以 200 字至 300 字为度，少的如越南，不足 60 字；长则如德意志，约 4000 字左右。文字浅显易解，如"德意志"条下开头写道：

日耳曼合众国，近存二十有五。各国连横，互相保护，冀国强盛。七十一年四月新定章程，推奉布国王总领日耳曼各国，改号德意志，国名曰德意志盖萨（盖萨犹云皇也）。章程内第十一条，凡合众各有遇交涉外国事宜，及出令派守地方，立约议和诸务，均由德意志盖萨主之。若有出师外国之举，则必与总议院大臣酌定，然后施行。总院分上、下两院。

短短一百多字，已将德国的组成和基本的政治运作模式，勾勒出一个明确的轮廓。除了基本的政体和制度介绍，钱恂对各国的基础设施如铁路、电线等也有及时而扼要的叙述。大概由于曾经奉派到日本，掌握了最新的信息，所以他在这个部分的介绍中格外添加了数字的细节：

东京新桥至横滨港，延长十八英里（每英里合中国三里三）。明治三年三月起工,五年九月成。停车场七,曰新桥、曰品川、曰大森、曰川崎、曰鹤见、曰横滨。建设费二百八十四万四千二百八十五元,每一英里合十五万八千零十六元。神户至大津延长五十八英里⋯⋯

但在这些细微的数字外,钱恂却往往又能以洞识全局的眼光,掌握到这些新政建设的基本命意所在:

日本之创建铁路也有两意焉:一曰保国,务使东西京声势联络,呼应灵捷。推而及之,各大码头、各大省会皆联为一气;一曰养民,欲使遍国之地,血脉贯通。商人转运,货物脚价,省于昔者十倍。民间所需物价,皆贱于前,商民两便。截至前年为止,共成铁路三千三百余里。核诸日本全国形势,原系由西南通至东北,极长之海岛铁路,则由北至南以为干路,而四旁另开枝路。

这本书不仅对西方及各国的政法、制度、建设提供了清晰的图像,对于宗教、风俗和生活上的一些细节,也做了许多独到而意趣盎然的描绘:

法国城市间,街衢修整,道路坦洁,而都城尤甚。遇有碎石荦确,稍涉不平,则必命工匠修补。若其遗煤剩物狼藉途中,每街必专雇一二人司洒扫之役,以车载之而去。

鸦片战争之后,中国的知识阶层开始了解到"奇技淫巧"的重要性。钱恂则以简扼的文字,对法国人的工艺之精和利用专利、文凭等措施来奖掖有特殊才能的专门名家的做法,做了尤为详细的陈述:

法国设立成例,凡民间有能别具手眼,独出心思,精创一器一艺者,许专其利。或书籍,或医药,或工作,最先新创,许其专门名家能人,不能模仿影射,妄希行世夺其利薮。所以怀才抱异之士,不患致富之无具,驰名之乏术也。唯是某人创制某物,必先奏明国家,国家给以文凭,方许行之久远,其颁设文凭之法,自古所无,今则欧罗巴及亚美利加皆行之矣。

法人心思精敏,工于制器。如一切新法机轮、枪炮、舟车,大半皆其所创。即织造之工,在欧洲中亦推精巧。所织大呢羽缎,皆缜密细致,又能织花纹丝缎,式样新异,层出不穷。此唯法人所独擅,他国不能及也。

机器制造之局,大小不知凡几,巴黎设有机器博物院,凡一切机器,俱有模式,分室陈列,俾资考究。

十 海外游历使及其考察报告

1887年,清政府派遣海外"游历使",可以称得上是19世纪80年代中国人走向世界的一次盛举。它对近代中国人认识世界、了解外国、学习西方、推动改革以及加强中外关系、促进中外文化交流等,都有一定的积极意义和影响。

光绪十年(1884),御史谢祖源上《时局多艰,请广收奇杰之士游历外洋》奏折,建议"今翰詹部属中不无抱负非常者,可否令出使大臣,每国酌带二员,给以护照,俾资游历。一年后许其更替,愿留者听,其才识出众者,由出使大臣密保,既备他日使臣之选,亦可多数员熟悉洋务之人"。光绪十一年二月十一日(1885年3月27日),总理衙门大臣奕劻等在议复谢祖源奏疏中,也指出"今外务日繁,诚宜广为储材,以收群策群力之效"。"是以欲周知中外之情,势必自游历始"。针对谢祖源的奏议,总理衙门认为,"查出使各国大臣不乏差遣之员",可以"随时分饬属员游历境内,考核记载"。同时提议"翰詹部属中,如实有制器、通算、测地、知兵之选,坚朴耐劳、志节超迈,可备出洋游历者,可否请旨饬下翰林院六部,核实保荐,并资送总理各国事务衙门考核,再行奏请发往各国游历,由出使大臣就近照料"。

这个意见虽然得到皇帝批准,并通知了翰林院、六部及驻外使馆,但具体实施却一直拖了下来。直到光绪十二年十二月初十(1887年1月3日),光绪

中国典籍里的西方

皇帝下旨:"前据谢祖源奏请饬保荐出洋人员,经总理衙门议覆,请由翰林院六部核实保荐。现在几及两年,尚未据保荐有人。着该衙门传知翰林院六部迅即查明有无可以保荐之员,限三个月内咨覆该衙门,勿再迟延,钦此。"

在皇帝严旨催促下,六部开始陆续保荐本部官员,总理衙门也于光绪十三年四月二十六日(1887年5月18日),特别拟定了《出洋游历章程》,"缮呈御览"。这个章程共14条,是一份派遣游历使的具体计划。

光绪十三年闰四月二十一日至二十二日(1887年6月12日至13日),在北京总理衙门所属的同文馆内,举行了两场考试,这是中国近代史上第一次选拔出国游历官员的考试。这次考试,六部共保举了76人,应考者为54人。考试结果,初步录取28人,其中兵部郎中傅云龙名列第一,户部主事缪祐孙第二。考试录取的28名六部官员,先由总理衙门大臣接见,面试以"观其器识"。然后再向皇帝引见,最后由光绪皇帝亲自用朱笔圈定傅云龙等12人为正式游历使,派遣他们分别游历亚洲、欧洲与南北美洲各国。

游历使选拔录取的原则基本上是选择文化素养较高、有进取心而又年富力强的中央机关中青年官员。这批游历使都是科举正途出身,其中进士9名,监生3名。他们基本上都是中央六部衙门五六品中级官员,如郎中、员外郎(五品)和主事(六品)。

光绪十三年六月初四(1887年7月24日),光绪皇帝钦定派遣12名游历使,共分5组,分赴欧亚和南北美洲各国考察。

游历使们到欧美各国游历,路途漫长艰辛,在海上常常遇到狂风骇浪,往往晕船不能进食。有的路段十分险恶,如傅云龙等经过南美洲南端麦哲伦海峡时,"狂风迅烈,昏雾迷漫,涛浪猛恶",轮船驶过后,大家不禁"额手喜若更生"。有的地方正值瘟疫流行。傅云龙等到巴西首都里约热内卢时,当时正流行霍乱,"死者日二百有奇",旅行过境者"皆弗登岸"。但他们坚持登岸实地考察。有的游历使在途中劳累致病,甚至在海外病故身亡。与傅云龙同行的顾厚焜在美洲游历时,"抱病多日""咳疾不已",最后不得不提前回国。另外两位游历使孔昭乾与李瀛瑞竟然在国外游历期间病故,以身殉职。

游历使们在国外进行了不少外交活动,会见各国总统、国王及部长等官员,虽然大多属于礼节性拜访,但毕竟加强了中外联系和友谊。如傅云龙在游

第十章 清朝官员的出使报告与日记

历期间曾会见了美国总统、加拿大总督、秘鲁总统、智利总统、巴西国王等各国元首和日本首相伊藤博文等政府首脑。美国总统称传来自"文物大国",并询问其"来程去路",还说"你官兵部,可惜敝国兵无奇制堪供游目"。洪勋在意大利参加宫廷舞会并见到意大利国王,国王说:"与先生相见,孤之幸也。愿永敦相好,商务繁兴,国之福也。"

游历使们在各国还进行了一些中外文化交流活动。傅云龙曾和许多日本文人学者交往、唱和诗文,并为他们题字、作诗、写序,还在日本寻访中国古典珍籍佚书。赴欧游历使参观了各国的博物馆、美术馆,往往签名题词留念。他们通过交流还看到了西方文化的长处,如洪勋说:"游历所至,与各国士大夫往还,察其行习,不乏可取之处。"游历使在海外还特别注意与侨居各国的华商、华工接触,调查了解他们的生活状况和疾苦要求,有时还应邀为当地华侨会馆题写匾额和楹联。

当然,游历使们在海外最重要的工作还是在各国游历、考察、调查、研究并撰写调查考察报告。他们访问各国政府机关、议会团体,参观各类工矿企业、各级学校,考察港口、铁路、邮政,调查兵营、炮台、监狱,游览各地博物馆、动植物园、教堂寺庙等。游历使们通过广泛深入的调查研究,获得了大量第一手资料和感性认识,并在此基础上,撰写出一批有分量的游历考察报告。

总理衙门在制订《出洋游历章程》时就规定了游历使的调查任务和考察内容,而且要求他们回国后必须向总理衙门呈明所著书并择优请奖。一些胸怀大志的游历使也不愿把这次出洋游历仅仅当作一般例行公事去应付差事,或只是以游山玩水了解异国风情为满足,而是把这次出洋游历看成观察世界、施展抱负的好机会,并把它作为调查研究,著书立说,以帮助国人认识世界、借鉴外国的千秋大业。正如当时驻日公使黎庶昌赞扬傅云龙时所指出的:"夫游历,官事也,懋元不肯视为官事,直以千秋著书为业,寓乎其间。"

12名游历使中,以选拔考试第一名的傅云龙最为勤奋,成果也最为卓著。傅云龙、顾厚焜一组从上海出发,乘船先到日本,在日本游历考察6个多月后,再乘船横渡太平洋到美国西海岸旧金山。然后,他们坐美国南太平洋铁道公司的火车横穿美国到首都华盛顿。以后又从美国东北部乘火车到加拿大蒙特利尔和首都渥太华游历。然后再回到美国游历,并从南部佛罗里达州乘船赴古巴。在古巴游历后,又乘船经加勒比海的海地、多米尼加和中南美洲的哥伦比亚、巴拿马、厄瓜多尔到秘鲁首都利马。在秘鲁游历后,绕道智利、阿根廷、乌拉圭到达巴西。在巴西游历后,经西印度群岛又回到美国。在美国进行第三度考察,又从东部乘火车横贯美国到西部旧金山。然后,他们搭轮船再次横渡太平洋到日本。在日本又进行5个月考察后才坐船回到上海。据傅云龙自己统计,这次游历自1887年9月2日从北京启程,至1889年11月20日回到北京销差,总共26个月,770天,总行程120844华里,其中海路81549里,陆路38264里,重点游历6国,顺途考察5国,往返共经11国。

傅云龙为自己的考察定下了3条原则:不拾人唾余,不拘已之成见,不旷日因循。对自己考察目标的国家,进行了认真负责、脚踏实地的考察。他把日程排得满满的,昼游夜记,以致"指茧目眵"。"以行路之岁月倍于闭户著书,汽船才泊,笔不得停,一纸未终,火车复上"。傅云龙自述:"每至墨枯笔秃,力难可支,辄自责曰'期近矣',自是四鼓辄起伏案。"为此他常常工作到深夜,甚至通宵达旦、废寝忘食。以至驻日公使黎庶昌盛赞"勤亦至矣!"并感叹道:"推是以治天下事,则亦何适而不办哉?"

傅云龙每到一国,即努力收集该国地理、历史、政治、经济、民俗等各方面资料,并亲自察访、实地踏勘,还绘制各种地图、统计表。他在游历期间,撰写了对外国进行深入调查研究的考察报告《游历图经》共6种86卷。傅云龙在海外游历期间还写了大量外国游记,称为《游历图经余纪》,共15卷。这些日记体游记详细记录了游历路程、见闻、中外交流及随感。此外,他在海外游历过程中还写了不少纪游诗篇,集为《不介集诗稿》,共有9卷。以上傅云龙所写游历各国的图经、游记、纪游诗总数竟达110卷。归国后傅氏将《游历图经》《游历余纪》《游历诗选》100余卷呈交光绪皇帝和总理各国事务衙门,得到"坚忍耐劳,于外洋情形考究尤为详确"的批语。

与傅云龙一起游历日本和南北美洲的顾厚焜则着重调查考察外国的政治和地理。他撰写了《日本新政考》《美利坚合众国地理兵要》《巴西政治考》《巴西国地理兵要》《英属加拿大政治考》《秘鲁政治考》《古巴政治考》等著述。奉派游历英国、法国及其殖民地的刘启彤也撰写了不少关于欧洲政治的调

第十章 清朝官员的出使报告与日记

查考察报告,如《英政概》《法政概》《英藩政概》等。另外,他对各国铁路建设也非常关心,专门撰写了《欧洲各国火轮车道纪略》《英国火轮车道编年纪略》《英国各属地车道纪略》《印度车道纪略》等文。奉派游历俄国的缪祐孙是选拔考试第二名。他对俄罗斯调查研究的成果是《俄游汇编》12卷。

派遣游历西欧、南欧、北欧的洪勋也是一位著述甚丰的游历使。洪勋、徐宗培一组从上海出发乘德国商船赴意大利。途中曾停泊香港、新加坡和锡兰的科伦坡,经印度洋、阿拉伯海至亚丁,渡红海、苏伊士运河,入地中海。在游历了意大利之后,经奥地利至德国首都柏林,再北行游历瑞典、挪威,然后经丹麦、德国到比利时,再经法国首都巴黎,然后渡英吉利海峡到英国首都伦敦。之后,他们又游历西班牙、葡萄牙,再从里斯本乘船到意大利,最后仍乘德国商船回中国。据洪勋统计,行程"总计何止十万里"。其中,船路6万余里,铁路约4万余里。此外,马车、步行等约数千里。游历国家数也大大超过了原来指定的西班牙等5国。洪勋著有《游历闻见录》12卷,包括《游历意大利闻见录》《游历瑞典挪威闻见录》《游历西班牙闻见录》《游历葡萄牙闻见录》《游历闻见录总略》《游历闻见拾遗》等。他在其中记载了这次出行的所见所闻。

游历使们的这些著述尽管重点、详略、体裁、文笔各有特色,但都是对世界各国进行实地考察调查的成果,对于近代中国人认识世界、了解外国、借鉴国外经验都有一定意义。

游历使们亲历亲闻欧美各国的资本主义政治制度和工业文明,对其立宪政体和议会政治等,都做了不少介绍和评论,对于当时正在探索改革道路的中国人士也有一定的启发。洪勋在《游历闻见总略》里曾概括介绍欧洲国家的三种政体,"曰君主,曰民主,曰君民共主(即君主立宪)",并解释道:"君主者,君有权,位传子,事无巨细君得而主之。""民主者,位传贤,由国人公举于议院。""而君民共主者政事由上下议院政府拟定,国君画诺如守府焉。"刘启彤则在《英政略》和《法政略》中进一步对英国的君主立宪制和法国的民主共和制做了具体的介绍、分析。傅云龙在《游历美利加合众国图经》中则论述美国是"民主之国,与君主之国之制异,厥制以公议为法,以齐民为政,以上下无隔阂为权利"。并指出其政治体制是三权分立。"一曰立法之权,国会是也；一曰行法之权（即行政权），伯理玺天德（即总统）是也；一曰定法之权亦曰执法（即司法权），律政官（即法官）是也。"

游历使们对日本和欧美各资本主义国家的宪政制度、经济管理、工矿企业、铁路航运、财政贸易、海陆军制、学校教育、文化艺术等各个方面都进行了考察和介绍。如顾厚焜的《日本新政考》着重介绍了日本明治维新后的制度和改革措施，下分洋务、财用、陆军、海军、考工、治法等部分。这些调查考察报告对中国的改革和近代化建设都很有参考借鉴价值。

游历使回国后，各有调查考察报告与"剳记及翻译编选之册"上交，总理衙门大臣审阅后，于光绪十六年六月十日（1890年7月26日）向皇帝上奏拟请对游历使分别给奖，其中特别表扬"傅云龙所著游历日本等国图经86卷，纂述较多，征引尚博，实属留心蒐辑，坚忍耐劳。缪祐孙、刘启彤亦能探访精详，有裨时务"。一些大臣与士大夫也对傅云龙等的著述加以赞赏。如翁同龢在日记中记载傅云龙"从日本游历归，所著书甚多"，又称赞"此人笔下极好"。

这些游历使赴欧亚、南北美洲二十余国游历考察，时间长达两年，各组旅程几乎均在10万里以上。游历使们在各国除了开展外交与文化交流活动外，还着重进行调查研究，编写了几十种外国调查研究著述和资料。他们的活动和著作对于近代中国人认识世界、走向世界和学习西方、借鉴外国，推动中国的改革、近代化和对外研究，都有一定的积极意义。

十一　五大臣出洋及其考察报告

20世纪初，随着清末新政改革的需要和推动，晚清官员出国游历考察逐渐形成风气，而且出现要求王公大臣出洋的呼声，考察外国政治特别是宪政，也被提上日程。1905—1906年的五大臣出洋，标志着晚清中国官员在走向世界的历程上又迈出了一大步。

早在1895年，张謇为张之洞起草的《条陈立国自强疏》中就建议"亲贵大臣及满汉世家子弟，尤宜选其贤者，遣出游历"，因为"风气自上开之，视为下者事半功倍"。① 1898年，戊戌维新期间，康有为特地代御史杨深秀起草了《拟请派近支王公游历折》。礼部主事王照甚至上书请光绪皇帝奉慈禧太后东游日本"借以考证得失，决定从违"，结果被顽固派大臣斥为"用心不轨"。

1901年1月，慈禧太后宣布要"取外国之长"以"补中国之短"，实行变法新政。同年，张之洞、刘坤一联名所上《江楚会奏变法三折》中也明确提出"拟请敕派王公大臣"分赴各国游历。其理由是"亲贵归国，所任皆重要职事，所识皆在朝之达官，故其传述启发，尤为得力"。② 1902年以后，逐渐出现官员出洋游历尤其是赴日本考察的热潮，对推动清末新政的进展起了一定的作用。

1905年，由于日俄战争和民族危机加深的影响，要求立宪的舆论日益高涨，驻外公使和地方督抚也纷纷奏请仿效日本及欧美政治，实行君主立宪。清廷决定派王公大臣出洋，深入考察欧美及日本等国政治，归国报告后再做决策，于是有了1905—1906年的五大臣出洋。

1905年7月16日，光绪皇帝发布了"考察政治上谕"："兹特简派载泽、戴鸿慈、徐世昌、端方等随带人员，分赴东西洋各国，考求一切政治，以期择善而从。嗣后再行选派，分班前往。其各随事咨询，悉心体察，用备甄采，务负委任。"③ 清政府对出洋考察的目的、任务和内容等都做了严格的规定，载泽在其政治考察日记中说："总期节取所长，以备将来之储录。"临行之前，慈禧太后和光绪皇帝连日召见考察大臣，认真听取了端方演讲《立宪说略》，并让考察大臣带上些宫廷御点路上充饥。光绪帝还面谕军机大臣：考察政治是今天当务之急，务必饬令各考察大臣速即前往，不可任意延误。此时，德国驻华公使向清政府建议，五大臣外出政治考察宜分成两路进行，并且详尽地代拟、设计了考察路线。④ 清廷接受了这个意见。

清廷所派考察政治出使大臣的人选几经变动，最初曾想派贝子载振、军机

---

① 《张謇全集》，南京：江苏古籍出版社1994年版，第39页。
② 朱寿朋：《光绪朝东华录》，张静庐等校，北京：中华书局1984年版，第4755页。
③ 故宫博物院明清档案部：《清末筹备立宪档案史料》上册，北京：中华书局1979年版，第1页。
④ 赵广示：《清末五大臣政治考察的积极成果》，载《贵州社会科学》，2005年第5期。

大臣荣庆、户部尚书张百熙和湖南巡抚端方,后因荣庆、张百熙不愿去,改为军机大臣瞿鸿与户部侍郎戴鸿慈。以后又因载振、瞿鸿公务在身,不能出洋,改派镇国公载泽、军机大臣徐世昌,不久又追加商部右丞绍英。1905年9月24日,正值使团在北京正阳门车站上车准备出发时,遭革命党人吴樾炸弹袭击。绍英等受伤,徐世昌兼任巡警部尚书也走不了,又改派山东布政使尚其亨和顺天府丞李盛铎。因此,最后真正出洋的五大臣是载泽、戴鸿慈、端方、尚其亨、李盛铎,全部是高级别的一、二品大员。

镇国公载泽是嘉庆帝第五子,惠亲王之孙,其妻与光绪帝皇后隆裕是姐妹,属近支王公,宗室贵胄,故出洋后,常被外国报纸称为"亲王殿下"。他是深得慈禧太后宠信的满族亲贵。出洋前任盛京守陵大臣,回国后不久就升任御前大臣、度支部尚书。户部侍郎戴鸿慈与湖南巡抚端方都曾在慈禧西逃时护驾有功,获慈禧赏识,刚出洋就分别被升为礼部尚书和闽浙总督。回国后,端方调任两江总督兼南洋大臣。尚其亨是二品布政使,李盛铎此时被任命为出使比利时大臣兼考察政治大臣。

五大臣出洋还选调了大批随员,选拔标准是"必须择其心地纯正、见识开通者,方足以分任其事"①。随员不仅人数众多,而且级别较高、素质较好,不少人后来成为政坛和外交界的风云人物。他们先是奏调了38人名单,实际上后来分两路出发时,仅载泽一路在其日记上提到的随行或先遣人员名单已达54人。戴鸿慈一路,其日记所记同行随员也有48人。随员中包括部分京官,如御史、内阁中书、翰林院编修、各部郎中、员外郎、主事等,不少人级别已超过当年海外游历使。还有地方官员,如道员、知府、知县,海陆军官如参将、都司,以及地方督抚派的随员,有些是精通外语和外国情况并且曾经留学欧美、日本的归国留学生。"几乎将京内外知名之士搜索一空""有亲临其寓邀请,再四始得之者"。其中包括熊希龄、陆宗舆、章宗祥、施肇基等人,还有袁世凯的长子袁克定。随员们各有分工,分别担任先遣联络、考察、翻译、编撰等任务。

---

① 故宫博物院明清档案部:《清末筹备立宪档案史料》上册,北京:中华书局1979年版,第3页。

第十章 清朝官员的出使报告与日记

五大臣出洋考察团分为两路，一路为戴鸿慈、端方考察团，考察国家包括日本（6日）、美国（41日）、英国（4日）、法国（5日）、德国（48日）、丹麦（6日）、瑞典（5日）、挪威（3日）、奥地利（7日）、匈牙利（2日）、俄国（8日）、荷兰（9日）、比利时（2日）、瑞士（3日）、意大利（10日）。考察内容包括政治、军事、教育、市政等各方面。其间，戴鸿慈、端方还先后拜会了美国总统、德皇、丹麦国王、奥皇、匈牙利首相、俄皇、荷兰女王、比利时国王、瑞士总统、意大利国王等多国政要。如1906年1月24日，戴、端受到美国总统西奥多·罗斯福接见，他们向罗斯福递交了光绪帝亲笔信，信中写道："阁下一定会热情接待，让他们学到你们系统的政治理论、实际操作和对将来有用的信息。"美国国务卿路脱说："我希望你们能满载而归，就像世界从中国学到很多一样。"

另一路为载泽、李盛铎、尚其亨考察团，以宪政为主要考察内容。所考察国家包括日本（28日）、美国（14日）、英国（43日）、法国（24日）、比利时（13日）。他们拜会了日本天皇、英国国王、英国首相、法国总统、比利时国王等外国政要。如1906年1月载泽觐见日本天皇，日本前首相伊藤博文将自己撰写的《皇室典范译解》《宪法议解》赠给载泽，同时强调改行宪政后对君权并无阻碍，中国应效仿日本推行二元制君主立宪制。

戴鸿慈与端方在出洋途中的船上与随员详细讨论和制订了考察方针和计划，立宗旨，以考察各国政体、宪法为中心；并做分工、专责任、定体例，勤采访、广搜罗，以图"他山攻玉""纲举目张"。其间，考政大臣参观议院、行政机关、学校、监狱、工厂、农场、银行、商会、邮局乃至博物馆、戏院、浴池、教会、动植物园等；拜会政治家、学者，听讲宪政原理；调查各项政治制度；搜集各类图书和参考资料等。

此次正式考察访问活动的内容以政治为主，并兼及农林、园艺、裁判、工业、文化教育、市政建设等经济社会生活的方方面面，是一次系统的、全面的综合性考察，访问面广，持续时间长，内容丰富。对于这次出国考察，宪政为首要目标。对各国宪政制度进行研究，找出适合中国立宪改革所能效仿的有益之处，是五大臣出洋考察的主要目的。因此，每到一国，对于议院的参观和议会制度的考察必在计划之中。大臣们通过亲自走访议院、公署，拜访各国君

中国典籍里的西方

主、大臣，以及聆听各国宪法专家的讲解，了解了各国政治组织大貌，其中尤其重视对政体为君主立宪制的德、日两国的政治制度进行考察，这也符合朝廷派遣重臣出洋意在考察德日宪法的宗旨。考察内容涉及君主权限、议会制度、中央与地方政府和司法制度。具体说来，跟考察宪政有关的活动包括：

（1）参观考察。参观了议院、行政机关、议院、图书馆或藏书室、警察局、监狱等，还有工厂、农场、银行、商会、邮局、博物馆、戏院、教会、动植物园等，范围十分广泛。他们主要是参观议院，考察议会制度。考察团参观了17处议院，重点是美、英、德、意等国议会。

（2）拜访宪政名家。在美国，他们请议员到寓所演讲华盛顿的地方自治章程；在德国，戴鸿慈聆听了德皇的讲话；在俄国，他们拜会了俄国前首相维特。

（3）搜集政治类图书和资料。考察团带回了大量宪法、财政、学堂、军政等方面的材料，回京后分门别类编撰了大量书籍。这些书籍的内容，上议国家宪法，下议地方自治，远述古代罗马法律，近述现代三权分立制度。

载泽、尚其亨、李盛铎、戴鸿慈和端方等人在政治考察中勤勉尽职，凡离开某国，因恐有疏漏，往往都会酌留几名参赞、随员，会同清政府驻该国的公使详加核查、编译。每到一国游历结束时，都及时向清政府奏报考察经过和心得，并介绍该国的政治体制和统治得失、经验教训。

五大臣回到上海，与张謇、汤寿潜、赵凤昌等先后4次讨论立宪问题。8月6日到达天津，同袁世凯讨论筹备立宪及改革官制等事，10月回京复命。

五大臣出洋收获丰硕，效果显著，推动了预备立宪的决策。

五大臣出洋考察政治，直接给清廷打开了一扇朝向世界的窗户。此次考察使载泽等人开始走向世界、认识世界，思想发生明显的变化。他们目睹了资本主义国家的物质文明和政治制度的优越性，眼界为之大开，每出访一个国家，都从内心发出赞叹，觉得别国的经验有许多可取之处。五大臣在每一个国家逗留的时间都不长，远不能说考察得周详，了解得透彻。但事实胜于雄辩，在这为时不多的日子里，他们受到的教育之大，获得的新知识之多，却是此前无法比拟的。经此一番洗涤，他们长期禁锢的头脑为之开化，认识空前提高。大体上说，考政大臣在出洋前，囿于知识结构和见闻狭窄，对立宪的概念了解得还比较模糊，但是出洋考政的阅历，使他们对西方政治制度的优越性有了切实的体会和感受，并真正认识到中西之间的巨大差距。这是他们回国后力主改革政体的基本原因。五大臣出洋考政表明，清廷并不回避进行政治制度改革的可能，清廷的政策将进行重大调整。

自启程之日，五大臣每赴一地，即将其考察情况电传至朝廷，为国内议定立宪与否提供了及时的第一手资料。此外，依据当时清政府的特别规定，"出使各国大臣应随时咨送日记等件"，"凡有关涉事件，及各国风土人情，该使臣皆当详细记载，随时咨报"，五大臣皆督率随员"削牍怀铅，随时记载"，为不使西方国家的"强盛之由墨漏"，他们每访问一地、一事，便让翻译详加整理，"均将考察诸务编辑成书"。①

通过8个多月的考察，考察团获得了关于宪政改革的第一手资料，为清政府推行宪政改革提供了思想资源。就考察成果而言，除进呈奏折外，包括以下数类：

（1）日记。五大臣出洋日记有两种，一种是戴鸿慈的《出使九国日记》，一种是载泽的《考察政治日记》，此外还有蔡琦的《随使随笔》。两部日记在他们归国后不久即付梓印刷，广为流布，成为当世了解西方各国时政民情的重要参考。

（2）编译书籍。考察团周游列邦，沿途搜罗各国政教法制等书籍，又合同驻各国使臣详加考核，兼令留学生帮同译叙，归国以后，去粗存精、分门别类编撰了大量书籍。载泽等编辑了书籍67种146册，包括《英国宪法正文》《日俄战时财政史》《日本关税制度》《日本中央银行制度》《日本国债制度》《法国司法制度》《比利时司法制度》《英国财政史》《法国国债史》《比利时财政史略》等。考察团编订的这67部书包括两方面内容，一为各国制度原文的照录，一为考察团所加按语。这些书籍普遍篇幅较长，为方便进呈，考察团决定从67部书中择其精要者30种，分撰提要，进呈上览。《政治官报》对提要评价很高，认为其对于原书"撮其大指宏纲，则精要中之尤精要也"，"数

---

① 故宫博物院明清档案部：《清末筹备立宪档案史料》上册，北京：中华书局1979年版，第5页。

十种书之纲领精髓,无不备载"。由于载泽考察团主要考察日、英、法、比四国,所选30部书以介绍日本政治、经济制度为主,兼涉英、法、比利时三国。同时,另将购回的400余种外交书籍送交考察政治馆备考。

戴鸿慈一班人编有《列国政要》32册133卷,《续列国政要》32册92卷。卷帙浩繁,以述为主,以论为辅,国别涉及意大利、德国、美国、俄国、荷兰、奥地利等,内容涉及政治、经济、教育、军事、法律等诸大类,上议国家宪法、下议地方自治,远追古代罗马法律、近述现实三权分立制度,为近代西方政治制度的传播和普及提供了大量宝贵资料。如《列国政要》一书,共分为宪法、官制、地方自治、文化教育、军事(含陆军、海军及军政等)、商政、市政、财政、法律、教育、工艺和教务等11个大类。不仅介绍欧美、日本等国政治制度,同时还广泛涉及各国的政治架构、经济建设、文化教育等领域。

(3) 考察报告。《欧美各国政治要义》,亦名《俄美德意奥五国政典大全》,共18卷,是端方、戴鸿慈二人奉使考察欧美各国政治,广采列邦之政典,聘用逻译之通才,广集见闻,详加考证,终致编辑而成的考察报告。该书广泛介绍了俄国、美国、德国、意大利和奥地利等五个国家的物质生产和精神状况,是欧美各国政治体制之荟萃。1906年10月23日,该书作为政治读本进呈慈禧太后和光绪帝,次年12月由商务印书馆出版。

该报告由随员熊希龄执笔,参考了流亡东京的梁启超和杨度所写的宪政研究资料。有学者研究,熊希龄曾为此专程赴日本,请梁启超帮忙起草报告。[①]梁启超还代为起草了5份奏折,即《定国是》《改官制》《审外交》《设财政调查局》《立中央女学院》5折。考察报告重点解决了两个问题:(1)认为日本君权至上的二元制君主立宪模式最可取法。(2)提出宪政改革应以15年或20年为预备期。这两个问题是中国推行宪政改革的关键,考察团能对此提出对策,引发立宪舆论的进一步高涨。有报道称,"各地士大夫之研究立宪问题亦纷纷以起","盖自去年七月派五大臣出洋,以迄今年六月返国,其间我国上下希望政府宣布立宪者,其势已勃勃若此"。立宪派甚至认为中国的一切问

---

① 夏晓虹:《五大臣出洋考察宪政:梁启超捉刀写报告》,载《南方周末》,第1292期。

题随着考察团的回国可以迎刃而解，由此"全国国民之希望遂集注于五大臣之身"。

五大臣回到北京后，慈禧太后与光绪皇帝先后召见载泽、戴鸿慈各 2 次，召见端方 3 次，尚其亨 1 次。他们在召见时，力陈"中国不立宪之害及立宪之利"，并一连上了好几份奏折，详加阐述。戴鸿慈奏折进言："立宪利国利民，可造国祚之灵长，无损君上之权柄，及立宪预备必以厘定官制为入手。"其中最重要的是载泽的《奏请宣布立宪密折》，为解除慈禧太后对立宪的思想顾虑，着重指出君主立宪有三大利，即"皇位永固""外患渐轻""内乱可弭"：

> 立宪之利有最重要者三端：一曰皇位永固。立宪之国君主，神圣不可侵犯，故于行政不负责任，由大臣代负之。即偶有行政失宜，或议会与之反对，或经议院弹劾，不过行政各大臣辞职，别立一新政府而已。故相位旦夕可迁，君位万世不改。大利一。一曰外患渐轻。今日外人之侮我，虽由我国势弱，亦由我政体之殊，故谓为专制，谓为半开化，而不以同等之国相待。一旦改行宪政，则鄙我者转而敬我，将变其侵略之政策为平和之邦交。大利二。一曰内乱可弭。海滨洋界，会党纵横，甚者倡为革命之说，顾其所以煽惑人心者，则曰政体专务压制，官皆民贼，吏尽贪人，民为鱼肉，无以聊生，故从之者众。今改行宪政，则世界所称公平之正理，文明之极轨，彼虽欲造言，而无词可借，欲倡乱，而人不肯从，无事缉捕搜拿，自然冰消瓦解。大利三。立宪之利如此，及时行之，何嫌何疑？而或有谓程度不足者，不如今日宣布立宪，不过明示宗旨为立宪之预备。至于实行之期，原可宽立年限。日本于明治十四年宣布宪政，二十二年始开国会，已然之效，可仿而行也。

载泽在该折中宣扬立宪"三利说"，颇得时论，《东方杂志》记者称："此为泽公回京后第二次所奏，辞意恳挚，颇动圣听。吾国之得由专制而进于立宪，实以此折为之枢纽。"据说慈禧看了载泽的这个奏折，大为感动。最打动慈禧的该是第一条："相位旦夕可迁，君位万世不变"；同时，载泽在密奏中还提出日本的经验，先宣布预备立宪，定期召开国会，还有缓冲机会。慈禧太

中国典籍里的西方

后经过反复考虑,采纳了他们的意见。时人评论说:"吾国之得由专制而进于立宪,实以此折为之枢纽。"①

载泽归国后所上第一折《吁请立宪折》,主导思想为陈请立宪。首先,指陈中国各项改革未能卓有成效的原因在于纲领不举,而纲领即为宪法。"总览东西各国富强之策,千绪万端莫不以宪法为纲领",宪法颁布实施后,才能"明秩序、定纪纲,使举国之人咸受制裁于法律之中,视为神圣不可侵犯,故国本愈固,君统亦愈尊",进而"国与家一体,君与民一心,人人有合群爱国之心思,人人知纳税充兵之义务,事不劳而集,政不肃而成上下交资"。其次,针对当下国势渐弱、民权自由之说盛行的状况,指出中国政治改革亟须模仿日本为蓝本:

> 今日之事非行宪法不足以靖人心,非重君权不足以一众志。外察列邦之所尚,内觇我国之所宜,则莫如参用日本严肃之风,不必纯取英、法和平之治。……日本远规汉制,近采欧风,其民有畏神服教之心,其治有画一整齐之象,公论虽归之万姓,而大政仍出自亲裁,盖以立宪之精神实行其中央集权之主义,施诸中国尤属相宜。

端方、戴鸿慈也上了《请定国是以安大计折》,洋洋万言,阐述考察欧美各国政治的结论:"东西洋各国之所以日趋强盛者,实以采用立宪政体之故。"因此,"中国欲国富兵强,除采取立宪政体而外,盖无他术矣!"这个奏折是他们设计的立宪之前政治改革的总体方案。他们说,中国贫弱的根本原因在专制,若想富强,只有采用"立宪政体"。但今天还非颁布宪法的时候,因为中国的制度与立宪制度相去太远,贸然仿行,国事会更加混乱。只有仿照日本,预定立宪制年,先下定国是之诏,使官员和人民预为准备。他们提出,国是诏中应该明白宣示:

(1)"举国臣民立于同等法制之下,以破除一切畛域。"即宣布在法

---

① 侯宜杰:《二十世纪初中国政治改革风潮》,北京:人民出版社1993年版,第71页。

律、权利、义务面前人人平等。

(2)"国事采决公论"。国家先设临时议政机关,地方酌行议会。

(3)"集中外之所长,以谋国家与人民之安全发达"。在学术、教育、法律、制度各方面,都要采取外国的长处。

(4)"明宫府之体制"。宫廷与政府体制划分清楚,皇室经费与政府经费分开。

(5)参考各国政治体制,"定中央与地方之权限",并"先行演习"地方自治。

(6)做好实行预算决算的准备。

他们认为,这六件大事必须作为方针确定下来,"宣示天下,以定国是,约于十五年至二十年,颁布宪法,召议员,开国会,实行一切立宪制度"。戴鸿慈和端方的这个方案要比载泽提出的方案更具体了。

五大臣在奏折中提出的结论性意见,可以说拟定了晚清预备立宪的基本原则、框架和实施步骤,他们是晚清立宪的促进派,起着直接的积极的影响。可以说,晚清的预备立宪,是从五大臣考察宪政正式拉开序幕的,使得中国这个古老的帝国,靠近了世界近代法制文明的历史轨道。考察宪政的大臣们可以说

图10-11-1 五大臣出洋时合影

是完成了他们的历史使命。此后,清廷预备立宪所采取的一系列措施,基本上没有超出戴鸿慈等设计的方案框架之外。从这个意义上说,戴等人不仅是清末宪政运动开启的推动者,而且更是这场政制改革运动如何开展之具体规划的设计师和倡导者之一。

1906年8月25日,清廷命醇亲王载沣和各军机大臣、政务处大臣及北洋大臣袁世凯等共同阅看考察大臣的条陈各折并会议讨论。这实际上是决定国策的重臣会议。会上多数人赞同立宪,少数人尚有保留。8月29日,慈禧太后与光绪皇帝召见诸大臣,决定预备立宪。3天之后,即1906年9月1日,清廷正式颁布"仿行立宪"的上谕。可见,五大臣出洋在清政府确定实行预备立宪国策的过程中起了十分关键的作用。

结束语

  本书所讨论的，是历史上中国人对外部世界尤其是西方的想象、探索和认知的过程，是中国人对外部世界的了解过程。这也就是中国人的世界眼光，中国人的世界观。

  通过上面的介绍和讨论，我们看到，中国人的世界眼光是一个不断扩大的过程。中国人对外部世界的接触是不断扩大着的，中国与海外的交通也是在不断发展着、延伸着的，因此，中国人对外部世界的认知和了解也是在不断地扩大的，也是在由想象的成分居多而逐渐变得具体、深入和比较符合实际。中国人对于海外文化的认知、了解和接受，是在不断地丰富着和发展着中国的文化体系，同时也是不断地开阔着自己对于外部世界的认识，扩大着自己的世界眼光和文化胸怀。

  在很早的时候，我们的先人便为走向世界、认识世界付出了巨大的努力。自张骞出使西域，至甘英、法显、玄奘、郑和等，历代行人不避艰难险阻，越关山、渡重洋，与各国各族人民建立起或政治或经济或文化的联系，搭起友谊的桥梁，也不断开阔着中国人的视野，增加着对于外部世界的知识。这一过程本身就是激动人心的，充满着传奇和探索精神。在这种探索的过程中，表现了中国人求知的渴望，也表现了中国人的博大胸怀和进取精神。从总的历史进程来看，从历史的发展趋势来看，中华文化一直保持着对外来文化的欢迎态度，保持着全面的开放态势。开放性使中华文化保持了一种健全的文化交流的态势、文化传播和文化输入的机制，而这正是中华文化具有强大生命力的原因之所在。

中国典籍里的西方

对外交往的扩大，对于外部世界了解的增多，人们的世界视野的扩大，对于人们思想的冲击是巨大的，对于促进本土文化的发展也是极有意义的。在中国历史上，许多具有重大意义的变革，首先都是与外部世界的认知有关。对外部世界认知的增加，世界视野的扩大，促使人们反省本土文化不足的部分，并且用这些新知识、新文化补充自己、改变自己、发展自己。所以，正是对外开放的扩大，促进了自身内部的变革，促进了改革。中华文化保持着全面开放的态势，在大规模向外传播的同时也大规模地吸收、输入域外各族文明，因而一直处于不断接受新鲜的刺激之中，处于动态的、变化的环境之中。

文化的开放性使得中华文化具有了世界眼光、世界意识、世界观念和世界性的文化价值。世界眼光、世界意识对于一个民族文化的发展至关重要。有了世界眼光、世界意识，了解世界文化发展大趋势，了解其他民族文化的发展成就，就不会闭关自守、夜郎自大，而是从世界的眼光认识自己、反省自己，促进自己与时俱进，与世界的时代同行。这样，中华文化就不是偏于东亚一隅的地域性文化，不是游离于世界文化发展大势之外，而是世界文化总体格局的有机组成部分、重要组成部分。中华文化走向世界，接纳了其他民族文化所创造的优秀文化成果，将自己的文化创造传播于世界各地，因而中华文化也就具有了全人类文化的共同价值。

文化的开放性、世界眼光，是对自己文化有充分自信的表现，是建立在本民族文化充分发展基础上的文化自信。正是出于文化自豪感和文化自信心，才能够有博大的胸怀和气魄，平等地、和平和地看待外来文化。只有对本民族文化有充分的自信，才能够以平和的心态来对待这样的差异和冲突，以吸纳外来文化的方式消除差异和化解冲突。只有对本民族文化有充分的自信，才会以积极的态度看待外来文化的先进性方面，对先进的外来文化持有热烈欢迎的态度，因为只有站在同一发展水平上，才能理解、认识外来文化的先进性，才能认识到将其引进、补充到自己文化中的重大意义。

今天的世界已经与古代大不相同了。现代科学技术的发展，把整个世界联系在一起，文化成了"世界的文化"。我们对于外部世界的认识，无论在深度和广度上，都是大大发展了。而为现代世界文化的繁荣和发展做出贡献，是现代中国人的文化责任。要实现我们的文化责任，首先要确立我们的世界文化意识。鲁迅说:"国民精神之发扬,与世界识见之广博有所属。"所谓"世界识见",就是一种世界的眼光,世界的意识,世界的胸怀。这种"世界识见"的养成,与所处的生活时代有关,生产方式、生活空间、交往条件相关,也与自己的文化自信、文化自觉和文化精神相关。可以肯定地说,我们今天的"世界识见"是远远超过我们的前辈先人的。现代的传播媒介,把整个世界都端到了我们的面前,我们可以了解发生在世界各地的事情,对其他各民族的风俗民情、文学技艺也都可以知之详尽。这样广博的文化知识,不仅可以大大开阔我们的视野,开阔我们的胸怀,使我们以更加开放的心态去积极地吸收、学习世界上一切优秀文化的成就,更使我们学会了在世界文化的宏观视野下审视我们自己的文化,在世界文化的整体参照系中创造我们自己的文化。

在古代漫长的历史时代,我们中华民族的前辈先人,创造了极为丰富多彩、灿烂辉煌的中华文化,在古代世界文化的发展中矗立起一座座雄伟的高峰。那么,在今天,我们也一定会做出无愧于我们先人的贡献。

主要参考文献

1. 范文澜：《中国通史简编》第 1 编，北京：人民出版社 1958 年版。
2. 范文澜：《中国通史简编》修订本第 2 编，北京：人民出版社 1964 年版。
3. 葛兆光：《中国思想史》第二卷《七世纪至十九世纪中国的知识、思想与信仰》，北京：复旦大学出版社 2000 年版。
4. 阎宗临：《中西交通史》，桂林：广西师范大学出版社 2007 年版。
5. 张星烺：《中西交通史料汇编》，北京：中华书局 2003 年版。
6. 方豪：《中西交通史》，上海：上海人民出版社 2008 年版。
7. 张国刚：《中西文化关系通史》，北京：北京大学出版社 2019 年版。
8. 周宁：《2000 年中国看西方》，北京：团结出版社 1999 年版。
9. 葛兆光：《宅兹中国——重建有关"中国"的历史论述》，北京：中华书局 2011 年版。
10. 沈福伟：《中国与欧洲文明》，太原：山西教育出版社 2018 年版。
11. 沈福伟：《中国与非洲——中非关系二千年》，北京：中华书局 1990 年版。
12. 张星烺：《欧化东渐史》，北京：商务印书馆 2000 年版。
13. 陈高华、陈尚胜：《中国海外交通史》，北京：中国社会科学出版社 2017 年版。
14. 宿白：《考古发现与中西文化交流》，北京：文物出版社 2012 年版。
15. 孙昌武：《中国佛教文化史》第 1 卷，北京：中华书局 2010 年版。

16. 梁启超：《佛学研究十八篇》，北京：群言出版社2013年版。

17. 汤用彤：《汉魏两晋南北朝佛教史》（增订本），北京：昆仑出版社2006年版。

18. 郑杰文：《穆天子传通释》，济南：山东文艺出版社1992年版。

19. 王永平：《从"天下"到"世界"：汉唐时期的中国与世界》，北京：中国社会科学出版社2015年版。

20. 李剑国：《唐前志怪小说史》，天津：南开大学出版社1984年版。

21. 张绪山：《中国与拜占庭帝国关系研究》，北京：中华书局2012年版。

22. 向达校注：《两种海道针经》，北京：中华书局1961年版。

23. 张维华：《明史欧洲四国传注释》，上海：上海古籍出版社1982年版。

24. 张维华：《明清之际中西关系简史》，济南：齐鲁书社1987年版。

25. 梁启超：《中国近三百年学术史》，北京：东方出版社1996年版。

26. 万明：《明代中外关系史论稿》，北京：中国社会科学出版社2011年版。

27. 王天有、徐凯、万明编：《郑和远航与世界文明——纪念郑和下西洋600周年论文集》，北京：北京大学出版社2005年版。

28. 孙光圻：《中国古代航海史》，北京：海洋出版社1989年版。

29. 俞旦初：《爱国主义与近代中国史学》，北京：中国社会科学出版社1996年版。

30. 张静庐：《中国近代出版史料初编》，北京：中华书局1957年版。

31. 钟叔河编：《走向世界丛书》，长沙：岳麓书社2008年版。

32. 钟叔河：《走向世界——近代中国知识分子考察西方的历史》，北京：中华书局1985年版。

33. 朱寿明：《光绪朝东华录》，张静庐等校，北京：中华书局1984年版。

34. 故宫博物院明清档案部：《清末筹备立宪档案史料》，北京：中华书局1979年版。

35. 侯宜杰：《二十世纪初中国政治改革风潮》，北京：人民出版社1993年版。

36. 《中国印度见闻录》，穆根来等译，北京：中华书局1983年版。

中国典籍里的西方

37. ［意］利玛窦、［法］金尼阁：《利玛窦中国札记》，何高济、王遵仲、李申译，何兆武校，北京：中华书局1983年版。

38. 朱维铮主编：《利玛窦中文著译集》，北京：复旦大学出版社2001年版。

39. 徐宗泽：《明清间耶稣会士译著提要》，上海：上海书店出版社2006年版。

40. ［法］费赖之：《在华耶稣会士列传及书目》，冯承钧译，北京：中华书局1995年版。

41. ［英］艾兹赫德：《世界历史中的中国》，姜智芹译，上海：上海人民出版社2009年版。

42. ［英］约翰·霍布森：《西方文明的东方起源》，孙建党译，济南：山东画报出版社2009年版。

43. ［法］布尔努瓦：《丝绸之路》，耿昇译，济南：山东画报出版社2001年版。

44. ［德］夏德：《大秦国全录》，朱杰勤译，郑州：大象出版社2009年版。

45. ［法］让–诺埃尔·罗伯特：《从罗马到中国——恺撒大帝时代的丝绸之路》，马军、宋敏生译，桂林：广西师范大学出版社2005年版。

46. ［日］长泽和俊：《丝绸之路史研究》，钟美珠译，天津：天津古籍出版社1990年版。

47. ［印］辛哈、班纳吉：《印度通史》第1册，张若达、冯金辛译，北京：商务印书馆1973年版。

48. ［英］玉尔：《东域纪程录丛》，张绪山译，昆明：云南人民出版社2002年版。

49. ［法］伯希和：《郑和下西洋考·交广印度两道考》，冯承钧译，北京：中华书局2003年版。

50. ［美］费正清、刘广京编：《剑桥中国晚清史》下卷，中国社会科学院历史研究所编译室译，北京：中国社会科学出版社1985年版。